职务犯罪侦查实务丛书

ZHIWU FANZUI ZHENCHA SHIWU CONGSHU

主　编　任惠华

副主编　马　方　庞建兵

职务犯罪侦查指引

中国检察出版社

图书在版编目（CIP）数据

职务犯罪侦查指引/任惠华主编. —北京：中国检察出版社，
2015.9
（职务犯罪侦查实务丛书）
ISBN 978 - 7 - 5102 - 1471 - 4

Ⅰ.①职…　Ⅱ.①任…　Ⅲ.①职务犯罪－刑事侦查　Ⅳ.①D914

中国版本图书馆 CIP 数据核字（2015）第 188560 号

职务犯罪侦查指引

任惠华　主编

马　方　庞建兵　副主编

出版发行：中国检察出版社
社　　址：北京市石景山区香山南路 111 号（100144）
网　　址：中国检察出版社（www. zgjccbs.com）
编辑电话：(010) 88953709
发行电话：(010) 68650015　68650016　68650029
经　　销：新华书店
印　　刷：三河市西华印务有限公司
开　　本：720 mm×960 mm　16 开
印　　张：27.75 印张　插页 4
字　　数：526 千字
版　　次：2015 年 9 月第一版　2015 年 9 月第一次印刷
书　　号：ISBN 978 - 7 - 5102 - 1471 - 4
定　　价：68.00 元

1. 《职务犯罪侦查指引》
2. 《职务犯罪侦查流程与规范》
3. 《职务犯罪证据解构》
4. 《职务犯罪侦查办案一本通》
5. 《反贪查账实务与技巧》

本册是《职务犯罪侦查指引》，由西南政法大学刑事侦查学院组织编写，刑事侦查学院院长任惠华教授担任主编，马方、庞建兵任副主编。西南政法大学刑事侦查学院是我国成立最早的侦查学院（专业、系），至今已有30多年的历史。学院设立了职务犯罪侦查专业（专门化班），是我国高等院校培养职务犯罪侦查的本科、研究生等高层次专业人才的专业机构，也承担了检察机关、军队保卫部门大量的在职人员培训任务。在长期的教学、科研和实践中，西南政法大学刑事侦查学院对侦查理论与实践进行了广泛而深入的研究，尤其是在职务犯罪侦查学领域，形成了自己的特色和风格。本书即是侦查学院部分教师多年来对职务犯罪侦查进行系统研究的成果总结。

本书从职务犯罪侦查的特点和基本对策入手，全面讲解了职务犯罪侦查策略的特征、侦查策略的设计、实施程序及常用的调查访问、搜查等具体取证措施。详细分析了职务犯罪侦查讯问中犯罪嫌疑人拒供的心理特征和反讯问的常见手法，总结归纳了侦查讯问的组织实施方法和程序，并结合职务犯罪侦查讯问实务，详细讲解了3种讯问方法和5种讯问策略。基于证据和取证技术手段的重要性，作者对职务犯罪侦查证据的特点、证据的收集规则及审查、判断方法进行了系统的研究，并重点讲解了文书检验和司法会计技术在职务犯罪侦查中的运用。为突出职务犯罪侦查实务性的特点，作者用大量篇幅，全面深入地研究了职务犯罪侦查中常见的贪污、贿赂、滥用职权、玩忽职守、刑讯逼供等案件的立案条件、侦查程序和侦查方法，探讨了在线索的发现与获取、举报与初查、证据的收集与运用等方面存在的疑难问题，并对职务犯罪疑难案件的形成原因、具体侦查对策和侦破方案进行了深入研究。

本书深入研究了职务犯罪侦查中的侦查策略、侦查措施、讯问、证据、技术手段及个案侦查，并将重点放在侦查的各种措施、策略及证据运用的程序、方法、手段和技巧上，突出了职务犯罪侦查实战性强的特点。本书不仅可用于高等院校侦查专业的教材，同时对于检察机关职务犯罪侦查人员学习、培训也有较强的借鉴、参考意义。

《职务犯罪侦查实务丛书》

编　委　会

出版说明

　　职务犯罪是一种严重的犯罪，它不仅侵害国家机关的管理职能，影响工作秩序，而且往往给国家、公民人身、财产造成极大危害，严重败坏了□法，严重损害了政府的形象和公众利益。因此，严厉打击贪污贿赂、渎职职务犯罪，对于维护党和政府形象、保护公民人身财产权益具有重要意义污贿赂、渎职侵权等职务犯罪进行立案侦查，是宪法和法律赋予检察机关□职责。而要切实履行好惩治腐败的职责，严厉打击职务犯罪，就必须提高□罪侦查的能力和效率。最高人民检察院及相关职能部门曾多次下发文件，□职务犯罪调查取证能力、证据审查运用能力、询问讯问能力、法律应用能□律监督能力提出了明确要求和具体部署。为此，最高人民检察院政治部、□贿赂工作总局和中国检察出版社，先后组织出版了一批关于加强和提高职□侦查能力和业务技能方面的图书。这些图书的出版适应了检察人员学习和□务技能的需要，深受广大基层干警的欢迎。

　　为了更好地服务于基层检察干警，满足基层检察干警的办案需要，我□分调查研究的基础上组织编写了《职务犯罪侦查实务丛书》。《职务犯罪□务丛书》紧紧围绕检察机关查办贪污贿赂、渎职侵权犯罪案件的实际需□**刑事实体、办案程序、证据认定、查账实务、文书填制、笔录制作、法律**□方面进行选题布局，以满足侦查人员对实体与程序、流程与规范、证据认□账技巧、文书填制、笔录制作、措施运用等方面素养与技能提高的需求。□题布局合理，品种齐全，内容丰富，特别是丛书立足于实务、来源于实务□基层，结合近年来的侦查办案实践和最新颁布的法律法规及司法解释，突□务犯罪侦查办案的技能技巧性、办案程序的规范性，强调其对于侦查能力□提高的实用性、可操作性，因而在出版发行后，深受广大基层干警的欢□评，被认为是侦查办案人员不可或缺的一套常查常用、应知应会的办案□用书。应广大基层干警要求，我们组织作者在原丛书的基础上，根据新□律法规和司法解释，充分吸收近年来侦查实践的成功经验和理论研究□果，对丛书进行了全面的修订、整合，以飨读者。本次修订后，丛书□册有：

前　言

　　职务犯罪是一种特殊类型的犯罪，是国家工作人员滥用权力、亵渎权力的表现，是严重的腐败形式。职务犯罪严重侵害国家机关的管理职能，影响正常的管理秩序和工作秩序，破坏由此产生的种种社会关系，败坏政府的威信，损害公众利益，具有严重的危害性。因此，采取有效措施，切实预防和打击国家工作人员职务犯罪，已成为现代国家理论、政治理论的重要内容。西南政法大学刑事侦查学院侦查学专业创立 30 多年来，对侦查理论与实践进行了广泛而深入的研究，在国内外侦查学界与实务界举足轻重，对职务犯罪的研究更是精益求精、影响深远。特别是改革开放以来，面对职务犯罪日益泛滥的趋势，西南政法大学刑事侦查学院开设了国内第一个职务犯罪侦查专业，对职务犯罪进行了全面而系统的研究。为了进一步推进职务犯罪侦查的教学和培训工作，西南政法大学刑事侦查学院部分教师通过广泛调研和不断探索，最终编写了本教材。

　　2012 年《中华人民共和国刑事诉讼法》修正实施，同时伴随着十八大后反腐大幕开启，职务犯罪侦查的政治、经济、法律、社会环境发生较大改变，在出版社的组织下，本书撰稿人员对相关内容进行了部分修订，经编委会严格审核、校对，本书再版刊印。

　　修正后的刑事诉讼法突出人权保障理念，以庭审为中心构建司法体制，重点规范侦查程序。2014 年党的十八大将依法治国作为重要治国方针与重点推进工作，法治化已经成为社会经济、政治发展的方向，也是贯穿检察机关职务犯罪侦查的基本理念。职务犯罪侦查要实现法治化，关键在于真正做到"依法办案"，也就是要依照法定的程序办案，遵循程序法定原则。

　　确立严格依法办案的保障机制是实现侦查法治化的关键，而且，这种保障机制应该贯穿职务犯罪侦查活动的始终，应该落实到各种侦查措施的运用上。从立案侦查到侦查终结，从运用初查手段到采取强制措施，都必须严格遵守法定的程序和规则，既不允许任何人在法律面前享有特权，也不允许非法侵犯公民的人身权利和民主权利。特别是在收集证据的问题上，侦查人员绝不能滥用手中的权力去非法提取证据，严禁刑讯逼供或采用暴力、威胁等手段获取证人证言。任何侦查人员实施了上述被禁止的行为，都应依法受到处罚。简言之，职务犯罪侦查人员必须养成严格依法办案的行为习惯。

本书修订再版时改名为《职务犯罪侦查指引》，全书分为七个部分，第一部分阐述了职务犯罪及侦查的特点和基本侦查对策；第二部分强调职务犯罪侦查策略设计和运用；第三部分论述了职务犯罪侦查讯问；第四部分阐述了职务犯罪侦查中的证据运用；第五部分重点探讨了各类职务犯罪案件的侦查；第六部分则探讨了职务犯罪侦查中的刑事技术工作；第七部分探讨了职务犯罪疑难案件的侦查。

《职务犯罪侦查指引》由任惠华担任主编，马方、庞建兵任副主编，任惠华、罗永红、管光承、马方、马兵、贾治辉、庞建兵等参与撰稿。具体分工如下：

任惠华：第一部分第一章、第二章，第二部分第三章、第四章、第五章、第六章；

罗永红：第三部分第七章、第八章、第九章、第十章、第十一章、第十二章、第十三章；

管光承：第四部分第十四章，第五部分第十六章、第十七章；

马方：第五部分第十五章、第七部分第二十三章；

马兵：第六部分第十八章；

贾治辉：第六部分第十九章、第二十章、第二十二章；

庞建兵：第六部分第二十一章。

由于各方面的原因，本书中可能有许多疏漏甚至错误之处，全书的文风和体例也不尽一致，敬请各位读者批评、指正。

编者

2015 年 6 月

目　　录

第一部分　职务犯罪侦查概述

第二部分　职务犯罪侦查策略设计和运用

第三部分　职务犯罪侦查讯问

第四部分　职务犯罪侦查中的证据运用

第五部分　职务犯罪案件侦查

第六部分　职务犯罪侦查中的刑事技术工作

第七部分　职务犯罪疑难案件侦查研究

第一部分
职务犯罪侦查概述

第一章 职务犯罪侦查的特点

第一节 职务犯罪的概念

一、职务犯罪的概念

职务犯罪并非我国刑法中的专门术语，而是司法部门和法学理论界提出的一个概念。其法律依据是我国刑法和有关刑事法规中的某些犯罪，即必须以犯罪主体具备一定的职务身份为前提，或利用职务实施一定行为为构成要件。

关于职务犯罪的概念，目前法学界尚无统一认识。有的认为职务犯罪就是国家工作人员的犯罪，或称国家工作人员职务上的犯罪，或称国家工作人员利用职务便利的犯罪。有的认为职务犯罪是公职人员违背职业道德，故意或过失实施了与其职务活动有密切联系的各种犯罪。有的还认为，职务犯罪是指国家工作人员、集体经济组织工作人员或者其他从事公务的人员违反有关职务的行政、经济法规，故意或者过失地实施违背其职务的犯罪或者消极地不履行其职务所要求的行为，致使国家和人民利益遭受重大损失的犯罪行为的总称，如此等等。

综合分析职务犯罪的法律特征和本质属性，我们认为，职务犯罪是指具备一定职务身份的人故意或过失地实施了与其职务之间具有必然联系的、侵犯了国家管理公务的职能和声誉，致使国家和人民利益遭受重大损失的各种犯罪的总称。职务犯罪的上述概念表明了职务犯罪具有以下几重本质属性：

（一）职务犯罪的主体是具有一定职务身份的人，职务犯罪的主体必须以行为人具备一定的身份为前提

所谓身份，在刑事法律规范中是指法律明文规定的对定罪量刑具有影响的个人要素、地位和状况。我国刑法规定的某些犯罪除了要求犯罪主体必须达到法定责任年龄、具备刑事责任能力外，还要求行为人具有一定的身份才能成立，不具有法律所要求的特定身份者不能单独构成这种犯罪。这种犯罪，在刑法上称为真正身份犯罪。而刑法上没有规定必须具有一定的身份者犯这种罪时法律规定予以从重、加重或从轻、减轻处罚。这种具有一定的职务身份才能成立的犯罪，可称之为真正的职务犯罪，一定的身份是构成这种犯罪的条件；而刑法没有规定必须具备一定的职务身份成立的犯罪，由有一定职务身份者利用职务上的便利实施这

种犯罪的，可称为非真正的职务犯罪。狭义上的职务犯罪仅指真正的职务犯罪，广义上的职务犯罪则还包括非真正的职务犯罪。

"职务"是构成职务犯罪的前提和基础。一般意义上的职务，是指"工作中所规定的事情"。刑法意义上的职务有其特定的含义，既不同于上述一般意义上的职务，也不完全等同于行政法上所指的职务，而是指行为人因依法或受委托从事公务而取得的法定身份，以执行相应的公务为内容。具备一定的职务即意味着代表国家、集体或社会公共团体依法为一定的具有管理性质的公务行为的资格。职务与职权、职责密不可分，即具备一定职务身份的人，必须对其所从事的工作享有一定的职权，同时又必须对其工作负有一定的职责。职权和职责构成职务的基本内容。职务犯罪就是具备一定职务身份者利用职务上的便利实施的，或者对其职务身份者利用职务上的便利实施的，或者对其职务公职严重不负责任、不履行或不正确履行职责而构成的犯罪。因此，职务犯罪与因疏于业务上的必要注意而导致自己所不希望的危害社会的结果而构成的犯罪不同。

（二）职务犯罪是犯罪行为与行为人的职务之间有必然联系的犯罪

也就是说，并非凡是有职务身份者所实施的犯罪都是职务犯罪，只是在犯罪行为与行为人的职务之间存在必然联系时，才属职务犯罪。犯罪行为与职务无关的，只能按刑法的其他条款定罪而不能以职务犯罪论处。如某甲虽具有国家工作人员身份，其在夜间潜入本单位行窃，由于其犯罪行为与其职务之间没有直接的联系，因而不能定其为职务犯罪之一的贪污罪，而只能定为盗窃罪。

职务犯罪的犯罪行为与行为人的职务之间的联系，主要有两种表现形式：一是利用职务上的便利所实施的犯罪，即行为人利用其职务上的地位、机会和方法，实施职务犯罪。这种犯罪形态是职务犯罪的主要表现形式，其实质是以权谋私或滥用职权。主要有贪污、受贿、挪用公款、挪用特定款物、徇私舞弊、报复陷害、私放在押人员、刑讯逼供等犯罪。二是虽然没有利用职权，但犯罪结果的发生与其职务有着内在联系，这类犯罪主要是行为人在职务活动中，不履行或不正确履行职责而导致犯罪结果发生，如玩忽职守罪。

另外，职务犯罪不同于职业犯罪。职业犯罪是以反复实施某一类或某几类犯罪为其职业特点，并以犯罪作为其谋生的手段，其犯罪手法狡诈、专业性强。而职务犯罪则是指行为人利用自己所担负职务的方便条件或在执行职务的过程中产生的犯罪，二者有着本质的区别。

二、职务犯罪的分类

职务犯罪可以从不同的角度进行分类。

（一）依国家工作人员职务犯罪的罪过形式，职务犯罪可以分为职务上的故意犯罪和职务上的过失犯罪

所谓职务上的故意犯罪，是指行为人明知自己的行为会发生妨害国家机关的正常管理活动和侵犯公民的人身权利和民主权利的结果，并且希望或者放任这种结果的发生而构成的职务犯罪。我国刑事立法中的大多数职务犯罪属于职务上的故意犯罪，如贪污、受贿、挪用公款、挪用国家特定款物、刑讯逼供、报复陷害、非法剥夺宗教信仰自由和侵犯少数民族风俗习惯、体罚虐待被监管人员、徇私舞弊、私放在押人员、妨害邮电通信等罪均属于职务上的故意犯罪。

职务上的过失犯罪，是指行为人应当预见自己的行为会发生妨害国家机关正常管理活动的结果，因为疏忽大意而没有预见，或者已经预见而轻信能够避免，以致发生这种结果而构成的职务犯罪。我国刑法中的玩忽职守、过失泄露国家秘密等罪，均属于职务上的过失犯罪。

（二）依行为人执行职务的特点，职务犯罪可以分为一般职务犯罪和特别职务犯罪

所谓一般职务犯罪，是指刑法只要求某一职务犯罪的主体是依法从事公务的国家工作人员和集体经济组织的工作人员，该工作人员实施的犯罪行为与其职务有直接关系。我国目前的刑事法律中的大多数职务犯罪属于一般职务犯罪，如贪污、受贿、报复陷害等罪。

所谓特别职务犯罪，是指刑法规定某一职务犯罪的主体只能是执行某种特殊公务的国家工作人员，该国家工作人员所实施的犯罪行为必须与其所执行的特殊公务有直接关系，如虐待被监管人员、妨害邮电通信等罪。只要一般国家工作人员不负有法定的某种特殊责任，不享有执行特殊公务的权力，因而也就无特别公务可亵渎，自然也就不能成为特别职务犯罪的主体；而执行特殊公务的国家工作人员却是国家工作人员的一部分，他们既可以成为特别职务犯罪的主体，又可以成为一般职务犯罪的主体。

（三）依行为人的身份在定罪量刑中的作用，职务犯罪可以分为纯粹职务犯罪和非纯粹职务犯罪

所谓纯粹职务犯罪，是指行为人的身份是构成某种职务犯罪的法定主体条件，否则，绝对不可能独立地构成这种职务犯罪。我国刑法中规定的职务犯罪大多数属于纯粹职务犯罪。这里的"纯粹"二字，是指某些职务犯罪的主体只能是国家工作人员，非国家工作人员不能独立构成这些犯罪。因为非国家工作人员不享有法律赋予的职权，不可能利用职务之便或滥用职权或玩忽职守等方式而实

施职务犯罪。即使有的非国家工作人员实施了类似的行为而构成犯罪的，也不属于职务犯罪。但非国家工作人员可以成为国家工作人员职务犯罪的共犯而存在。因为非国家工作人员缺乏利用职务独立实施职务犯罪的条件，而只能与国家工作人员一起，利用国家工作人员的职务去完成犯罪。

所谓非纯粹职务犯罪，是指在某些犯罪的构成中，对犯罪主体和身份不作特别要求，即法律规定这些犯罪可由符合一般犯罪主体的任何公民构成，而具有国家工作人员身份的人实施了这些犯罪作为量刑的从重情节规定。

（四）依行为人犯罪侵犯的主要客体，职务犯罪可以分为经济性职务犯罪、侵犯公民人身权利和民主权利的职务犯罪、侵犯国家机关正常活动的渎职职务犯罪

经济性职务犯罪主要是指以破坏社会主义经济秩序和侵犯公共财产所有权为主要犯罪客体的职务犯罪。这类犯罪的特点是行为人具有贪财图利的犯罪动机和目的，利用职务上的便利，攫取公共财产，扰乱、破坏国家的经济秩序。属于此类职务犯罪的有刑法分则中规定的贪污罪、受贿罪、挪用公款罪、挪用特定款物罪、巨额财产来源不明罪等。司法实践中，经济性职务犯罪在整个职务犯罪中占了较大的部分。

侵犯公民人身权利和民主权利的职务犯罪又称侵权职务犯罪，是指行为人滥用职权，侵犯公民的人身权利和民主权利。如刑法分则规定的刑讯逼供、报复陷害、非法剥夺宗教信仰自由和侵犯少数民族风俗习惯、虐待被监管人员罪均属侵权职务犯罪。

侵犯国家机关正常活动的渎职职务犯罪是以国家机关正常管理活动为主要犯罪客体，如刑法分则规定的泄露国家秘密、玩忽职守、徇私舞弊、私放在押人员、妨害邮电通信等。

军职罪是否属职务犯罪目前尚有不同意见。军职罪是以侵犯国家军事利益为主要客体的犯罪，它集中规定在刑法分则第十章中，如战时自伤罪、泄露军事秘密罪、玩忽职守罪等。军职罪的特点是现役军人或执行军事任务的预备人员以及其他人员违背军职、滥用军职、疏忽军职，使国家的军事利益受到损害，危及国家的安全和战争的胜利。

第二节　职务犯罪侦查的不利因素和有利条件

一、职务犯罪侦查的不利因素

（一）职务犯罪主体特点带来的不利因素

职务犯罪的侦查较其他刑事犯罪的侦查而言有其自身的特点，更有难度，职务犯罪侦查的不利因素有以下方面：

1. 职务犯罪主体的反侦查能力强。犯罪主体的反侦查能力的强弱取决于两个方面：一是其反侦查愿望的有无及其程度的强弱；二是其是否具备反侦查的客观条件及其具备程度。职务犯罪绝大多数是故意犯罪，犯罪主体明知故犯，因而一般都有反侦查的主观愿望。再者，犯罪主体的文化、法律水平较高，社会阅历丰富，关系网复杂，有一定的地位和职权，客观上具有反侦查条件。随着反腐败斗争的深入和法律知识的普及，职务犯罪主体不仅主观上反侦查的愿望更普遍和强烈，而且更潜心于对反侦查的研究，以提高反侦查的能力。

2. 职务犯罪主体关系网复杂，且多具有一定的职权，所以侦查的干扰多，阻力大。职务犯罪主体的特定性决定了行为人不仅与其他犯罪的行为人一样要进行日常的交往活动，而且还与有关单位和部门有业务上的往来，因而其关系网比其他犯罪人的关系网更为复杂。关系网的复杂以及犯罪主体多具有一定的职权和地位等原因，使某些法制观念淡薄的关系人向司法机关说情，或者不与司法机关配合。极个别职务高的关系人甚至以权压法，阻挠侦查。

3. 从事公务的人员之间、从事公务的人员与非公务人员往往相互勾结，共同犯罪甚至形成职务犯罪的集团，进而给侦查带来很大的困难。由于种种原因，权、钱、色、亲情等可以相互交换，从而形成多位一体的复杂局面。权既可以由掌握它的人直接使用，也可以通过转让而获得钱、色、人情等。在职务犯罪中，权、钱、色三者的交换最引人注目，而其中起关键作用的往往是兼具双向转换器和高倍放大器性能的权。它既能将自己和色转换成钱，也可以将钱、色转换成权，还能将少量的钱加以高倍放大后反馈给"投资"卖权的人。"你手中有权，我腰里有钱；我用我的钱，买下你的权；再用买来的权，得到更多的钱。"——这是犯罪分子的"名言"。倘若现阶段权、钱、色等多位一体局面的形成是以互惠互利的交易为纽带的，那么在将来，这种交易关系将可能演化成为一种包括交易在内的严密的组织关系，觊觎权力、贪财、反社会等类型的人将会结成一个复杂的犯罪集团，这种局面一旦形成，将严重制约侦查活动的开展。

4. 越来越多的高职位官员进行职务犯罪活动。仅就 2006 年的反腐大案来看，上海社保基金案就牵出了上海市市委书记陈良宇和国家统计局局长邱晓华两大高官，除此之外，在 2006 年落马的省部级官员人数也有所增长，这一方面说明了中央政府打击腐败、职务犯罪的决心不断增强，力度不断加大；另一方面也说明了近年来高职位政府官员的职务犯罪活动呈上升趋势，形势不容乐观。这一现象也给职务犯罪侦查带来很大阻碍，在今后的侦查工作中，有越来越多的问题需要办案人员来面对。

（二）职务犯罪的时间及空间方面的不利因素

1. 职务犯罪的时间特性主要表现在：第一，大多数职务犯罪的预谋、持续时间较长。首先，经济性职务犯罪、报复陷害罪、私放在押人员罪、徇私舞弊罪等犯罪一般要经过周密的预谋。其次，实施上述犯罪一般要等待或创设时机，因而从犯罪预谋之初到实施犯罪需要较大的时间跨度。最后，经济性职务犯罪、妨害邮电通信罪的行为人往往会在较长时间内多次实施犯罪行为。第二，实施犯罪的时间与发现犯罪的时间跨度较大。经济性职务犯罪、妨害邮电通信罪、泄露国家重要机密罪等犯罪的隐蔽性，没有直接侵害后果的特性决定了发现犯罪的时间常常大跨度地滞后于实施犯罪的时间。近年来新闻媒体披露的全国范围内的大案要案的情况，都能充分说明这一点。

2. 职务犯罪空间特性主要有：第一，大多数职务犯罪没有明显的犯罪现场可供勘验。绝大多数破坏社会治安的犯罪作为一种直接的侵害行为一般都有明显的现场，职务犯罪则不然。在职务犯罪中，除部分刑讯逼供、虐待被监管人员、玩忽职守、私放在押人员等犯罪，一般有明显的现场之外，多发性的经济性职务犯罪、徇私舞弊罪等大多数职务犯罪极少会留下有勘验价值的现场。没有明显的现场可供勘验意味着刑事诉讼法规定的证据种类之一的现场勘验笔录将无法取得。而现场勘验笔录是一种较易获取的证据，对于没有明显的现场供勘验的犯罪而言，由于少了一种证据来源而增大了侦查取证的难度。第二，故意犯罪现场常被毁坏或伪装，现场采证率低。在有明显的现场供勘验的少数职务犯罪中，刑讯逼供、虐待被监管人员和私放在押人员三种罪的犯罪主体一般熟知法律，明知故犯，自知其行为将要受到刑事处罚，因而，犯罪前预谋周密，极少在犯罪现场留下能证明其犯罪的痕迹物品等物证；犯罪后还要破坏现场，降低现场采证率，或者对现场进行伪装，企图割断案件与其之间的联系。第三，绝大部分职务犯罪往往有多个现场。尽管多数职务犯罪没有明显的现场可供勘验，但并不意味着这些职务犯罪就没有犯罪现场。每一起具体的犯罪案件都有其实施犯罪行为的地点，并可能在其他处所遗留有与犯罪有关的痕迹和其他物证。换言之，每一起案件都有犯罪现场，只是不同性质的犯罪由于犯罪主体、实施犯罪的方式方法等因素的不同而决定了现场的明显程度和勘验价值有差异而已。任何犯罪都是实施一系列行为的过程，绝大多数职务犯罪有预谋行为和处理赃款赃物及其他罪证的行为，因此除主体现场外，往往还有多处关联现场。职务犯罪有多个现场的特点使侦查有现场可寻的同时也增加了侦查的难度。

（三）从职务犯罪的犯罪对象因素上看

1. 无一般意义的被害人。刑事被害人是指其合法权益或权利遭受犯罪行为直接侵害的公民、单位和国家。任何犯罪都是一种危害行为，而犯罪行为的危害必然要有人承担。但是，由于职务犯罪没有直接的具体的自然人即时来承受犯罪后果，其被害人具有形态上的特殊性而不能称其为一般意义的被害人。这种无一般被害人的职务犯罪，使侦查的启动和进行缺少了有力的线索、材料甚至是证据的来源和支撑。

2. 犯罪多以贪利动机为主导，虽有赃物可查，但大多为现金，难以控制。对于赃物，一般是隐藏、销毁、抛弃、使用或销售。欲行控制，则必从这些方面入手，而且要求赃物具有特殊性，有迹可循。但是，现金体积小、外形一致，难以确定其与犯罪的关联，便于犯罪人隐藏或使用，如存入银行或赠予他人等，很难控制。

（四）从职务犯罪的手段方法上看

1. 犯罪行为具有隐蔽性，多无目击证人。犯罪分子在实施职务犯罪活动中往往与国家权力结合在一起，并有合法的身份和形式作掩护，作案手段诡秘，又不直接涉及公民个人的切身利益，加上犯罪的社会危害性潜伏期较长，难以为人所知。

2. 一般无犯罪工具可查。传统的自然犯罪，如杀人或盗窃，往往有犯罪工具，如凶器或撬锁工具等。而职务犯罪犯罪人往往利用国家权力，利用自己对职务行为的熟悉和掌控，以行为而非工具不知不觉地实施犯罪。如买官卖官案例中，犯罪人收受钱财后在会议上大力推荐行贿人，便完成了整个犯罪，因此，无须任何工具。

3. 虽有现场，但多数无勘验价值。犯罪现场之所以在侦查中具有不可取代的作用，主要在于它富含着犯罪留下的各种痕迹物证，而该痕迹物证能够重建犯罪过程，具体确证犯罪嫌疑人。但是，在职务犯罪现场，并没有留下有价值的痕迹物证，因为犯罪行为甚至不会使现场出现任何异样的特有变化，犯罪事实主要通过证人证言、会议记录、账册中的文字内容以及犯罪嫌疑人的口供等证据来证明。如渎职案主要靠有关知情人或有关文书对犯罪嫌疑人职务行为是否正当的回忆和记载，贪污案主要靠账目和单据，贿赂案主要靠行、受贿双方的口供等言词证据。

4. 知情人多与犯罪嫌疑人有特定联系。在职务犯罪过程中，基于犯罪的隐蔽性，往往是犯罪各方和家属才能够知悉犯罪的发生；或者知情人乃为犯罪人之下属，有现实利害关系。而这些知情人往往能从犯罪中获利，或者虽不能获利但也不会受害，反而是与侦查机关的任何合作都可能立即招致不利后果。因此，此类知情人往往不会主动自愿协助侦查。

（五）从职务犯罪线索来源上看

1. 渠道有限。及时发现并掌握犯罪线索，是运用侦查手段揭露和证实犯罪的前提条件。职务犯罪案件线索的来源，除群众举报，有关单位控告，纪检、监察等部门移送和上级机关、党委、人大交办的线索外，很大一部分取决于侦查部门摸排线索。而群众举报渠道因职务犯罪的隐蔽性而大打折扣，其他部门的移送也往往具有滞后性。因而，在查办职务犯罪案件时，应立足于自行发现线索。

2. 匿名举报多。匿名举报是指举报人在举报时，不具名或不署真实姓名的举报。匿名举报的问题是一种复杂的社会现象，它的存在具有一定的社会原因：怕打击报复而不署名；不知详情，对举报问题拿不准而不署名；随意夸大式的举报而不署名；泄私愤、歪曲事实的举报而不署名；对检察机关不够信任而不署名。匿名举报一方面使侦查机关难以与举报人进一步接触获取更多信息，另一方面也使该举报真假难辨，从而增加查证难度。

（六）从侦查人员的素质和侦查手段方法上看

1. 侦查人员的素质不能适应斗争需要。侦查人员的基本素质应当是坚定信念、敬业精神、文化素养、业务能力与健康体魄的统一。而职务犯罪行为人往往坐拥权力复杂关系网，拥有反侦查的客观条件，而且具有较高的智商等反侦查的主观能力。他们或对侦查机关或人员进行威逼利诱，或者巧妙合法地抵制侦查措施，因此，侦查人员的政治和业务素质等都受到了严峻挑战。

2. 侦查的观念、手段方法不能适应斗争需要。从某种意义上讲，侦查观念的转变更带有先导性，没有侦查观念的转变，要实现侦查方式的转变是难以想象的。"执法观念不适应，是当前反贪工作中一个带有普遍性的问题。要树立与修改后的'两法'相适应的新的执法观念，依法纠正旧的办案习惯。"解放思想，更新观念，是解决职务犯罪侦查工作侦查难、取证难、处理难的一把金钥匙。当前，我国侦查技术水平较低，侦查的手段方法普遍是依靠对口供的获取。因此，现有的侦查观念和手段方法显然滞后。

二、职务犯罪侦查的有利条件

（一）职务犯罪侦查有广泛的群众基础，侦查的各个环节均可得到人民群众的支持

任何职务犯罪都离不开群众生活的领域，都会与其周围的群众有着直接或间接的关联。犯罪分子实际上处在群众的包围之中，其言谈举止、道德品质、社会交往、生活规律、经济状况以及实施犯罪前后的动态和行踪，无一不在群众的视

野之内。广大群众对职务犯罪行为深恶痛绝，因此职务犯罪侦查拥有较为坚实的群众基础。如果侦查人员能够及时开展群众工作，通过走访、座谈等形式，就能充分获取职务犯罪线索和证据，及时揭露证实职务犯罪。举报工作是检察机关职务犯罪侦查中依靠群众的一种重要形式。所谓举报工作，是指动员人民群众对经济犯罪行为及渎职、侵权等犯罪行为进行揭发、检举，并向检察机关报案的工作。各级检察机关受理的贪污贿赂案件的线索绝大部分来自举报。

有关专家能够协助侦查机关解决职务犯罪侦查过程中的疑难问题。由于职务犯罪的广泛性，职务犯罪侦查中经常需要运用社会各行各业的经验与知识。为了解决职务犯罪侦查中遇到的一些专业问题和疑难问题，侦查人员经常要向各行各业、各个领域的专家和有经验的群众请教，如在侦查贪污案件时，侦查机关就要经常邀请熟悉财会业务、具有一定工作经验的会计师或专职会计人员协助侦查人员查账。

人民群众能够在职务犯罪侦查的各个环节上给侦查工作以支持、配合和监督。检察机关受理的绝大部分职务犯罪案件都来源于人民群众和有关机关、团体的报案、检举和控告；许多有危害结果的职务犯罪现场在勘查前可以发动群众进行保护；许多侦缉行动的实施得到群众的支持，如多数侦查措施、手段在实施前可以向有关群众了解情况，在实施过程中得到有关机关的配合和掩护；在对被告人的讯问中，经常有翻译人员、有关专家、学者等介入，以帮助解决讯问中遇到的问题。

（二）党和政府的高度重视

党中央始终把反腐倡廉作为关系党和国家生死存亡的大事来抓，积极部署打击和预防职务犯罪。中央政治局常委会和中央政治局每年都分别召开会议，专题研究反腐倡廉工作，从大局和实际出发作出决策和部署。党的总书记每年都要在中央纪委全会上，就加强党风廉政建设和反腐败斗争发表重要讲话。国务院每年都召开廉政工作会议，部署政府系统的反腐倡廉工作。在党中央、国务院的坚强领导下，各级党委、政府高度重视党风廉政建设和反腐败工作，党委统一领导、党政齐抓共管、各部门各负其责的良好局面进一步形成，保证了反腐倡廉工作始终紧紧围绕党和政府的中心任务，平稳、健康、有序地向前推进。

（三）政治素质高的侦查队伍

在各项素质中，思想政治素质是居于首位的。因为思想政治素质的高低决定着一个人的人生观、价值观，以至他对党对人民的态度，决定着一个人的行动。由于我党一贯以来的思想政治教育的传统，侦查队伍的政治素质是值得肯定的。侦查队伍能够提高理论素养，树立马克思主义的世界观和方法论，不断增强政治上的敏锐性和辨别是非的能力，在大是大非面前始终保持头脑清醒，强化奉献精神，增强克服困难、与时俱进的意志。侦查队伍思想政治觉悟和理论水平的提高，有利于增强在行动上与党中央保持一致。侦查队伍一定要吃苦在前，享受在后，积极开展各项侦查工作，使"全心全意为人民服务"的宗旨落到实处。

（四）强有力的法律和侦查手段

法律具有权威性、明确性、强制性和稳定性的特点。只有法律对职务犯罪侦查主体、机制、措施、程序等方面明确地规定，才能保证侦查工作在全社会的共同参与下各司其职，互相配合，有条不紊地开展；只有法律才能排除各种障碍，确保侦查工作的顺利进行。我国已经制定了相对完善的侦查和预防职务犯罪等一系列法律法规，切实做到"有法可依"，为职务犯罪侦查提供了强有力的法律保障。

侦查手段也有显著提高，不仅是传统侦查手段依托现代法制和思维方法等，获得了发展与完善，而且高科技的技术侦查手段也获得了广泛的运用。这里所谓技术侦查措施，是指不同于一般的讯问、勘验、检查、鉴定等常规侦查手段的，运用高新技术秘密进行侦查取证的专门措施，如电子侦听、电子监控、秘密拍照录像、邮件检查等。这种措施的运用，有利于侦查机关在正面接触犯罪嫌疑人之前就掌握其重要犯罪证据，并有利于对犯罪嫌疑人的控制。

（五）职务犯罪嫌疑人有许多弱点可以为我们所利用

1. 共同职务犯罪人间必有矛盾冲突和利害关系。虽然职务犯罪大多为关系人之间"互惠互利"，具有"攻守同盟"的极大内在利益驱动性。但是，正如"矛盾是普遍存在的"，他们之间也必然存在某些矛盾或利害冲突，如共同犯罪人之间分赃不均等。因此，侦查人员要善于从中发现蛛丝马迹，利用政策攻心说服教育等方法，争取某些犯罪人的配合。

2. 职务犯罪前后和犯罪过程中必有物证书证存在。"犯罪必取一定形态，犯罪必留一定痕迹"，这是任何犯罪都不可规避的客观规律，是不以任何人的主观意志为转移的。职务犯罪虽存在犯罪人反侦查意识强、具有隐蔽性等侦查困境，但是犯罪人实施犯罪，则必须借助一定的客观工具手段，作用于客观世界，那么，必然会留下关于犯罪实施或犯罪结果的某些物证书证。而这些物证书证便是侦查的依托和所求。

3. 多数职务犯罪都有知情人存在。首先，从权力本身看，一项职务的行使不可能是一个人能单独完成的，任何权力的行使都必然要有一系列的环节，涉及一系列的人，这也是任何现在文明制度权力设计的共同特征。因此，犯罪人通过职务权力实施犯罪也必然为人所知悉。其次，从犯罪自身而言，犯罪人之间要认识、接触，进行犯罪等，都可能会涉及说情人或中间人等。因此，侦查职务犯罪应该尽量争取知情人的配合，从中获取线索，并进一步深入侦查。

4. 多数职务犯罪嫌疑人都有反常活动或表现。在一般的情况下，一般的人会有一般的反应，这便是一种正常的现象。但是，一旦有异常因素干扰，便会出现异于常规的反应，而能为外界所察觉利用。同理，犯罪使犯罪人必然会与其原有状态，或与自身应然状态不相符合。如经济上，犯罪人可能会有暴富迹象，财产明显超过其工资所得，或者在行为上异于常态。这些反常情况都能为侦查提供相应的线索或证据。

5. 多数职务犯罪嫌疑人都有心理弱势。首先是负罪感。因为，职务犯罪的犯罪人往往受党多年的教育与培养，深受社会主义精神文明的熏陶和感化，所以，他们可能会因为自己的犯罪行为而对党和人民怀有某种程度的负罪感。其次是危机感。面对党和政府惩治腐败的决心，面对如火如荼地打击腐败犯罪的行动，他们可能会时时惧怕自己的犯罪行为被揭发，如坐针毡。所以，多数犯罪嫌疑人都会有某种程度的心理弱势，这些弱势可能导致他们出现反常而为侦查提供凭证，或者使他们更易在说服教育面前坦白罪行。

第三节　职务犯罪侦查的特点

职务犯罪侦查的特点主要取决于职务犯罪本身所固有的特点。不同种类的犯罪具有的不同特点决定了其侦查也相应地具有不同的特点。正是因为职务犯罪侦查在其所侦查的职务犯罪的性质、职务犯罪主体等方面的特点与非职务犯罪在对应方面特点上的差异，所以才有不同于其他犯罪的侦查特点。研究职务犯罪侦查的特点旨在把握职务犯罪侦查的规律性，它是制定行之有效侦查对策的前提。

一、职务犯罪侦查的过程一般是从人到事的侦查过程

尽管其他犯罪的侦查中亦有些案件是从人头线索开始侦查而查明犯罪事实的，如部分特务、间谍案件和预谋犯罪案件等，但相当部分案件是从一定的犯罪后果入手侦查而查明犯罪人进而完成揭露和证实犯罪的任务的。职务犯罪侦查则多数是围绕一定的犯罪嫌疑人调查取证而查明其有无犯罪事实的；只有少数职务犯罪是从犯罪后果入手侦查的，部分玩忽职守、私放在押人员、监守自盗的贪污犯罪的侦查即是如此。侦查过程的不同，决定着侦查中各环节的重点和所采取的措施、手段的侧重点各不相同。对于从人到事的案件侦查，立案前的审查主要是为了查明嫌疑人有无犯罪事实而采取的旨在进行审查和调查核实的措施和手段，立案后的侦查取证过程则是为了进一步收集证据，以证实立案侦查的嫌疑人的犯罪事实，并发现其有无其他犯罪事实并缉获犯罪嫌疑人。对于从事到人案件的侦查，不仅要收集有无犯罪事实和是否需要追究刑事责任的证据，而且还要发现嫌疑人，并进一步收集证实其是否犯罪的证据并将其缉捕归案。

二、职务犯罪侦查对象的特殊性

职务犯罪主体的特殊性决定了侦查对象的特殊性。职务犯罪侦查的对象是具有职务犯罪嫌疑的国家工作人员和其他从事公务的人员及其共犯。从案件侦查角度看，每起案件的侦查对象必须是或者必须有从事公务的人员，因此职务犯罪的侦查对象基本是从事公务的人员。其他犯罪的侦查对象虽然亦有国家工作人员和其他从事公务的人员，但所占比例很少。根据因人因案施策的原则，职务犯罪侦查必须强调侦查的策略性。因为职务犯罪人普遍具有较高的智商，有的还占据着相当高的职务，手中握有重权，其自身往往拥有一张盘根错节的关系网。正因如此，所以侦查对象能进行高能量的反侦查活动，侦查中的干扰和阻力大，侦查取证困难。

三、职务犯罪侦查中矛盾双方的强烈对抗性

在职务犯罪侦查中，一方面，侦查人员要依法开展侦查，查明犯罪人及其犯罪事实；另一方面，犯罪人却要千方百计地对抗、阻挠侦查，妄图逃脱刑罚的处罚。即使在部分犯罪嫌疑人自首的案件和过失职务犯罪案件中，仍然存在这种对抗性。在故意实施的职务犯罪案件侦查中，这种对抗性表现得十分普遍和突出，其强弱受制于下列几个因素：一是犯罪人的智力水平、法律水平及其对有关侦查知识的掌握程度；二是犯罪人关系网的复杂程度；三是犯罪性质及罪行轻重；四是犯罪人被绳之以法后将要失去的利益的多少。职务犯罪人的罪行一旦被揭露和证实，其"乌纱帽"就要被摘掉，"吃皇粮"、"八面威风"的日子将一去不复返；加之其智力、法律水平普遍高于其他犯罪人，其关系网亦较其他犯罪人复杂，因而，职务犯罪侦查中矛盾双方的对抗性显得尤为强烈。这种强烈的对抗性突出表现为以下两个方面的内容：一是职务犯罪侦查对象自身的反侦查活动的质和量普遍高于非职务犯罪的侦查对象；二是职务犯罪的关系人往往主动阻挠侦查或消极地对抗侦查，不与司法机关合作。诚然，特务、间谍一般要接受反侦查训练，故反侦查能力很强，但上述对抗性的第二个表现却基本上阙如。盗窃、抢劫等犯罪的惯犯也大抵如此。职务犯罪侦查中矛盾双方强烈对抗性要求侦查人员必须强化策略意识，讲究斗争艺术，强调以智取胜。

四、职务犯罪线索来源的隐蔽性

除侦查人员直接发现的线索以外，侦查机关获取的犯罪线索一般来源于群众和单位的举报、有关部门的移送、隐蔽力量提供的情报和犯罪嫌疑人的自首。侦查实践表明，大多数职务犯罪的侦查始于群众举报的线索。在其他犯罪的线索来源中，虽然也是群众举报的线索占多数，但匿名举报甚少。因此，其线索来源也不如职务犯罪线索来源隐蔽。职务犯罪线索来源的隐蔽性源于职务犯罪行为的隐

蔽性、举报人怕受到打击报复等多种因素。这一特点决定了立案前的审查阶段要花相当多的时间和精力调查有无犯罪事实，而且能查实确有犯罪事实而立案的匿名举报较少。鉴于此，要有效地侦查职务犯罪，就必须多渠道地开辟线索来源，同时设法提高公开举报的比例，由此而相应地提高举报线索的可靠性。

五、职务犯罪侦查取证过程的复杂性

侦查过程实质上是发现和获取证据、缉获犯罪嫌疑人的过程。因此，侦查取证过程是否复杂取决于犯罪案件本身的情况及犯罪嫌疑人对侦查所采取的态度。职务犯罪行为触犯的法律、法规多；加之职务犯罪活动隐蔽，实施犯罪时间与发现犯罪时间的时间跨度大，故证实犯罪的直接证据和原始证据较少，更多的是大量的间接证据和传来证据。因此，侦查取证的范围广泛，需获取的证据数量多。另外某些职务犯罪案件侦查的技术性强，寻找、发现和检验证据要做大量的工作。就查账而言，查账人员可能要面对堆积如山的账册。检验完所有的账册的时间以月计算的情况并不少见。再者，职务犯罪侦查对象的反侦查能力强、干扰阻力之大无疑增加了侦查取证的复杂程度。

第二章　职务犯罪侦查的基本对策

职务犯罪侦查工作历来以立案难、取证难、追逃难而成为一类难度较大的侦查工作，其中，取证难更是成了困扰职务犯罪侦查工作的难中之难。要解决职务犯罪取证难的问题，应在证据制度的一般原则和证据规则的指导下，全面系统地构建对职务犯罪侦查更具实际意义的职务犯罪侦查策略体系。

第一节　职务犯罪侦查的宏观对策

职务犯罪侦查取证的宏观对策是指对职务犯罪侦查具有指导意义的、整体上的对策，它是制定职务犯罪侦查具体对策的前提和基础。

对职务犯罪的打击力度首先直接取决于职务犯罪侦查部门是否强有力。而侦查部门是否强大取决于其在国家机关中的地位、拥有的权力、人员数量和素质、人员组织方式等多种因素。职务犯罪对国家政权的严重危害性使建立强有力的职务犯罪侦查部门成为必然。

一、提高职务犯罪侦查部门的地位，并授予一切必要的权力

目前，执掌职务犯罪侦查工作的检察机关的实际地位与法律地位的反差悬殊，其中的职务犯罪侦查部门也存在此问题。当务之急是提高检察机关内职务犯罪侦查部门的级别，并形成自上而下的相对独立的体系。同时，必须根据检察机关职务犯罪侦查的诸多特殊性，授予其一切必要的权力。

二、提高职务犯罪侦查人员的素质

目前，检察系统内从事职务犯罪侦查的侦查人员普遍素质较低，经过法学和侦查学专业教育的人员较少，他们在地位、知识、阅历都比其高的对手面前往往束手无策。因此，必须通过各种途径提高检察机关内职务犯罪侦查人员的业务水平，使其能胜任同职务犯罪作斗争的客观需要。

1. 对职务犯罪侦查人员依法侦查进行法律保障。此举是排除职务犯罪侦查的干扰和阻力，依法进行侦查的根本措施。为了保障侦查人员依法行使侦查权，免受非法干扰，必须做到：其一，以法律赋予侦查人员相对独立地进行侦查的权限。侦查人员在职务犯罪侦查中只服从法律及法律规定的领导人的领导。其二，对职务犯罪侦查人员行使职权的身份保障必须以法律形式明确固定下来。唯其具有法律规定的情形时，侦查人员才承担应有的责任和处分。对非法干涉侦查人员和对侦查人员、举报人进行压制、报复等行为应规定相应的制裁措施。

2. 职务犯罪侦查队伍需充实壮大和合理分工。职务犯罪案件数量的上升和犯罪手段、方法日益复杂多样使本来就应接不暇的职务犯罪侦查部门显得更加力不从心。为提高侦查效率，还需对侦查队伍进行合理分工。根据目前的现状，检察机关的职务犯罪侦查部门主要有两个部门：一是贪污贿赂犯罪侦查部门；二是反渎职侵权职务犯罪侦查部门。在上述两个部门中，又可根据需要而成立：

（1）情报搜集与分析机构，负责情报网的指挥、协调工作和情报资料工作。

（2）线索受理和审查机构，专司受理举报、犯罪人自首和其他部门移送的材料并进行初步审查之职。对线索进行初步审查后，筛选出需要进行查证的线索交由侦查小组调查核实。

（3）各类或各种案件侦查机构，执掌各类或各种案件的侦查。

根据最高人民检察院有关规定，刑事执行（监所检察部门）负责监管场所发生的贪污贿赂、渎职侵权等职务犯罪案件的侦查工作。民事行政检察部门不承办职务犯罪侦查工作。对在办理民事行政抗诉案件过程中发现职务犯罪案件线索的，应当及时移送职务犯罪侦查部门办理。

三、建立和完善职务犯罪侦查基础工作设施

职务犯罪侦查中的侦查基础工作设施系指为满足侦查基础工作之发现犯罪线索、为具体案件侦查开辟线索来源的需要而建立的举报制度、情报网、情报资料库以及协作和联系制度。它占据了侦查基础工作内容的绝大部分，对职务犯罪侦查基础工作起着举足轻重的作用。它的完善能最大限度地发挥国家机关、企事业单位和广大人民群众与职务犯罪作斗争的积极性，从而形成严密的防范和打击职务犯罪的体系。

1. 完善职务犯罪举报制度。职务犯罪举报制度是公民通过行使宪法赋予的控告、检举等权利而对从事公务的人员实行监督，以维护国家、人民和自身利益的一种制度。最高人民检察院发布的《人民检察院举报工作规定》构筑了公民对职务犯罪举报制度的基本框架。但是，从实施这项制度的实践看，鉴于我国公民的法律水平普遍较低，对需举报的违法犯罪事实、投诉的机关等问题尚不十分清楚等因素，因而，有必要对举报制度从下面五个方面予以完善：

（1）通过国家权力机关立法确认职务犯罪举报制度，以提高举报制度的权威性。

（2）明确规定公民的举报程序，降低匿名举报，提高署名举报的比例，以便更有利于职务犯罪的侦查。

（3）制定相应的配套制度，如规定举报人责任制度，规定打击报复举报人的处罚制度等，从而提高举报的有效性和公民举报的积极性。

（4）适应市场经济体制的需要，规定对举报人实行奖励的程序、等级、金额、方法等内容在内的举报人奖励制度。

（5）在乡镇建立检察室，并配设职务犯罪举报中心（站），以便于群众举报。

2. 建立职务犯罪侦查情报网。随着反腐败斗争的深入和职务犯罪侦查水平的提高，势必会使职务犯罪越来越隐蔽。因而，情报网的建设在职务犯罪侦查中的作用将日趋明显，有必要在职务犯罪侦查中增设一项用于情报网的特别经费，以组建职务犯罪侦查情报网和奖励提供重要情报的人员，使情报网的运作时时处于最佳状态。

3. 完善职务犯罪侦查的协作和联系制度。首先，检察机关应建立和健全横向协作制度。协作的主要内容包括：（1）及时转送情报。当甲地检察机关掌握乙地检察机关辖区内有关职务犯罪的情报时，应及时将情报转给乙地检察机关的对应部门。（2）协查。对涉及辖区外的线索和案件，认为必要时，可以委托外地检察机关协助调查取证。受委托的检察机关应按要求及时办理。（3）交流经验和教训。检察机关应经常地总结侦查工作中成功的经验和失败的教训，并以会议或书面材料的形式与兄弟单位进行交流，以提高整个检察系统的侦查工作水平。

其次，健全和完善检察机关与公安、法院、司法行政、纪检、财政、审计、工商、税务、海关等部门的联系制度，以确保这些部门在其日常工作中将发现的有关职务犯罪的线索能及时移送到检察机关。

4. 建立职务犯罪情报资料库。公安机关的刑事侦查部门将情报资料作为刑侦工作的三大支柱之一，其情报资料在打击惯犯、流窜犯、以前有劣迹的犯罪分子等方面的作用的确令人瞩目。尽管职务犯罪由于其行为行使性的特点决定了其基本上没有惯犯，因而其情报资料在打击犯罪中的作用还不如公安机关刑事侦查部门的情报资料来得直接和明显。但是，它作为背景材料显然有利于审查线索的真实性、调查核实线索和侦查取证。职务犯罪情报资料库宜以辖区内的单位、系统和乡镇作为建档的基本单元，再将审结的职务犯罪案件的材料和群众举报的、有关部门移送的、侦查工作发现的以及通过其他途径得到的关于该单位、该系统、乡镇有关人员的违纪、违法、职务犯罪的材料摘其要点归于该单元内，并按人名分别建档。一旦需要，即可随时查阅。待条件成熟时，可用计算机储存资料，并在全国范围内联网。

四、健全和完善职务犯罪侦查手段

就国家的角度而言，职务犯罪侦查机关是专政的工具。从职务犯罪侦查本身来说，它要完成其侦查职务犯罪的使命，就必须运用作为认识工具的侦查措施和手段。换言之，从本质上说，职务犯罪侦查措施和手段是职务犯罪侦查机关认识和揭露职务犯罪的工具。辩证唯物主义认识论认为，事物是可以认识的，认识事物必须通过一定的手段和方法，同时，认识事物的方法随着人们实践活动的丰富而得以不断完善和趋于体系化。职务犯罪本身的特点从理论上决定了揭露和证实职务犯罪需要一套完整的侦查措施手段体系，而职务犯罪侦查实践既证实了这种需要的必要性和紧迫性，又为丰富和完善这一体系提供了来源。因此，凡是有利于发现和揭露职务犯罪而又具有科学性、合法性的一切措施都应纳入职务犯罪侦查措施手段体系之中。

五、加强和充实职务犯罪侦查技术队伍和技术装备

目前，检察机关现有的技术人员远不能满足职务犯罪侦查工作的需要。职务犯罪侦查中涉及现场勘验、指纹鉴定、笔迹鉴定、司法会计鉴定、法医鉴定等诸多业务，技术工作的领域相当宽广。但是，基层检察机关技术人员不足，技术设备缺乏，已严重地制约职务犯罪侦查工作的开展。仅就技术装备而言，目前，检察机关技术侦查用的器材几乎是空白，基本上没有配备供侦查人员个人用的通信器材，缺乏勘验现场用的成套设备，交通工具亦远不能满足办案的需要。为了加强对职务犯罪的打击力度，各级检察机关必须采取切实措施加强技术力量的培养，充实强化技术设备。

六、借鉴国外经验，建立起适合职务犯罪侦查的特殊的诉讼程序和证据制度

由于职务犯罪具有特殊性、隐蔽性的特点，如果没有相应的措施和制度作保证，案件往往难以侦破，更不用说交付审判和定罪量刑了。"贪污舞弊是隐蔽行为，如无强有力的执法手段，永远也查不出来。"[①] 因此，为了确保对职务犯罪的打击，一些国家建立了有利于惩治职务犯罪的特殊的诉讼程序和证据制度，这些被职务犯罪侦查证明行之有效的程序和制度对我国职务犯罪侦查取证工作应该有重要的启示性作用。

1. 侦查职务犯罪的特殊诉讼程序

（1）特别调查程序。新加坡《预防腐败法》规定，调查局长或者特别调查官不仅拥有一般调查权，而且"不论其他法律如何规定，如果检察官有合理根据怀疑有人实施违反本法的行为，便可以命令方式授权局长或助理警监以上的警官根据命令进行调查。该命令可以授权调查任何银行账户、股份账户、收支账户或者其他任何账户以及银行保险箱。该命令还可以要求任何人根据授权官员的要

---

① 参见《国际预防腐败犯罪法律文件汇编》，最高人民检察院职务犯罪预防厅编译，法律出版社 2002 年版。

求披露或者提供有关情报或账户、文件、物品"。拒绝向有关人员披露有关情报或者提供账户、文件、物品将构成犯罪，处以 2000 元以下罚金或者一年以下监禁或者二者并处。为了完成调查任务，很多国家的法律都授予侦查机关以搜查、扣押的权力。

（2）强制作证程序。在侦查公务人员犯罪中，言词证据具有举足轻重的作用，如果案件的当事人、知情人、关系人不向侦查人员提供证言，侦查工作将举步维艰。在英国，严重刑事案件侦查局可以书面通知的形式要求任何被调查人或者有合理根据相信其掌握相关信息的任何其他人回答提问，或者以其他方式提供信息，被调查人或知情人无正当理由拒绝回答提问的，以独立的犯罪论处。我国香港地区《防止贿赂条例》也规定，廉政公署的工作人员有权进入任何政府楼宇及要求任何政府雇员答复与其职务有关的问题，可以要求任何人士提供反贪工作所需的任何资料，包括要求涉嫌人提供宣誓书和书面证词，列举其私人财产数额种类、开支、负债数字以及调离香港的任何款项和财物。

（3）无证逮捕和先行拘留程序。为防止调查对象和犯罪嫌疑人转移、隐匿、毁灭证据妨碍侦查工作的开展，侦查机关可以进行无证逮捕或先行拘留。如新加坡《预防腐败法》规定，调查局长或者任何特别调查官可以在没有逮捕证的情况下逮捕涉嫌违反本法的人、受到合理控告的人、有可靠线索证明其违法的人，或者有正当理由受到犯罪怀疑的人。香港法律规定，廉政公署工作人员如果有理由怀疑某人涉嫌贪污受贿、滥用职权犯罪，可以在没有办理拘捕令的情况下将其拘留，必要时可以使用武力。

（4）技术侦查程序。随着电子信息技术的日益发展，职务犯罪的智能化、高技术化的趋势越发明显，侦查工作如果不能与时俱进地增加技术含量，不能灵活而审慎地采用技术手段，就无法完成揭露和证实犯罪的任务，于是电子监听等技术手段就应运而生。美国 1968 年通过了《犯罪控制与街道安全法》，对侦查人员进行电子监听作出了规定，在一般情况下，侦查人员必须经过申请有管辖权的法官授权进行有证监听。但是在遇到紧急情况时，如有理由怀疑犯罪嫌疑人正在阴谋危害国家安全或者正在实施有组织犯罪，侦查人员可以在取得监听令前进行监听，当侦查人员得知其与犯罪有关的人正在使用电话但又没有理由断定其涉嫌犯罪活动时，在无授权的情况下对其进行电话监听并不会导致法院拒绝采纳由此收集到的证据。所以，尽管美国从保护公民隐私权出发对侦查机关的监听作出了严格的规定，但法院对无证监听的事后确认等规定事实上赋予了侦查机关相当大的权力空间。德国《刑事诉讼法》第 100 条也对包括常业性接受赃物在内的犯罪实施监听作出了规定，但德国的规定比美国的更为严格。

（5）陷阱侦查程序。陷阱侦查又称为警察圈套，是指为了达到收集犯罪证据的目的，侦查人员或者侦查人员雇用的原犯罪集团的成员装扮成犯罪者，根据已经掌握的线索去接触要抓捕的犯罪嫌疑人，假装要买卖毒品或者是贿赂对方，待对方同意并开始交易时将嫌疑人逮捕。世界上许多国家在侦查毒品犯罪等一些特殊案件时都不同程度地允许使用陷阱侦查，但是把陷阱侦查作为侦查公务人员贿赂犯罪的一种重要而行之有效的方法的国家，除美国之外，并不多见。尽管这一做法在美国饱受非议，但在查办贪污腐败案件时却屡试不爽。被告人可以就侦查机关陷阱侦查的合法性向法院提出抗辩，虽然法院在判断陷阱侦查是否有效上存在"主观主义判断方法"和"客观主义判断方法"的争议，但在司法实务中，法院认为被告人如果没有受到侦查人员的犯罪引诱就会是一个无辜的公民时，被告人的抗辩理由就成立并判决无罪，如果被告人没有受到侦查人员的引诱也会犯罪，侦查人员只不过提供了犯罪的机会时，陷阱侦查就是合法的。

2. 追诉职务犯罪的特殊证据制度

（1）证据豁免制度。豁免权是指证人或者被调查人向侦查人员提供能够判定他人有罪的证据后，免除证人的刑事责任，或者不能使用证人提供的证据以及这些感受的派生证据去追究证人的责任，前者又被称为"罪行豁免"，后者又被称为"证据豁免"。这种豁免制度实际上是侦查机关的强制取证权与公民不自证其罪特权调和的产物。美国联邦最高法院在卡斯提加诉合众国（Kastigar v. United States，406U. S. 441：1972）一案中认为，"罪行豁免"超越了宪法第五修正案"拒绝自我归罪特权"的范围，而"证据豁免"不仅禁止对强制证据的使用，而且也禁止对从该强制证据派生出来的其他证据的使用，已经足以将证人和侦查机关放在平等的位置，并与"拒绝自我归罪"的特权所保护的范围相一致，所以现在美国多采用"证据豁免"制度，而不采用"罪行豁免"制度。其他许多国家也有类似的规定，如新西兰《1910年秘密手续费法》规定："不能免掉任何人口头或讯问式回答问题、或者提供证件清单的权利，这些回答或证件清单也许能够有助于判定他触犯了此条法令，但是在触犯了此条法令的罪行的刑事诉讼中，他的回答不能算作不利于他的证据。"新加坡《预防腐败法》也规定，两人以上被控犯罪的，法院可要求其中一人或数人作为起诉方证人提供证据，被要求提供证据的人员在按照法院的要求就合法询问的事项作了真实和全面的陈述后，有权获得治安法官或法官根据情况签署的保护状，该保护状可以阻止对该人就陈述事实提起任何诉讼。印度《1988年防止腐败法》也规定，行贿人不得因其供述而被起诉。可以说，证据豁免或罪行豁免制度对分化瓦解贪污贿赂犯罪、打击主犯和犯罪集团方面发挥着重要作用。

（2）贿赂或贪污推定制度。贿赂推定是指行贿人提供证据证明对方受贿后，被指控受贿者应提供相反证据以证明其无罪，如不能提出反证，或者提出的反证无法达到证明的要求，则推定受贿犯罪成立的一项制度。英国是规定贿赂推定最早的国家，该国《1916年防止贿赂法》规定，以受贿罪被起诉者当其被证明在王室，或者任何政府部门，或者公共机构供职时的任何现金、礼品或者其他报酬是来自与公共机构签订合同的人员，或其代理人所支付或者给予时，该现金、礼品或者其他报酬，应当被认为是作为诱导或者回报而贿赂地支付、给予或者接受，但反证被证实的除外。之后，巴基斯坦、印度、泰国、新加坡、马来西亚、尼日利亚等国也相继在法律中建立贿赂推定制度。而贪污推定是指犯罪嫌疑人、被告人不能合理地说明财产的来源，就以贪污罪处理的一种制度。如新加坡《没收贪污所得法》第4条第4款规定，如果某人拥有或者某段时间曾经拥有与其已知收入来源不相符的财产，而且对拥有该项财产的解释不能使法院满意，将以贪污罪论处。贿赂或贪污推定制度的确立，在很大程度上减轻了侦查机关对贪污贿赂犯罪的证明负担，而转由犯罪嫌疑人、被告人承担证明责任，无疑会有利于侦查活动的开展。联合国也认为这种"颠倒举证"在反腐败斗争中具有重要意义。[①]

第二节 职务犯罪侦查取证的基本策略

职务犯罪侦查取证的基本策略是对职务犯罪侦查取证工作起全局性作用的策略，贯穿于职务犯罪案件侦查和侦查基础工作之中，既包括主动进攻性策略，又包括积极快捷的应战性策略。

一、职务犯罪侦查取证的藉众策略

藉众，就是借群众之力。众所周知，依靠群众是侦查的基本原则之一。不仅如此，它还是侦查的基本对策之一。职务犯罪的高"犯罪黑数"以及行为人握有一定的权力和具有复杂的关系网等特点决定了职务犯罪侦查中需广泛地依靠群众。群众不仅可以提供犯罪线索和证据，帮助侦查机关解决疑难问题，支持和配合侦查措施手段的实施，而且也是实施、制定侦查对策的重要智慧和力量源泉。

在职务犯罪侦查基础工作中，可动员群众进行举报，以发现尚未暴露的职务犯罪线索。同时，群众的举报有利于敦促部分犯罪人投案自首或自我暴露。

职务犯罪案件侦查过程中，侦查部门首先要取得知情群众的协助，以获取案件线索和证据。必要时，还要请群众帮助实施诸如秘密调查、监控侦查对象等措施和手段。当侦查对象以其种种权力、关系百般阻挠侦查时，侦查部门便可动员

---

① 参见《国际预防腐败犯罪法律文件汇编》，最高人民检察院职务犯罪预防厅编译，法律出版社2002年版，第420页。

群众，藉群众之力镇滥用权力人之威，以打击其嚣张气焰，使案件侦查得以顺利进行。

二、职务犯罪侦查取证的制权策略

制权策略的提出源于职务犯罪人以及关系人对权力的滥用。没有滥用权力行为的存在，制权对策便因失去施策对象而没有存在的必要。职务犯罪侦查中之所以要提出制权对策，一方面是因为职务犯罪人既然能滥用权力实施职务犯罪行为，也就会在打击报复举报人、证人，进行反侦查活动时对其握有的权力无所不用其极；另一方面是因为侦查对象的某些关系人以其所握权柄和具有的关系网千方百计地阻挠侦查。制权之目的在于遏制犯罪人的反侦查活动和打击报复举报人、证人、侦查人员等非法活动以及侦查对象的关系人阻挠侦查的活动。

制权的方法主要有以领导权制权、以侦查权制权、以民制权及以舆论制权四种。各种方法既可单独使用，亦可并用。制权方法的选择取决于欲制对象在侦查中的地位（是侦查对象还是阻挠侦查的关系人）、职务的高低、滥权程度以及案件侦查所获证据对案件事实的认定程度等因素。一般而言，制滥权阻挠侦查之权比制侦查对象之权相对容易些，因为阻挠侦查之人与将要查明的犯罪事实的利害关系毕竟不如侦查对象直接和严重。

以领导权制权，即通过对欲制对象依法享有行政领导权或组织领导权的党政领导暂停欲制对象的职务、限制其行政职务的权力、给予必要的行政或组织处分、以正当名义"调虎离山"等方法而实施的制权方法。这种制权方法一般只适用于职务犯罪侦查部门尚未掌握足够证据的侦查对象或其阻挠侦查的行为尚未构成犯罪的阻挠侦查的人。

以侦查权制权，首先是指职务犯罪侦查部门依法运用侦查权针锋相对进行侦查，必要时运用刑事诉讼法规定的五种强制措施对侦查对象进行必要的人身自由限制，以阻止其滥权对抗或逃避侦查；其次是指职务犯罪侦查部门对阻挠侦查情节严重，构成犯罪的人依法予以立案侦查。

以民制权是通过群众强烈的反映甚至愤怒情绪的力量给侦查对象及阻挠侦查的人造成压力，迫使其滥用权力的行为不得不有所收敛。以舆论制权则是以通过各种媒体造成的舆论压力达到制权之目的。这两种制权方法的根据在于众怒难犯，实施的具体方法有赖于案件及案件侦查的具体情况。

三、职务犯罪侦查取证的宽严相济的策略

侦查实践表明，宽严相济对策是惩治各种犯罪人的行之有效的策略。它有助于敦促犯罪人自首并揭发其他人的犯罪事实，瓦解共同犯罪人筑起的逃避侦查的同盟，以求各个击破，孤立少数罪大恶极、负隅顽抗的罪犯，使其陷入四面楚歌

的境地。

运筹此对策时，一定要取得有关领导和有关部门的支持，同时还需与藉众对策相结合，充分动员和依靠群众，并在具体职务犯罪案件的侦查中严格体现这一对策的精神。从地域范围看，大至全国、小至职务犯罪活动猖獗的某一重点单位，都可运用此对策。作为职务犯罪侦查基础工作对策用以促使犯罪人自首，发动群众举报时，需事先经党委批准，然后以媒体大造舆论或直接召开动员群众举报和犯罪自首的大会。造舆论或召开大会时，不仅要阐明宽严相济的政策和法律规定，而且还需结合典型案例宣传。在职务犯罪侦查中使用此对策时，关键之处是善于运用和严格遵守体现惩办和宽大相结合的法律规定，使此对策兑现，取信于人，从而真正起到瓦解共同犯罪人和促使侦查对象弃暗投明的作用。

四、职务犯罪侦查取证的攻心策略

攻心策略的主要施策对象是职务犯罪人，必要时亦可适用于不与侦查部门合作的知情人。攻心旨在乱谋，进而通过职务犯罪人或侦查对象和有关的知情人的言行发现线索，获取证据。

从心理学角度分析，犯罪人对侦查人员所进行的与自己有关的侦查活动都会不同程度地作出相应的心理反应，进而导致其作出相应的行为。犯罪人的回应性行为既可能利于侦查，也可能对侦查不利。职务犯罪侦查攻心对策就是要运用种种合法的方式使职务犯罪人产生错误认识或恐慌、愤恨等心理，致使其在趋利避害心理的支配下作出有利于侦查的行为选择。在职务犯罪侦查基础工作中，此对策可敦促部分犯罪人自首或自我暴露。在案件侦查中，有效的攻心对策有利于促使部分侦查对象自首和如实招供并揭露其他人的罪行。即使达不到此目的，亦可通过犯罪实施其基于错误认识或在恐慌的心理状态下选择行为时所暴露出的破绽而发现线索，获取证据。

攻心对策的主要方法有：

1. 加压攻心法。指以强劲的政治攻势、凌厉的侦查态势、足够的证据施加压力，攻犯罪人之心的方法。

2. 出其不意攻心法。以快制快、迅速出击和迂回包抄是出其不意而乱侦查对象之心的常用方法。

3. 矛盾攻心法。即运用各侦查对象间的矛盾和侦查对象言行上的矛盾而乱其心的方法。

4. 离间的攻心法。争取侦查对象的亲属、朋友、同事等支持，协助侦查工作，给侦查对象造成一种众叛亲离的心理感受而乱其心。在共同职务犯罪案件中，对顽固的或罪行严重的侦查对象，还可同时采取离间其他侦查对象的方法。

5. 假象攻心法。此法就是通过合法的方式制造假象迷惑侦查对象以乱其心，如围城打援法。

五、职务犯罪侦查取证的快捷策略

证明犯罪事实的证据随时间的流失而容易自然或人为毁损，职务犯罪人普遍要进行反侦查活动，加上职务犯罪的迅猛增加要求职务犯罪部门必须以快捷的行动迅速侦查职务犯罪。

职务犯罪侦查基础工作中，针对当时当地的特点，职务犯罪侦查部门要及时深入职务犯罪活动猖獗的重点单位探寻线索，防止重点单位的职务犯罪愈演愈烈。要力戒坐待线索送上门的做法。对职务犯罪活动频繁的地区，该管辖区的职务犯罪侦查部门要迅速建立情报网。在案件侦查中，要抓住战机，迅速采取查证线索、获取有关证据的措施和手段，以及时查证犯罪事实，惩罚犯罪人。职务犯罪猖獗时，应不失时机地开展专项斗争，及时遏制职务犯罪的泛滥。

六、职务犯罪侦查取证中的内线侦查策略

对职务犯罪案件开展内线侦查常用以下两种基本方式：

1. 拉出利用。运用此法前，先对案情进行仔细分析，若存在犯罪次数少、罪行较轻的侦查对象，则可物色其作为利用的对象而进行突击传讯。若讯问情况表明所选对象符合条件，且愿意协助侦查，则可令其将功赎罪，设法了解其尚不了解的有关情况，并及时向事先约定的侦查人员报告所获情况。在同时存在两个可物色对象时，可选择其中的胆小怕事、与其他侦查对象关系好、容易获得情况的对象作为内线。如果侦查工作需要，也可架设复线，从不同方面开展内线侦查。

2. 物色愿意协助侦查，且与侦查对象关系较好但又未卷入犯罪的侦查对象的朋友、同事进行贴靠侦查。在被贴靠目标的选择上，应优先选择平时嘴较快，心里不容易藏匿秘密的且对罪行了解得全面的侦查对象作为首要的被贴靠目标。在有些案件中，还可物色侦查对象的家人、亲戚进行贴靠侦查。运用贴靠方法进行侦查时必须慎之又慎，并且要根据案件情况的需要辅之以外线手段。

七、职务犯罪侦查取证中利用矛盾的策略

利用矛盾，分化瓦解是手段，各个击破是目的，分化瓦解往往也意味着各个击破。分化瓦解共同职务犯罪人可依案情而灵活采取有针对性的对策。

1. 利用矛盾，分化瓦解。职务犯罪侦查的对象可能由于分赃不均而产生矛盾，也可能因平时待人接物、业务往来中的不协调而存在矛盾。若分析各侦查对象之间有业已存在的矛盾，便可利用这些矛盾将侦查对象间结成的"铁板一块"打破。

2. 制造或加剧矛盾，分化瓦解。据分析各侦查对象间不存在矛盾或存在的

矛盾冲突不足以用来瓦解其相互间的牢固关系，则可有意制造矛盾或加剧已经存在的矛盾。制造和加剧矛盾应根据具体案情、各侦查对象的个性等情况因案施策。不能采取非法的或有悖于道德标准的方法来制造和加剧矛盾，且制造和加剧矛盾应掌握必要的限度。制造或加剧矛盾的关键在于契机的选择。例如，可先传讯胆小怕事、罪行较轻的共犯，再以其供述作为制造矛盾的契机。对于同一个单位的侦查对象，可通过有关领导从侦查对象工作上的变动、业务上的配合等入手制造或加剧矛盾。

3. 宽严相济，分化瓦解。这一对策的根据在于"坦白从宽，抗拒从严"的刑事政策。1989 年最高人民法院、最高人民检察院所发布的通告充分体现了这一政策，取得了明显的效果。这是宽严相济对策大范围运用的成功经验。在共同职务犯罪案件侦查中，宽严相济，分化瓦解对策实施的主要方法有：

（1）以罪行轻的对象为入手处，通过其领导以党组织、行政等名义找其谈话，敦促其投案自首并揭发其他人的罪行以立功赎罪。选定的侦查对象一旦投案自首，为便于工作，可在一定范围内有意渲染，以达到瓦解其他侦查对象的心理防线的目的，使其认识到自己的罪行已经败露，再抗拒下去只能对自己不利。在有多个侦查对象的情况下，实施这一对策时，还应配合以外线和技侦手段。

（2）通过宣传体现宽严相济政策的典型案例触动侦查对象，敦促其中罪行较轻的对象自首并揭发其共犯的罪行。

（3）讯问时先突破一个对象，然后以此为先导瓦解其他侦查对象。拟选的突破对象一般是罪行较轻，能用政策攻心使其认罪；阅世不深，社会经验少，性格软弱，胆小怕事的；职务、地位相对较低的；关系网较简单的；其犯罪证据被我掌握得相对较多的。

八、职务犯罪侦查取证利用反侦查的双刃策略

在职务犯罪案件侦查中，侦查对象反侦查活动质之高、量之多实非其他犯罪案件的侦查对象所能比。但是，反侦查活动亦有为我所用的方面，这在对策上表现为反侦查活动的双刃对策，即遏制反侦查的对策和利用反侦查的将计就计对策。既是双刃对策，又存在十分严格的取舍标准。取舍稍有不慎，则可能伤及自身，妨害侦查；取舍得当，则可致侦查对象欲动不能，动则作茧自缚的奇效。职务犯罪侦查的核心在于获取证据和缉获犯罪人。因而，取舍标准必须着眼于这个核心。凡是从案件侦查全局衡量不利于获取证据和缉获犯罪人的反侦查活动，就应遏制；凡可据以发现、获取证据和缉获犯罪人的反侦查活动，就应利用。在具体的职务犯罪案件侦查中，这种双刃对策可能同时采用，亦可能只采用其中的一种；可能对某一个或某几个侦查对象采用遏制对策，而对其他侦查对象采用将计就计对策；可能对同一侦查对象此时采用遏制对策，而彼时却运用将计就计对策。

1. 遏制对策。遏制对策旨在阻止侦查对象及有关人员进行不利于侦查的反侦查活动。常用的遏制方法有：

（1）秘密进行调查和开展侦查，不惊动侦查对象。此法适用于立案前的审查阶段和不宜惊动侦查对象的所有职务犯罪案件的侦查取证阶段。

（2）及时提取、查封实物证据，防止侦查对象转移、隐匿和毁弃。除有意利用侦查对象在这些实物证据上进行反侦查活动而拓展案件线索和获取新的证据可作为特例外，此法是防止侦查对象毁灭实物证据的根本方法。

（3）控制侦查对象。控制侦查对象的方法多种多样，应视侦查对象的具体情况而灵活运用。

（4）割断串供对象之间的联系。如有意指派侦查对象或作为串供中介人的第三人出差，扣押有关的邮件、电报，借故切断电话线等都是有效的方法。

（5）采取强制措施。对于具有采取强制措施条件的侦查对象可以采取必要的强制措施以束缚其反侦查活动。

（6）加强监管工作和实行异地羁押。驻所检察部门应加强监督职能，严格防止被羁押的侦查对象串供。

（7）尽量控制侦查工作的知情面。必要时，可提高管辖级别和实行异地侦查。

2. 巧用反侦查、将计就计的对策。将计就计对策的实施必须具备下列先决条件，即能获取、控制的证据已经获取、控制，串供的对象和中介人明确，知悉可能毁灭、转移的罪证以及可能受指使毁灭、转移罪证的人，没有其他方法可以发现人犯的隐匿地点。而且，即使反侦查活动失去控制，对侦查的进程亦无伤大体，不至于弄巧成拙；而若能有效地控制和利用，则能拓宽侦查视野，有助于侦查的深入开展。待条件具备后，方可以守为攻，借反侦查而深入侦查。

九、职务犯罪侦查取证中排除干扰和阻力的策略

在法制尚不健全，人们的法律意识普遍较低的现状下，但凡是职务犯罪案件的侦查，尤其是职务犯罪要案的侦查，都或多或少地存在本不该有的干扰和阻力。且排除干扰和阻力的根本是法与权的决斗，为此，职务犯罪侦查必须强调有法必依、执法必严、违法必究的原则，依法充分而又灵活地行使侦查权。

1. 提高职务犯罪侦查的管辖级别或实行异地侦查。阻挠侦查的人尽管相当有能量，但其活动能力毕竟受制于一定的活动区域，并以一定的领导关系、同事关系、亲友关系和其他关系为基础。唯其超出其活动的有效范围和赖以阻挠侦查的关系网，才能使其鞭长莫及而不致阻挠侦查。提高侦查管辖级别，由上一级检察机关的侦查人员侦查，或者由异地的检察机关和发案地的检察机关共同侦查，是经实践证明行之有效的方法。

2. 运用法律武器，针锋相对，击溃阻挠侦查的人的进攻。《刑事诉讼法》、最高人民检察院颁布的《关于渎职侵权犯罪立案标准的规定》等法律法规中关于阻挠调查、侦查的规定，都是用以回击阻挠侦查的人的有力武器。对阻挠和干扰侦查的人，应将有关材料转送其所在单位或上级主管部门，或者其他有关部门，建议给予必要的教育或党纪的、行政的处分；情节严重，构成犯罪的，应予立案侦查。

3. 采用缓兵之计，一面斡旋，一面秘密调查或侦查。当压力来自可以领导侦查人员的人时，针锋相对只会惹恼那些加压的人而可能被迫中止调查和侦查。此时，可采用缓兵之计，表面上妥协，而暗中向上一级直至最高人民检察院报告，取得上级检察机关的领导和支持，由上级检察机关会同上级党政部门领导出面排除干扰和阻力；同时，要继续秘密开展调查和侦查取证工作，以免丧失时机。

第二部分
职务犯罪侦查策略设计和运用

第三章　职务犯罪侦查策略概述

第一节　职务犯罪侦查策略的特征

职务犯罪侦查策略的特征是指职务犯罪侦查策略的本质属性。概括而言，职务犯罪侦查策略具有双重属性，即科学基础上的有效性与合法前提下的灵活性。

一、科学基础上的有效性

科学基础上的有效性是指职务犯罪侦查策略能够达到一定职务犯罪侦查目标、产生一定职务犯罪侦查效果的方法，而这种方法之所以有效，是因为其有一定的科学依据，建立在一定的科学基础上。

（一）职务犯罪侦查策略的科学性

职务犯罪侦查策略是多种科学理论和方法的综合运用，是科学的思想方法和工作方法。从宏观上而言，职务犯罪侦查策略有着深厚的哲学基础，是哲学辩证思想和思维方法的具体体现，它不同于主观臆断和随意猜想，而是从实际出发，对具体问题具体分析的客观结果。从理论渊源上考察，职务犯罪侦查策略是社会实践经验的高度概括和总结，其中，既有选择性地吸收军事思想的精华，又包括千百年职务犯罪侦查人员智慧的结晶，经历了长期侦查实践的检验。从科学依据上分析，职务犯罪侦查策略都是建立在一定的科学原理和方法的基础上的，如职务犯罪侦查讯问策略的主要依据是心理学、逻辑学、语言学等学科的科学原理。在职务犯罪侦查实践中，职务犯罪侦查策略的形成还常常需要借助于管理科学、行为科学、决策科学、信息科学、法律科学等科学知识。因此，职务犯罪侦查策略是一种科学策略，它从根本上区别于权术、诡道及其他非科学、伪科学的方法。

（二）职务犯罪侦查策略的有效性

职务犯罪侦查策略有科学理论和方法作为指导，经过了职务犯罪侦查实践的检验，因而融入职务犯罪侦查行为之中的职务犯罪侦查策略就能充分有效地发挥其功效，达到一定的侦查效果。职务犯罪侦查策略的有效性是客观存在的，但要得以充分发挥，还需要发挥职务犯罪侦查人员的主观能动性。职务犯罪侦查人员要善于根据不同的职务犯罪侦查情势，在职务犯罪侦查策略的选择和实施中，优化决策，科学部署，使职务犯罪侦查策略的有效性由客观存在变为客观现实。职务犯罪侦查策略的有效性又是相对的，有时职务犯罪侦查策略的实施可能会对整个案件的侦查发挥作用，有时职务犯罪侦查策略的实施只会对某一侦查环节或某一侦查行为产生影响，有时职务犯罪侦查策略的实施只会在某一侦查行为的某一方面有着功效。因此，并不是任何职务犯罪侦查策略都是万能的、普遍适用的。

二、合法前提下的灵活性

职务犯罪侦查策略不同于侦查法律规范。尽管职务犯罪侦查的法律规范大多有策略意义，但它多是职务犯罪侦查的限定性和禁止性规定，是职务犯罪侦查主体"不能做"、"应该做"或"必须做"的行为规范。而职务犯罪侦查策略则具有建议性和选择性，正如匈牙利侦查学专家凯尔斯泰所言"侦查策略总是以在评断案件中各种情况的基础上，在与刑事诉讼法等法律规范不相抵触的两种或两种以上可能的手段方法中巧妙地选择其中的一种为前提"。这里特别强调了职务犯罪侦查策略的选择和实施是建立在不违背法律规范的基础之上的。

（一）职务犯罪侦查策略的合法性

职务犯罪侦查本身是一项法律行为，它的提起必须以职务犯罪的存在或可能存在为前提，它的实施要遵循刑事诉讼法和有关职务犯罪侦查法规的规定，并会产生一定的具有法律意义或法律效力的后果。作为有效侦查的重要组成部分的职务犯罪侦查策略，理所当然地要遵循职务犯罪侦查的法律规范，否则就是违法侦查。职务犯罪侦查策略的合法性是由职务犯罪侦查的性质和任务决定的。职务犯罪侦查策略的实施是为了使职务犯罪侦查活动有效地实现揭露证实职务犯罪和防范控制职务犯罪的功能，保障公民的合法权益。作为刑事诉讼活动的重要组成部分，职务犯罪侦查活动包括职务犯罪侦查策略的设计和运用，必须在法律规定的范围内进行，不得片面强调职务犯罪侦查策略的灵活性而忽视其合法性。

（二）职务犯罪侦查策略的灵活性

职务犯罪侦查策略的灵活性是职务犯罪侦查策略的本质特征，是职务犯罪侦查策略区别于职务犯罪侦查政策、法规的根本所在。职务犯罪侦查策略的灵活性，又称职务犯罪侦查策略的建议性，是指任何一种职务犯罪侦查策略在具体的职务犯罪侦查情势下，职务犯罪侦查人员可以采用，也可以不采用，具有可选择性。也就是说，是否运用某一种职务犯罪侦查策略或如何从若干建议性的职务犯罪侦查策略中选择一种最优策略，常常是根据职务犯罪侦查的具体情况或由职务犯罪侦查人员对各种具体的职务犯罪侦查情况分析判断后决定的。职务犯罪侦查策略的灵活性不仅表现在职务犯罪侦查策略的优化选择上，还表现在具体实施的过程中。职务犯罪侦查策略在具体实施时没有固定的模式，需要根据不断变化的职务犯罪侦查情势不断进行调整和修正。

第二节　职务犯罪侦查策略的渊源

职务犯罪侦查策略作为提高侦查工作效率的灵活有效的方法，不是凭空产生的，而是有着广泛的科学理论渊源。就整体而言，中国职务犯罪侦查策略思想的理论来源主要有军事策略思想、职务犯罪侦查实践经验和现代科学理论及方法。

一、军事策略思想

军事策略思想有着悠久的历史，是中华民族宝贵的文化遗产。在我国古代和近代的诉讼体制中，职务犯罪侦查的职权机构与行政、司法、军事职能机构多是紧密联系在一起的，甚至合而为一，因此高度发达的军事策略思想自然被引入司法领域以及职务犯罪侦查实践中，转化成为职务犯罪侦查策略。其中，对中国现代侦查策略方法的形成产生重大影响的军事策略思想有两个方面，即中国古代兵法中的军事策略思想和毛泽东思想中有关革命战争的战略战术及肃反斗争的策略思想。

（一）中国古代兵法中的军事策略思想

中国古代兵法书籍内容广泛，种类繁多，流传下来的有四五百种，其中被誉为经典的兵法书籍有七种，即《孙子兵法》、《吴子兵法》、《六韬》、《尉缭子》、《司马法》、《黄施公三略》和《唐太宗李卫公问对》，它们统称为"武经七书"，其中以《孙子兵法》与《吴子兵法》最为著名。这些兵法书籍是适应中国古代激烈的政治斗争、军事斗争、外交斗争的需要而产生的，而且兵书中的策略方法经历了千百次战争的考验，因此兵法书籍中的策略是宝贵的精神财富。

由于中国古代军事斗争此起彼伏，纷繁复杂，因而，总结军事斗争经验教训的军事策略也极为发达。"知己知彼，百战不殆"、"出其不意，攻其不备"、"有备无患"、"兵不厌诈"等策略原则流传千古，表现出了旺盛的生命力。

中国古代军事、行政、司法合一的体制促成了军事策略向职务犯罪侦查策略的迅速转化，更是由于军事斗争领域与同职务犯罪作斗争领域的基本态势和特点较为相似，因而，军事策略在职务犯罪侦查领域有着较为理想的使用环境，军事策略成为职务犯罪侦查策略的重要来源之一。

（二）毛泽东思想中有关革命战争的战略战术和肃反斗争的策略思想

新民主主义革命时期军事和司法职能的融合决定了毛泽东军事策略思想对新中国职务犯罪侦查策略的深远影响。毛泽东思想是马列主义与中国革命实践相结合的产物，其中，毛泽东军事策略思想是在马列主义策略思想的指导下，吸取和借鉴了中国古代优秀文化传统，尤其是古代兵法的精华，经过长期革命战争的实践检验而形成的一系列机动灵活的战略战术思想。如"敌进我退，敌退我进，敌驻我扰，敌疲我打"，"集中优势兵力，各个击破敌人"，"利用矛盾，各个击破"等军事策略既带有中国传统的兵法特点，又为适应革命战争的需要进行了大胆的创新。这些军事策略思想不仅对革命战争起到了重要的指导作用，而且在打击职务犯罪的侦查实践中也得到了广泛的运用。

新中国成立后，为了巩固人民民主专政政权，适应镇压反革命斗争的需要，毛泽东同志主持制定了一系列镇压反革命的方针和政策，形成了肃反斗争的策略思想，包括"利用矛盾，争取多数，反对少数，各个击破"，"有理、有利、有节"，"打得稳、打得准、打得狠"三个策略原则。这些肃反斗争的策略原则对职务犯罪侦查实践有着十分重要的指导意义。

二、犯罪侦查实践经验

理论来源于实践，犯罪侦查策略的理论方法同样源于犯罪侦查实践，是犯罪侦查实践经验的理论升华。纵向考察，犯罪侦查策略的理论方法既产生于深厚的现代犯罪侦查实践土壤，又溯源于古代和近代执法办案的历史长河。

（一）中国古代和近代的犯罪侦查实践经验

中国古代和近代的犯罪侦查策略思想源远流长，极为丰富，几乎涉及犯罪侦查活动的各个领域。其中，与古代纠问式诉讼制度和侦审合一的办案体制相适应，中国古代的审讯策略尤为悠远，最为发达。受古代政治军事领域中丰富的军事策略思想的影响，中国古代和近代的秘密侦查策略方法在侦查策略体系中占据着非常重要的地位。另外，中国古代勘验检查技术和制度始终在世界居于领先地位，因而与勘验检查制度相关联的调查和勘查策略方法也得到一定程度的发展。

1. 讯问策略方法的源流

早在原始制度崩溃的最后岁月和奴隶制确立的最初日子里，讯问就开始以某种形式存在，只是由于古人认识能力的局限和原始民主议事制度残余的影响，在讯问的策略方法上带有浓厚的宗教色彩和民主议事性质。在夏朝，法律上便有"赏于祖（即祖庙），……戮于神（即土地神庙）"之规定。商朝在审案断狱时，如果是"疑狱"，则"泛与众共之，应疑赦之"，把讯问和公众意志有机结合。到了西周，讯问中当事人的"盟诅"也被视为证据，成了定夺案件的依据。由此可见，最初的讯问尚为一种较为原始的司法行为。

随着古人认识能力的提高和司法办案经验的积累，西周时期形成了我国古代讯问策略发展史上的第一个高峰，出现了"以五听狱讼，求民情"的审案策略方法。这"五听"是辞听、色听、气听、耳听和目听。"五听"方法的实质就是主张用察言观色的方法来评断被讯问人口供的真伪，它使得讯问的斗智特征开始明显化，同时也是心理学知识在司法领域中最初的自发运用，具有开创性意义。同一时期，据《尚书·康诰》记载，对于犯罪嫌疑人的供述，讯问人员要"服念五、六日至旬时"，方能定案。这种对供词认真思索和评断的做法表明了古人对讯问的重视和谨慎态度。

在春秋时期，法律已明确规定了讯问成败的标准。我国第一部侦查法规《封诊式》形成了以下的讯问程序方法：讯问人员在审理案件时，必须先让审讯对象充分供述，听完其供词并做好记录。虽然明知被审讯人的供词中有矛盾，但讯问人员也不要立即对矛盾之处进行诘问。待讯问对象供述完毕后，才能够对供词中需要诘问的地方发文，在做好笔录后，对其不能自圆其说的地方再提问。这就是现代讯问中利用矛盾、反复讯问策略的发端。

汉朝时，人们又总结了辗转推问、侧面迂回以便查明案情的"钩距"式讯问法。《汉书·赵广汉传》载，广汉"尤善为钩距，以得事情。钩距者，设欲知马贾，则先问狗，已问羊，又问牛，然后及马，参伍其贾，以类相推，则知马之贵贱，不先实矣"。而这正是现代讯问实践中广为运用的侧面迂回讯问法。

宋朝时，《折狱龟鉴》作者郑克在西周"五声听狱"的基础上提出了讯问时"情迹结合"理论，强调讯问时要采用各种测量方法，反对严刑拷打，逼人招供，并论证了口供和物证相互关联、相互印证的原则。唐宋及其以后，逻辑学的知识日渐引入讯问实践，讯问中重分析研究，利用矛盾，并以此创造了许多揭露被讯问人谎言进而破案的案例，如《折狱龟鉴》中的《核年辨奸》一例即抓住被讯问人供述中的矛盾，利用逻辑分析，从而使审讯对象"惊骇服罪"。

明清时期，讯问实践中出现了一些奇特的讯问方法，如《袁梅审脚布》、《癫梅审树》、《按察使"情审"小卫玠》中就把脚布、树等物拟人化，当成讯问对象，甚至把讯问演化成情人间互诉衷肠。这些事实在现在看来，简直是不可思议，但是，上述三例的讯问人员都综合性地运用了分析案情、利用矛盾、察言观色等测量方法，结合情理，设计出了不拘泥于常规的讯问方法，终于使案情大白。这些奇特方法的出现在讯问实践中使得古代的讯问活动在这一时期多少带有一些神秘色彩。

侦审合一的纠问式诉讼制度带来了古代讯问策略方法的繁荣，但这种繁荣严重地受制于整个古代广为盛行的刑讯逼供制度，讯问方法呈现的是一种两极偏向的发展形态。

2. 秘密侦查策略方法的发展

古代军事领域中的激烈斗争不仅影响政治、经济方面，而且对侦查领域也产生了深刻影响。我国古代极为发达的军事策略被广泛移植于侦查方面，使得秘密侦查策略方法源远流长，多方位发展。

早在春秋战国时期，我国就有了鼓励和要求知情者向官府告奸的做法。《史记·商君列传》中写道：商鞅"令民为士伍，而相牧司连坐。不告奸者腰斩，告奸者与斩敌者同赏，匿奸者与降敌者同罚"。《秦简》中也有要求知情者"告奸"和鼓励"士伍"协助抓捕犯罪嫌疑人的记载。

汉代，秘密侦查策略方法得到了进一步发展。《汉书·赵广汉传》中记载：西汉宣帝年间，赵广汉担任颍川郡的郡太守侯，为了打击富豪强霸的犯罪行为，专门设置了告密箱——"缿筒"（瓦质瓶状，类似现代的检举箱），以收集犯罪情报。采用这种方法，既可以奖赏告密者，又可以保证告密者的安全。赵广汉在收到告密信后，还削去告密者的姓名，然后说是某豪族告发的，从而使豪族之间相互埋怨，互相告发。汉成帝时，长安县令尹赏在打击犯罪集团的首领和惯犯的斗争中，对于犯罪事实较轻而愿意改过者，便暂缓追究，责令其立功自赎，其中"尽力有效者，因亲用之为爪牙"，即将能干的犯罪嫌疑人任用为官吏。

在西方19世纪初期出现的"以罪犯对付犯罪"的侦查模式，早在我国汉代就出现了。和凝父子所著的《疑狱集》中记载，汉代长安京兆尹张敞面对长安市"偷盗尤多，百贾苦之"的局面，采取了"以偷治偷"的方法，巧布陷阱，利用贼首称之贼众，将所有盗贼一网打尽，从而使长安市"警鼓稀鸣，市无盗贼"。

秘密侦查人员和固定情报耳目的产生也可以追溯至汉代。汉代末年，小黄县令焦延寿"以侯司（同伺）先知奸邪，盗贼不发"。此处的"侯"即为秘密侦查员。汉武帝时，定襄太守义纵曾让一些有劣迹的人给官府当耳目，协助破案，即所谓"猾民佐吏为治"。唐人颜师古注为："百姓有豪猾为罪恶者，令畏纵之严，反为吏耳目，协治公务，以自效。"

到了唐代，跟踪盯梢等秘密侦查方法在侦查中得到了普遍运用。《折狱龟鉴》中载：唐太宗李世民在审核一起死刑复核案件时，发现被告人杨正与被害人张逊"素无仇隙，又不图钱财"，并无杀人动机，尽管杀人凶器俱在，但从因果关系上考察甚为可疑，便派御史蒋常前去复核。蒋常在仔细阅读案卷研究案情后，下令把与此案有关的所有人员都召集起来，一一盘问后放走，只留下一个80多岁的老太婆，待到傍晚时分才将老太婆放回，并立即派人跟踪。跟踪人员发觉有一男子在途中拦住老太婆探寻消息。侦查人员以此为线索调查，最终查明，此男子就是杀害张逊的犯罪人。

明朝实行的是特务式统治，所以秘密侦查方法被广泛运用。当时负责侦缉刑狱的特务机关"东厂"有一种叫作"打事件"的侦缉方法，就是派人去秘密收集各种情况，然后通过宦官上报皇帝。此外，"东厂"还雇用了大批流氓无赖，即所谓"京师亡命"，让他们作为耳目去四处打探情报。他们收集情报后，秘密报告给在社会上进行侦缉活动的"档头"，而"档头"则视其情报的价值给付报酬，即所谓"买起数"。于是，明代告密之风大盛。明朝以后，由执法官派人担任耳目，或者在民间建立耳目收集犯罪情报的做法，一直是侦查方法体系中的一个重要组成部分。

清代出现了狱内侦查的方法。魏息圆在《不用刑审判书》中记载了这样一个案例，东湖县一妇女被乡间地保以"逼死婆母罪"判处死刑。新任张知县在审阅案卷时，觉得案情可疑，就使用了狱内侦查计谋。他令人捉来生性凶悍的县衙门某差役之妻，无缘无故将其痛打 500 鞭子后与被判死罪的妇女关在同一囚牢。两位满腹冤屈的妇女互诉真情，而这一切都被张知县派到囚牢偷听的人所知悉。原来是被判死罪的妇女的婆母与人通奸，无意中被其撞见，其婆母因羞愧而自缢身亡。这一妇女为掩饰其婆母的丑行，使其不致外传，便承认是自己逼死了婆母。张知县用狱内窃听的侦查方法查明了事实真相，平反了这起冤案。

由此可见，以耳目侦查、跟踪监视侦查、狱内侦查、化装侦查等为代表的秘密侦查方法自汉代以来就逐步形成和发展起来，并在古代侦查策略方法体系中占据重要的地位，是古代侦查策略方法的精品。

3. 勘验调查策略方法概况

虽然中国古代实行的是纠问式的诉讼制度和侦审合一的诉讼体制，但是犯罪的隐蔽性，犯罪人在犯罪后的隐匿现象，客观上促成了侦查活动和审判活动在一定程度上分离。在很多情况下，案件发生后的相当长一段时间内，犯罪人处于未知状态或未被激活归案，这使得审讯工作无法进行，但侦查实际上已经开始，而且侦查活动集中地体现在勘验和调查两个方面。

据史书记载，我国的勘验活动至少可以追溯到两千多年前的周朝。《礼记·月令》载，孟秋三月，"命理瞻伤、察创、视折、审判、决狱讼，必端平"。这是中国有关勘验的最早记录。到了秦代，勘验制度已经相当完备，根据法律规定，勘验工作已由专人负责，勘验记录规范化，而且办案中遇到的一些专门问题，已由具有专门知识的人进行检验和鉴定，如麻风病要由医生进行鉴定，流产要由"隶妾"进行检验等。

唐朝时，法律首次明文规定了勘验鉴定的责任问题。《唐律·诈伪·诈病死不实》规定："诸诈病及死伤受检验不实者，各依所欺罪减一等；若实病、死及伤不以实验者，以故入人罪论。"宋代是我国古代历史上勘验检查制度最为完备的时期。宋朝的法律明确规定对于杀伤和非正常死亡的案件要进行初检和复检，并明确了初检、复检的条件和违制惩罚的情况，规定了免检的各种情况和保健事项。宋朝法律第一次明文规定了勘验鉴定的官吏实现尉、州司理参军以及仵作、巫婆等。法律还规定，应该验尸的案件必须验尸，受差验尸员不得借故推诿，验尸官员接到验尸公文后，必须在两个时辰（四个小时）内出发，检验官必须带领仵作等人躬亲检验，如实确定每案致死原因，并将检验结果于验尸当日如实向上司汇报。初检官与复检官不得相见，不得泄露所检事状，不得受财枉法等。这些法律规定都体现了勘验检查的策略要求。

除勘验检查外，办案人员进行调查访问也是收集案件线索、获取犯罪证据的重要方法。最早的调查访问形式是现场勘验时进行的调查访问。秦朝在勘验的同时，现场访问也是司法人员必须从事的基础工作。《秦简·封诊式·贼死》一例中，主持现场勘验工作的令时就曾询问当地的治安人员和现场附近的居民是否知道被害人死亡的时间、是否听到过呼救的声音。在《经死》一例中，办案人员则询问与死者同居一室的人是否知道死者自缢的原因。

宋代著名法医学家宋慈认为，办案人员到达犯罪现场之后，应当先询问了解事件发生的粗略经过，然后再进行勘验。他说："凡到检所，未要自向前且于上风处坐，略唤死人骨属，或地主，意主，审问事因了……始同人吏向前看验。"他认为，"近年绪路宽司行下，每于初、复检官内，就差一员兼体究。凡体究者，必须先呼集邻保，反复审问"。这种体究人员的设置，已经类似于现代侦查工作现场勘验与现场访问人员的分工了。另外，宋慈还认为在办案过程中应当广泛进行察访，全面收集各种证据材料，进行综合性分析评断，"有可任公吏，使之察访，或有非理等说，且听来报，自更裁度"。"须是多方体访，务令参令归之，切不可凭一、二人口说，便以为信。"

封建纠问式诉讼制度一方面促成了刑讯逼供方法的产生和发展；另一方面也在一定程度上限制了调查访问策略方法的深化。但是，刑事案件复杂化和隐蔽化的特性使得刑讯逼供并非万全之策，调查访问依然是查明案情和缉捕犯罪人的重要措施。我国历史上，司法人员经察访而公断狱讼的案例，屡见不鲜，而且随着人们办案经验的积累，调查访问的方式也日趋多样化。既有派人走访，又有亲自调查；既有公开的正面调查，又有化装的侧面调查。

（二）新中国成立后的职务犯罪侦查实践经验

新中国成立后，职务犯罪侦查机关在同职务犯罪活动的斗争中，根据职务犯罪活动的规律和特点，认真发动和依靠群众，有针对性地采取各项措施，有效地打击了职务犯罪侦查犯罪活动，积累了许多成功经验，形成了一些宝贵的职务犯罪侦查策略思想和方法。

三、现代科学理论和方法

侦查策略是侦查学的核心内容和重要组成部分，而侦查学的重要来源之一就是借鉴和移植其他学科的理论和方法。侦查策略理论也相应具有这一特定的来源，且来源的学科范围广泛，具有多层次性。

（一）职务犯罪侦查策略的哲学基础

哲学是研究人类社会、自然界和思维普遍规律的科学，而侦查策略既是一种认识活动，又是一种实践活动，理所当然地需要哲学辩证思想和思维方法的指导。

1. 唯物主义是职务犯罪侦查策略认识活动的源泉。列宁指出："唯物主义的基本前提是承认外部世界，承认物质在文明的意识之外并且不依赖于我们的意识而存在着。"把世界看成是有固有运动规律的物质世界，是认识世界和改造世界的基础，也是职务犯罪侦查策略认识活动的渊源。

首先，职务犯罪侦查策略认识活动的对象是客观存在的犯罪，是一种物质现象；其次，作为职务犯罪侦查活动认识的对象的犯罪活动以一定的形态和规律发展变化；最后，职务犯罪侦查策略认识活动的实施必须以客观存在的职务犯罪为依据。

2. 辩证法是职务犯罪侦查策略实践活动的方法论。辩证法是客观事物运动的规律，也是科学的认识规律。不管是对立统一规律、质变量变规律、否定之否定规律，还是原因与结果、现象与本质、偶然与必然等辩证法范畴，揭示的都是事物联系和发展的规律。

职务犯罪侦查策略的实施过程实际上是一个充满了矛盾和对抗的过程，侦查的结果就是否定之否定结果。职务犯罪侦查工作中也会遇有原因与结果、现象与本质、偶然与必然、可能与现实等范畴。辩证法揭示的客观事物的运动规律对侦查策略的实施无疑具有普遍意义。

（二）职务犯罪侦查策略的科学渊源

职务犯罪侦查策略的科学性是指职务犯罪侦查策略的有关内容是在借鉴和移植其他科学的原理和方法的基础上逐步形成和发展起来的。这些科学既包括社会科学，也包括自然科学和技术科学。在社会科学中，既包括法学及其边缘学科，也包括与策略密切相关的相邻学科，如心理学、思维学、决策学等。

1. 职务犯罪侦查策略与心理学。心理学是研究人的心理现象及其规律的科学。而职务犯罪侦查策略的实施既要涉及职务犯罪侦查主体的心理问题，又要涉及职务犯罪侦查对象的心理问题，因而心理学的研究成果对职务犯罪侦查策略的运用产生着重要的影响。

一方面，心理学的手段方法可以作用和影响职务犯罪侦查策略实施主体的心理，特别是培养和提高职务犯罪侦查主体的心理适应能力和心理承受能力，为有效地实施职务犯罪侦查策略创造有利条件。另一方面，心理学知识有助于职务犯罪侦查主体研究侦查对象，如犯罪嫌疑人、被害人、证人等的心理状态和心理活动，为有的放矢地运用职务犯罪侦查策略提供依据，如调查访问的策略方法和讯问职务犯罪嫌疑人的策略方法中，很多都是根据心理学方面的理论而制定的。

2. 侦查策略与思维学。思维是研究人的有意识思维的特点、规律、历史发展和人工模拟的科学，其主要内容有社会思维、逻辑思维、形象思维和灵感思维等。而侦查策略的实施是建立在对犯罪情况的分析判断的基础上的，而且需要对实施情况不断地进行评估，因此，它在很大程度上是一种思维活动，必须遵循思维的一般规律，运用思维的一般方法。

3. 职务犯罪侦查策略与决策学。决策是指人们为了实现特定的目标，运用科学的理论和方法，系统地分析主客观条件，在掌握大量有关信息的基础上，提出若干预选方案，从中选出作为人们行动纲领的最佳方案的过程。决策科学就是研究决策原理、决策程序和决策方法的科学。

职务犯罪侦查策略实施的重要原则之一就是在分析判断职务犯罪情况的基础上，优化选择职务犯罪策略措施。这实际上就是一个优化决策的问题。因此，决策科学研究的决策原理、决策程序和决策方法无疑对职务犯罪侦查策略的决策有着直接的指导意义。

第三节　职务犯罪侦查策略设计的原则

职务犯罪侦查策略作为职务犯罪侦查主体在职务犯罪侦查过程中运用的灵活有效的科学方法，其设计不能是随意的，而应遵循一定的基本原则。

一、合法运用的原则

职务犯罪侦查是一项法律活动，受一定的法律规范的调节和制约。作为职务犯罪侦查措施和职务犯罪侦查行为中的非法律规范方面的内容，职务犯罪侦查策略理所当然地应遵循有关法律的规定。

（一）职务犯罪侦查策略的运用对象只能是与职务犯罪嫌疑案件有关的人、事、物

职务犯罪侦查作为刑事诉讼行为，其对象是已经立案、需要侦查的职务犯罪事件，即职务犯罪案件。某一种行为是否构成职务犯罪以及构成何种职务犯罪是我国刑法调整的范畴。职务犯罪侦查活动的开展必须以刑法规定的职务犯罪的存在或可能存在为前提。相应地，职务犯罪侦查策略的实施对象只能是与职务犯罪有关的人、事、物，如被害人、犯罪嫌疑人、犯罪工具、赃物、犯罪嫌疑线索等。

（二）职务犯罪侦查策略的设计必须遵循刑事诉讼法对职务犯罪侦查的程序规定

刑事诉讼法中，对于讯问犯罪嫌疑人、询问证人、勘验检查、搜查、扣押物证和书证的程序及逮捕、拘留等强制措施的条件、程序、时限等都作了明确的规

定。设计融入上述侦查活动的职务犯罪侦查策略时必须严格遵循刑事诉讼法有关程序的规定。

职务犯罪侦查策略的设计还需要遵循有关职务犯罪侦查职能部门制定的职务犯罪侦查法规。职务犯罪侦查是一项复杂的社会工作，涉及社会生活的各个领域，仅有刑法和刑事诉讼法的原则规定显然是不够的。为此，有关侦查职能部门为了适应各自工作的需要，颁行了大量的法令、条例规定、细则等，使职务犯罪侦查工作日趋制度化、法律化。这些规定是对刑法、刑事诉讼法原则规定的具体化、明确化，对现实的职务犯罪侦查工作具有更加切实可行的规范和指导意义，在职务犯罪侦查工作中设计侦查策略时必须严格遵循这些规定。

二、严密部署的原则

职务犯罪侦查策略的设计是一项认识活动，更是一项实践活动，建立在对职务犯罪情况分析判断的基础之上的侦查策略要有效地进行设计，还有赖于严密部署，其具体要点是：

（一）职务犯罪侦查部署要有点有面，点面结合

职务犯罪侦查策略设计之初，由于犯罪情况尚不明确，职务犯罪侦查决策的依据不充分，因而在职务犯罪侦查的设计和部署上，强调在确定的职务犯罪侦查方向和职务犯罪侦查范围内有点有面地开展工作。也就是说，既要运用职务犯罪侦查策略在较大的范围内去发现职务犯罪侦查线索，又要把职务犯罪侦查已发现的较为突出的明显的线索作为职务犯罪侦查策略的主攻目标，做到点面结合。如此部署侦查，即使在职务犯罪侦查重点线索和职务犯罪侦查主攻目标的确定方面出现了某些偏差，也不会使整个职务犯罪侦查工作受到重大影响，因为可以通过面上的职务犯罪侦查工作缩小侦查范围，及时调整职务犯罪侦查重心，把职务犯罪侦查工作推向深入。

（二）职务犯罪侦查措施要统一组合，交叉使用

每一项职务犯罪侦查措施都有其特定的功能，也都有其局限性，每一项职务犯罪策略措施都不可能是万能的。因此，为了迅速地推进侦查，必须使各项职务犯罪策略措施在一定的侦查情势下合理组合，形成合力。实践证明，在已经确定的职务犯罪侦查范围内实行多层次、多种类的策略措施组合，只要其中的一种或几种措施发挥了功能，就能迅速地发现职务犯罪侦查线索，推进职务犯罪侦查。

即使是单一的职务犯罪侦查策略措施的实施也离不开相关的职务犯罪侦查措施的支持和配合。如每一项职务犯罪策略措施的实施都需要运用正面调查和侧面调查的方法获取有关情况；一些职务犯罪秘密措施的实施也需要运用其他策略措施作掩护或监控犯罪嫌疑人。只运用某一项职务犯罪侦查策略措施就能侦查终结

某一个职务犯罪案件，或者是单靠某一项策略措施就可以圆满地达到某一项职务犯罪侦查目标在客观上都是不可能的。

（三）公开措施和秘密措施要有机配合

职务犯罪侦查策略措施既有公开的，也有秘密的，其功能和使用的方法各不相同，但两者之间联系紧密，互相配合。公开的职务犯罪侦查措施常常被运用于掩护秘密职务犯罪侦查措施，秘密职务犯罪侦查措施常常被用于为公开的职务犯罪侦查措施的实施查明情况，如用秘密侦查措施查明了犯罪组织内部情况，监视控制犯罪嫌疑人，可以为公开的搜查和缉捕的实施提供可靠的依据。

三、优化选择的原则

优化选择的原则是指职务犯罪侦查策略在运筹过程中要根据具体的职务犯罪侦查情势，从客观存在的若干职务犯罪侦查策略中选择花费时间短、侦查代价小、侦查功效大的策略付诸实施。职务犯罪侦查策略之所以要进行优化选择，受制于下列诸多因素：

（一）职务犯罪侦查措施的多样化

由于职务犯罪侦查策略有着广泛的理论渊源和实践基础，因而，职务犯罪侦查中形成了门类齐全的职务犯罪侦查策略措施体系。这些职务犯罪侦查策略措施从功能上考察，既有调查性的，又有强制性的；从运用形式上分类，既有公开的，又有秘密的；从法律属性上分析，既有刑事诉讼法规定的调查取证措施和强制措施，又有相关职务犯罪侦查法规中规定的职务犯罪侦查措施。这些职务犯罪侦查措施多数情况下在职务犯罪案件的侦查中都有其适应性，可以解决职务犯罪侦查中的某一个或某一些问题。但是，任何职务犯罪侦查策略措施的实施都必须具备一定的客观条件，同时，也都有一定的局限性。这样，就必然涉及在具体职务犯罪侦查中对职务犯罪侦查策略措施的取舍问题。

（二）职务犯罪侦查思维的多维性

职务犯罪侦查思维的多维性是指职务犯罪侦查认识活动并不是单向定位的简单思维，而是多方位、多角度的综合型思维。职务犯罪侦查思维的多维性是由职务犯罪案件中因果联系的复杂性决定的。职务犯罪案件因果联系的形式多种多样，既有一因多果，又有一果多因，还有多因多果；既有真实的，又有虚假的；既有直接的，又有间接的；既有必要的，又有偶然的；等等。

因果联系的复杂性要求职务犯罪侦查认识活动不能只沿着一条线路进行，职务犯罪侦查主体在职务犯罪侦查过程中，要不断开拓思维领域，尽可能穷尽各种可能性。在对职务犯罪案件各种可能性的评价中，必然会有所偏重，而由于各种可能性派生的职务犯罪侦查策略措施也就自然地需要优选。

（三）职务犯罪侦查工作的及时性

及时破案是对职务犯罪侦查工作的基本要求。由于职务犯罪大多是危害大，影响坏，一般都应予以及时揭露和打击。职务犯罪侦查工作这一目标的实现有赖于在对职务犯罪情况全面科学分析的基础上采取有效的策略措施。

因此，职务犯罪侦查策略措施的设计必须充分考虑到其效益，包括职务犯罪侦查策略措施实施的人力、物力、财力、时间等因素，力求用最少的职务犯罪侦查代价达到最佳的职务犯罪侦查效果，使职务犯罪侦查工作尽可能少地出现重复消耗或无谓消耗，从而达到及时揭露证实犯罪的目的。

四、协调配合的原则

职务犯罪侦查策略是个系统工程，涉及多种谋略、多方主体和多种利益等。因此，在职务犯罪侦查谋略设计过程中应该注重协调配合原则，即各机关或人员必须相互配合，各环节协调同步，各项程序措施紧密衔接，以保证职务犯罪侦查活动的有效性和连续性，保证职务犯罪侦查活动的效益。

（一）职务犯罪侦查策略的协调配合

职务犯罪侦查策略是多种多样的，它们都有其各自的适用范围与具体目标指向，而且各有自身的利弊。因此，在进行职务犯罪侦查策略的设计时，不能机械地选用单一策略，也不应盲目随意地套用策略。首先，应该分析职务犯罪案件的具体情况，研究案件涉及的法益，其已经或可能造成的社会危害性，综合分析该案件的发生而使得正义、自由与秩序等人类普适性价值受到了何种危害。其次，分析职务犯罪侦查策略的具体内容与功能，研究该策略所体现的利益权衡内容与价值取向。因为单一僵化的谋略显然不能适应侦查实际所需，也不符合职务犯罪侦查动态性的特点。最后，综合职务犯罪案件具体情况和职务犯罪侦查策略具体内容，选择最佳的职务犯罪侦查策略组合，实现职务犯罪侦查策略种类的协调配合。

（二）职务犯罪侦查策略主体的协调配合

职务犯罪侦查策略的具体运行必然涉及多方主体，既有职务犯罪侦查内部机关或人员，也有职务犯罪侦查外部的机关或人员。因此，职务犯罪侦查策略的设计也应该注重各个策略主体的协调配合。首先，是职务犯罪侦查内部各个主体的协调配合。职务犯罪侦查内部各具体机关或人员，其职责分工或业务范围，或者说各自特长是不相同的。因此，职务犯罪侦查策略的设计应该力求内部各相关主体的协调配合，使他们能各司其职，发挥所长，将谋略的功能发挥到最佳状态。其次，是职务犯罪侦查内部各主体与外部主体的协调配合。在信息时代，交通、通信和科技等高度发达，职务犯罪也出现了许多新型的特征，当然，职务犯罪侦查也有了许多新的技术侦查手段或其他可资利用的技术凭借。因此，职务犯罪侦查策略的运用必然也涉及侦查机关外部的诸多主体，如聘请专家、争取银行或电信部门的配合等。所以，职务犯罪侦查策略的设计也应该力求职务犯罪侦查内外各方主体的协调配合，使职务犯罪侦查策略的实施能够契合实际条件及实际所需。

　　当然，职务犯罪侦查策略设计的协调配合还包括其他诸多具体因素，如职务犯罪侦查物资等职务犯罪侦查资源的协调配合，或者考虑国家政策所需以及社会大众心理诉求等。

第四章　职务犯罪侦查策略的设计程序

第一节　职务犯罪侦查策略设计的准备程序

一、明确职务犯罪侦查目标

职务犯罪侦查必须有明确的目标，具有充分的目的性，才能有的放矢，充分调动职务犯罪侦查人员的积极性和职务犯罪侦查资源的有效利用。职务犯罪侦查目标指的是职务犯罪侦查所欲达到的结果。宏观而言，职务犯罪侦查目标暗含公正与效率的内核，力求"打击犯罪与保护人权"的有机结合与良好实现。微观而言，职务犯罪侦查的目标则是查清犯罪事实、获取证据和抓获犯罪嫌疑人等。而就具体个案而言，每个职务犯罪侦查策略的具体目标是不同的，如有的职务犯罪侦查策略是为了抓捕，有的职务犯罪侦查策略是为了搜查证据。因此，职务犯罪侦查策略设计之时，应该先明确目标，视具体指向为何。

二、熟悉职务犯罪案情

军事谋略中力求"知己知彼，百战不殆"，职务犯罪侦查策略也应有相同诉求。不能熟悉职务犯罪案情，则无法据以确定职务犯罪侦查策略，更无法实施职务犯罪侦查策略。因此，职务犯罪侦查策略的设计在明确目标之后，应该广泛调查研究，熟悉职务犯罪案情。熟悉职务犯罪案情应该做到对案件的基本情况有个大概的了解，能够知悉大致脉络，如涉及了哪些相关人员、事和物，特别是与职务犯罪侦查策略设计和实施直接相关的案件要素情况更应该充分调查了解。

三、了解职务犯罪对象

在熟悉了职务犯罪案件情况后，应该根据职务犯罪侦查策略设计所需，而具体了解相关特定对象。首先，是对作为职务犯罪侦查对象的人的了解。如欲突破犯罪嫌疑人心理防线，获取口供，便应该充分了解犯罪嫌疑人可能的心理活动，掌握其心理弱点，准确有力地进行突破。其次，是对作为职务犯罪侦查对象的物的了解。因为侦查需要获取证据资料，其中包括物证书证等，特别是对物证的获取需要综合运用搜查和扣押等多种侦查谋略措施。因此，必须了解物的相关情况，如分析赃物可能的使用、销赃的方式或藏匿的地点等。

四、配置职务犯罪侦查力量

职务犯罪侦查力量的配置指的是优化力量配置，把现有职务犯罪侦查资源充分利用起来，使职务犯罪侦查人的资源发挥出个体优势和整体效能，职务犯罪侦查物的资源能物尽其用，为加大查办职务犯罪工作力度提供可靠保证，实现最大的侦查效益。首先，应该根据职务犯罪侦查资源和职务犯罪案件的具体情况，确定有哪些资源可资调用，应该调动多少资源。其次，应该合理搭配具体的职务犯罪侦查资源，使其作用和功能最大化。

五、制订职务犯罪侦查方案

在前述一系列准备工作后，职务犯罪侦查机关应该制订确实可行的方案，以使职务犯罪侦查有个现实的、可操作的路径。当然，职务犯罪侦查方案的制订不仅要合乎职务犯罪侦查之目标，具有合目的性，更要有正当性，即合乎法律和社会的容许性，合乎职务犯罪侦查期许。同时，职务犯罪侦查方案要有相应的稳定性，不应该朝令夕改，损害职务犯罪侦查方案的价值。

六、职务犯罪侦查物质准备

职务犯罪侦查物质准备是职务犯罪侦查资源的一个重要方面，职务犯罪侦查之进行并非可以赤手空拳，正如战争需要后勤保障，它们同样也需要大量的物质支撑。因此，在制订具体职务犯罪侦查方案后，职务犯罪侦查策略欲进入实施阶段，便必须充分准备所需物质。如抓捕犯罪嫌疑人的方案，则必须调动相应的警力，配备基本的武装器械或防护器具，并准备相应的救护设施或召唤救护车和人员就近准备等。

第二节 职务犯罪侦查策略设计的实施程序

一、基本要领

职务犯罪侦查策略设计之后便进入实施阶段，而对策略的实施不可能是机械僵化的执行，而必须发挥各方主体的主观能动性。因此，职务犯罪侦查策略的实施必须符合目的性、稳定性和动态性等基本要领。其中，符合目的性是后者的基础和前提，而稳定性和动态性是相辅相成的，是前者的保障。

（一）目的性

职务犯罪侦查策略的实施必须合乎目的性，即合乎其应然之功能与价值，以获得肯定性之评价。所谓侦查之目的，宏观而言则是"打击犯罪、保障人权"，微观而言则包括查清事实、获取证据和抓捕犯罪嫌疑人等，就具体策略而言则可能有更为细微具体的目标意指。因此，策略之实施应该时刻铭记目的；忽视目的，则可能浪费侦查资源，或面临侦查效益的困境，乃至进入社会否定性评价的窘境。如忽视了保障人权之目的诉求，而一味力求破案，因此而大肆暴力取证或刑讯逼供等，则侦查手段之非法性全然否定了侦查目的之正当性，使得侦查本身的正当性顿失。因此，职务犯罪侦查策略实施之时，必须以正当目的为中心，以此指导各项职务犯罪侦查行为，促进职务犯罪侦查策略的不断完善与良好运行。

（二）稳定性

职务犯罪侦查策略之设计，目的在于指导侦查活动，避免侦查的无序性和盲目性，并整合侦查资源实现侦查效益的最大化。职务犯罪侦查策略的合理性在于其制定遵循了客观规律和实际情况，是集体智慧的结晶，是以其内在的自身合理性而获得了权威（并不是以其乃为领导意志即获得权威，否则其目的性和正当性显受质疑），它能够为各侦查主体提供一个明确的行为指导。相比散沙似的漫无目的的侦查，以策略为准绳的侦查更能体现出侦查的功能与价值。因此，职务犯罪侦查策略一旦制定后，其本身应该具有稳定性，而同时，策略应该得到相对稳定的遵守和贯彻执行。一旦稳定性缺失，则形同没有侦查策略，由此导致的侦查内耗将使侦查于诸多方面显受质疑。

（三）动态性

马克思主义认为"世界是变化发展的"，侦查面对的并不是一个静止的对象，而是处于不断变化中的人或物；侦查面对的也不是一个已经缉拿在案或已经提取的证据，而是一个无限未知的可能。侦查面对的是动态的未知的对象，则侦查的应对措施也必然是动态的。侦查策略必须具有稳定性，这是所有规则的共同特性，但是，规则不可能穷尽一切可能，所以侦查策略又必须是动态的，以适应无限变化的现实情势。因此，首先，在职务犯罪侦查策略设计之时便必须考虑到侦查的动态性，而预留具体执行主体相应的自由裁量权。其次，在实施阶段，相关主体应该根据具体情况，发挥主观能动性合理行使自由裁量权，并及时反映策略的缺陷或不足，以不断地完善侦查策略。

二、实证分析——以讯问为例

讯问是办案人员为揭露案件真相，证实犯罪和查明犯罪人，依法就案件事实和其他与案件有关的问题以语言方式对犯罪嫌疑人进行提问以获取真实供述或辩解的一种侦查行为。犯罪嫌疑人深知讯问结果直接关系到自己的命运，而趋利避害是所有正常人的本性，因而犯罪嫌疑人会产生试探、防卫、侥幸、拒供、畏惧等一系列复杂的心理活动。职务犯罪侦查中，犯罪嫌疑人由于自身经验、地位和智商等，往往使讯问面临更大的挑战。因此，侦查人员为实现讯问目的，就必须针对嫌疑人采用灵活的侦查策略。

安×，系A市煤矿总经理，利用职务之便，购买水泥300吨，付给建房工程队，顶自己和个别领导的购房款 81000 元，并安排会计将账做平。对此，必须通过侦查策略的设计及实施妥善地获取口供进而破获案件。首先，明确侦查策略的具体目标是在维护犯罪嫌疑人正当权利的同时，令其交代犯罪事实，充分坦白。其次，检察机关进行初查，熟悉案情，发现账面进出使用都十分明确，看不出漏洞；调查煤矿使用情况时，发现没有这么大的使用量，时间长久，使用也说不出具体使用量，但能证明一点，安×让使用人突出签了一批出库单。再次，了解对象，检察机关分析安×此时心理压力大，精神负担重，需稳定情绪，正确引导，有坦白的精神基础。最后，分配力量，调来了两名经验丰富的讯问人员，同时还聘请了测谎人员。同时制订了先测谎，然后思想教育打破心理防线，进而用具体证据促使其彻底坦白的具体方案，并制定了相应细节。随即，准备了相关物质。

依据策略设计的目的，检察机关欲从犯罪嫌疑人入手，获取犯罪事实。策略执行侦查人员在执行方案时，具体分析了案情，他认为：安×傲慢自负是智慧型、有条理的嫌疑人，他不仅很可能通过测谎测验，而且还会提高对付讯问的能力和信心。因此，临时取消预先测谎的方案。同时，方案具体执行如下：

讯问安排在晚上进行，因为此时人往往比较放松、感觉比较自在，而这也是更容易暴露弱点之时。地点安排在反贪局，这就向嫌疑人暗示：我们是认真严肃的，是忠于职守的。晚上讯问还有一层含义，就是考虑到嫌疑人的尊严。如果他供认了，别人不会立即知道，检方也不会大肆张扬，而会相应地给他留面子。讯问应当由两名经验丰富的老侦查员和一名领导共同进行，以体现出破案的决心，从而显示检察机关在全力以赴侦破该案。在讯问时，把犯罪相关物证资料摆在一张矮桌上，并与嫌疑人位置保持 45 度角，使他只有转一下头才能看到，这便于侦查人员观察他的头部动作。如果他确实犯罪，他对这些物证材料必然十分敏感，无法做到视而不见。与此同时，还应把印有他姓名的一沓沓厚实的档案卷宗放在他面前的桌子上，即使里面放的是白纸也没关系。暗示侦查机关对他的情况掌握得既全面又详尽。讯问的房间应使用微弱的灯光，使他感到自在，便于暴露弱点。微弱灯光还会给人以神秘感，强化他的畏惧心理。

在讯问过程中，侦查人员单刀直入，直点 300 吨水泥的去向，安×认为会计是自己的亲信，账也做得天衣无缝，拒不交代，故作镇静，但已流露惊慌之态。侦查人员通过思想教育，指出交代才是唯一出路，不要抱有幻想。经过一番思想斗争后，安×交代了贪污的过程。后来，犯罪嫌疑人因病被取保候审。但检察机关在调取书证时，安×因怕受刑事处罚，在赃款去向上做手脚，称房款虽没交，但自己拿出相应的钱给部分中层领导发奖金了，还串联几人作证。此时，侦查人员果断地修改策略方案，将安×收监，重点突破攻守同盟，查明：原来安×怕受刑罚，在社会上没脸做人，求几个亲信作伪证。突破了伪证，调取了书证，在事实面前，安×不得不低头认罪。

三、策略组合——以追逃为例

策略都有其具体的适用范围，即何种情况应采用何种侦查策略是具有一定必然性的。但是，世界是客观存在不以人的主观意志为转移的，同时世界是不断变化发展的，即侦查所面对的是不断变化的客观情势，因此，侦查策略也必须是动态的。

侦查策略的动态性来源于两个方面。首先，每个侦查策略本身都包含着一定的限度范围，即某种策略能应对何种范围内之情势。当然，这种限度范围受制于具体执行人之自由裁量权，或称临场应对自由度。而一旦这种自由裁量权显然不能满足客观变化之需要时，如已设计了现场抓捕犯罪嫌疑人的策略方案，现场指挥员被赋予了相应的临场处置权，但犯罪嫌疑人已经脱逃。此时，便需要侦查策略体现其另一方面的动态性，即侦查策略组合，以组合来扩大侦查策略的适用范围，扩大其功能价值。

近年来，贪污贿赂等犯罪分子携款潜逃现象呈高发态势，并且很多犯罪嫌疑人没有被及时抓获，追逃工作形势不容乐观。追逃是客观情势不断变化和侦查动态性的充分表现。因此，单个侦查策略一般不能满足现实所需，所以需要有策略组合：

首先，要有相关侦查策略事先预防追逃情况的出现。如侦查时做好犯罪嫌疑人的思想教育工作，避免其产生出逃躲避侦查和审判的侥幸心理。并对可能出逃之犯罪嫌疑人进行相应的跟踪监控，必要时及时果断地采取强制措施。

其次，面对追逃情势，要有充分的侦查策略以应对。如犯罪嫌疑人出逃之时，可以采取及时抓捕的策略。在犯罪嫌疑人已经逃离具体抓捕场所时，采取围追堵截之方案。如犯罪嫌疑人已经远逃，在发布通缉令、网上追逃的同时，还可以摸排其社会关系，从中发现其可能的藏匿地点，派侦查人员远赴当地获取当地侦查机关的配合以顺利抓捕。同时，充分争取出逃犯罪嫌疑人的家属亲戚的配合，做好他们的思想教育工作，使他们提供相应线索，或争取犯罪嫌疑人投案自首。

最后，在业已成功抓捕犯罪嫌疑人后，采取相应侦查策略以善后。如及时讯问深挖案件扩大战果，或及时提取相应证据资料，包括赃款赃物，以巩固战果。

第三节　职务犯罪侦查策略设计的评价程序

侦查策略之设计与执行，必须有一定的评价标准，以对其进行相应的评价，促进相关主体勤勉谨慎、恪尽职守，同时，这也是侦查或策略的自我发展与完善之道。任何事务的进行，必有主体、行为和结果之分，对其之评价也应由此入手。而侦查策略主体之合法性、正当性等是毋庸置疑的，因为，已有相应的法律法规进行具体的规范，如回避制度等。因此，对职务犯罪侦查策略设计的评价程序应该主要包括对职务犯罪侦查行为和职务犯罪侦查结果的评价：

一、对职务犯罪侦查行为的评价

（一）评价的内容

职务犯罪侦查行为指的是按照刑事诉讼法的规定，职务犯罪侦查机关为了调查犯罪，有权采取专门的调查工作和有关的强制性措施。此外，在司法实践中，侦查机关经常采取的窃听、通信监听、邮检等不由刑事诉讼法规范的秘密侦查措施，也属于侦查行为。那么，对职务犯罪侦查行为的评价，主要是考量职务犯罪侦查行为的合法性及社会容许性，即职务犯罪侦查行为是否合乎法律法规的相关规范，是否符合社会大众之心理预期，能否为法律和社会所容许。当然，该职务犯罪侦查行为是否合理有效也是应纳入考量范围的。

（二）评价的程序

首先，在职务犯罪侦查策略设计之时，便对其中涉及的职务犯罪侦查行为进行预先的评价，视职务犯罪侦查行为之设计是否为客观所需，是否具有必要性。此时，评价主要是职务犯罪侦查机关内部来进行，可以通过集体群策群力和领导审批来进行评价。其次，在执行职务犯罪侦查策略之时，应对职务犯罪侦查行为的合理性进行评价。此时，主要通过有关机关的事后审查或有关人员的投诉，如当事人投诉等。

二、对职务犯罪侦查结果的评价

（一）评价的内容

职务犯罪侦查结果是指职务犯罪侦查机关通过专门的调查工作和有关的强制性措施而获取的相关案件事实、证据资料和犯罪嫌疑人。那么对职务犯罪侦查结果的评价，便主要是考量职务犯罪侦查结果是否达到策略的预期目标，是否达到诉讼对结果的渴求。如围追堵截的侦查策略以抓获犯罪嫌疑人为诉求，其评价标准便是"是否成功地逮捕了犯罪嫌疑人"。案件移送起诉需要犯罪事实清楚、证据确实充分和相关手续完备，那么其诉讼方面的评价标准便是：职务犯罪侦查结果是否契合此类要求。

（二）评价的程序

对职务犯罪侦查结果的评价程序，首先，是内部评价。主要是职务犯罪侦查机关对职务犯罪侦查结果的自我评价，视其是否达到策略的预期目标，以确定是否需要进行修正或者采取其他进一步的措施。其次，是外部的评价。主要是其他相关机关的评价，如职务犯罪侦查机关将案件移送起诉后，审查起诉机关便需要评价其侦查结果是否合乎起诉之条件，是否需要补充侦查等。最后，社会的评价。"人民群众的眼睛是雪亮的"，因此，职务犯罪侦查结果是否契合人们对侦查的应然期许，人民自有其评价。特别是在媒体高度发达的今天，讯息瞬间即达，各种侦查结果也面临着社会的评价，此种情况在网络中表现得极为明显。职务犯罪侦查结果的情况，直接关系着人们对侦查机关侦查队伍甚至是政府公权力的评价，关系社会之和谐。

第五章　职务犯罪侦查中的外线设计

第一节　职务犯罪外线侦查概述

所谓职务犯罪外线侦查，是指职务犯罪侦查人员以掌握职务犯罪侦查对象的外部活动情况和获取职务犯罪证据为目的，对职务犯罪侦查对象进行直接观察、监视、控制的一种侦查手段。主要采用跟踪盯梢、守候监视、秘密拍照和录像等以户外活动为主的方式，对重大复杂职务犯罪案件的犯罪嫌疑人的外部活动等，进行秘密侦察、监视、控制的一种特殊活动。

一、职务犯罪外线侦查的特点

职务犯罪外线侦查是一项尖锐复杂的打击职务犯罪的斗争措施。它的主要特点是：

（一）极大的行动性

职务犯罪侦查目标主要是靠职务犯罪侦查人员户外活动来控制和打击的。职务犯罪外线侦查并不排除监视、控制和打击职务犯罪分子在室内的活动。但对于职务犯罪侦查人员而言，这种职务犯罪侦查活动，主要还是在户外进行的，因此这种户外活动，就得主要靠职务犯罪侦查人员的行动来完成，职务犯罪分子现行作案时，职务犯罪侦查人员根据职务犯罪侦查工作的需要就地将其捕获；如发现职务犯罪分子销赃、接头、预谋等活动，职务犯罪侦查员要做出相应的行动反应，有时还可能发生搏斗。因此，外线侦查除了跟踪、守候这些行动外，还要根据情况，适当采取打击现行、秘密逮捕等进攻性行动。这种行动性侦查特点，就要求职务犯罪侦查人员反应灵敏、机智勇敢、当机立断、善于应变。

（二）相对的被动性

侦查行动受侦查对象活动的制约。职务犯罪外线侦查的工作方式是围绕着职务犯罪侦查对象的活动进行的。职务犯罪外线侦查人员严密监视、控制侦查对象，必须紧随其后，毫不放松，"敌停我停，敌动我随，敌逃我追，敌隐我控"，这是职务犯罪外线侦查的基本活动方式。这从形式上看似乎是"被动"的，但通过这种紧追不舍的活动，能够主动地发现敌情，扩大线索，获取证据，打击犯罪，从而有效地发挥职务犯罪外线侦查这项措施固有的积极作用。

（三）具有相当的艰苦性

职务犯罪外线侦查有时进行的时间比较长，有时遇有恶劣气候，职务犯罪侦查人员的衣食住行等条件也会十分艰苦，职务犯罪外线侦查工作环境条件的艰苦性，使职务犯罪侦查人员经常处于流动、紧张、疲劳的状态。加之职务犯罪外线侦查装备、交通和通信工具不足，就更增加职务犯罪侦查外线人员的工作难度，这就要求职务犯罪侦查外线人员要克服困难，艰苦战斗，不怕牺牲，坚持完成任务。

（四）严格的保密性

职务犯罪外线侦查是在秘密的形势下进行的，必须要严格保密。这是发挥职务犯罪外线侦查工作作用的首要条件。职务犯罪外线侦查只能用于严重职务犯罪嫌疑分子或重大职务犯罪嫌疑分子，不能随意扩大使用范围，并严格执行审批手续。

二、职务犯罪外线侦查的类别

（一）跟踪盯梢

跟踪盯梢，从词义上理解，它是由"跟踪"和"盯梢"两个并列的偏正词组成的一个概念。"跟踪"是指紧紧跟随在后面（追赶、监视）；"盯梢"也作"钉梢"，是指暗中跟在后面（监视人的行动）。跟踪盯梢，作为刑事侦查的一个名词术语，"跟"和"盯（钉）"体现了侦查人员控制某一事物或现象的行为，并在运动中秘密进行；"踪"和"梢"则指侦查员控制的目标或对象，它可以是犯罪嫌疑人，也可以是与犯罪活动有关的其他人、事、物。因此，所谓跟踪盯梢，是指职务犯罪侦查人员以运动的方式，对职务犯罪侦查对象进行秘密观察，监视职务犯罪嫌疑人、重大犯罪分子的行踪，控制掌握其外部活动，以获取职务犯罪线索或职务犯罪证据的一种侦查手段和方法。

（二）守候监视

守候监视，就是职务犯罪侦查人员在职务犯罪侦查对象的住宅、经常出入的场所以及可能进行隐身藏赃、接头联络或实施现行犯罪和与案件有关的区域场所周围，选择隐蔽地点，设立秘密监视点对职务犯罪侦查对象进行监视控制的一种侦查方法。守候与跟踪一样，也是行使职务犯罪外线侦查的重要组成部分，如果说跟踪盯梢着重于动中监控，守候监视则强调静中观察，动静结合，形成了职务犯罪外线侦查的基本特点。

（三）秘密逮捕

秘密逮捕是根据职务犯罪侦查破案需要，对重大职务犯罪集团或职务犯罪团伙中的某个成员采取秘密拘押、突击审讯，以查清职务犯罪集团（团伙）内幕，为实施某些侦查措施创造条件，或直接获取侦查职务犯罪线索和职务犯罪破案证据的一种特殊侦查措施。

（四）侦查化装

侦查化装，是职务犯罪侦查人员为了适应职务犯罪侦查活动所涉及的环境和对象，掩护自己并麻痹侦查对象，以实现职务犯罪侦查目的而专门改变自己的相貌、装束、言语、身份和行为目的的一种特殊侦查技能。侦查化装是职务犯罪外线侦查不可缺少的一种掩护措施，是为了使职务犯罪侦查员在社会上占领阵地、掩护自己、完成接近或监视职务犯罪分子的任务。

（五）秘密拍照和秘密摄影

秘密拍摄犯罪活动照片（或录像）是职务犯罪外线侦查工作获取罪证的一种技术手段，它主要使用在预谋案和有组织犯罪案件的侦查工作上。秘密摄影和秘密拍照是以隐蔽的方式秘密录制和摄拍重大职务犯罪嫌疑人活动情况的一种职务犯罪外线侦查手段，如摄取重大职务犯罪嫌疑人和同伙接头、联络、踩点，以及转移、销毁、隐藏、变卖赃物等活动时的照片和录像。这是跟踪盯梢、守候监视即破获重大预谋案件的职务犯罪侦查活动中常用的一种技术措施。密摄密录的技术难度大、要求严格。因此，必须遵守积极慎重、绝对保密的原则。

三、职务犯罪外线侦查的功能

对职务犯罪嫌疑人进行职务犯罪外线侦查，可能是出于多种目的和理由。但是，归根结底，要达到一个基本目的：收集各种资料、材料和证据。职务犯罪外线侦查有以下功能：获取职务犯罪情报或挖掘职务犯罪线索；获取已经发生职务犯罪案件的犯罪证据或观察正在进行的职务犯罪活动；核实职务犯罪情报提供者的可靠性及职务犯罪情报的真实性；根据预定目的进行初步搜查；监视重大职务犯罪嫌疑分子的行踪和活动；确认职务犯罪侦查对象的习惯，例如常去的地方、经常拜访的同事或工作地点；为要求有关部门批准进行搜查或逮捕，提供一个基本的理由；进一步证实职务犯罪侦查对象的行踪；对某个人施加精神压力，迫使他通过变换会见地点、经常光顾的公共场所以及某些时间的工作地点，来改变生活作风；制止即将进行的职务犯罪活动；对职务犯罪人密谋或交易进行观察；确定出某个人在何时、何地可以得到秘密资料；确定出某个人通过会谈、提问或者是个人的理解，所能够得到的职务犯罪情报资料或职务犯罪信息线索；确认或者核实对象的身份，或者与对象联系的人、对象的同伙的身份等。职务犯罪外线侦查的具体功能如下：

一是根据职务犯罪侦查工作的需要，在一定时期内严密监视、控制职务犯罪侦查对象的行踪，查清其活动规律，发现和扩大侦查线索。

二是协助物色建立进行职务犯罪内线侦查的职务犯罪秘线；对已打入犯罪组织内部的职务犯罪秘线进行考核。

三是查证职务犯罪内线、技术侦查、预审等工作发现的情报和线索。

四是根据职务犯罪侦查工作的需要，对职务犯罪侦查对象实施秘密搜捕、秘密拍照、秘密录像和秘密取证等措施。

五是对特定的职务犯罪侦查对象执行秘密逮捕。

六是根据职务犯罪侦查工作的需要对特定对象实施守候监视，捉拿现行职务犯罪分子。

七是根据其他侦查措施获得的职务犯罪情报，发现和获取职务犯罪活动证据。

八是对重大职务犯罪预谋犯罪嫌疑人，进行监视控制，防止其实施职务犯罪。

第二节　职务犯罪侦查中的跟踪的设计

一、跟踪的准备

跟踪前要做好准备工作，这是做好跟踪工作的基础，不可忽视。跟踪前应该做好以下准备：

（一）熟悉案情，明确任务

所有担负跟踪任务的职务犯罪侦查人员，都必须通过案情介绍及阅读案件材料，了解及掌握案情和侦查对象的有关情况，以明确跟踪的任务，做到心中有数。要了解案件性质、主要案件情节、跟踪对象与案件的关系等。具体内容包括：职务犯罪侦查对象的姓名（全名、别名及绰号，如果担任有公职，则应记录下他的职务及所在部门的名称）、地址（过去、现在住家及工作的地址）、外貌特征、家庭及亲属情况、社会交往关系、性格和气质、恶习（吸毒、酗酒、赌博等）、嗜好、受教育状况、职业和专长。在此基础上明确每个职务犯罪侦查员的具体跟踪任务和要求，并详细制订跟踪盯梢的实施计划，估计跟踪中可能出现的情况，设计好各种应急的处置方案。

（二）组织力量，确定跟踪人员

根据案情所确定的跟踪盯梢任务、目标的人数和它们的具体情况，选择相应的侦查员，编好小组，明确分工，安排好主梢、副梢，并做好战前动员工作。跟踪一个目标，一般以二至四名侦查人员为宜，职务犯罪侦查员人手少了容易脱梢；人多了又容易暴露。因此，有二至四人就可以随机处理发生的问题和发现的新情况。

跟踪盯梢的工作特点，要求跟踪人员必须具备优良的素质：（1）身高、体态、相貌、年龄和性别适宜，没有特殊体貌特征；（2）高度的责任感和敬业精神；（3）良好的身体、心理、智力和业务素质；（4）具有一定的跟踪盯梢和反跟踪的技能、技巧以及驾驶技能。

（三）进行必要的物质准备

要按跟踪盯梢的不同方式和不同场所的需要准备好所需物质。如照相机最好是微型的，带广角望远镜头，及录音机、望远镜、无线电对讲机、各种车辆等。使用的所有器材和设备均应经过检查，保证性能可靠，并分发到每个职务犯罪侦查人员手中，职务犯罪侦查人员应备有急需的服装，携带足够的现金和购买食品、车船票及使用公用电话等所需的零钱和硬币，以免等候找钱。携带两三支钢笔或铅笔、袖珍笔记本、监视日记等。同时，职务犯罪侦查员一定不能带有任何会暴露其真实身份的物品，一定不能在他身上发现工作证件，其他武装只可在职务犯罪侦查员所处背景相适应的情况下方能携带。

（四）认识跟踪盯梢对象

要对跟踪对象进行识别，准备识别职务犯罪侦查对象，是跟踪人员在跟踪前最重要的准备，识别跟踪对象就是要牢记其不变特征，特别是特殊特征，注意可变特征；认识跟踪对象，应首先观看照片认人，然后看人。看人时必须由远及近，远观身材、步态、姿势、衣着；近看外貌、面目特征。特别是要熟悉职务犯罪侦查对象的背后特征和走路的姿态，因为职务犯罪侦查员是在职务犯罪侦查对象的背后进行跟踪监视的，如果对职务犯罪侦查对象的背部特征把握不住，就有可能在跟踪盯梢时丢梢。认识对象时职务犯罪侦查员要自然大方，切忌慌张直观或指指点点。注意沉着冷静，安全保密；几个侦查员要在不同地点进行识别，识别时要求看得清、认得准、记得牢、动作快。

（五）选择好监视点，规定好联络暗语

执行跟踪盯梢任务的职务犯罪侦查人员还应该了解工作地区和范围的有关情况，如果他要假扮该地区过去的老住户，就应该完全熟悉该地区及附近的详细情况，具体包括：仔细研究地图（街区地图可提供这个地区的总的布局和特点，该地区的边缘地带也应该包括在研究范围之内）、民族和宗教背景（可以从居民或基层公安机关那里了解到居民的主要种族特点）、交通情况（应该了解地面交通路线、地下铁道路线及交通运输时刻表）、公共事业（了解该地区的水、电、气及其他公用事业的现状，有助于建立技术监视据点），在此基础上选择监视点。监视点一般选择在目标住处和经常活动的地区、场所周围，其作用有二：一是秘密监控职务犯罪侦查对象目标；二是与跟踪的职务犯罪侦查人员进行联络，包括与主梢、副梢之间的联络。所有的联络都应该以代号和暗语、手势进行。

（六）　做好身份伪装

化装是为了适应跟踪环境，掩护自己，麻痹职务犯罪侦查对象，顺利完成跟踪任务的一种侦查技术。化装时应注意以下要求：

1. 化装要求本着因人因地制宜、适应环境的原则进行。

2. 要根据跟踪的具体目标、地点环境等情况，决定以什么身份化装，以能够掩护自己。

3. 做到身心一致，表里一致。要熟悉所化装身份的职业习惯：行业知识、举止风度要符合化装身份；在语言上，要掌握职业行话、流行口语、地方口语以及犯罪隐语等；在外表上，衣着打扮、携带物品、使用的交通工具都须与化装的身份相一致。

4. 做到社会化、多样化。要求职务犯罪侦查员化装时既要适合社会潮流，又要体现所化装身份职业的特色；同一小组侦查员化装的身份要多样化，装束、携带物品、交通工具等都不要千篇一律。

二、跟踪的方法

跟踪的形式主要有三种：一是直接跟踪，就是直接对职务犯罪侦查对象进行监视控制；二是间接跟踪，就是不直接跟踪侦查，而是通过跟踪与职务犯罪侦查对象有直接紧密联系的家属、亲友、其他关系人或有关物品的监视控制去发现职务犯罪侦查对象；三是指示跟踪，就是选派职务犯罪侦查员以某种身份和借口，正面接触职务犯罪侦查对象借以指示、联络隐蔽的职务犯罪侦查员进行跟踪。

跟踪的方式很多，归纳起来，大体可分为以下几种：

1. 尾随跟踪。这是一种经常运用的基本跟踪形式，即由两名职务犯罪侦查员分别在职务犯罪侦查目标的背后和侧后面进行监视控制，主梢的位置一般在目标的正后面，负责监视控制并伺机贴近目标观察了解情况；副梢的位置一般在目标和主梢后面的侧后位，有时也可以与目标平行，但要保持一定的距离，负责指挥联络和机动安全。当然也可以根据案情侦查需要确定梢位，进行跟踪监视。

2. 交换跟踪。就是主梢、副梢、机动梢互相轮换位置并相应变换职责，进行监视控制。交换跟踪可以有效地掩蔽职务犯罪侦查员的跟踪活动不被目标发觉。如在徒步跟踪时，为不致引起职务犯罪侦查对象怀疑，对正、副梢的位置和各侦查小组之间应适时进行替换，车辆跟踪时，可以经常调换车辆位置和更换车型、车种、车的颜色等，交替跟踪。

3. 分段接力跟踪。根据职务犯罪侦查对象的活动规律，以及将要前往的地区、场所，安排若干职务犯罪侦查员预先埋伏在其必经的道路、场所附近，分段接力进行跟踪监视。接力跟踪在某种程度上也是一种交换跟踪的形式，但与交换跟踪的突发性相比，它更具有计划性和阶段性，通常在实施跟踪前，根据跟踪路线、距离，对接力跟踪的时间、地点以及组成人员作出计划和准备。由于职务犯罪侦查对象活动的范围广，并且行动频繁，在实施接力跟踪时除考虑职务犯罪侦查员的工作负担因素外，还应该考虑避免因接力跟踪时间过长产生惊动职务犯罪侦查对象或暴露等危险。

4. 迂回跟踪。根据职务犯罪侦查对象活动规律以及地形、地物等条件，在遇有不利于尾随跟踪的地段时，职务犯罪侦查员可以采用迂回方式先行包抄的方法进行跟踪监视和控制。迂回跟踪是尾随跟踪、接力跟踪、交换跟踪等跟踪方法的综合运用。当职务犯罪侦查员对跟踪对象、跟踪路线及周围环境较为熟悉，有比较好的通信设备，跟踪人员足够的特定环境下采用这种跟踪方法。

上述各种形式既可单独运用，又可根据需要混合或交替运用；必要时还可以采用公密结合、内外结合的方式进行跟踪监视。所谓公密结合，就是采用巡逻、执勤、岗哨等公开形式和秘密跟踪相结合。所谓内外结合，就是职务犯罪侦查人员或派出职务犯罪秘线打入职务犯罪侦查对象（犯罪集团）内部，策应配合外线跟踪。总之，只有采取适应案情和职务犯罪侦查对象各种情况的跟踪方式，才能达到跟踪侦查的目的。

三、跟踪的注意事项

1. 无论采取哪种跟踪方式进行跟踪，无论处于何种梢位，职务犯罪侦查员都要牢记目标的特征，集中精神，高度警惕，密切注视对象的行动。为防止意外，应佩带武器。

2. 及时打击现行职务犯罪。在跟踪盯梢中如发现职务犯罪侦查对象实施重大犯罪行为，应当挺身而出，立即予以制止，将其现行捕获。

3. 必要时预先办理有关法律手续，如搜查证等，以便在发现对象转移、藏匿赃证或对某一场所需紧急搜查时采取公开措施获取证据。

4. 要增强工作责任心，克服不耐烦情绪，同时要避免"出"则慌张，"行"则三五成群，"停"则交头接耳，"攻"则一拥而上，要做到有层次、有攻防、有保护。

第三节　职务犯罪侦查中的守候的设计

一、守候的种类选择

守候监视的种类选择要根据职务犯罪侦查对象的具体情况及任务等因素，因案、因人、因地、因时而定。

（一）定点守候

定点守候，就是在职务犯罪侦查对象的住处或落脚点，建立固定的守候点，以静观动，对职务犯罪侦查对象的活动进行监视控制的方法。职务犯罪侦查员利用某种身份作掩护，专门监视职务犯罪侦查目标的活动情况、外出活动规律、带进带出的物品以及与其接触联系的人员，发现和扩大职务犯罪侦查线索，有时在守候过程中，还要进行秘密拍照、秘密录像和窃听。其具体方法：一种是由职务犯罪侦查员直接进点监视。负责监视工作的职务犯罪侦查员在衣着打扮、说话口音、携带物品等方面要与化装的身份相符合。定点守候人员要固定，不宜随意调换，还要严守秘密，如果暴露，监视点就不能再使用，应选择新的监视点，从原点撤出的职务犯罪侦查员不得进入新的监视点继续进行监视。负责进点监视的职务犯罪侦查员只负责完成监视任务，不得参与其他侦查活动。另一种是通过群众或职务犯罪秘线监视职务犯罪侦查目标的行动。这种方法主要因无法设点或职务犯罪侦查员不好选择掩护的身份而采取的。使用这种方法要仔细向群众或职务犯罪秘线交代具体任务和完成任务的方法以及应注意的事项，并确定好联络的方法。这种方法也称间接守候或内线守候。如果根据案情，需要较长时间的守候监视，而且应在职务犯罪侦查对象的同院、同楼选择监视点；派职务犯罪侦查员化装借居在群众家中，或以合法名义迁入公房或"换房"、"借房居住"等进入固定地点监视。

（二）伏击守候

伏击守候，主要是指为了保护可能被职务犯罪分子侵害的目标，或在职务犯罪分子经常活动的场所或连续发生同类案件的地区，选择隐蔽守候点，由职务犯罪侦查员埋伏守候，捕捉现行犯罪分子的守候方法。其打击和制止犯罪的目的性较强。这种守候是根据案件的特点，估计罪犯可能进行的活动而采用的。如在职务犯罪罪犯可能销赃的场所进行守候，以当场捕捉，人赃俱获；或者职务犯罪人要挟被害人家属按约定地点交款"赎罪"；或者在职务犯罪人可能会面联络、转交物品、证据的地点进行守候抓获罪犯；有时针对一个地区案件发生的情况和职务犯罪人连续犯罪的特点，职务犯罪侦查机关在一定地区内设若干隐蔽守候点，分散把住各个通道要口，进行观察控制，发现和捕捉现行犯罪分子，采用这种方法守候，伏击圈要适当扩大一些，统一指挥，规定好联络的方法和统一行动的信号，使职务犯罪分子不能乘隙漏网。

（三）拘捕守候

拘捕守候，是对已经批准拘捕的职务犯罪嫌疑人，因职务犯罪侦查工作的需要不宜采用公开方式拘捕，而由职务犯罪侦查人员隐蔽在目标住处周围，待其返回或外出时予以拘捕，或者通过对已拘捕案犯的处所守候，发现新的问题、线索或逃犯的目的性较强。一般情况下，拘捕对象比较明确，局部地点也比较清楚，如知道职务犯罪嫌疑人何时何地聚会，或知道其何时经过何地，因而选择合适机会将其拘捕归案。

这种守候有两种形式：一是捕人后的守候。为扩大线索、发现同案犯、查明职务犯罪分子是否以暗号（记）与同案犯联系等情况，捕人后留下职务犯罪侦查员守候。二是守候捕人，一种情况是抓捕职务犯罪人或捕获通缉对象，在职务犯罪人和通缉对象可能到达、逗留、出现的处所进行守候，一旦发现，立即出击逮捕；另一种是为职务犯罪侦查或职务犯罪破案的需要而进行的密捕守候。

（四）寻查守候

寻查守候，又称活动性守候，是在职务犯罪侦查对象或职务犯罪分子出没活动、落脚藏身的地点不宜采用定点守候的方法时，由职务犯罪侦查员化装成流动商贩和其他社会性职业人员，进行寻查守候，以掌握职务犯罪侦查对象的活动或捕捉在逃案犯的一种侦查方式。常用于追捕职务犯罪嫌疑人，有时也用在公共复杂场所，通过在人群中秘密寻查，及时捕获现行职务犯罪分子。寻查守候有较强的追寻职务犯罪分子的目的性。寻查守候有以下两种方式：（1）以人找人。即利用被害人对职务犯罪分子的相貌印象很深，或根据被害人所描述的职务犯罪分子特征，只要见面就能认出的条件，职务犯罪侦查人员带领被害人，到职务犯罪分子可能出没、活动的场所、路线上进行守候，寻找发现职务犯罪分子踪迹。（2）以照片找人。即根据通缉通报上所粘贴的通缉对象照片和文字描述的特征，在车站码头、可能落脚的社会关系处守候，堵截抓获通缉对象。

二、守候的策略要求

（一）严格遵守纪律

守候人员要保守工作机密，不得擅离工作岗位，严禁将非守候人员带进守候点，不准在守候点内喝酒聊天，夜里吸烟时应当将烟头的火光遮掩住。切忌频繁出入守候监视点，两名以上守候人员，在守候现场不准时聚时散，以防职务犯罪侦查对象透过门窗发现或外出时迎头照面，露出破绽。

（二）要有坚韧顽强的毅力和吃苦耐劳的精神

由于守候工作时间长，比较单调，有时候条件还比较艰苦，因此，担任守候任务的职务犯罪侦查员，必须要具有坚强的毅力和不怕苦、不怕累、不怕麻烦的精神，不管什么情况都要坚持不懈，精力集中，密切注意周围动静，并警惕职务犯罪分子利用关系人到守候监视点进行试探和对职务犯罪侦查员进行反侦查。

（三）选择好掩护身份，搞好群众关系

职务犯罪侦查员进住守候监视点时，其举止行为必须端庄大方，态度坦然自若，与化装后的职业身份必须神、形一致；所穿着的服装要社会化、多样化，适应时俗。如果居住在群众家中，职务犯罪侦查员应该搞好群众关系，尊重群众风俗习惯，取得群众的支持，以便更好地掩护自己。

（四）注意安全，随时汇报情况

对在守候中发现的职务犯罪嫌疑人和其他可疑人员，要报告指挥人员，根据不同情况分别处理。对有被害人在场的各种守候或拘捕，要绝对保护被害人的安全，严防职务犯罪侦查对象挟持其为人质，以此拒捕、潜逃和加害被害人。

（五）防止麻痹和厌战情绪

守候监视是一项艰苦的工作，需要守候人员能吃苦、有耐心。守候的时间有长有短，不要因时间过长而放松警惕或有厌烦情绪，往往因为一时疏忽，造成前功尽弃。有时还会在酷暑、严寒、风雪雷雨等条件下守候，这就要求职务犯罪侦查人员克服困难，坚持到底。所以，要加强对职务犯罪侦查员关于坚持就是胜利和遵守纪律方面的教育，始终保持旺盛的斗志。

第六章　职务犯罪侦查取证措施的设计

第一节　调查访问

一、调查访问的概念

调查访问是查明案件基本情况、发现侦查线索、查清犯罪嫌疑事实、确定证人证言、甄别犯罪嫌疑人供述真伪的侦查措施。职务犯罪侦查中的调查访问有其特定的含义。其任务是职务犯罪侦查人员向了解实际情况的人员获取证言，目的在于揭露和证实职务犯罪。一般情况下，调查访问是针对职务犯罪的被害人和其他知情人进行的。广义的调查访问还包括对虽不了解案情，但具备解决与案情有关问题能力和知识的人员的走访，以及对职务犯罪嫌疑人的讯问。

二、调查访问的方式

职务犯罪侦查中，需要通过调查访问查明的问题是多方面的。调查访问常常由于任务不同而需要采取不同的方式，最基本的方式可分为正面调查访问和侧面调查访问两种。

（一）正面的调查访问

正面调查访问是职务犯罪侦查人员以公开的身份，直接同被访问人接触，询问了解与案件有关的情况。正面的调查访问一般有以下四种方式：

1. 广泛走访群众。走访就是侦查人员深入发案地点周围及职务犯罪人可能前往和逃离的沿途群众之中，调查收集发案前后他们耳闻目睹的与案件有关的情况和材料。走访多是在侦查初期，尚无特定访问对象的情况下进行的。其目的在于全面收集与案件有关的情况，开辟职务犯罪侦查线索来源。有时，知情群众并不知道自己掌握的某种情况与案件有关，不会主动向职务犯罪侦查机关报告。通过广泛走访群众，这些对职务犯罪侦查工作有用的情况就能够及时收集起来，帮助侦查人员正确、迅速地选择侦查途径和措施。走访不仅是一种调查访问的方式，同时也是职务犯罪侦查工作贯彻群众路线的具体形式。

2. 查询和诘问。这是就某个重要情节的关键问题进行更进一步深入访问、查问的调查访问。查询和诘问一般是针对同职务犯罪案件有某种利害关系的人或报案人进行的。在听取了上述人员对案情的陈述后，如发现他们的陈述不够清楚，存有种种矛盾，或者还可能隐瞒了某些重要情况时，侦查人员常常采用这种方式对其作进一步的询问，使被访问人的陈述互相印证、互相补充，以便对职务犯罪案件性质和事实作出正确的判断。

3. 个别询问。个别询问是调查访问的基本方式。它是为查清某一个具体问题或某个特定人的情况而进行的有确定访问对象和具体目的的调查访问。凡涉及国家机密、个人隐私、矛盾冲突、特定的职务犯罪嫌疑对象以及其他需要排除外界干扰、保守侦查秘密和保证被访问人无顾虑地陈述时，就应当采取个别询问的方式进行调查。个别询问必须严格坚持单独询问的原则，既不能让其他无关人员在场，也不能对多个被访问人同时进行询问。

4. 集体座谈。为了广泛地发动群众，开辟职务犯罪线索来源，有些职务犯罪案件可以有控制地向群众公布案情，组织群众座谈，提供和分析可疑情况。有些职务犯罪案件为了判明一些专门性的技术问题或某些现象的发生和出现的条件，物品的制作工艺方法、用途和销售渠道情况等，也可以召集有关专家集体座谈，请他们进行分析并提供意见。集体座谈是一种特殊的调查方式，不能不分时间、场合、对象地滥用，必须有组织、有限制地使用，并注意遵守有关规定，讲究策略方法。

（二）侧面的调查访问

侧面调查访问是职务犯罪侦查人员在不暴露自己身份或侦查意图的前提下，就职务犯罪案件中的某些问题进行调查。侧面调查访问一般有以下几种方式：

1. 侦查人员隐蔽自己的真实身份和意图，直接同职务犯罪嫌疑人或其他调查对象接触，了解有关情况。使用这种方式进行调查，侦查人员需要假借其他身份为掩护，以合适的借口，选择适当的时机接触被访问人，以灵活的策略方法见机行事，查清有关情况。

2. 侦查人员自己不露面，物色可靠、合适的人员接触被访问人，间接了解有关情况。在侦查人员不便接近被访问人或不直接出面更为适宜的情况下，多采用这种方法进行调查。物色调查人员时应考虑其对职务犯罪侦查人员是否忠诚可靠、有无接近被调查人的便利条件，以及是否具有相应的活动能力。物色对象时，侦查人员在有关部门的配合下进行。对物色好的对象，应向其交代纪律、任务和必要的策略方法。

3. 侦查人员以掩护身份深入职务犯罪团伙内部或职务犯罪人员经常活动的场所进行秘密调查。在一些重大案件和多发性案件的侦查中，侦查人员以某种伪装身份主动贴靠职务犯罪人员或深入职务犯罪人员经常活动的场所，不仅可能收集到本案的线索，还可能发现积案、隐案和预谋案件的线索，因而具有主动进攻的积极意义。

三、调查访问的策略方法

(一) 同被访问人建立起良好的心理接触

调查访问基本上是以侦查人员同被访问人双方回答、会话的方式进行的。从一定程度上讲，是情感、信息的交流，需要双方都有良好的情绪，融洽的感情，互相信任和了解，有交流的兴趣和愿望。在许多场合，这些条件并不是事先已经具备的。被访问人是否愿意同职务犯罪侦查人员合作，是否有相应的兴趣，在很大程度上取决于职务犯罪侦查人员的个人品格和工作能力，取决于他们的言谈举止和对待被访问人的态度。

侦查人员在访问中应保持亲切友好、严肃认真的态度，使被访问人意识到职务犯罪侦查人员是精明强干的、具有明察秋毫的能力和认真负责的精神，产生敬畏的心理，从而欣然合作。对于一部分被访问人，职务犯罪侦查人员的这种态度还可以促使他们打消作伪证或拒绝作证的念头。

侦查人员在听取被访问人员陈述时，应保持客观冷静。对案情允许有自己的分析判断，但不应将自己的分析判断作为衡量被访问人陈述真伪的标准，甚至用以诱导对方的陈述。无论是符合自己分析判断的材料，还是不符合自己分析判断的材料都应客观全面地加以收集。符合的不能盲目轻信，不符合的也不能随意摒弃。侦查人员在询问中也不能对被访问人的陈述擅加反驳，做主观的取舍和理解。在任何情况下都不能表露出对陈述的满足或失望的情绪。在整个访问过程中，侦查人员应处处表现出对被访问人的尊重，对他们的陈述应始终持认真听取的态度。在询问中，用语应和蔼可亲、心平气和，不能粗鲁严厉、挖苦嘲讽。对被访问人的陈述应专心听取，认真记录，不要同时做一些分散注意力的事情，或显得漫不经心，否则将会削弱被访问人陈述的兴趣。询问中不宜过多地打断对方的话题，只有当其陈述离题太远时，才应巧妙委婉地引导其回到正题上来。否则，频频地打断对方的陈述和过多的插问，可能使被访问人失去陈述的主动性，使其正常的联想、回忆受到干扰，甚至受到不良的暗示。

(二) 被访问人的自由陈述

在被访问人愿意与侦查人员合作的基础上，侦查人员应提出需要查询的问题，先让其将自己掌握的有关情况完整地、不间断地自由陈述一遍。在这个过程中，侦查人员不宜随意打断或追问。通过被访问人的自由陈述，侦查人员不仅可以大致了解对方所掌握的情况，还可对被访问人的个性、陈述能力、观察能力及其作证态度作出初步的分析判断。这对于决定以后的询问重点、策略方法是一个良好的基础。

同时，自由连贯的陈述使被访问人容易全面准确地回忆所感受到的有关情况，在事件发生的原来顺序中尽可能详细地回忆有关情节。有的被访问人，在自由陈述时，由于不了解职务犯罪侦查人员真正关注的是哪些情节，或已掌握了哪些情况和作出了什么判断，因而可以消除其作伪证、歪曲隐瞒事实真相或"投其所好"的企图。实践证明，被询问人在自由陈述阶段受到不良影响的可能性大大小于其他阶段。

（三）侦查人员的辅助提问

调查访问中，仅仅通过被访问人的自由陈述就达到调查访问目的的情况是比较少的。一般情况下，在被访问人自由陈述的过程中，职务犯罪侦查人员应适当进行辅助提问，这样可以促进和引导调查访问顺利而有效地进行。

有时，由于被访问人不了解或误解了职务犯罪侦查人员的查询目的，或者是由于思路偏题，陈述能力低下，其陈述完全偏离了调查的本意。这种情况下，职务犯罪侦查人员应适时通过恰当的辅助提问巧妙地打断对方的陈述，调整其陈述的话题，使之回到正题上来。

有的被访问人可能并不知道自己掌握的情况哪些对查缉犯罪人有价值，哪些没有价值，因而他们可能根据自己的主观判断进行取舍，详尽陈述自己认为重要的情况，将其认为无关紧要的情况略去不讲。对此，在询问中，职务犯罪侦查人员应根据被访问人的知情条件、知情原因等多方面的因素作出准确判断，通过明确具体的提问，引导被访问人讲出自己所掌握的一切与案件有关的情况。

被访问人曾经感知的与案件有关的情况，发生部分遗忘是一种普遍现象。遗忘可分为两种情况：一种是永久的遗忘，即不经重新感知，记忆便不能再行恢复；另一种是暂时遗忘，即一时不能回忆或认知，但有了适宜的条件，记忆还可能恢复。对后一种情况，职务犯罪侦查人员通过适当的辅助提问，有助于被访问人回忆，产生联想，使被访问人重新回忆起暂时遗忘的情节。

被访问人常常还可能在感知同案件有关情况的当时，由于没有留心观察，而忽略了一些主要情节，对此自然无法作准确的陈述。对于这种情况，职务犯罪侦查人员的辅助提问亦可能帮助澄清这些疑点。

（四）对可疑情节的诘问

当职务犯罪侦查人员从被访问人的陈述中发现有可疑情节存在时，应就这些情节进行反复具体的诘问。对可疑情节的诘问一般应在被访问人自由陈述之后进行，而且这同盲目追问被访问人确实不掌握的问题，或诱使对方作出职务犯罪侦查人员主观希望的陈述性质是完全不同的。可疑情节的出现，常常有复杂的原因，可能是被访问人故意编造谎言，也可能是陈述中无意的错误，或者是职务犯罪侦查人员对陈述的错误理解。对可疑情节诘问首先要考查被访问人的作证态度，对职务犯罪侦查人员是否作了如实的陈述；其次要就数个被访问人关于同一情况的陈述加以印证，从而消除被访问人之间、被访问人与职务犯罪侦查人员之间可能存在的陈述和理解上的歧义；最后有利于职务犯罪侦查人员分析证言的确切程度，即可以考查被访问人对案件有关情况是否有准确的感知、记忆和陈述，其陈述的是客观事实还是自己的推断估计。

第二节 搜 查

一、搜查概述

（一）搜查的概念

根据我国刑事诉讼法规定，搜查是公安机关、人民检察院的侦查人员为收集犯罪证据，查获犯罪嫌疑人而采取的一种侦查措施。在对职务犯罪嫌疑人实施逮捕和拘留时，一般都要对其人身和住所或其他有关场所进行搜查；在对被拘捕人进行讯问的过程中，当其供出隐藏职务犯罪证据的具体地点时，也需要对这些地点实行搜查。此外，对其他可能隐藏有职务犯罪人或职务犯罪证据的人的身体、物品、住所及其他有关地方，职务犯罪侦查人员也可以依法进行搜查。

（二）搜查的分类

按照搜查的实施方式不同，搜查一般分为公开搜查和秘密搜查两类。公开搜查大多是在执行逮捕拘留时或讯问过程中进行的。秘密搜查多是在职务犯罪侦查过程中进行的。两种搜查的实施条件、对象、批准权限、法律意义及行为方式均有较大的区别。

公开搜查必须严格履行法律手续，除紧急情况外，搜查应经人民检察院检察长的批准。进行搜查时，职务犯罪侦查人员必须向被搜查人出具有法律效力的《搜查证》，并令其在上面签名或捺指印。但是在执行逮捕、拘留时，不另用《搜查证》也可以对有关场所和被拘捕人的身体进行搜查。公开搜查一般分为住宅搜查、人身搜查和露天搜查。

二、搜查的方法

（一）住宅搜查

被搜查人的住宅往往隐匿有或保留有能证实职务犯罪嫌疑人实施职务犯罪的各种证据。在有些案件中，职务犯罪嫌疑人的住宅同时又是实施和预备犯罪的场所。因此，住宅内能证实职务犯罪的物证相对比较集中，及时进行搜查，常常可以查获大量职务犯罪证据和发现新的职务犯罪侦查线索。但是，住宅内一般家具、杂物较多，加之职务犯罪嫌疑人在搜查前对痕迹的精心消除、物证的专门藏匿，使住宅搜查有相当的难度。这就要求搜查人员必须掌握正确的搜查策略方法。

1. 搜查的初步行动。搜查人员到达搜查地点时，应在搜查现场周围布置警戒线监视岗哨，断绝搜查现场同外面的联系。

进入搜查现场后，应立即向被搜查人出示《搜查证》，责令其在上面签名或捺手印。随后，对被拘捕的职务犯罪嫌疑人和在场的其他可能隐藏有职务犯罪赃物罪证的人，进行人身搜查。除留被搜查人或其一名家属在场外，其余人员均应带离搜查现场，集中监视看管。住宅内的电话机及电源也应予以控制。

在开始采取搜查行动前，搜查人员应表明自己的身份，命令被搜查人或其家属自动交出赃物罪证或指出隐藏的具体处所。如其拒绝服从搜查人员的命令，或者搜查人员只是根据案情的分析，认为被搜查人的住宅中很可能隐藏有职务犯罪赃物罪证，搜查人员应察看住宅的情况和周围的环境情况，确定搜查的重点和方法。

2. 搜查的顺序。住宅搜查应根据搜查的目的和室内的结构特点，先从最有可能发现搜查目标的部位开始，采取分区定位的搜查方式，搜查人员分组分别搜查指定区域。如果有必要重复搜查，可让搜查人员互相调换搜查的区域。

搜查每一个房间都应先确立搜查的起点，沿一墙壁向一定方向，搜查沿壁放置的物品、挂在墙上的物品和墙壁本身、墙下的地面，最后搜查位于房屋中间的物品及地面。

3. 搜查的重点。住宅搜查一般应重点搜查以下几个部位：

（1）地板。搜查时要注意发现是否有秘密处所，细小的物质或可疑的迹象。要特别注意放置家具的位置有无移动迹象。如果是镶木地板，应仔细观察木板之间灰尘的沉积状况，地板钉帽的新旧程度，有无撬压、敲击痕迹；水泥地面有无缺损、修补的痕迹；泥土地面应观察有无开挖的痕迹，必要时还可用水浸法检验，观察地面渗水速度是否一致。此外，要注意收集地板上可疑的细小物质。

（2）墙壁。搜查墙壁应注意观察墙面有无可疑痕迹，墙内有无秘密处所。检查时要特别注意新涂上的灰泥、新粉刷的部分，墙面突出凹入、砖块松动，壁板缝隙灰垢、油漆不正常脱落的地方。此外，可以用小铁锤敲击墙面，通过声音辨别墙内有无秘密处所。同时，还可以用丈量墙壁和房屋内外厚度差的方法推测有无夹墙。

（3）家具、日常用品。搜查时要注意发现这些物体有无夹层。必要时应把各个物体能分离的部分拆卸下来检查，测量内部和外部的尺寸是否相符合。对于柔软的家具、被褥卧具，可先用探针检查，必要时要拆开检查。搜查时，可借助探测仪器，如气味探测器、金属探测器、轻便 X 射线透视仪、紫外线灯进行检查。

对已发现的可疑物品，即使尚不能证实同职务犯罪有关，也不应轻易放过。

应分析物品和痕迹的存放方式、出现的情况是否符合常理，同被搜查人的情况是否相符，以及被搜查人对此的解释是否可信。

4. 搜查中的观察和分析。在搜查的过程中，应随时注意观察被搜查人的神情举止。当被搜查人目睹搜查人接近藏物地点时，常常无法保持平静，而出现一些紧张慌乱的神情。反之，当搜查人员已走过了藏物地点，被搜查人的神情又会转为平静。当然，被搜查人员的激动情绪也可能是因搜查行为惊吓或担心其隐私暴露、心爱的物品被损坏或收缴引起的。对此，搜查人员应加以识别。

有时，被搜查人也可能用一些有意的言行分散搜查人员的注意力，将正在接近搜查目的物的搜查人员引开。

还有些被搜查人除了将罪证赃物藏匿在精心设计、伪装的秘密处所外，还会推测搜查人员的心理动向，估计他们注定会仔细搜查这些处所，因而故意将被搜查物品放在明显可见的地方，或通常认为不会和不可能藏匿物品的地方。因而搜查人员在搜查过程中，不仅需要认真细致的工作作风和科学的策略方法，还需要准确地进行临场分析判断，要在一定程度上模拟被搜查人的思维方式，依据搜查目标的特点，被搜查人的职业、生活习惯、兴趣爱好及个人特殊心理品质等对其藏匿物品行为的影响，判断应该用什么方法，在何处可能发现搜查的目的物。

住宅搜查应按规定制作搜查笔录和进行必要的拍照。搜查笔录应扼要、准确、如实地记录搜查行动全过程。搜查结束，当被搜查人和见证人确认记录无误后，被搜查人、见证人、搜查人员均应在搜查笔录上签名。搜查笔录应制作一式两份，一份随诉讼案卷材料移交，一份存在侦查卷中备案。

（二）人身搜查

人身搜查的目的，主要是从被搜查人身上及随身携带的物品中发现职务犯罪证据或职务犯罪侦查线索。执行逮捕拘留时，应对被拘捕人进行人身搜查。搜查住宅时，有时也需要对被搜查人或在场的亲属及其他可能隐藏赃物罪证的人员进行人身搜查。此外，根据侦查工作的需要，也可以在必要时，对其他可疑人员依法进行人身搜查。

1. 搜查并解除被搜查人随身携带的武器、毒物及一切可能用来伤人的物品，以防备其行凶或自杀。搜查人员不能忽略有些表面上没有危险性的物品，亦可能为被搜查人当作武器使用，达到伤人的目的，如钢笔、烟草、粉末、沙土等。搜查中如果发现被搜查人身上或附近有这类物品，应及时解除或搬离，不应放在其身边。

2. 做好警戒、监视工作。进行人身搜查时，应分配一至二人担任警戒，监视被搜查人的行为，防备其将身上的赃物罪证抛出、毁灭或袭击搜查人员。同时，担任警戒的人员亦可通过观察被搜查人的神情举止，发现其最为关注的部位。

3. 搜查的程序。搜查时应命令被搜查人背向搜查人员，两腿分开站立，举起双手并伸展手指。搜查人员先从被搜查人背后，从上而下，由两侧至前后，由外及里仔细搜查全身。

4. 检查衣着。对衣物的检查，重点是衣袋、衣领、垫肩贴边、补丁、帽里、裤腰、鞋底、袜底等有夹层的部位，必要时可拆开检查。搜查衣物除应注意发现可疑物品外，还应注意衣物上有无血迹、可疑斑点、粘附的其他物质，有无特殊的补缝、刷洗痕迹，纽扣的式样、颜色及新旧程度是否一致。着衣情况同时令、地区风俗和被搜查人的身份是否存在矛盾。

5. 身体的检查。检查身体时，应特别注意头发、耳孔、口腔等可能隐藏物品的部位。如被检查人身上贴有膏药，扎有绷带，在不伤害其健康的前提下应拆开检查。必要时，还应对被检查人进行法医活体检查，或使用探测仪器、警犬进行检查。

6. 被搜查人随身携带物品的检查。检查这些物品时，要注意发现夹层和空隙。如果该物品可以拆卸，应拆开检查。同时要结合讯问被搜查人，分析这些物品的来源及携带的目的。

7. 对妇女的人身搜查，应由女工作人员进行，邀请女见证人。搜查地点应加以相应地选择。

三、秘密搜查

（一）秘密搜查的概念

秘密搜查是职务犯罪侦查人员以秘密的方式对重大职务犯罪嫌疑人的住宅和其他可能隐藏有职务犯罪赃物罪证的场所进行搜查的一种秘密侦查措施。秘密搜查是一种秘密侦查措施，使用上应严格控制，不能滥用。实施时要做到组织严密，时机得当，方法稳妥，切实保证搜查行动的机密和实效。

（二）秘密搜查的任务

秘密搜查的任务包括：

1. 发现和提取职务犯罪痕迹物证；

2. 密取样本材料供刑事技术鉴定；

3. 秘密收取某些物品供辨认使用；

4. 确定职务犯罪实施的地点。

（三）秘密搜查的形式

1. 职务犯罪侦查人员不暴露身份，以某种公开的名义作掩护进行搜查。采用这种秘密搜查的方法，要求选择好适当的掩护名义，既要有利于搜查，又要有利于掩护。搜查人员以某种职业作掩护，就应懂得一些相关的基础常识，避免言行上出现破绽。必要时，还应物色该行业的从业人员参加秘密搜查，以增加搜查行为的隐蔽性，应付可能出现的窘境。

2. 借故将被搜查人及家属调离住处，或利用其他外出的机会进行秘密搜查。采用这种秘密搜查的方法，在时间上要掌握准确，要注意防止被搜查对象的邻居发现，或被搜查人突然返回，造成难堪的被动局面。

（四）秘密搜查的组织实施

1. 秘密搜查要严格控制使用。职务犯罪侦查机关只有在获得准确的情报，有相当把握时才能使用秘密搜查。办案单位在实施秘密搜查时应填写有关的文书报主管领导审批。呈报材料上应简要介绍案情，写明秘密搜查的目的。

2. 事先做好充分的准备工作。秘密搜查要求整个过程严格保密，干净利落，因此搜查前应做好充分准备。准备工作的重点是：

（1）选择适当的搜查机会。

（2）确定搜查人员及其分工。秘密搜查人员一般包括入室搜查人员、外部警戒人员、监视牵制被搜查人员及其家属的人员以及掌握某种特殊技能的人员。

（3）了解搜查地点及周围的环境情况。

（4）搜查的物质准备。

（5）具体行动方案及应急措施。

3. 秘密搜查的要求：

（1）入室后，应先观察牢记室内陈设的位置，挪动任何一件物品前，均应仔细观察，牢记其位置与邻近物品的联系。

（2）搜查应有序地进行，逐件、逐片检查物品痕迹，而不能一次性移动过多物品，以免造成恢复原状的困难。

（3）搜查中发现物证，一般不应提取，可先拍照，条件允许的，可迅速送交鉴定或辨认后立即送回。

（4）搜查中应避免损坏物品，或将自己的物品留在现场。

（5）搜查中如损坏了室内的物品，应将碎片打扫干净，并制造相应的假象以掩护搜查行为。

4. 秘密搜查的结果不能作为诉讼证据使用。秘密搜查结束，搜查人员应写出报告，归入侦查案卷备查。搜查中发现的痕迹物品经鉴定或辨认确属罪证，应及时通过公开取证方式，加以收集。

第三节　辨　认

一、辨认的种类

辨认是侦查机关在办理职务犯罪案件的过程中，为了查明某个人是否与职务犯罪有联系，或者某个与职务犯罪有关联的物品是否属于某人所有、所用，或者某个场所与环境是否与职务犯罪存在联系，而组织安排有关人员对该人、物、场所进行识别的一种侦查取证措施。

由于对辨认分类的标准不同，辨认通常可以分为以下几类：

（一）根据辨认的方式不同，辨认分为公开辨认和秘密辨认

在职务犯罪侦查实践中，常用的是秘密辨认的方式，公开辨认一般是在秘密辨认做出肯定结论的基础上进行的。秘密辨认的结论通常不能作为诉讼证据，而只能作为分析判断案情、确定下一步侦查措施和方法的依据。公开辨认的正确结论则是一种诉讼证据，因此必须根据刑事诉讼法的要求，做好对该种结论的确定工作。

（二）根据辨认的目的不同，辨认分为认定辨认和寻查辨认

认定辨认是对已发现的辨认客体进行识别、认定的辨认。寻查辨认则是职务犯罪侦查中为了发现和查获职务犯罪嫌疑人而在其可能出现的地点和路线进行寻找和识别的辨认活动。认定辨认通常是通过对辨认客体的识别、认定，获取和固定证据；寻查辨认则是为了发现和查获职务犯罪嫌疑人。

（三）根据辨认对象的不同，辨认可分为对人的辨认、对物品的辨认和对场所的辨认

不同种类的辨认，辨认的方法、规则和任务是不同的。

二、辨认的法律规定和有关规则

根据刑事诉讼法的有关规定，辨认应遵循以下规则和规定：

（一）个别辨认

个别辨认包括两层含义：一是如果对同一个辨认对象不止一个辨认人时，应由辨认人分别单独地进行辨认；二是一个辨认人面对多个辨认对象进行辨认时，也应该让辨认人进行分别单独的识别。制定这个规则的目的在于保证辨认结论的客观公正，防止辨认人受到来自其他辨认人、辨认对象等各个方面的影响。

（二）混杂辨认

混杂陪衬的辨认规则主要适用于对人和物品的辨认。对人和物品进行辨认时，应当将辨认对象混杂在若干与其相似但无关的人或者物品中间。在选择混杂

职务犯罪侦查指引

对象时，应以辨认对象的特征为依据。在进行对人的辨认时，混杂陪衬的对象与被辨认的人之间，应当在性别、年龄、相貌、身高、体态等方面相同或者类似。在进行物品的辨认时，混杂陪衬的对象与被辨认的物品之间，应当在种类、形状、颜色、大小等方面接近或者相似。除此之外，依据照片、录音录像进行辨认，也应当贯彻混杂陪衬的辨认规则。就混杂陪衬的数量而言，一般不得少于3人或者3件。对不知名的死者和场所的辨认不适用混杂陪衬的辨认规则。

（三）自由辨认

所谓自由辨认，是指在进行辨认活动时，应当保证辨认人在不受任何干扰的情况下，自由而独立地进行识别。职务犯罪侦查人员在辨认人进行辨认的过程中，不得进行任何方式的暗示或者诱导，更不得进行明确的指认。因此，在组织辨认活动时，应从辨认开始以前就注意在各个方面保证自由辨认。在辨认开始之前，不能让辨认人事先了解有关辨认的情况，不能让辨认人看见辨认对象和指导辨认对象的情况。在辨认的过程中，职务犯罪侦查人员可以帮助辨认人全面、细致地观察辨认对象的特征，也可以进行必要的解释，但必须保持客观的态度。

（四）组织辨认的主体只能是职务犯罪侦查人员，且主持辨认的职务犯罪侦查人员不能少于两人

此外，对犯罪嫌疑人进行辨认时，辨认人如果不愿意公开地进行，辨认可以在不暴露辨认人的情况下进行，职务犯罪侦查人员应当为其保守秘密。

对于辨认的过程和结果，应当制作辨认笔录，参与辨认的职务犯罪侦查人员、辨认人、见证人等都应当在辨认笔录上签名或者盖章。

三、辨认的实施

（一）辨认前的准备

一般而言，无论进行何种辨认，都应当做好以下几个方面的准备：

1. 向辨认人了解有关情况。在辨认开始前和辨认结束后，主持辨认的职务犯罪侦查人员都应对辨认人进行询问。有的案件在辨认开始以前，就已经对辨认人进行了询问，但在辨认开始之前，仍然应当仔细地对辨认人进行有关的询问，这是组织辨认必不可少的程序。

在辨认开始之前，询问的重点是辨认人究竟掌握了哪些特征，辨认人能否依据对此的感知和记忆进行辨认。同时，职务犯罪侦查人员还应当问明辨认人感知的时间、条件和环境，辨认人自身的感知能力如何等，以便对辨认人掌握情况的真实可靠性和设计提供相应的辨认环境及条件提供可靠的依据。

辨认结束后，针对辨认人作出的结论，侦查人员还应对辨认人再次进行询问，问明作出辨认结论的依据，以便对辨认结论进行正确的评断。

应当注意的是，实践中常常出现这样的情况，辨认人在回答职务犯罪侦查人

员的询问时，由于陈述能力的限制，无法准确、详细地描述人、物品或者场所的具体特征，但在辨认时，却能够准确地指认职务犯罪嫌疑人或者与职务犯罪有关的物品、场所。因此，讯问中如果发现辨认人不能具体地说明职务犯罪嫌疑人或物品、场所的特征或者作出辨认结论的依据，职务犯罪侦查人员不能轻率地作出取消辨认的决定，或者主观地认为已经作出的辨认结论是不可靠的，而应当结合辨认人的具体情况，分析出现这种情况的真实原因。

2. 确定辨认的时间和地点。组织公开的辨认活动时，辨认的时间和地点应当尽量安排在符合辨认人原感知的条件且外界干扰较小的环境中进行。秘密辨认时，应注意不能让被辨认人察觉。因此，在时间、地点的选择上应符合保密的要求。

3. 制订辨认的实施方案。辨认应当有组织、有步骤地进行。因此，在组织辨认活动时，应制订具体的实施方案，方案的内容主要包括人员的分工、辨认的步骤和方法、辨认中可能出现的问题和相应的对策。

4. 辨认条件的准备。就辨认的条件而言，应从以下方面进行准备：选择符合条件的混杂陪衬对象；对进行辨认活动的场所进行布置；向辨认人宣布辨认的要求和辨认中应注意的问题以及要求辨认人认真对待辨认活动。

（二）辨认的实施

1. 对人的辨认。对人的辨认应严格遵守混杂陪衬的原则。在进行辨认活动之前，应对辨认人进行认真的询问。对人进行直接辨认时，多采用静态辨认的方法，即以被辨认人的静态特征，尤其是以人的面部特征为依据，让辨认对象处于基本静止的状态，以便辨认人仔细而有序地观察被辨认人的外貌特征。如果辨认人对犯罪人的动态特征，如讲话的声音、行走的姿势等有所感知和记忆，可以增加对职务犯罪人的动态特征和辨认。进行这方面的辨认，可以提高辨认结论的可靠性。在对职务犯罪人的动态特征进行辨认时，职务犯罪侦查人员应向辨认人提供观察被辨认人的动态特征的机会，尤其是要让被辨认人在无意中自然地表现出动态特征，以便于辨认人的辨认。根据辨认人的具体要求，职务犯罪侦查人员也可以让被辨认人作出符合要求的相应行动。

除此之外，根据职务犯罪案件侦查的需要，职务犯罪侦查人员还可以组织寻查辨认。寻查辨认是发现职务犯罪嫌疑人的有效方法。在有条件的情况下，职务犯罪侦查人员可以带领辨认人在职务犯罪嫌疑人可能出现的场所秘密寻找职务犯罪嫌疑人。如果辨认人指认出了职务犯罪嫌疑人，职务犯罪侦查人员就可以有针对性地开展进一步的侦查工作，或者将职务犯罪嫌疑人以适当的方式扭送职务犯罪侦查机关，然后采取相应的措施进行审查。

在对人进行辨认时，对于辨认人作出的有关静态特征中的稳定性不高的特征的结论，应进行慎重的审查判断。

2. 对物品的辨认。对物品的辨认通常有三种情况：一是对不知名死者的衣饰和随身携带的物品的辨认；二是对现场遗留物品的辨认；三是对犯罪工具、赃物的辨认。

在对物品进行辨认时，职务犯罪侦查人员首先应通过询问辨认人，查明同犯罪事件有联系的物品的具体特征，然后再进行辨认。如果辨认人可能是该项物品的所有者，询问时可让辨认人提供与被辨认物品原属同一整体或者附属关联的物品或者相类似的物品。这有利于描述和理解物品的特征，有利于评断辨认结论的真实、可靠性。

对物品进行辨认时，同样应当注意贯彻混杂陪衬的规则。在具体的辨认活动中，被辨认物品应被混杂在特征类似的若干个同类物品中。在挑选混杂陪衬的物品时，只要求一般特征相似即可。

如果被辨认的物品比较特殊，难以找到同类的混杂陪衬物品，或者被辨认的物品的特定特征十分明确，经过询问，辨认人对物品的特征，特别是一些特殊的、不易被他人所知的细小特征十分了解的，也可以不混杂陪衬，而将被辨认物品单独提交辨认人辨认。

3. 对尸体的辨认。对尸体的辨认应在法医的协助下进行。对尸体的辨认不适用混杂辨认的规则。但如果是多人进行辨认，则应贯彻个别辨认的规则。

在进行具体的辨认前，首先应在法医的帮助下，对尸体做好必要的清理整容和发现、记录尸体的各种特征。对于尸体上存在的用肉眼无法直接观察到的各种特征，不宜在辨认开始前向辨认人公布，而应该在辨认人进行辨认的过程中，向辨认人查明这些特征，并作为评断辨认结论的依据。如果是为了及时地引起认识死者的人的注意，以便他们及时地参与辨认，也可以对这些特征作有限制、有保留的公布。

对尸体进行辨认，可以以发现尸体的地点为中心，由近及远地开展，即首先组织现场周围的群众进行辨认，如果这种辨认不能达到预期的效果，认定不了死者是谁，则应根据已掌握的情况，点面结合，适当扩大辨认的地区范围。在进行辨认前，一般无须询问辨认人。如果通过辨认，辨认人认为自己已经认出了死者是谁，侦查人员应详细地询问认定的依据以及最后一次看见死者的时间和有关情况。与此同时，侦查人员还应结合辨认人的结论，对尸体的特征作进一步的检验。

4. 对场所的辨认。在部分职务犯罪案件的侦查工作中，有时需要请被害人或者其他知情人对与职务犯罪有关的场所进行辨认。

对场所辨认时，职务犯罪侦查人员应首先对辨认人进行详细的询问，并根据辨认人所描述的该场所的特征，分析该场所可能位于何处。然后，引导辨认人经由这些地点，由辨认人自由辨认，并作出结论。考虑到辨认人可能存在的感知错误，当辨认人指认了某个场所后，职务犯罪侦查人员应及时地对该场所进行认真、仔细的勘查，并结合辨认人事先作出的关于犯罪事件的陈述，评断辨认结论的可靠性。

有些职务犯罪由于行为的过程较长，情节复杂，职务犯罪人和被害人的活动涉及的地域范围大。为了确定犯罪过程中某个行为发生的确切地点，也可以组织进行对场所的辨认。对场所的辨认不适用混杂陪衬的原则，但辨认的其他规则必须遵守。

四、辨认笔录的制作

公开的辨认应当制作辨认笔录。秘密辨认则应当制作辨认报告。辨认报告不能用作诉讼证据，但应归入侦查卷宗，以供案情分析研究。

辨认笔录应包括以下内容：

1. 辨认前对辨认人的询问情况和辨认人的陈述情况；

2. 辨认的时间、地点、环境条件；

3. 混杂人员的姓名、年龄、住址，混杂物品的数量、来源、基本特征；

4. 辨认的结论，侦查人员就辨认结论对辨认人进行询问的情况和辨认人的陈述；

5. 混杂人员或者混杂物品同被辨认人或物品混杂在一起的照片，被辨认出的人或物品的照片；

6. 参与辨认的侦查人员、辨认人、混杂人员和被辨认人、见证人等的签名或盖章。

辨认笔录的内容应通过问答的形式记录，辨认笔录应力求客观、详细、准确。

五、辨认结论的评断和运用

辨认结论属于人证的一种，由于受到人的感知、记忆、再现各阶段主、客观因素的影响而有可能不真实。因此，对辨认结论的客观真实性必须进行审查和评断。对辨认结论的评断主要从以下几方面进行：

（一）辨认人的感知能力

对辨认人的感知能力的评断主要应注意辨认人的视听、辨色、触觉、嗅觉能力是否正常、强弱程度以及它们对辨认人感知辨认对象的影响。为此，在进行辨认前，有必要对辨认人的感知能力进行了解和检测。

（二）事件发生时的环境条件

职务犯罪侦查人员应查明事件发生时的具体时间、地点、气候、事件发生地点与周围环境的关系以及它们对辨认人观察事件可能造成的影响。

（三）事件发生时辨认人的精神状态

一般而言，如果辨认人处于正常的心境，就能够正确地感知他所观察的事物。另外，也应考虑辨认人是否由于职务犯罪人的侵害，或者突然看到职务犯罪行为的进行而精神高度紧张、恐惧、愤怒，以致其对观察对象的认识发生偏差，出现错觉。如果存在这些情况，职务犯罪侦查人员对辨认结论应持慎重态度。

（四）辨认人掌握辨认特征的实际情况

辨认人是通过自己了解的与职务犯罪有关的人、物品、场所的某些特征同辨认对象的特征的对比、识别，进行辨认的。用于对比的特征是否具有排他性，除了特征本身以外，还取决于辨认人对该特征认知的深度和准确程度。因此，在评断辨认结论时，应仔细分析对比特征之间的准确程度和可知程度。

（五）辨认人所掌握的特征与辨认对象之间的误差

在辨认实践中，辨认人所掌握的特征与辨认对象之间往往存在一定程度的差异。辨认对象的某些特征随着时间的推移或者人为的和自然因素的影响，往往会发生改变。因此，对于辨认结论中出现的辨认人所掌握的特征与辨认对象之间的误差，应认真分析研究造成差异的原因。在具体的分析判断中，应根据事物变化的客观规律，结合考察职务犯罪嫌疑人有无故意乔装的行为，并参照其他侦查措施所获得的情况，辩证地分析判断辨认结论。

对物品的辨认结论的评断，是一个较为复杂的过程。对物品的辨认结论，即使是经过审查并认为是可靠的，也不能直接确定持有被辨认物品的人或者被辨认物品的物主同犯罪事件存在直接的联系。通过对物品的辨认，只能确定被辨认物品原来同谁存在物品所有权关系，该物品现在的持有人同犯罪事件是否存在直接的联系，还必须通过其他途径作进一步的审查判断。

辨认结论只有经过认真、细致的评断，并与其他证据验证无误后，才能作为证据使用。辨认结论一般不能单独作为认定案件事实的根据，必须与案件中的其他证据材料结合使用。

第三部分
职务犯罪侦查讯问

第七章 职务犯罪侦查讯问概述

第一节 职务犯罪侦查讯问的概念

侦查讯问是侦查工作的重要组成部分，是司法实践中广泛运用的一种办案手段。《刑事诉讼法》第106条规定："'侦查'是指公安机关、人民检察院在办理案件过程中，依照法律进行的专门调查工作和有关的强制性措施。"侦查是我国刑事诉讼程序中一个重要的、独立的诉讼阶段，其目的，就是通过侦查，收集调取犯罪嫌疑人有罪或无罪、罪轻或罪重的证据材料。依职务犯罪侦查讯问特定的对象和功能，对职务犯罪侦查讯问，可作如下界定：职务犯罪侦查讯问是指在职务犯罪侦查活动过程中，侦查人员为了查明案情、收集证据、揭露和证实犯罪，依法审问犯罪嫌疑人，以获取其供述和辩解的一种侦查活动。

在理解这一概念时，应明确以下几点：

一、关于职务犯罪侦查讯问的主体

《刑事诉讼法》第3条规定："……检察机关直接受理的案件的侦查、提起公诉，由人民检察院负责。"由此可见，检察机关直接受理的职务犯罪案件，其侦查讯问只能由检察机关的职务犯罪侦查人员进行，其他任何机关、团体和个人都无权行使这些权力。检察机关的其他人员如审查起诉人员亦无权组织该种讯问。

二、关于职务犯罪侦查讯问的对象

职务犯罪侦查讯问的对象也即职务犯罪侦查讯问活动的承受者。职务犯罪侦查讯问的对象仅限于犯罪嫌疑人，不包括涉案的证人、被害人等。在办案实践中，职务犯罪侦查讯问的对象大多数是被检察机关依法采取了强制措施的犯罪嫌疑人，即被依法拘传、拘留、逮捕的犯罪嫌疑人。《刑事诉讼法》第117条规定："对不需要逮捕、拘留的犯罪嫌疑人，可以传唤到犯罪嫌疑人所在市、县内的指定地点或者到他的住处进行讯问，但是应当出示人民检察院……的证明文件。"据此，职务犯罪侦查讯问应包括被依法传唤的犯罪嫌疑人。

三、关于侦查讯问的目的

职务犯罪侦查讯问工作的目的不能简单地理解为是为了获取犯罪嫌疑人有罪

的供述，而应当看作是为了获取犯罪嫌疑人的真实供述和辩解，查明案件事实真相，确保案件处理的不枉不纵。通过讯问，追查核对犯罪嫌疑人的嫌疑事实，使有罪的犯罪嫌疑人的犯罪事实受到深入的揭露和追查，从而获得真实的认罪供述和扩大战果，包括追清余罪、追清赃物罪证下落和所知的其他犯罪线索等。同时，通过讯问，听取犯罪嫌疑人的有关辩解，结合调查取证，澄清不确实的怀疑，使无罪的犯罪嫌疑人不受刑事追究，从而使审理的案件达到查明全部事实真相的主要目的。

此外，通过讯问，还可以发现和掌握职务犯罪活动的规律、特点和趋势，为预防职务犯罪服务；可以发现和纠正职务犯罪侦查工作中的不足和错误，以便总结和改进职务犯罪侦查工作。

四、关于职务犯罪侦查讯问的内容

职务犯罪侦查讯问的内容是指控的犯罪事实和与之相关的一切事实，即犯罪嫌疑人的犯罪事实、动机、目的、手段，与犯罪有关的时间、地点，涉及的人、事、物等。根据《刑事诉讼法》第118条的规定，犯罪嫌疑人对与本案无关的问题，有拒绝回答的权利。所谓"与本案无关的问题"是指与犯罪嫌疑人、案件事实、情节、证据等没有牵连关系的问题。但犯罪嫌疑人不得以此为借口拒绝回答侦查人员的正常提问。

第二节 职务犯罪侦查讯问的任务、原则

一、职务犯罪侦查讯问的任务

（一）查明案件事实真相

获取犯罪嫌疑人的真实而完整的供述或辩解，查明案件事实真相，是职务犯罪侦查讯问的最重要任务。对于有罪的犯罪嫌疑人，通过讯问查明其全部犯罪事实，是讯问的中心任务。查明犯罪嫌疑人的全部犯罪事实，就是要求在讯问中对犯罪嫌疑人的犯罪动机、目的、手段，与犯罪有关的时间、地点，涉及的人、物、事及赃物、赃款去向都应当讯问清楚。讯问中还应当充分注意初查中尚未查清的事实、情节，通过讯问犯罪嫌疑人进一步查明遗漏的事实和情节；对初查中尚未收集到的证据材料也应当予以收集、补充。

对于犯罪嫌疑人有罪的供述和无罪、罪轻的辩解，都应当认真调查核实，实事求是地予以认定。对于有罪供述，要做到犯罪事实清楚，证据确实、充分，这样才能正确地认定案件性质和确定罪名，以保证正确适用法律，依法追究犯罪嫌疑人的刑事责任。

（二）查明同案犯，追清其他犯罪和犯罪线索，查破窝案串案

对于"窝案、串案"，① 讯问时不仅要查清犯罪嫌疑人自身的犯罪事实，而且还要彻底查清共同犯罪的有关人员的情况，查清主犯和从犯。职务犯罪案件特别是贪污贿赂案件，往往牵涉到很多人，如"下收（受贿）"、"上送（行贿）"，多人行贿、受贿等。因此，除了讯问清楚他们本人的犯罪事实外，还应当追查其他犯罪线索，以扩大战果。因为多种原因，犯罪嫌疑人除了他们自己实施犯罪外，往往还知道其他人的许多犯罪线索，通过挖掘其他犯罪线索，可以将本案以外的其他犯罪嫌疑人查缉归案，能够收到讯问此案牵出彼案，讯问现案带出积案，破一案带一片的效果。

（三）保障无罪的人不受刑事追究

及时、准确地揭露、证实犯罪，将真正有罪的人绳之以法，保障无罪的人不受刑事追究，是侦查活动的基本出发点。讯问在侦查阶段起着把关作用，因此，在讯问中要把查明犯罪嫌疑人是否有罪，保障无罪的人不受刑事追究放在首位。尽管侦查中的调查是细致的，法律对拘留、逮捕的规定是严格的，但由于同犯罪作斗争是错综复杂的，侦查人员受主观和客观因素的影响，在案件事实未彻底查清之前，被拘留、逮捕或采取其他强制措施的犯罪嫌疑人中，仍然存在有罪和无罪两种可能性。应当通过讯问彻底查清事实真相，及时、准确地揭露证实犯罪，保障无罪的人不受刑事追究。

为了有效地保障无罪的人不受刑事追究，讯问犯罪嫌疑人时，应当首先讯问犯罪嫌疑人是否有犯罪行为，既让他陈述有罪的情节，又允许他进行无罪的辩解。对犯罪嫌疑人提出的无罪申辩和反证，要认真听取，及时查证，不能认为犯罪嫌疑人进行无罪的辩解，都是态度不好，狡猾抵赖。就是对犯罪嫌疑人有罪的供述，也要进行核实，只有经过查证属实的口供，才能作为定案的依据。仅凭口供不能认定犯罪嫌疑人有罪。只有坚持重证据，不轻信口供，口供证据必须经过查证属实，才能做到不枉不纵。

（四）积累犯罪资料，研究职务犯罪活动规律

讯问是侦查中的一个重要环节，讯问掌握着案件的全部材料，通过讯问不仅能了解某一个案件的全部情况，而且还可以积累大量的犯罪资料，为研究犯罪活动的规律提供了有利条件。通过讯问可以了解不同时期职务犯罪活动的特点和发展趋势；了解犯罪嫌疑人走向犯罪道路的原因；犯罪嫌疑人实施犯罪前后的心理

---

① "窝案"是指一个单位或部门中多人共同或分别进行犯罪活动，使案犯呈"窝"状的案件。"串案"是相对于个案而言的，是指具有内在联系的、以证据链将各个个案串联起来的案件群。从近年检察机关查办的贪污贿赂案件来看，窝案串案占有相当大的比例。

活动；犯罪嫌疑人实施犯罪的手段有何变化；存在哪些窝赃渠道等，以及各机关、企业、事业单位在管理和预防职务犯罪方面存在哪些漏洞和薄弱环节。为侦破其他案件和加强职务犯罪预防提供材料，以改进管理，堵塞漏洞。

二、侦查讯问的基本原则

（一）坚持依法办案的原则

讯问是揭露证实犯罪、保护无辜的重要手段，是刑事诉讼的重要环节，它的一切活动都必须受国家法律和刑事政策的制约。承担讯问工作的侦查人员，既是法律的坚强维护者，又应当是法律的模范执行者，必须严格执行各项法律和政策，严格依法办案。从讯问犯罪嫌疑人，询问证人，收集证据，直至讯问结束，都必须依照法律规定的程序进行。在讯问中对于一切公民，在适用法律上一律平等，不允许有任何特权，反对任何形式的等级观念，不论任何人，只要犯了罪，就应当受到法律追究；任何机关团体和个人都不得干涉侦查人员的正常办案活动，不得以"领导指示"等名义让侦查人员违反有关法律的规定。侦查人员更不得徇私枉法、贪赃枉法。讯问中坚持"有法必依，执法必严，违法必究"，才能维护法律的尊严，取信于民。

（二）坚持讯问与查证相结合的原则

讯问是从讯问犯罪嫌疑人和查证两个方面进行的，通过讯问犯罪嫌疑人，直接听取他陈述有罪的情节或者进行无罪的辩解，核实侦查中收集、调取的证据材料，同时还要向犯罪嫌疑人提出问题，让他回答有关犯罪事实或线索，进一步扩大战果，追查其他应当追究刑事责任的人。讯问中对于犯罪嫌疑人供述的新的犯罪事实或有关线索，应当进一步深入群众调查核实，收集和补充新的证据材料。或者通过调查又发现犯罪嫌疑人新的犯罪事实，应当及时收集、调取证据，为进一步讯问提供材料。对于犯罪嫌疑人无罪的辩解和提出的反证，也必须通过查证，才能分辨其真伪。

讯问犯罪嫌疑人与查证是相辅相成、互相补充、互相促进的，二者不可偏废。把讯问犯罪嫌疑人与调查取证分割开，对立起来，都不利于及时、准确地查清案件事实。只有把讯问犯罪嫌疑人与调查取证有机结合起来，灵活运用，才能保证讯问办案质量。根据案件的具体情况，既可以先讯问犯罪嫌疑人，然后再调查核实其口供真伪；也可以先调查核实已有证据，然后再讯问犯罪嫌疑人；还可以交叉进行。无论采取何种形式，事前均应当周密计划，妥善安排，明确目的，突出重点，分清步骤，讲究方法，务求实效。

（三）坚持实事求是的办案原则

讯问中坚持实事求是，就是要求讯问人员既要坚持辩证唯物主义的世界观和方法论，从实际出发，又要坚持实事求是的科学态度和工作作风。讯问是为了及时、准确、合法地查明犯罪嫌疑人的犯罪事实，以真凭实据揭露犯罪，保障无罪的人不受刑事追究，既不冤枉无辜，又不放纵犯罪分子。要达到上述目的，讯问人员必须坚持从案件实际出发，按照犯罪活动的客观规律去认识案情，不从个人主观愿望出发，不以想当然去处理问题。讯问人员在分析判断案情和研究犯罪嫌疑人的情况时，必须从现有证据材料出发，深入研究和把握案件事实的内在联系，对案情的发展变化作出合乎实际的估量，不能凭空胡思乱想，主观臆断。对犯罪嫌疑人口供的认定，必须统一到客观事实的基础上，未经查实的口供，不能轻信其有，或者毫无根据地信其无，必须根据查证属实的客观事实做出结论，才能对案件做出正确处理。

（四）坚持重证据，不轻信口供的原则

《刑事诉讼法》第53条规定："对一切案件的判处都要重证据，重调查研究，不轻信口供。只有被告人供述，没有其他证据的，不能认定被告人有罪和处以刑罚；没有被告人供述，证据确实、充分的，可以认定被告人有罪和处以刑罚。"由此可见，在刑事诉讼中对证据与口供不是等量齐观的，而是把证据放在第一位。讯问是为起诉和审判做准备的，因此，讯问必须坚持"重证据，不轻信口供"的原则。"重证据，不轻信口供"是要求讯问人员正确处理证据与口供的关系。整个讯问活动都是围绕收集、核实证据和讯问犯罪嫌疑人两方面进行的，讯问过程中，应当向有关专家请教，必要时可聘请专家鉴定，取得科学证据。

讯问中调查研究工作进行的是深入还是肤浅，是全面还是片面，是细致还是粗枝大叶，直接影响到收集证据的数量和质量，甚至关系到讯问的成败。讯问中只有围绕着查清案件事实这一中心环节深入、全面、细致地进行调查研究，才能得到真凭实据，把案件查得扎扎实实，经得起历史考验，准确地揭露证实犯罪，有效地保护无辜。

（五）坚持"严禁刑讯逼供"的原则

《刑事诉讼法》第50条规定："审判人员、检察人员、侦查人员必须依照法定程序，收集能够证实犯罪嫌疑人、被告人有罪或者无罪、犯罪情节轻重的各种证据。严禁刑讯逼供和以威胁、引诱、欺骗以及其他非法方法收集证据。"刑讯逼供和以威胁、引诱、欺骗以及其他非法方法收集证据、强取口供都是与国家法律和刑事政策相违背的，造成的后果是相当严重的，是造成冤、假、错案的重要根源。讯问中必须坚持实事求是的思想作风和工作作风，坚持重证据、重调查研究、不轻信口供的原则，坚决反对刑讯逼供和以威胁、引诱、欺骗以及其他非法方法获取证据。"刑讯逼供，屈打成招"是法西斯主义的办案方式在现行执法活动中的反映，危害极大。讯问中如果对无辜的犯罪嫌疑人进行刑讯逼供，就可能冤枉好人，造成冤狱，重者人命关天，无法挽回。即使对有罪犯罪嫌疑人施行刑讯逼供，也可能造成两种不良后果：一种是因为刑讯逼供导致犯罪嫌疑人更加对立，咬紧牙关，拒不供述犯罪事实。由于讯问人员手中缺乏确凿证据，难以定案，致使犯罪嫌疑人得不到应有的法律追究。另一种是在刑讯之下犯罪嫌疑人胡乱供述，甚至故意冤枉好人。有的故意作虚假供述或者真假混杂，致使真假难辨，无法认定；有的在刑讯之下供述了某些犯罪事实，然后寻机翻供，拖累诉讼，甚至形成悬案难以起诉，即使起诉了法庭也作不了有罪判决，最终还是放纵了犯罪。如果将犯罪嫌疑人致死、致残或者造成其他严重后果，还要受到法律制裁。以刑讯逼供和威胁、引诱、欺骗及其他非法的方法获取口供，不仅与法律相抵触，而且在实践中也是百弊而无一利的，必须坚决反对和废止。

第八章　职务犯罪嫌疑人心理分析

第一节　职务犯罪嫌疑人的拒供心理和供述动机

一、职务犯罪嫌疑人的拒供心理

拒供心理是指支配犯罪嫌疑人抗拒讯问，拒不如实供述案件事实真相的一系列具体心理的总称。通常有下面几种：

（一）畏罪心理

这是犯罪嫌疑人接受讯问时的一种最基本的拒供心理，在每一个犯罪嫌疑人的内心深处都不同程度地存在。

所谓畏罪心理是犯罪嫌疑人惧怕案件事实真相被揭露而受到法律惩罚的一种心理状态，是犯罪嫌疑人对将要受到的惩罚给自己带来的不利后果的顾虑和恐惧。畏罪心理是因罪责感的压力和法律的威慑力，对犯罪嫌疑人的心理造成刺激而形成的。畏罪心理是侦查讯问中最普遍、最基本的心理，它存在于侦查讯问的各个环节和阶段，成为犯罪嫌疑人拒供的主要心理因素之一。

1. 犯罪嫌疑人产生畏罪心理的原因

犯罪嫌疑人产生畏罪心理的原因是具体和多样的，主要有：

（1）顾及名誉。一些有一定社会影响或较高文化程度或自命清高的职务犯罪嫌疑人，在犯罪后考虑到一旦被追究刑事责任，必定会影响到自己的名誉、形象，因而不愿意供述罪行。

（2）害怕丧失既得利益。一些事业上比较成功，有一定社会地位的职务犯罪嫌疑人害怕自己辛辛苦苦挣来的事业和社会地位顷刻间因被追究刑事责任而化为乌有，因而不愿供述罪行。

（3）害怕连累他人。有些职务犯罪嫌疑人家庭、友情观念比较重，在犯罪被揭露后，一方面，担心由于自己的犯罪会牵连亲人、好友受到审查；另一方面也害怕从此父母、妻、子、朋友不再理他，甚至与他断绝关系。

（4）担心自己的前途、命运。犯罪要受到法律的惩罚，职务犯罪嫌疑人为此要付出沉重的代价，失去自由甚至生命。因此，犯罪嫌疑人千方百计地对抗讯问，拒不供述罪行，罪行严重的犯罪嫌疑人尤其如此。

2. 有畏罪心理的犯罪嫌疑人在讯问中的表现

一般来说，基于畏罪心理，犯罪嫌疑人有强烈的逃避处罚和减轻处罚的欲望，他们对罪责问题特别敏感，要么全部否认罪行，要么避重就轻地回答问题，应该看到，畏罪心理是犯罪嫌疑人拒不认罪的主要心理障碍，但也有可能成为犯罪嫌疑人如实供述的心理动力，有的犯罪嫌疑人承受不了罪责感的压力，在"坦白从宽，抗拒从严"政策的感召下，会产生寻求出路、摆脱压力的紧迫感，而交代罪行。因此，在讯问中，应该辩证地看待犯罪嫌疑人的畏罪心理。有畏罪心理的犯罪嫌疑人在讯问时的具体表现是：

（1）拒绝回答。"言多必失"，干脆什么都不说，有的甚至连与犯罪没有关联的一般性问题也拒绝回答。

（2）出现记忆、思维、语言障碍。由于罪责感压力过大，会使犯罪嫌疑人处在无所适从的恐慌之中，引起思维混乱、暂时性遗忘及语言障碍，在讯问中出现语无伦次、吞吞吐吐的现象。

（3）反复无常。供述时供、时翻，供词不稳定。作出供述后，由于罪责感压力，很快又翻供。

（4）情绪消沉。思想包袱很重，忧心忡忡，情绪消沉，有时下意识地长吁短叹。

（5）"趋利避害"。由于畏罪心理的作用，犯罪嫌疑人在接受讯问时，或主动坦白或抗拒审讯；或检举揭发或嫁祸他人。总之，犯罪嫌疑人会作出对自己有利的选择，以逃避或减轻法律对他的制裁。

（6）对讯问人员进行反侦查。犯罪嫌疑人在不知道侦查机关讯问意图和掌握证据的情况下，会通过种种方式进行试探、摸底。

3. 讯问对策

畏罪心理的实质是害怕承担罪责，而刑事诉讼活动正是要解决刑事责任问题。因此，讯问中要彻底消除犯罪嫌疑人的畏罪心理是很困难的。

一般情况下，首先要教育犯罪嫌疑人正视犯罪事实，并向其说明坦白与抗拒所产生的不同的法律后果；其次，根据犯罪嫌疑人畏罪的原因和程度的不同，以及在讯问中的不同表现，有针对性地采取不同的方法。对于罪行并非真正严重而畏罪心理过重的犯罪嫌疑人，应通过正确宣讲法律规定的量刑幅度，或在讯问时采取比较缓和的方式，讯问的气氛、态度、用语都应给犯罪嫌疑人造成一种减轻压力的感觉，从而消除其紧张恐惧心理，认识到只有认罪服法、接受讯问、老实交代问题，才是应有的出路；对于确有重罪而畏罪，以拒供、谎供甚至公开顶撞方式对抗讯问的犯罪嫌疑人，应采用"置之死地而后生"的方法，即先把其罪行说得很严重，加大其心理压力，当其因罪责感压力而感到走投无路时，再网开一面，指明尚有一线希望，促使犯罪嫌疑人将畏罪心理的压力变为走坦白从宽的动力。

（二）侥幸心理

侥幸心理是犯罪嫌疑人自认为可以逃避侦查机关侦查和法律惩罚的一种自信感。犯罪嫌疑人的侥幸心理，一般在形成犯罪动机或着手犯罪时就已存在，侦查讯问中的侥幸心理是其犯罪过程中的侥幸心理的继续和演化。

1. 侥幸心理形成的主要原因

（1）过去经验的影响。过去曾经有过违法犯罪行为但未被发现的犯罪嫌疑人，容易产生侥幸心理，而且经验越多，其侥幸心理就不断得到强化。

（2）犯罪嫌疑人对讯问人员掌握证据的错误判断。一是自恃作案手段高明，行动诡秘，没有留下犯罪痕迹，或赃物已经妥善藏匿，只要不供就不能定案治罪。二是根据讯问情势分析，认为侦查机关没有掌握其犯罪的有力证据，因此拒供。

（3）认为犯罪同伙尚未落网，或相信"攻守同盟"牢靠，认为同伙不会供认出卖自己。因而只要坚持自己不供述，检察机关就不可能认定自己的罪行。

（4）自恃"后台"硬、"关系"深、"靠山"牢，即使罪行败露，也有人说情、撑腰。一些职务犯罪嫌疑人在受审前在社会上具有显赫的社会、政治、经济地位，一些人虽不具备上述显赫地位，但认为自己多年来在社会上影响广，利用"钱权交易"编织了不少的"关系网"和找到不少的"靠山"，这些人都会对自己起到很大的帮助。因此这些人在受审时，往往虚张声势，狐假虎威，先给侦查机关一个下马威，妄图使侦查机关不要真的处理自己。

（5）藐视检察机关的侦查、讯问能力，或认为自己有反侦查、反讯问的手段等。一些利用高新技术手段或极强专业性知识进行犯罪或对检察机关的破案技术手段有一定了解的犯罪嫌疑人，自以为是，怀疑检察机关的破案能力，认为检察机关之所以对自己进行审查，不过是怀疑自己，并没有掌握真正的证据，只要自己不供，侦查机关就无法认定自己的罪行。

2. 有侥幸心理的犯罪嫌疑人在讯问中的表现

侥幸心理一经产生，便会成为支持犯罪嫌疑人对抗讯问的精神支柱，促使他们敢于大胆筹划和实施反讯问的各种手段，百般掩盖案件事实真相。他们在讯问中的表现常常是：

（1）使用各种方法试探摸底，以决定其在讯问中的行为和态度。

（2）伪装无辜，骗取同情。

（3）避重就轻，企图蒙混过关。

（4）竭力狡辩，拒不供认。

3. 讯问对策

应该明确的是，犯罪嫌疑人的侥幸心理的牢固程度有轻重之别。大部分犯罪嫌疑人是凭主观臆断，自以为是，过分高估自己，其侥幸心理建立在推测、判断之上，因此这类犯罪嫌疑人的侥幸心理比较脆弱，容易消除；少数犯罪嫌疑人的侥幸心理，是在较为客观、全面分析罪证和案情之后形成的，或逃避打击的经验较多，这种侥幸心理，比较自觉和稳固，不易被消除，这才是侦查讯问人员花大力气对付的强劲对手。

对于有侥幸心理的犯罪嫌疑人，在具体、全面地了解整个案情，摸清犯罪嫌疑人侥幸心理存在的根源的基础上，采取有针对性的策略和方法。

（1）对自恃作案手段高明，盲目侥幸、顽固拒供的，审讯人员应加强心理攻势，及时、巧妙地使用证据。

（2）对掌握证据不够确凿充分，而犯罪嫌疑人又采取试探摸底、索要证据等手法对抗讯问的，侦查人员可通过间接使用证据使其产生错觉，迫使其供述罪行。

（3）对那些妄图依靠外援、"攻守同盟"来对抗讯问，逃避打击的犯罪嫌疑人，应设法使用谋略性的讯问方法，有针对性地采取"离间计"消除其幻想。

（三）抵触心理

抵触心理是犯罪嫌疑人对侦查讯问人员、侦查机关，以至对政府和社会的一种抵触情绪和敌视态度，是基于其错误认识基础上的情绪情感状态。

1. 犯罪嫌疑人的抵触心理产生的主要原因

（1）对被拘捕有强烈的抵触情绪。一是有罪不知罪，认为自己的行为并未构成犯罪甚至是有一定的道理；二是在侥幸心理的基础上产生的，认为检察机关并没有掌握证据，却采取了强制措施。

（2）在悲观心理的支配下，对前途失去信心，因而对侦查人员的讯问极为反感。

（3）侦查讯问人员的失误。有的侦查讯问人员在讯问中采用了违法的方法或不当的言词，侵犯了犯罪嫌疑人在讯问中的诉讼权利，损伤了犯罪嫌疑人的人格和自尊心，使其产生抵触心理。

2. 有抵触心理的犯罪嫌疑人在讯问中的表现

（1）积极的抵触行为。表现为情绪失控：行为暴躁、缺乏理智、出言不逊、气焰嚣张。

（2）消极的抵触行为。表现为情绪受到压抑：反应冷淡、漫不经心、答非所问，甚至沉默不语。

3. 讯问对策

抵触心理使犯罪嫌疑人同讯问人员在讯问中冲突较多，往往使讯问陷入僵局。因此，矫正抵触心理应注意以下几点：

（1）应以严肃而诚恳的态度对待犯罪嫌疑人，尊重其人格，缓解其情绪，避免因追讯具体情节而造成直接对抗。

（2）以摆事实、讲道理的方法教育犯罪嫌疑人，使他们明辨是非善恶的界限，认识犯罪的危害，看到坦白交代、改恶从善的前途，只有这样他们才会真正地心悦诚服，彻底坦白交代罪行。

（3）在原则许可的前提下，帮助犯罪嫌疑人解决一些合理的而且是可能解决的问题，使犯罪嫌疑人相信侦查讯问人员的善意，逐渐消除对立抵触情绪。

（四）戒备心理

戒备心理是犯罪嫌疑人防备罪行被揭露而产生的一种心理警觉状态，是犯罪嫌疑人对侦查讯问环境的防御性本能反应。

防御是人的本能。处在侦查讯问阶段的犯罪嫌疑人，这种防御本能的显露更加突出。

1. 戒备心理产生的原因

（1）防备罪行被揭露。这是犯罪嫌疑人戒备心理产生的根本原因。犯罪嫌疑人一方面心存侥幸，认为讯问人员没有掌握证据；但另一方面又极不自信，害怕讯问人员通过各种手段获取证据。这种矛盾状态使得犯罪嫌疑人时刻处于戒备状态。

（2）对讯问人员不信任。当犯罪嫌疑人在进行是否供述的心理斗争的时候，讯问人员所宣讲的政策和法律是否可信起着重要作用。他们害怕落入讯问人员所设置的"圈套"，怀疑"坦白从宽、抗拒从严"的政策，担心自己如实供述后不能得到公正的处理。

2. 有戒备心理的犯罪嫌疑人在讯问中的表现

（1）在讯问中小心谨慎，全神贯注，回答提问字斟句酌，用心琢磨；有时对提问不立即作出反应，犹豫不决，以搪塞、推诿等方法来应付，甚至以反诘的口吻向讯问人员试探摸底。

（2）对羁押、讯问环境和侦查讯问人员、看守人员的言行举止注意观察，稍有异样，便生疑心，唯恐落入圈套。严重的会出现幻听、幻视，精神处于失常的状态。

（3）对同监犯罪嫌疑人也心存戒心，甚至试探、盘查，寻求对策。

（4）当罪行无法隐瞒或开始供述之后，又怀疑侦查讯问人员能否公正处理，甚至怀疑政策和法律能否兑现，思想斗争激烈，反反复复，并经常提出条件加以试探。

3. 讯问对策

（1）采用自由交谈法，从一些与主要案情没有直接关系的话题谈起，调动其谈话的兴趣，使其在不知不觉中放松戒备，暴露出漏洞。

（2）以客观、公正、诚恳的态度对待犯罪嫌疑人，消除其对侦查讯问人员的疑虑、不信任感。

（3）在讯问和羁押中注意尽量避免各种刺激引起犯罪嫌疑人敏感多疑。

（五）悲观心理

悲观心理是犯罪嫌疑人自知罪行将被揭露，面对法律的惩罚而对自己的前途、追求丧失信心。

1. 悲观心理产生的原因

（1）害怕被判处重刑，或对日后漫长的监狱生涯心怀恐惧，产生自由无望、前途渺茫的绝望感。

（2）缺乏正确的人生观，无法摆脱和解决一些现实的问题，导致丧失生活情趣和希望。

（3）犯罪后自责、后悔，自认为已成为社会的罪人和家庭的累赘，没有继续生活的勇气。

2. 有悲观心理的犯罪嫌疑人在讯问中的表现

悲观心理是犯罪嫌疑人最严重的一种供述心理障碍。在悲观心理的强烈冲击和压迫下，犯罪嫌疑人个性的稳定性发生急剧变化，丧失了生存欲望，生理和心理极端反常，不能控制自己的行为，因而在接受讯问时：

（1）有的迟钝、冷漠、忧愁、沉默。

（2）有的暴躁、烦闷，甚至歇斯底里。

（3）有的怀疑一切，仇视一切，不听任何劝告和警告，固执地采取自暴自弃或顽抗到底的态度。

（4）有的迎合讯问人员的讯问盲目回答。

（5）还有的作出极端行为，进行暴力破坏或自寻短见。

3. 讯问对策

力求生存是人类的本能。悲观心理代替其他心理，往往是暂时的现象，一旦案情发生变化，其心理依然可以恢复到稳定平衡状态。对于有悲观心理的犯罪嫌疑人，讯问人员要有极大的耐心和热情，唤起他们对人生的留恋和对新生活的向往，激发其争取光明前途的信心。

（六）优势心理

这是职务犯罪主体特有的心理，是一个人因身份地位的特殊而养成的心理优势。

1. 优势心理产生的原因

（1）过高地估计了关系网、保护伞的作用。

（2）自信证明自己有罪的人不敢作证，这些人不是涉案人就是污点证人。

（3）认为关系网、保护伞中的人，大多数都得过"好处"，保护犯罪嫌疑人就等于保护自己。

（4）认为自己有一定的身份地位，侦查审讯人员不敢过分为难。

2. 有优势心理的犯罪嫌疑人在讯问中的表现

有优势心理的犯罪嫌疑人在接受讯问时，情绪比较稳定，对自己行为的后果考虑得比较多，对自己的"退路"抱有很大的希望。其在讯问中的表现为：

（1）对抗讯问的心理比较稳定、顽固。

（2）其外在的表现为：沉默寡言、漫不经心或心事重重、表情凝重，有时十分客气地讨好侦查讯问人员。

3. 讯问对策

（1）采用迂回的讯问方法，扩大讯问话题的范围，依靠逻辑关系找矛盾点，利用矛盾对其施加心理压力。

（2）暗示任何一个"关系"都不会以身试法为其开脱罪责。

二、职务犯罪嫌疑人的供述动机

所谓供述动机，就是促使犯罪嫌疑人如实供述罪行的内心起因。引导犯罪嫌疑人形成供述动机，如实陈述案件事实，是讯问策略和方法的目的。

（一）供述动机的特点

1. 反复性。犯罪嫌疑人的供述障碍在讯问阶段始终不同程度地存在，但是，法律的威慑力、讯问人员的说服教育、犯罪嫌疑人的罪责感等因素的存在，又会使犯罪嫌疑人的供述障碍转化为供述动机。但这种供述动机不是一经形成就不再变化，而是不断反复。随着其侥幸心理的增强，或他所感知的案情信息的变化，或同监人的教唆等因素，其供述动机就有可能消退，供述障碍重新占据主导地位。

2. 薄弱性。逃避法律的惩罚，是犯罪嫌疑人的本能，因此，供述动机与供述障碍相比，因所形成的心理动力不强，其力量相对薄弱，犯罪嫌疑人即使形成供述动机，仍需在外界压力即讯问人员的讯问攻势下，才可能如实供述自己的犯罪行为。

3. 偶发性。供述动机的形成一般来说是有规律可循的，即它是讯问阶段犯罪嫌疑人积极的主观因素和外界客观因素共同作用的结果。但这种主客观因素的结合往往会在一个具体的诱因刺激下而形成。

4. 复杂性。犯罪嫌疑人的供述动机是在复杂的主客观因素的共同作用下形成的。这一特点要求讯问人员要全面掌握影响犯罪嫌疑人供述动机形成的因素，在讯问中多方面创造促成供述动机形成的条件。

（二）供述动机形成的原因

犯罪嫌疑人的供述动机是各种各样的，常见的有以下几种：

1. 受良心谴责，有悔罪感。多数职务犯罪嫌疑人能认识到自己的犯罪行为既给国家、社会造成了损害，给被害人及其家属造成痛苦，又给自己和家庭带来灾难。因而他们感到对不起党的教育和培养，良心受到谴责，能够接受法律给予他的合理制裁。

2. 期望得到从宽处理。每一个犯罪嫌疑人都有得到从宽处理的欲望，但从宽的前提是坦白交代，这就使得大多数犯罪嫌疑人处于动机选择的焦虑之中：选择从宽，就意味着要坦白供述全部罪行，万一讯问人员并没有掌握自己的犯罪证据，如实供述就得不偿失；如果不供述自己的全部罪行，而讯问人员又已掌握了自己的全部犯罪证据，讯问只是给自己一个坦白的机会，放弃了这个机会，弊大于利。当犯罪嫌疑人有第二种认识时，就会因期望从宽而供述。

3. 摆脱激烈的思想斗争的煎熬。犯罪嫌疑人处于动机选择状态时，其内心的焦虑使其食不甘味，寝不知眠。选择供述犯罪行为就会摆脱这种心理冲突的煎熬。

4. 敢作敢当。这部分犯罪嫌疑人具有敢作敢当的性格因素，认为自己既然已经犯罪，就应当为犯罪付出代价，而不应与讯问人员死磨硬缠。

5. 感激讯问人员对自己的公正对待。一般来说，在特殊的监管环境下，犯罪嫌疑人较易被讯问人员尊重其人格、真诚关心其正当需要等言行所感动，为感激讯问人员对自己的公正对待而主动供述。

6. 自知无法继续隐瞒罪行。讯问人员在讯问过程中适时出示所掌握的证据，使犯罪嫌疑人意识到继续顽抗有害无益，于是顺应时势而供述。

7. 亲属、朋友、领导、同事的宽容。这种社会力量对犯罪嫌疑人供述动机的形成有时也能起到重要作用，能使犯罪嫌疑人认识到自己的犯罪行为是反社会的，如果自己一味抗拒，有可能使自己从精神上失去亲朋好友的宽容而彻底孤立。

8. 企图逃避追查其他罪行或同案人。有的犯罪嫌疑人自知还有更严重的罪行没有被讯问人员所掌握，为逃避讯问人员的深追，如实供述讯问人员已知的犯罪行为；有的犯罪嫌疑人为保护其他同案人，往往主动承担全部罪责。

第二节　职务犯罪嫌疑人拒供心理转化过程

在侦查讯问中，讯问一开始就如实供认罪行的犯罪嫌疑人是少数，顽抗到底、死不认罪的也不是多数，而多数犯罪嫌疑人都有一个由拒供到供认的转化过程，只是转化过程的长短、速度的快慢不同而已。这种转化之所以能够发生，是由于犯罪嫌疑人内在的拒供心理和供认心理矛盾斗争的结果，是这两种心理对行为的支配力的消长过程。这一转化过程，一般要经历摸底—对抗—动摇—供认四个阶段。

一、试探摸底阶段

试探摸底出现在整个讯问过程中，但在讯问开始阶段最为突出。犯罪嫌疑人一旦被拘捕，心里就琢磨着自己的罪行是怎样暴露的、检察机关掌握多少罪证及讯问人员是否难对付等问题。因此，在初讯时，大多数犯罪嫌疑人总是要以试探的手法进行摸底，以便决定自己在讯问中的态度和行为。

犯罪嫌疑人试探的重点是讯问人员掌握证据的情况和讯问人员的个性特点、办案能力。

（一）试探摸底的方法

1. 索取证据。就是向讯问人员公开索取证据，借此窥视讯问人员的反应，试探讯问人员的口气，从中判断讯问人员掌握证据的情况。

2. 以假乱真。就是在供述中，有意打乱案情的发展过程，制造时间、顺序、情节、人物的混乱，以破坏讯问人员提问的连贯性，企图从讯问人员的失言和不当反应中判断掌握证据的情况。

3. 编造伪供。就是在讯问中作出荒谬的供述，并顽固坚持，迫使讯问人员作出纠正，从而了解罪行暴露的程度。

4. 抛小瞒大。就是只向讯问人员交代罪行中的次要情节，或较轻的情节，或交代他认为讯问人员已掌握的罪行，以此观察讯问人员的反应。

5. 要求进行通信，会见律师、家人等，以此方法来试探讯问人员对自己的态度，从而判断自己罪行的轻重和暴露程度。

（二）犯罪嫌疑人的行为表现

在试探摸底阶段，犯罪嫌疑人会有一些明显的外部表现。一般来讲，都是以静观动，以虚代实，内紧外松。

1. 注意观察讯问人员的仪表、举止和表情，细心琢磨讯问人员发问的语气和态度，用以判断讯问人员的身份、水平和经验，以及对其试探的反应。

2. 有些犯罪嫌疑人没有考虑好如何回答而又不能不回答讯问人员提出的问

题时，常表现出惶恐不安、手足无措的情景，尤其是涉及案件性质和重要情节时，常表现出吞吞吐吐、语无伦次，为了掩饰内心的恐慌不安，常出现一些多余的动作，在外表上故作镇静，装出若无其事的样子。对一些难以回答的问题，或故意拉长对发问的反应时间，或索性避而不答。

（三）主要心理对策

1. 选择接近犯罪嫌疑人的方法，取得犯罪嫌疑人的初步信任，向犯罪嫌疑人推销一个观念，即犯罪嫌疑人感觉到自己有罪，并且犯罪事实已经被审讯人员所掌握，说实话可能对自己有利。

2. 讯问人员不要随意表态，也不要流露出带倾向性的表情，以避免过早地暴露讯问意图和我们掌握证据的情况。

二、对抗相持阶段

对抗阶段是侦查讯问人员与犯罪嫌疑人进行实质性较量的重要阶段，进攻与防守、揭露与回避、批驳与狡辩，斗争的一来一往、时起时伏、若明若暗，形成了这一阶段的鲜明特色。

（一）主要心理表现

1. 犯罪嫌疑人的拒供心理占优势地位且呈上升趋势。因此，讯问对策一时难以奏效，讯问常处于僵持状态。

2. 拒供的心理因素会发生变化。讯问初期，形成犯罪嫌疑人拒供的心理因素，一般是侥幸心理。随着讯问的进展，犯罪嫌疑人的罪行逐渐暴露，侥幸心理有所削弱，畏罪心理急剧上升，对立情绪也可能随之增长。

3. 拒供行为方式也发生变化。讯问初期，犯罪嫌疑人拒供的方式多采用试探摸底、伪装无辜、编造伪供等软抗的手法。随着讯问由浅入深、接触到要害问题时，其拒供的方式多采用狡辩、抵赖、顶撞等硬抗的形式。

（二）主要心理对策

对抗阶段是讯问双方意志和智谋的较量。侦查讯问人员在这一阶段实施心理对策的宗旨，是压制犯罪嫌疑人的抗审气焰，逐渐削弱其拒供心理。

对抗阶段，应采取的主要心理对策是：

1. 准确判明犯罪嫌疑人形成拒供心理的主导因素。侦查讯问人员应通过问卷、调查和与犯罪嫌疑人接触等方法，查明犯罪嫌疑人形成拒供心理的主导因素。当判明了犯罪嫌疑人形成拒供心理的主导因素后，即可运用上一节所讲述的心理对策予以消除或削弱。

2. 注意把握拒供心理因素的变化，及时调整心理对策。当一种拒供心理因素被削弱或消除后，另一种拒供心理因素可能上升为主导因素，继续阻碍犯罪嫌疑人的供述。这时应把握犯罪嫌疑人拒供心理因素的变化，及时灵活地调整对策，以削弱或消除其新的拒供心理因素。例如，当发现畏罪心理占主导支配地位时，就采取减缓压力、指明出路、给予希望的心理对策；当占据主导地位的畏罪心理消除以后，如果原来处于次要地位的侥幸心理上升到主导地位，这时则应巧妙地采取使用证据破除其自信和幻想的心理对策。

3. 实施进攻策略，应遵循"隐己露彼"、"先虚后实"的一般原则。通常应先迂回，后突破；先教育攻心，后使用证据；先暗示，后明示；先一般，后重点。不可盲目冒进，乱抛证据，暴露讯问的意图和我方掌握证据的底细，这样讯问才能掌握主动权，立于不败之地。

三、动摇反复阶段

动摇反复阶段是犯罪嫌疑人面临权衡供与不供的利弊得失的重要选择，是内心矛盾斗争最激烈、最痛苦的阶段。

（一）主要心理表现

1. 在侦查讯问人员有效的政策法律教育和巧妙地使用证据揭露等心理对策作用下，犯罪嫌疑人的拒供心理趋于削弱，供认心理得到激发、强化，拒供与供认两种心理的力量处于相对平衡状态。

2. 供与不供的心理斗争激烈，犯罪嫌疑人徘徊在如实供述或继续对抗的十字路口上。这一阶段犯罪嫌疑人的侥幸心理明显减弱，但仍然残存，畏罪心理加重，处于想交代又怕罪行大处理重，不交代又抵挡不住追讯攻势的犹豫不决的心理状态。

（二）供述的征兆

犯罪嫌疑人在进行激烈的动机斗争的同时，出现了供述罪行的征兆：

态度由硬变软。当犯罪嫌疑人意识到自己的罪行已经或者将被揭露，丧失了继续对抗的信心，突出的表现是态度由硬变软，有的低头不语，面红耳赤，呼吸短促；有的畏畏缩缩，竭力回避侦查讯问人员的目光；有的自言自语，唉声叹气，似有悔恨之意。

提出交代问题的条件讨价还价。犯罪嫌疑人产生供述动机的同时，必然会考虑到交代罪行以后可能带来的法律后果。有的找出各种客观理由为自己的罪行开脱，有的提出这样那样的要求，作为供述罪行的交换条件。

举止不安、无所适从。当犯罪嫌疑人在讯问中突然感到罪行已经无法隐瞒时，常常会出现惊慌恐惧、举止不安、不知所措的情况。有的额头、鼻尖、手心冒汗；有的唇干口渴，要求喝水、吸烟；有的搓搓手、揉揉衣角，下意识的动作增多。在监室内，有的坐卧不安，不能入睡；有的沉闷无语、神态发呆，萎靡不振。

（三）主要心理对策

犯罪嫌疑人的上述心理状态，侦查讯问人员若能把握得当，引导得法，就可促其向供认阶段转化；若把握不好，或引导失当，就可能使犯罪嫌疑人重新萌发畏罪、侥幸和对立心理，修补和重新构筑防御体系，进行更加顽固的抵抗。因此，侦查讯问人员应敏锐地抓住犯罪嫌疑人动摇的时机，实施有效的心理对策。

动摇阶段，应采取的主要心理对策是：

1. 加紧政策攻心，多做心理转化工作。在讯问中要多拉少压，多劝少责，尽量避免和减少同犯罪嫌疑人情感上的对立。针对犯罪嫌疑人残存的畏惧心理和怀疑心理，要表明依法办案、帮助犯罪嫌疑人解决内心疑难的诚意，鼓励犯罪嫌疑人讲出心里话，彻底消除其残存的供述心理障碍，促使其下决心交代罪行。

2. 谨慎处理犯罪嫌疑人讨价还价的要求。对犯罪嫌疑人提出从轻或免除处罚等要求，既不能无原则地许诺，又不要随便训斥、一驳了之，应视不同的要求，依法依理地解答，巧妙地运用模糊性语言，既不违反政策，授人以柄，又给其以希望。

3. 有针对性地宣讲政策和法律。针对犯罪嫌疑人存在害怕供述后得不到从宽、从轻的疑虑，应结合其罪行和宽严典型的实例，宣讲刑法的量刑幅度和"坦白从宽，抗拒从严"的政策，教育犯罪嫌疑人认真权衡利弊得失，让其切实体会到供认对自己有利，从而推动其下决心供认罪行。

四、供认罪行阶段

当犯罪嫌疑人心理防线完全崩溃，对抗讯问的意志彻底动摇，认识到只有如实供认自己的罪行才是出路时，其心理活动就进入了供认阶段。

（一）主要心理表现

1. 犯罪嫌疑人的拒供心理得到了消除或遏制，供认心理成为主导心理。犯罪嫌疑人为了争取得到最好的结果，对讯问活动表示配合，愿意顺从侦查讯问人员的要求，开始如实供认罪行。

2. 供认心理不稳定，供认罪行缺乏彻底性。有的犯罪嫌疑人采取且战且退的策略，能瞒则瞒，能辩则辩，以尽量减轻罪责；有的则采取"留有余地"的策略，对罪行原则上承认，但对犯罪事实不作具体交代或隐瞒关键情节，甚至隐瞒重大罪行。

3. 拒供心理仍然残存，在不良外因（如受人教唆）影响下可能出现心理反复，导致翻供，推翻原来的真实供述。

（二）主要心理对策

供认阶段是犯罪嫌疑人的拒供心理向供认心理转化的最后一个阶段。在这一阶段，侦查讯问人员绝不可掉以轻心，应把此作为与犯罪嫌疑人"心理战"的决胜时刻。

供认阶段，应采取的主要心理对策是：

1. 要对犯罪嫌疑人做好疏导教育工作，肯定和鼓励其已有的进步，稳定其情绪，强化和巩固其供认心理，及时打消和纠正其以假坦白换取宽大处理的企图，并可结合使用证据，揭穿其假供，迫使其端正态度，老老实实交代罪行。

2. 深追细问，审清扣死犯罪的具体情节。如前所述，犯罪嫌疑人初步承认犯罪后，往往不供述犯罪的具体情节，以备日后翻供。因此，当犯罪嫌疑人承认犯罪后，侦查讯问人员不要盲目乐观，麻痹松懈，应再接再厉，乘胜追击，对犯罪的每一个具体情节都要深追细问，审清扣死，同时还要注意追查犯罪嫌疑人犯罪的动机和目的，让犯罪嫌疑人日后不能再翻供。

3. 对犯罪嫌疑人的翻供应具体分析区别对待。如果是推翻过去所作的伪供、假供就应让其翻；如果是为了抵赖罪行、统一前后口供，就应及时予以揭露和批驳，并做好各方面的工作，防止供述的反复。

第三节　职务犯罪嫌疑人反讯问的手法

反讯问是讯问中的一种普遍现象，是犯罪嫌疑人有意识、有目的的行为。反讯问手法是指犯罪嫌疑人为了隐瞒案情事实真相，逃避或减轻罪责，而掩盖、否定和歪曲客观事实，抗拒、阻碍讯问的各种方式方法。它不仅直接影响讯问的进程，而且严重妨碍侦查办案任务的顺利完成。因此，认真研究犯罪嫌疑人的反讯问手法，并总结出相应的对策、措施，对于提高讯问工作效率，保证侦查办案质量，有着十分重要的意义。

在侦查讯问中，犯罪嫌疑人的反讯问手法，形式多样，表现各异，主要有以下八种：

一、拒供

拒供是指犯罪嫌疑人在讯问中采取各种公开或隐蔽的方式，拒不如实供认罪行的行为，是犯罪嫌疑人反讯问最常见的手法。犯罪嫌疑人在讯问中拒供的表现形式多种多样，有的沉默不语，一言不发；有的矢口否认，一概抵赖；有的公开顶撞，以攻为守；有的索要证据，摸我底细。

对拒供的犯罪嫌疑人，要针对不同的表现形式和产生原因，采取不同的讯问对策。

1. 对沉默不语的犯罪嫌疑人，要在摸清其真实思想原因的基础上，根据犯罪嫌疑人的性格特点，想方设法引起犯罪嫌疑人说话的兴趣，让其明白拒绝陈述是自动放弃辩护权，对其有害无利。

2. 对侥幸心理严重、态度嚣张、以攻为守的犯罪嫌疑人，要强化讯问的严肃气氛，增加讯问的压力，必要时使用有力的证据，以打击其气焰，端正其态度。

3. 对畏罪心理过重而拒供的犯罪嫌疑人，应适当减缓压力，正确宣讲政策法律。

4. 对因讯问方法不当造成抵触而拒供的犯罪嫌疑人，应适当调整讯问态度、方式和人员，以消除抵触情绪。

二、谎供

谎供是指犯罪嫌疑人以虚假的供词隐瞒案件事实真相的行为。

（一）谎供的类型

根据谎言与事实的关系，谎供可以分为：

1. 否认犯罪事实的谎供。是犯罪嫌疑人捏造事实，以证明自己与犯罪无关，如编造不具备犯罪条件的谎言，编造赃款赃物来源的谎言，等等。

2. 缩小犯罪事实的谎供。是犯罪嫌疑人在某些事实情节上编造谎言，歪曲事实，以减轻罪责，或隐瞒自己在犯罪集团、同伙中的身份地位，缩小自己的作用等。

3. 夸大犯罪事实的谎供。有的犯罪嫌疑人故意夸大事实，为下一步寻机翻供打下伏笔；有的为迎合侦查讯问人员，而作夸大事实的供述。

4. 揽罪的谎供。是犯罪嫌疑人出于"哥们义气"或信守"攻守同盟"，把不是自己的犯罪也揽下来，说是自己所为。

5. 顶罪的谎供。是无罪的犯罪嫌疑人，由于某种原因，如为保护家庭成员或亲友、为保护单位领导，受犯罪人收买、胁迫而替人顶罪。

（二）谎言识别的方法

根据心理学原理和讯问实践经验，识别谎言，揭露谎供主要有以下方法：

1. 察颜（言）观色法

犯罪嫌疑人说谎或想要说谎时，由于思维冲突、动机矛盾以及罪责感压力导致情绪紧张而引起体内一系列异常生理反应和体外的表情变化，可以凭感官直接观察感知。例如，面部、颈部苍白或变红，呼吸变得急促或时快时慢，鼻尖、发际等部位汗珠直冒，口干舌燥，目光不敢正视侦查讯问人员，手脚出现无意识的动作等。需要说明的是，导致紧张心理的原因是多方面的，不仅仅是说谎所致，因而不能简单地认为，凡是出现上述一种或几种反应的，都在说谎。更不能由此断定犯罪嫌疑人有罪。必须根据其他方面的情况，全面分析，才能作出准确的判断。

2. 供词分析法

运用逻辑学知识，分析犯罪嫌疑人供词前后有无矛盾，运用查证属实的证据和客观事实与供词进行比对，看供词与证据和客观事实有无矛盾。如发现犯罪嫌疑人供述自相矛盾，或与证据、事实相矛盾，则供词必定是假的。

3. 重新讯问法

有时仅凭现有供词不足以发现矛盾，就需要重新进行讯问，包括补充讯问和重复讯问。补充讯问即对上一次讯问中没有作为讯问目标或虽作为目标但追讯不彻底的问题进行详细讯问，让犯罪嫌疑人作补充陈述，使供词更加详尽、具体，以便对供词的真实性作出判断。重复讯问是对上一次讯问所得到的供词的全部或部分，要求犯罪嫌疑人重新陈述。如果犯罪嫌疑人供述有谎，则前后各次供词可能出现不一致甚至矛盾的地方，从而发现犯罪嫌疑人的谎言。重复讯问要注意在讯问次序、方式上与上次讯问不同，要使犯罪嫌疑人无法知道在哪个问题上引起了侦查讯问人员的怀疑。

4. 调查验证法

当供词所反映的情况缺乏相应的证据来证实，或供词同现有证据发生矛盾，而现存证据的真实性尚待查实的情况下，需要采取调查的方法补充收集证据来验证供词的真伪。

5. 仪器测试法（略）

三、少供

少供是指犯罪嫌疑人避重就轻地供认一部分罪行而隐瞒、掩盖另一部分罪行的行为。少供的具体表现可以归纳为以下"七供七不供"。

1. 供轻不供重。即交代一些轻微的、次要的犯罪行为，以取悦于侦查讯问人员，从而掩盖严重的罪行。

2. 供远不供近。即供述一些已过追诉时效的问题，或远在外地无法查证的问题，而不供近期的、本地的罪行。

3. 供现行不供历史。即只供被当场抓获或已查获的现有罪行，不供以往的罪行。

4. 供表不供里。即只供述一些已经暴露的浮于表面的问题，不供尚未暴露、隐藏较深的罪行。

5. 供事不供赃。即只供认犯罪事实，但不肯供述赃款赃物、重要物证的真实下落，致使侦查讯问人员无法定案。

6. 供事实不供动机目的。即只供述犯罪事实，不供认犯罪的真正动机和目的，使侦查讯问人员难以准确地定性。

7. 供自己不供同伙或者相反。即只供认自己所作或参与的犯罪，不供认同案犯、集团首犯、幕后教唆犯。或者相反，只供他人的犯罪行为，隐瞒、减轻自己的罪行。

少供是犯罪嫌疑人出于人的"趋利避害"本能产生的防御行为，是犯罪嫌疑人常用的反讯问手法之一。但少供毕竟标志着犯罪嫌疑人开始退却，较之完全拒供有利。在讯问中，对犯罪嫌疑人的少供行为，侦查讯问人员要对已供材料进行认真分析研究，从中发现线索，展开调查获取新的证据，或从中发现弱点，找到突破口，开展讯问予以突破。总之要促使或推动犯罪嫌疑人向完全供述的方向步步推进。

四、翻供

翻供是指犯罪嫌疑人推翻原供，作出新的供述的行为。翻供有两种类型：一是推翻了原来真实的有罪或罪重的供述，代之以虚假的无罪或罪轻的供述；二是推翻了原来虚假的有罪或罪重的供述，代之以无罪或罪轻的真实供述。前者是犯罪嫌疑人反讯问的行为，后者是犯罪嫌疑人正当的辩解。下面我们研究的是前一种翻供行为。

（一）翻供的原因

1. 蓄意翻供。有的犯罪嫌疑人一开始就做好了翻供的准备。他们翻供的手段包括：一是笼统地供认有罪而隐瞒具体情节和有关证据，为日后翻供埋下伏笔；二是捏造事实，真假相混，然后伺机翻供，把真假供词一起推翻。

2. 后怕心理。有的犯罪嫌疑人供认罪行之后，担心会受到法律的严厉惩罚，特别是一些重特大案件的犯罪嫌疑人或职务较高的犯罪嫌疑人在供罪之后，或意识到问题严重，或经同监室犯罪嫌疑人的"量刑分析"，惧怕被判重刑或极刑，在后怕心理支配下，重新编造口供，推翻原来的真实供词。

3. 受人教唆。有的犯罪嫌疑人受到他人教唆之后，对政策、法律产生不信任，错误地认为"交代从重，抗拒从轻"，便对原先的真实供述感到后悔，继而翻供。

4. 案件信息发生变化。有的供述是在犯罪嫌疑人误以为侦查机关掌握证据情况下，出于无奈作出的，一旦犯罪嫌疑人通过某种渠道了解到这一情况，便会推翻原供。

5. 没有兑现诺言。有的讯问人员在讯问中不讲原则，为了获取口供，胡乱许诺，如供述后仅作党纪、政纪处分，变更强制措施等，一旦诺言没有兑现，犯罪嫌疑人就会恼羞成怒，继而翻供。

6. 串供。犯罪嫌疑人通过某种方式与其他涉案人串供，亦成为犯罪嫌疑人翻供的原因之一。

7. 违法讯问。有的犯罪嫌疑人的供述是在刑讯逼供、威胁、引诱、欺骗等违法讯问的条件下形成的，因此他们往往会以被打、被逼、被骗为理由，在关键的时候翻供，并把责任推到侦查讯问人员身上。

8. 其他因素介入。如有的律师法律业务水平不高，为了成名或索取高额律师费，不惜违反律师执业纪律，利用自己可以会见在押犯罪嫌疑人，可以找证人取证的便利条件，主动唆使、威吓、利诱犯罪嫌疑人翻供或证人翻证；还有个别司法工作人员政治素质不高，甚至为翻供翻证出谋划策。

（二）预防翻供的对策

1. 要严格按照刑事诉讼法的规定进行讯问或调取其他证据，使犯罪嫌疑人翻供失去理由。

2. 消除其翻供的心理因素，即针对犯罪嫌疑人可能翻供的心理，利用"趋利避害"的心理规律把翻供于己不利，而唯有坦白认罪、检举立功才可能减轻处罚的道理讲深讲透，从而有效地消除其翻供心理。

3. 采取有效措施巩固犯罪嫌疑人的口供，防止翻供。一是针对职务犯罪案件中犯罪嫌疑人口供不稳定、易变的特征，紧紧围绕职务犯罪构成要件全面取证，及时收集调取有关的原始书证、物证来固定和完善案件的证据体系。同时采用细节讯问法，即当犯罪嫌疑人开始承认并交代罪行时，对关键性情节一定要深追细问，问清楚，问扎实，并抓紧调查核实，这样犯罪嫌疑人的翻供企图就难以得逞。二是要重视间接证据。在获取口供的基础上，注意收集可以证实其口供真实性的其他间接证据，使之形成锁链。三是要注意收集再生证据，特别是犯罪嫌疑人反侦查活动中产生的证据。四是要加大科技含量，注意使用录音、录像、视听资料等技术，对犯罪嫌疑人容易翻供的关键供述和证人可能翻证的重要证据要加以固定。必要时，可责成犯罪嫌疑人亲笔书写供词，将其后路堵死。

对于已经翻供的案件，侦查讯问人员应认真审查犯罪嫌疑人翻供的供词，分析其翻供的理由，看是否有理有据，并进行调查核实。根据情况，进行不同的处理。

五、狡辩

狡辩是指犯罪嫌疑人故意歪曲客观事实，以逃避罪责的一种行为。犯罪嫌疑人狡辩的主要形式有：

1. 在犯罪主观方面进行狡辩。如把贪污狡辩为合理提成或劳动报酬或钱用于为公接待，把收受贿赂狡辩为借款或礼尚往来，把挪用公款狡辩为为单位投资改善职工福利，等等。

2. 在犯罪过程、情节、手段上狡辩。如刑讯逼供、暴力取证案件犯罪嫌疑人在犯罪过程中，本来情节十分恶劣、手段非常残忍，但交代时却加以掩盖和粉饰，把暴力说成非暴力，把主动侵犯说成被迫实施。

3. 在赃款、赃物的来源上进行狡辩。如有的犯罪嫌疑人把赃物说成别人赠送，把赃款狡辩为经商所得等。

4. 从客观要件方面，狡辩危害后果，以混淆罪与非罪、此罪与彼罪、犯罪既遂与犯罪未遂的界限。实践中，常见受贿人在案发后，往往辩解主观上并无受贿故意，收受的财物已退、交公或打算将财物退、交，但由于种种原因没有退、交成。

讯问有狡辩行为的犯罪嫌疑人，侦查讯问人员首先要分清狡辩与辩解的区别。辩解是犯罪嫌疑人根据事实和法律提出有利于自己的理由，对检察机关的指控内容进行申辩，以证明自己无罪或罪轻。这是法律赋予犯罪嫌疑人的一项合法的诉讼权利。辩解与狡辩行为有明显的区别，狡辩一般提不出像样的理由，无理强辩，并伴有谎言；辩解则能提出一些理由，摆出一定的事实根据，即有理有据，讯问中应注意区分这两种行为。当确认犯罪嫌疑人进行狡辩时，侦查讯问人员要据理驳斥，用确凿的证据和事实揭露批驳犯罪嫌疑人的狡辩。如果证据不足，则应详细讯问其辩解的理由，从中发现矛盾，抓住漏洞，予以揭露，或进行调查，用获取的证据进行批驳。

六、伪装

伪装是指犯罪嫌疑人假冒无辜，迷惑侦查讯问人员的行为。常见的伪装手法及其表现有：

（一）伪装无辜

有的犯罪嫌疑人在讯问一开始就用谎言竭力表白，把自己装扮成正人君子，以证明自己根本不具有犯罪的思想基础。

（二）伪装愚笨

有的犯罪嫌疑人在讯问中故作反应迟钝，笨头笨脑，语不成句，无知无能。

（三）伪装精神病

有的犯罪嫌疑人在讯问中故意表现出种种反常的言语和行为，其家属也在监外提出犯罪嫌疑人曾有精神病史，要求改变强制措施或免除刑事责任。

（四）伪装失忆

有的犯罪嫌疑人谎称自己有失忆症，对其行为毫无记忆，或以回想不起为借口，回避问题，拒绝陈述。

（五）伪装急病

当讯问进入紧张激烈阶段，有的犯罪嫌疑人招架不住时，往往伪装急病，要求停止讯问就医，以获得喘息之机重构心理防线。

对犯罪嫌疑人的种种伪装手法，侦查讯问人员应仔细观察分析，识破并揭穿其伪装。揭露伪装的方法有两种：一种是及时揭露，迎头痛击，一举揭穿。运用此法要慎重，要做好充分准备，有把握地进行。另一种是采取欲擒故纵的方法，让犯罪嫌疑人编造谎言，尽情表演，待矛盾充分暴露、漏洞百出后集中揭露，剥其伪装。

七、诬陷

诬陷即诬告陷害，是指犯罪嫌疑人捏造犯罪事实，意图使他人受到刑罚处罚，为自己开脱的行为。犯罪嫌疑人在讯问中的诬陷行为，主要表现在两个方面：

1. 把罪责嫁祸于人，栽赃陷害，诬陷他人，以便浑水摸鱼，逃避打击。如有的犯罪嫌疑人贪污公款后，为逃避惩罚，谎称为单位利益，将公款送与某领导。

2. 反诬侦查讯问人员，攻击办案"违法"，借机翻案，开脱罪责。如有的犯罪嫌疑人诬告侦查讯问人员对其"刑讯逼供"，使他忍受不了"皮肉之苦"，而作虚假的有罪供述。

对有诬陷行为的犯罪嫌疑人，在讯问时应首先向其宣讲《刑法》第 243 条关于"诬告陷害罪"的有关法律条文，告知诬陷应负的法律责任，使其改变认识，端正态度，放弃诬告陷害行为。如犯罪嫌疑人仍坚持诬陷行为，则应对其提出的诬告陷害的事实和根据进行深入的调查核实，在搞清事实的基础上，逐步揭露其诬陷行为。

八、其他

犯罪嫌疑人除了上述七种直接的反讯问的手法外，还有其他多种间接的反讯问的手法。

（一）闹监

有的犯罪嫌疑人以某种理由在监室内大吵大闹，甚至绝食绝水。有的还煽动其他犯罪嫌疑人闹监，以破坏监管秩序对抗讯问。

（二）自伤自残

有的犯罪嫌疑人用能够致人伤残的器物把自己的手、脚或身体其他部位致伤致残，以逃避讯问。

（三）自杀

有的犯罪嫌疑人自知罪大恶极，会被判处重刑或极刑以自杀来逃避讯问审判。自杀的方式很多，如自缢、撞墙、用利器割破动脉血管、吞食异物等。

（四）脱逃

有的犯罪嫌疑人通过自身或外界的接应，从被监管场所脱逃，以逃避侦查和审判。

第九章　职务犯罪侦查讯问的组织实施

第一节　职务犯罪侦查讯问的组织准备工作

一、及时组织讯问力量

侦查讯问工作能否取得成功，很大程度上取决于侦查讯问人员。同一个案件由不同的侦查人员讯问，可能会产生截然不同的效果，因而组织讯问人员是侦查讯问准备步骤中的一项重要工作。

（一）讯问人员的构成

通常讲的讯问人员包括讯问的组织指挥人员、主审人员及记录人员、协助讯问人员。

1. 讯问的组织指挥人员。在实践中，检察机关侦查讯问指挥人员往往由相应业务部门的领导人或特定职务犯罪案件侦查工作的负责人来担任。主要任务是负责侦查讯问人员的调配、组织、分工，讯问计划、方案的研究、批准实施以及对临时紧急情况的指挥处置等。

2. 主审人员。在实践中，侦查讯问的主审人员往往由承担该职务犯罪案件侦查工作的侦查人员担任或由讯问的组织指挥人员指定其他侦查人员来担任。主要任务是主持讯问，负责讯问计划的制订和执行，并根据讯问情势的变化随时调整讯问计划。

3. 协助讯问人员。一般由参加讯问的其他侦查人员担任。主要任务是当好主审人员的助手，帮助主审人员贯彻讯问的意图，强化主审人员的观点，增加讯问声势和缓解讯问冲突，纠正讯问的失误。但是，协助讯问人员不能喧宾夺主。

4. 记录人员。负责对侦查讯问的全过程进行记录，履行讯问的有关法律手续，并对主审人员起协助作用。通常由其他侦查人员担任。

一般情况下，比较简单的案件，往往只需要主审人员及记录人员；而重特大职务犯罪案件，尤其是案情复杂，涉案讯问对象众多的情况下，则需要在讯问组织指挥人员的统一领导下，明确参加讯问的多名讯问人员，在必要时，应当适当分组，多头同时进行讯问，但根据《刑事诉讼法》的有关规定，每组成员不得少于两人。

（二）讯问人员的确定依据

应当根据案件的性质、难易程度以及犯罪嫌疑人的特点等情况，组织相应的讯问力量，选派合适的侦查人员担任主审，并配备好相应的记录人员及必需的协助人员，使讯问力量形成最优组合，以便充分发挥侦查人员的特长、保证侦查讯问的成功有效。具体地说，讯问人员的确定应当遵循以下规则：

1. 根据案件的性质确定讯问人员。一般情况下，我们可以根据案件的性质，选派合适的侦查人员担任主审。在长期的侦查办案实践中，有的侦查人员可能对讯问某种类型案件的犯罪嫌疑人有一定的研究，积累了丰富的经验，有突破该类案件的犯罪嫌疑人的突出能力和技巧。因此，在确定讯问人员时，要尽量考虑发挥每个侦查人员的特长。

2. 根据案件的复杂程度确定讯问人员。对于那些案情比较复杂，讯问难度较大的职务犯罪案件应考虑选派经验丰富，有一定攻坚克难能力的侦查人员担任主审，对那些案情特别复杂的疑难案件，除了要组织相应的讯问力量外，还可邀请有办案经验的侦查人员进行会诊，帮助分析、研究犯罪嫌疑人的心理特点和案件的特点，拟定对犯罪嫌疑人的讯问计划和策略方法。

3. 根据案件对社会的影响大小确定讯问人员。对那些危害大、后果严重、影响恶劣、社会各界较为关注的案件，应组织强有力的讯问力量，甚至可以组织专门的讯问班子，加快对犯罪嫌疑人的讯问，以便及时查清全案事实、快审快结、加大打击力度，将这类犯罪对社会的负面影响降到最低限度。

4. 根据犯罪嫌疑人的情况确定讯问人员。在检察机关负责侦查的职务犯罪案件中，犯罪嫌疑人的情况是多种多样的，即会涉及不同的职业、年龄、文化程度、成长经历、性格、心理特点情况等。因此组织讯问力量，应从犯罪嫌疑人的具体情况出发，选择合适的侦查人员担任主审。如讯问文化素质较高的犯罪嫌疑人，就要选派具有相应文化程度，沉着冷静，具有丰富知识的侦查人员担任主审；讯问内向型犯罪嫌疑人，就可选择具有一定耐心和韧性的侦查人员担任主审等。

5. 根据犯罪的特点确定讯问人员。具体地说，就是根据犯罪嫌疑人作案手段、方式、方法的特点，组织讯问力量。如贪污案件，讯问人员应对相应的会计知识有基本的了解；否则，在讯问中容易陷于被动。

6. 根据《刑事诉讼法》有关回避的规定确定讯问人员。

总之，确定侦查讯问的讯问人员，应当充分考虑上述因素，实现侦查讯问人员的最优配置。

（三）讯问人员的工作原则

在讯问过程中，讯问人员应注意如下几点：

1. 讯问人员不宜随意更换。一般情况下，讯问工作应由既定的讯问人员负责到底，不要一遇困难，出现僵局，就"换人"。因为，讯问人员通常是根据一定的规则合理确定的，从一定意义上讲，是相对比较合理的人员配备，尤其是在讯问工作进行了一个阶段之后，原讯问人员对犯罪嫌疑人及该案的情况有了更深层次把握，这种把握往往是"只可意会，不能言传"的，更换讯问人员将会导致这种把握的流失；同时讯问人员的更换也会对犯罪嫌疑人造成不良的心理暗示，容易强化犯罪嫌疑人的抗拒心理，给讯问工作带来不可估量的损失。

当然"不宜更换"并不是绝对的不能更换，在讯问过程中，遇到一些特殊的情形，更换讯问人员也是必要的，如因讯问人员的不当讯问（刑讯逼供等），造成犯罪嫌疑人的严重对立，此时更换讯问人员应是一种理智的选择。

2. 讯问人员应当密切配合。实际直接参与讯问人员包括主审人员、记录人员（必要时还有协助讯问人员），其中主审人员是侦查讯问的核心力量，记录人员是侦查讯问的重要辅助力量。上述人员在侦查讯问进行的过程中，应当各司其职，同时密切配合。侦查讯问应当由主审人员把握全局，具体安排调节气氛、把握讯问节奏、确定讯问的开始和结束，并对出现的新情况、新变化做到随机应变；主审人员应当注意与记录人员的配合，以适当的方式给记录人员以提示和指引。记录人员（包括必要时的协助讯问人员）应注意领会主审人员的意图，根据既定的讯问方针，围绕主审人员的讯问内容进行提问或说服，强化补充主审人员的观点，以增强讯问效果。总之，要"一唱一和"，配合默契。

3. 及时向讯问的组织指挥人员汇报工作。讯问是侦查工作中较为重要的一个环节，必须与其他侦查措施、手段配合起来，才能发挥其应有的作用，将整个侦查工作逐渐推向深入。为此，直接参加侦查讯问的主审人员应当将讯问工作进行的状况及时向讯问的组织指挥人员汇报，以便组织指挥人员结合侦查进程中出现的其他新情况、新问题作出决策，发挥侦查工作的系统功能。

二、认真研究案件材料

对案件的已知情况进行全面的熟悉、了解，同时对案件的未知情况进行合理的分析、判断，为讯问工作所必需。熟悉和研究案件材料的要点是：

（一）已掌握的有关犯罪的情况

首先，认真、细致地做好线索初查工作，吃透案情，是取得讯问成功的前提。初查工作是一项基础工作，通过初查，取得一定证据，为确定讯问突破口提供依据。没有进行初查或者初查工作做得不仔细，就仓促上阵，开展讯问，这是导致讯问失败的一个重要因素。其次，对通过初查了解到的案情，讯问人员必须全面地把握。某些案件，特别是一些重大案件，参与前期侦查工作的人员较多，而侦查人员各自掌握的情况是有所不同的，讯问人员应当对这些情况进行汇总，任何遗漏，都可能给讯问工作带来不利的后果。

（二）审核案件的证据材料

首先，要了解前期的侦查工作已经获取了哪些证据材料，如何获取的，是否符合法律手续，已获取的证据材料的可靠程度如何。其次，进一步明确，通过讯问还需要获取什么样的证据。

（三）要分析案件可能发展的方向

根据已掌握的证据及案情，分析研究案件侦查存在的不同可能性，并根据分析判断的可能性，提出不同的讯问及侦查对策。

三、全面了解犯罪嫌疑人

在没有与犯罪嫌疑人进行正面接触之前，必须要对犯罪嫌疑人的自身情况有所了解，了解得越多、越全面越好。了解的目的就是为了把握讯问的主动权，对症下药，达到制服犯罪嫌疑人的目的。

（一）了解犯罪嫌疑人的途径

1. 通过调阅犯罪嫌疑人的档案材料了解。

2. 通过向犯罪嫌疑人的监管看守人员、同监犯罪嫌疑人或者狱中特情了解。

3. 通过走访犯罪嫌疑人的同事、朋友及与案件有其他关系的人了解。

4. 通过犯罪嫌疑人的家庭了解。

5. 通过运用电子监控设备进行观察来了解。

（二）了解犯罪嫌疑人的内容

1. 犯罪嫌疑人基本情况。包括犯罪嫌疑人的姓名、别名、化名、绰号、性别、年龄、文化程度、籍贯、住址、职业、职务、简历、健康状况、相貌、智力水平、政治面貌等。其中，对文化程度、职务、职责范围、智力水平、政治面貌等涉及职务犯罪等问题应作重点考察。

2. 犯罪嫌疑人的社会经历。社会经历是指犯罪嫌疑人从出生到案发之前的社会成长历程。包括其家庭环境、受教育的经历、工作调动情况、立功受奖或受处分情况、职务升迁情况、婚姻变动情况、恋爱经历等情况。其中重点要考察的是对犯罪嫌疑人的性格、思想、心理状态具有较大影响的关键事件或者时间阶段。

3. 犯罪嫌疑人的社会交往情况。包括与哪些人接触得比较频繁、业余时间的爱好是什么、经常出入什么样的场所等。其中，重点放在犯罪前后的社会交往情况方面。

4. 犯罪嫌疑人的表现情况。包括现实的表现：政治立场观点、遵纪守法情况、宗教信仰、爱好、习惯等；案发后的表现：精神状况、情绪反映、经济收入有无反常、有无反侦查活动、有无被抓获并接受讯问的心理准备；归案后的表现：有无紧张恐慌情况、是否存在侥幸心理、有无供述意向等。

四、分析犯罪嫌疑人的心理

犯罪嫌疑人在受讯时心理变化虽然有共同的规律，但由于每一个犯罪嫌疑人不同的生活经历、交际关系、社会经验、文化程度、性格、气质和生理条件，在受讯时其心理是不同的。同一个犯罪嫌疑人，在不同的讯问阶段，其心理也不一样。因此，讯问人员必须认真进行调查研究，掌握犯罪嫌疑人的心理，并根据案件性质和案情的需要，确定讯问的策略、方式、方法和节奏。

（一）从犯罪嫌疑人对侦查情况的知情程度进行分析

犯罪嫌疑人是生活在社会中的人。案件发生后，有的犯罪嫌疑人极力寻风摸底，向有关人员打听有关消息，对侦查的情况可能有所了解。犯罪嫌疑人对侦查情况的了解程度，与其是否如实供述密切相关。有犯罪行为的犯罪嫌疑人如果对检察机关掌握他犯罪的证据有多少，哪些还没有掌握，证人的态度是什么，侦查讯问人员对案件的看法怎样，以及逃避或减轻惩罚的关键在哪里，怎样才能达到目的等都知道得一清二楚，他就会有计划、有目的、有针对性地进行狡辩或抵赖，使讯问人员的讯问策略和讯问方法失去作用。如果对侦查的情况一无所知，或知之甚少，凭其本能，虽然也会施展反讯问的伎俩，但大多是盲目的，讯问人员制定和实施讯问策略、确定讯问方法就有更多的回旋余地。

（二）从犯罪嫌疑人被传唤、拘传、拘留、逮捕时的行为表现进行分析

检察机关对犯罪嫌疑人采取这些措施时，表明检察机关已经掌握了一定的犯罪证据，他们的犯罪行为将受到追诉，而这正是他们极力想逃避的。因此往往会采取拒捕、逃跑、藏匿等方法对抗，有的还会煽动亲属或不明真相的群众围攻侦查讯问人员。对于无罪的犯罪嫌疑人来说，这涉及他的声誉问题，其行为表现是紧张、愤怒和无奈，极力为自己申辩，以表明自己的清白。犯罪嫌疑人的这些行为表现，是其某种心理的强烈反映。

（三）从犯罪嫌疑人被羁押后的表现进行分析

有犯罪行为的犯罪嫌疑人被羁押后，生活环境和物质生活条件发生了很大的变化，客观的犯罪事实就像一块石头压在心头，或者像一块磁铁一样伴随着他们形影不离，白天抛不掉，晚上睡觉也会折磨得他们不能安宁，精神负担会压得他们透不过气来。为了摆脱这种困境，很多犯罪嫌疑人会在同监人犯中寻找知心人，密谋对抗侦查的"策略"；或想方设法与同伙订立攻守同盟，千方百计与监所外有关人员联系，互递信息；或向同监人犯打听类似他这样犯罪的处理结果；有的则害怕罪行暴露，不轻易与同监其他人犯交往；有些甚至采取破坏监所秩序的极端行动。所有这些，都反映出犯罪嫌疑人的心理活动情况。同时，在各种因素的作用下，犯罪嫌疑人心理又会经常变化。

（四）讯问时正面观察分析

讯问时，犯罪嫌疑人因为讯问的压力，心理会出现变化。讯问人员应细心观察犯罪嫌疑人的一举一动、一言一行，从其神色、表情、动作和情绪反映，供述或辩解的语气中对其心理活动作出正确的评价。

研究分析犯罪嫌疑人的心理不是一次性的，要真正掌握犯罪嫌疑人心理，需要通过不同途径，采取多种方法才能实现。

五、讯问场所、讯问时间的选择

讯问场所和周围环境可对犯罪嫌疑人起到一种心理刺激作用。因此，讯问场所的选择和布置应引起高度重视。

（一）选择讯问场所应考虑的因素及要求

选择和布置讯问场所是讯问准备工作的一项重要内容。要根据案件的大小，证据的多少及可靠程度，犯罪嫌疑人的身份、地位、年龄、性格和身体状况、社会关系、社会交际能力，对犯罪嫌疑人是否采取了强制措施等来确定。只有这样，才能创造适宜的环境和气氛。选择和布置讯问场所的基本要求是：严肃、安全、保密，便于通信联络和交通方便。

（二）讯问室的布置

对没有羁押的犯罪嫌疑人的讯问，可以在检察机关的讯问室进行讯问，对已经被拘留、逮捕的犯罪嫌疑人，讯问应当在看守所的讯问室进行，必要时，经过检察长的批准，也可以将犯罪嫌疑人提押到检察机关进行讯问。

讯问室分为能录音、录像的讯问室和普通讯问室。不论是能录音、录像的讯问室，还是普通讯问室，都要求布置得严肃、隔音、通风，便于保密和防止外界的干扰。讯问室的面积要适中，不宜过大，也不能过小。按照最高人民检察院的要求，讯问应在能录音、录像的讯问室进行。墙壁和天花板要用吸音材料装修，装修墙壁的吸音材料以米黄色或乳白色、乳黄色为宜，装修天花板的材料宜用白色。讯问室内的光线要按照标准照相馆对照相光线的要求设计，为防止外界噪声的侵入和讯问人员走动的声音影响录音效果，讯问室的门窗要紧闭，室内安装通风条件好无噪声的空调设备，室内地板可铺垫浅色地毯。室内要有闭路电视系统与监控指挥室联系，便于讯问人员与监控指挥室的指挥人员及录音、录像操作人员通信联络。

（三）异地讯问场所的选择

对有权有势、有"后台"，或有"关系网"保护的职务犯罪嫌疑人，可在外地羁押和在外地讯问。这样能打破他的"关系网"，排除他的"后台"和各种势力对侦查的干扰，像管理其他在押犯那样对他进行管理教育。羁押和讯问的地点，可视犯罪嫌疑人原来权力、势力的大小，"后台"地位的高低、权力的大小，以及"关系网"的严密程度而定。

（四）讯问时间的确定

在长期的办案实践中，我们总结出这样一个规律：凌晨两点出成果。即是说利用犯罪嫌疑人在夜间精神放松、思想懈怠、反应迟钝、防御薄弱的弱点，将讯问工作选择在深夜进行。因为此时夜深人静，大多数人都已进入梦乡，办案人员突然出击进行抓捕并即刻组织讯问，无形之中会增加犯罪嫌疑人的心理压力，有利于突破犯罪嫌疑人的口供。

六、制订讯问计划

在了解熟悉案件情况、犯罪嫌疑人的情况并对犯罪嫌疑人的心理状态进行初步分析的基础上，侦查人员要制订一个切实可行的讯问计划，用以指导讯问工作有计划、有步骤、有重点地进行。侦查实践表明，讯问工作形成僵局乃至失败与讯问工作无计划、无目的有密切的关系。

制订讯问计划，要根据案件具体情况和侦查人员的讯问特点来决定。不同的案件情况，制订的讯问计划也就不一样；侦查人员讯问的风格、方式、方法不一样，制订讯问计划也有所不同。讯问计划的内容一般应包括：

（一）案件的简要情况

包括犯罪嫌疑人的基本情况、初查的情况、采取强制措施的情况、查明的犯罪事实以及证明犯罪事实的证据材料等。要注意简明扼要，不必详尽冗长。

（二）讯问的目的与要求

通过讯问要达到什么目的，为了达到讯问目的，要注意什么问题，有哪些要求。

（三）讯问的步骤、重点

讯问的步骤是指对犯罪嫌疑人的多项犯罪事实，先讯问哪些、后讯问哪些。某一具体犯罪事实，先问什么、后问什么，怎么开头，怎么切入主题，怎么结束讯问；讯问的重点是指讯问中的主要目标，讯问的内容中哪一个或哪几个是讯问的主要目标，要在讯问计划中明确出来。

（四）讯问的方法、策略

讯问的方法、策略是指讯问人员在逐步推进讯问的各个步骤，尤其是解决讯问中的重点问题时的行动方式。一般情况下，包括语言技巧的运用，说服教育、情感影响、使用证据、利用矛盾等常规方法的运用，以及攻心、威慑、迷惑、利用等经典谋略的运用。应当承认策略方法是否得当是侦查讯问工作能否成功的关键一环，这项内容也是讯问计划的重要组成部分。

（五）讯问时间、地点的选择

讯问的时间、地点的确定，一般应考虑两种因素：一是侦查策略的需要，根据案件侦查全局的需要，有策略地选择讯问的时间、地点；二是法律、法规的规定，即《刑事诉讼法》、《人民检察院刑事诉讼规则（试行)》关于讯问时间、地点的规定。

（六）讯问工作与其他（侦查）措施相配合

讯问工作与其他侦查措施相配合是指讯问与监管的配合、讯问与技侦手段的配合、讯问与录音录像的配合、讯问与狱内侦查的配合、讯问与测谎技术的配合等。讯问是否需要上述措施、手段的配合，应当根据案件的需要和侦查资源配置的现实可能性来决定。

（七）讯问突破口的选择

在讯问中准备选择什么问题作为突破口，为什么要选择这些问题作为突破口，选择这些问题作为突破口有哪些有利的地方，有哪些不利的地方等。

（八）怎样回应犯罪嫌疑人的辩解

在讯问中，犯罪嫌疑人可能在哪些问题上作出辩解、作出什么样的辩解，怎么样回应犯罪嫌疑人的辩解；如果犯罪嫌疑人的辩解有理有据，怎么处置，如果犯罪嫌疑人的辩解无理无据，怎么批驳等。

（九）怎样对待犯罪嫌疑人在讯问中提出的条件

在讯问过程中，犯罪嫌疑人可能从哪些方面提出条件，怎么回答；犯罪嫌疑人提出的条件，在法律、规章制度范围内的怎么答复，在法律规章制度范围之外的怎么答复；犯罪嫌疑人提出的条件，侦查人员能够满足的怎么答复、不能满足的怎么答复等。

（十）怎样解决讯问中可能出现的僵局

有些犯罪嫌疑人因其性格急躁、容易冲动，讯问策略稍有不当，便会导致讯问中出现僵局。讯问计划中就应当写明采取什么措施来打破僵局，用什么办法变被动为主动，讯问实在无法进行下去，采取什么方法结束讯问等。

（十一）怎样解决讯问中可能出现的紧急情况

有的犯罪嫌疑人心理负担过重，多次流露出自杀的想法，有的犯罪嫌疑人身体状况较差，随时可能病倒。在讯问计划中，应当写明讯问中可能会出现什么样的紧急情况，需要准备哪些条件，采取什么防范措施。

第二节　第一次讯问

一、第一次讯问的要求

（一）严格依法进行

讯问犯罪嫌疑人是侦查活动的重要环节，对此，《刑事诉讼法》有明确的规定。讯问人员在对犯罪嫌疑人进行讯问时，一定要严格按照法律规定的程序进行，不得有任何违反法律规定的行为，否则，通过讯问获得的讯问笔录不能作为证据使用；而且通过违法违规操作所获得的犯罪嫌疑人的供述或辩解，其真实性也不能确定，往往会导致整个侦查工作走弯路，甚至陷入僵局，无法突破。具体来说，应当做到以下几点：

1. 对被拘留或逮捕的犯罪嫌疑人，必须在 24 小时之内进行第一次讯问。

2. 根据《人民检察院刑事诉讼规则（试行）》有关规定，对于不需要拘留、逮捕的犯罪嫌疑人的第一次讯问，讯问人员应当向犯罪嫌疑人出示检察机关的证明文件。如果不向其出示检察机关的证明文件，犯罪嫌疑人可以拒绝接受讯问。对于不需要拘留、逮捕的犯罪嫌疑人的讯问所持续的时间不得超过 12 小时，不得以连续传唤或拘留的形式变相拘禁犯罪嫌疑人。如果通过第一次讯问，查清了犯罪嫌疑人的犯罪事实，具备拘留或逮捕条件的，可对犯罪嫌疑人依法拘留或逮捕。

3. 讯问犯罪嫌疑人，侦查人员不得少于两人，一人主审一人记录。如果一人讯问，既违反法律规定，也容易发生意外事故，而且所获笔录不具备证据价值。

4. 不能引供、诱供，更不能刑讯逼供，也不能搞"车轮战"，不能变相体罚犯罪嫌疑人。

5. 按照法律规定的步骤进行。《刑事诉讼法》对第一次讯问的步骤作出了具体规定，应当按照法律规定的步骤进行，对其具体的步骤，将在下文中详细介绍。

（二）做好讯问前的传唤或拘传工作

1. 注意选择传唤或者拘传的有利时机。一是犯罪嫌疑人察觉到侦查人员的秘密调查工作，极度恐慌而四处寻求各种关系，企图了解所调查的事实时，或犯罪嫌疑人为掩饰罪行，开脱罪责而四处串供、销毁罪证时；二是犯罪嫌疑人全然不知时。这两种情况下，突然对犯罪嫌疑人实施传唤或拘传，往往会使其措手不及，有利于案件的突破。

2. 注意选择传唤或拘传的有利方式。实践中传唤或拘传的方式通常有如下几种：一是公开方式。这种方式会使犯罪嫌疑人思想压力增大，会感到羞愧、悲观，侥幸心理相对较弱，适用于经过初查，已掌握了犯罪嫌疑人充分证据的案件。二是秘密方式。这种方式会引起犯罪嫌疑人的猜疑，增强其恐惧心理，有效地防止犯罪嫌疑人之间及与证人的串供、毁证行为，适用于初查阶段仅掌握了犯罪嫌疑人部分犯罪事实的案件。三是同时进行。这种方式可有效避免同案犯罪嫌疑人之间的串供，适用于共同犯罪中有数个犯罪嫌疑人的案件。四是先后方式。在共同犯罪案件中，一个或者几个犯罪嫌疑人被传唤或拘传，会引起其他犯罪嫌疑人的紧张、恐惧，从而采取一些对抗的措施，而侦查人员暗中对这些犯罪嫌疑人进行监控，待其暴露后，人赃俱获。

3. 强调传唤或拘传与搜查的同步进行。搜查的目的是为了收集犯罪证据，查获犯罪人。因此，在对犯罪嫌疑人进行传唤或拘传的同时，要对犯罪嫌疑人的人身、住所、办公室或其他有关地方进行搜查，防止犯罪嫌疑人被传唤或拘传后，其他人转移或者销毁赃物、罪证。

（三）告知犯罪嫌疑人在讯问过程中的合法权利

在我国目前的刑事诉讼体制下，处于侦查阶段的犯罪嫌疑人必须参加诉讼活动，不能找他人代理，也不能委托律师为之辩护，只能在第一次讯问后或者采取强制措施之日起，才可以委托律师为其提供法律帮助。为了保证诉讼活动的正常进行，保障犯罪嫌疑人在诉讼中的合法权益，《刑事诉讼法》赋予了犯罪嫌疑人在诉讼过程中的诉讼权利。侦查机关在侦查工作中，不但要与犯罪嫌疑人作斗争，通过侦查活动，为把犯罪分子送上法庭、定罪量刑打下基础，而且要实现对犯罪嫌疑人的"适度"打击，对其合法权益也要进行有效的保护。在第一次讯问时，讯问人员应当告知犯罪嫌疑人在诉讼活动中享有以下权利：

1. 为自己辩护的权利；
2. 提出控告的权利；
3. 要求侦查人员回避的权利；
4. 拒绝回答与本案无关问题的权利；
5. 用本民族语言、文字进行诉讼的权利；
6. 对讯问笔录补充、修改或者请求自行书写供词的权利；
7. 辨认物证和要求重新鉴定物证的权利；
8. 聘请律师为其提供法律帮助的权利；
9. 知道自己行为涉嫌的罪名的权利；
10. 知道如实供述自己罪行可以从宽处理的权利。

（四）要有一个比较适宜的讯问环境

选择讯问环境既要有利于犯罪嫌疑人消除讯问的紧张心理和对抗情绪，不致产生恐惧感，又要有利于防止犯罪嫌疑人自伤、自杀、逃跑、行凶等行为的发生，还要符合法律法规的规定。

1. 讯问室内要整齐干净，不能摆放与讯问无关的物品。如讯问室内不应安装电话、电铃一类的东西。

2. 讯问室的光线要适度。讯问室的光线不能太强或太弱，以能观察到犯罪嫌疑人面部表情的细微变化为适中。有的讯问人员喜欢用过强的光线刺激犯罪嫌疑人或用过暗的光线造成一种阴沉的气氛，这是不可取的。

3. 不应让犯罪嫌疑人有心理优越感。如果讯问场所是犯罪嫌疑人非常熟悉的环境，有"保护伞"和说情的"关系网"，这样会使犯罪嫌疑人具有较强的心理优势，会增加其侥幸心理。

4. 安全可靠，不受外界干扰。

（五）创造良好的讯问气氛

第一次讯问，对犯罪嫌疑人来讲，是十分重要的，他们需要有一个良好的讯问气氛，这种气氛要有利于犯罪嫌疑人对犯罪事实的回忆、供述以及心理转化，达到讯问的目的，完成讯问任务。

1. 讯问人员要做到仪表端庄大方、精神饱满振奋。讯问人员应特别注意其外部形象，外表要整洁、衣着自然大方。如果讯问人员懒散、不修边幅、衣着不整，犯罪嫌疑人不可能对他产生信任。讯问人员精神饱满、情绪高昂振奋，显示出胸有成竹、稳操胜券的气势，无坚不摧、志在必得的神态，能使犯罪嫌疑人感到一种很强的威慑力。

2. 讯问人员要做到态度严肃而又诚恳。讯问人员在第一次讯问时既要体现出执法者的威严，又要体现出教育、挽救人的诚恳。在讯问中，对犯罪嫌疑人的犯罪行为要有理有据地予以揭露，对犯罪嫌疑人抗拒讯问的言行、伪装的表现要予以批驳，体现出检察机关揭露犯罪、揭发犯罪嫌疑人的信心；同时要对犯罪嫌疑人进行政策、法律、道德、前途等方面的教育，来感化他们，以体现出检察机关教育人、挽救人的诚意。

3. 讯问人员对犯罪嫌疑人心理上要既相对又相容。犯罪嫌疑人和讯问人员之间要进行隐瞒与揭露、抵赖与批驳的激烈交锋，这表明双方在心理上的对立关系。另外，讯问人员通过讯问对犯罪嫌疑人进行教育、感化、挽救，使他们能走从轻、从宽之路，而犯罪嫌疑人也想通过辩解为自己减轻罪责，从这个角度来看，讯问人员与犯罪嫌疑人在心理上又是相容的关系。也就是说，讯问人员在讯问过程中要尊重犯罪嫌疑人，允许其辩解和说明，对他们进行教育、挽救，对他们的行为和处境表示理解，做到与犯罪嫌疑人进行心灵上的沟通。只有心理上相容，才能建立起对话的基础，从而使讯问活动处在一种"威慑下的和谐"的氛围之中。

二、第一次讯问的步骤

《刑事诉讼法》第 118 条规定："侦查人员在讯问犯罪嫌疑人的时候，应当首先讯问犯罪嫌疑人是否有犯罪行为，让他陈述有罪的情节或者无罪的辩解，然后向他提出问题。"根据上述规定，讯问开始的一般步骤是：

（一）讯问犯罪嫌疑人的基本情况

侦查讯问的讯问对象的基本情况是指其姓名、年龄、曾用名、出生年月日、户籍所在地、居住地、籍贯、出生地、民族、职业、职务、文化程度、家庭情况、社会经历等情况。问明这些情况，主要目的是防止错拘、错捕现象，确认讯问对象是否就是检察机关确定的犯罪嫌疑人。问明讯问对象的上述情况，也是了解犯罪嫌疑人的心理特点、认罪态度，进而为讯问创造适宜气氛的需要。

（二）告知犯罪嫌疑人在侦查过程中的诉讼权利和义务

第一次讯问要向犯罪嫌疑人明确告知他在讯问中所处的地位，在侦查期间享有的权利，应当履行的义务，教育他面对现实，如实回答侦查人员的提问。

《刑事诉讼法》第 118 条第 2 款规定："侦查人员在讯问犯罪嫌疑人的时候，应当告知犯罪嫌疑人如实供述自己罪行可以从宽处理的法律规定。"对于这一新增加的规定，侦查人员在讯问犯罪嫌疑人的时候，应当向其明确告知。

（三）讯问犯罪嫌疑人是否有犯罪行为

在讯问开始阶段，讯问人员还应当问明犯罪嫌疑人是否有犯罪行为，具体是怎样的犯罪行为，或者因涉嫌什么罪而被拘留、逮捕或者采取其他强制措施，并让犯罪嫌疑人作有罪的陈述和无罪的辩解。对犯罪嫌疑人的供述和辩解都要认真对待，如果犯罪嫌疑人无罪的辩解有理有据，应及时进行核实。如果犯罪嫌疑人的行为不构成犯罪，应当立即向有关负责人报告，撤销案件，如已采取拘留、逮捕强制措施的应立即解除对犯罪嫌疑人的羁押。

（四）按讯问计划或讯问提纲向犯罪嫌疑人提出问题

在讯问了犯罪嫌疑人是否有犯罪行为和告知其在侦查过程中的诉讼权利与义务之后，就要按讯问计划或讯问提纲适时地向犯罪嫌疑人提出与犯罪有关的问题，让犯罪嫌疑人回答。

第十章 职务犯罪侦查讯问方法

第一节 说服教育

说服教育，是指讯问人员在讯问中通过法律、政策、形势、前途、道德品质等教育，促使犯罪嫌疑人弄清是非界限和权衡利弊得失，达到使犯罪嫌疑人转变思想、如实供述罪行目的的一种讯问方法。

说服教育法是讯问中广泛使用的一种讯问方法，不仅用于对每一个犯罪嫌疑人的讯问中，而且贯穿整个讯问活动的始终。其目的是消除对立、晓以利害、唤起良知、交代罪行。

一、说服教育的作用

（一）说服教育可以消除犯罪嫌疑人的对立情绪

犯罪嫌疑人被拘捕后多数都对检察机关持怀疑、对立、不合作等态度，有的甚至拒供、抵抗，只有消除其对立情绪才能将讯问纳入轨道，通过说服教育可以对犯罪嫌疑人晓以利害，通过说服教育，可以促使犯罪嫌疑人认识自己的行为对社会、对他人的危害，认识自己目前的处境，使犯罪嫌疑人正确地权衡利害得失，如实供述罪行，走坦白从宽的道路。

（二）说服教育可以唤起犯罪嫌疑人的良知

有些犯罪嫌疑人，作案时不顾廉耻，犯罪后麻木不仁，抱无所谓的态度，通过说服教育，可以唤起他们的良知，真诚的悔恨，从而对案件事实如实供述；使用说服教育的方法可以帮助犯罪嫌疑人转变认识，多数犯罪嫌疑人和正常人相比，他对道德规范、行为规范的认识是不同的，有的甚至有一套完整的错误理论，通过对其进行说服教育，阐明道理和加强批驳，可以转变他的认识，端正其思想态度，为以后认真改造打下良好的基础。

（三）促进案件审深审透

成功的说服教育能使犯罪嫌疑人真诚悔悟，主动、详细、彻底地交代罪行，积极检举揭发其他犯罪分子。犯罪嫌疑人接受教育，表明其是真心认罪，能接受法律给予他的合理惩罚，因此，其口供也就较为稳定，极少翻供。这是其他的讯问方法所不能比拟的。

二、说服教育的要求

（一）使用说服教育的方法必须依法依理

说服教育必须遵守国家法律、党的政策和社会主义道德规范，不能用欺骗、威逼和其他非法手段进行，说服教育要言之有理，以理服人，要针对犯罪嫌疑人的思想认识和不良态度，分析开导，循循善诱，切忌强制压服。

（二）进行说服教育时要有的放矢

犯罪嫌疑人的身份、经历和性格各不相同，犯罪原因和案情轻重各有差异，侦查讯问期间的思想表现也不一样，因此，说服教育要因人施教，要针对不同的犯罪嫌疑人采取灵活有效的方法，要注意对症下药，掌握犯罪嫌疑人的心理状况，找准其拒供的思想障碍，有的放矢地开展，才能收到药到病除的效果，否则，不仅无济于事，还会暴露我方底细和意图，助长犯罪嫌疑人顽抗拒供的心理。

（三）进行说服教育要分寸适当

要说服犯罪嫌疑人，必须实事求是，掌握分寸，不能言过其实，违背法律、政策精神。说服教育的内容和用词，要准确恰当，讲究分寸，既不能夸大也不能缩小，更不能进行恐吓和无原则的许诺。夸大会使犯罪嫌疑人产生怀疑和不信任感，缩小则不易引起犯罪嫌疑人的重视，恐吓和无原则许诺更会损害政策威信和法律严肃性。

（四）进行说服教育时一定要使政策兑现

对确能主动坦白、确有检举立功表现的犯罪嫌疑人，应在侦查终结时据实反映，提出从轻或减轻处理的意见，使宽严得当，政策兑现，巩固说服教育的效果。

三、说服教育的内容

由于犯罪嫌疑人的身份、经历和性格各不相同，犯罪原因和案情各有差异，在讯问中的心态也不一样。要说服教育犯罪嫌疑人，就必须透彻地了解犯罪嫌疑人，并据此确定说服教育的目标，选择适当的教育内容，否则将达不到教育的目的。说服教育的主要内容包括以下几个方面：

（一）政策教育

党和国家一贯主张对犯罪分子实行"惩办与宽大相结合"的政策，这是我国的基本刑事政策。在侦查讯问中，应结合有关的政策，针对犯罪嫌疑人的思想实际，有的放矢地进行说服教育。

（二）法律教育

针对部分犯罪嫌疑人不懂法、不守法或多数犯罪嫌疑人知法犯法甚至执法犯法的情况，有目的地宣讲有关的法律、法规，列举相关的典型案例，说明这种行为对社会的危害性。在犯罪嫌疑人对犯罪事实如实供述的基础上，引导其认清自己行为的社会危害性和应受刑罚的必要性，打好认罪服法的思想基础。

（三）道德品质教育

犯罪嫌疑人走上犯罪道路的主要思想根源是：思想堕落、道德败坏和人生观、世界观扭曲，在侦查讯问进行的过程中，应当根据犯罪嫌疑人走上犯罪道路的思想根源，向犯罪嫌疑人开展道德品质教育，使其分清善恶、辨明是非。在教育中针对不同案件、不同对象，列举犯罪嫌疑人易于理解和接受的典型人物的事例，形象生动地进行由浅入深的感化教育，可唤起犯罪嫌疑人的良知，使其在道义上进行自我谴责。

（四）形势和前途教育

通过宣讲我国的政治、经济、外交以及社会治安形势，增强其悔罪心理，消除对立情绪。结合宣传社会主义制度的优越性，把犯罪嫌疑人的个人前途与国家前途、家庭前途联系起来，指明出路，以增强其改过自新、重新做人的信心。

四、说服教育的方法

说服教育可采取的方法多种多样，但是教育不同的对象所采取的方法，应各不相同，只有这样才能有效地向犯罪嫌疑人施加教育影响。常用的说服教育方法，从形式上分为以下几种：

（一）疏导法

疏导法，就是指出犯罪嫌疑人存在的问题，帮助其分析产生错误的原因，提出解决的最好方法。这是一种运用一定的逻辑手段，以强大的威力，使犯罪嫌疑人信服的方法。疏导法分为三个步骤：第一，用明确有力的语言，指出犯罪嫌疑人的错误认识，予以批驳；第二，严肃地指出犯罪嫌疑人错误认识产生的原因，作出结论；第三，提出犯罪嫌疑人该选择的唯一出路，引导其向认罪方面转化，杜绝其向拒供的方向发展。

（二）例证法

例证法，就是运用具体的案例，让犯罪嫌疑人自己去得出结论。讯问人员在讯问中，可以讲述一些犯罪嫌疑人在拘捕前后曾亲眼目睹亲耳听到的一些事例，让其根据"榜样"进行对号，自己得出何去何从的结论。让犯罪嫌疑人自己得出的结论，比灌输给他的结论要深刻得多。在采用此法举例时，不要只举一个例子，而是要举几个；选择案例、案情要与犯罪嫌疑人的情况相近，好或坏的态度，也要相近。这样，可以把讯问人员所要表达的观点，深深地烙在犯罪嫌疑人的心中。

（三）规劝法

规劝法，就是通过犯罪嫌疑人的亲友、领导、同事，采用一定的形式对其进行规劝，这是说服教育的辅助手段。要使规劝取得成效，关键是规劝的人要选好。因此，对犯罪嫌疑人进行规劝的应该是道德品质好，法律意识强，为犯罪嫌疑人所尊敬和信赖，能够向犯罪嫌疑人施加影响的人。选好人以后，通过一定的筹划和部署，运用通信、接见、给看守所在押人员作报告、向犯罪嫌疑人单向讲话等方式，进行有针对性的教育、动员或规劝。

在采取上述三种方法进行教育时，可以结合运用书面材料教育，就是有针对性地选择一些文件、书籍、图片、案例、报纸、判决书等，向犯罪嫌疑人出示和宣讲，以增加说服力和感染力；还可以运用视听材料进行教育，就是运用录音、录像、幻灯等器材，进行直观、生动、真实、形象的教育，以配合其他教育方法，达到良好的教育效果。

五、说服教育应注意的问题

（一）注意掌握犯罪嫌疑人的心理

说服教育是一种攻心战术，要想战胜对方达到讯问的目的，讯问人员必须掌握犯罪嫌疑人的心理，注意转变他的认识，消除其对立情绪，转变其情感，瓦解其对抗的意志，使其心理从对抗到顺从、同化，最后达到内化，真正接受讯问人员的思想、观点，彻底供述自己的罪行。

（二）注意发挥"权威"的影响力

在讯问中，讯问人员向犯罪嫌疑人进行教育时，由于讯问人员的特定身份和地位，对犯罪嫌疑人会产生一定的威慑力和压力，但不一定就有威信。要想使犯罪嫌疑人接受讯问人员的教育内容，讯问人员就必须通过自己的言行，让犯罪嫌疑人佩服、信服，这样，对方才能接受讯问人员的观点，才愿意接受教育的内容。

（三）注意教育内容的综合运用

说服教育要想达到预期目的，除了注意掌握其心理以外，还要根据不同人的不同情况，选择恰当的内容，并注意政策、法律、前途、家庭等内容的综合运用，使犯罪嫌疑人能够从中有选择地接受教育的内容，达到教育的目的。

（四）注意掌握说服教育的分寸

说服教育不免要对一些问题予以评价和定论，无论说什么，都要掌握分寸，不能为了需要，有意地加重或减轻犯罪嫌疑人的罪责，造成不良的后果，而要实事求是地把握分寸，不随意夸大或缩小任何事实，以保证法律的严肃性。

第二节　使用证据

　　侦查讯问中讯问人员与犯罪嫌疑人之间的较量，基本上是围绕证据进行的。证据是认定罪行的唯一根据，一旦讯问人员掌握了确实、可靠的证据，犯罪嫌疑人的罪行将被确定无疑。而在侦查的开始阶段，侦查人员所掌握的证据往往较少，尚不足以认定犯罪嫌疑人有罪或无罪。侦查讯问时使用证据，其目的的主要是通过使用已知的证据，打破僵持局面，突破犯罪嫌疑人的口供去获取新的证据。

一、使用证据的作用

　　证据是认定案件事实和定罪量刑的依据，讯问中使用证据，是促使犯罪嫌疑人如实供述的重要手段。正确地使用证据，能产生如下的作用：

　　（一）突破犯罪嫌疑人的防御体系，打击其侥幸心理，打开讯问局面

　　讯问中通过使用证据，促使犯罪嫌疑人承认证据所证明的案件事实，从而打开缺口，突破犯罪嫌疑人的心理防线，为有理有据地追讯相关的案件事实，使讯问工作向纵深发展创造条件。

　　（二）打击犯罪嫌疑人的嚣张气焰，端正其供述态度，推动讯问活动顺利进行

　　犯罪嫌疑人被拘捕后，总是用各种手法进行试探摸底，其中不乏假装鸣冤叫屈，"理直气壮"地向讯问人员索取证据。对气焰十分嚣张的犯罪嫌疑人，讯问人员适时适度地出示证据给犯罪嫌疑人迎头打击可以端正其供述态度，使讯问工作顺利进行。对已作虚假供述的犯罪嫌疑人，通过使用证据，揭露和批驳其伪供，能促使犯罪嫌疑人承认错误，纠正虚假陈词，作出如实供述。

　　（三）检验证据的真实可靠性

　　通过使用证据，听取犯罪嫌疑人对该证据所作的辩解，掌握证据与犯罪嫌疑人供述之间的矛盾，这样，既可以为进一步对犯罪嫌疑人进行揭露和批驳明确焦点，以利于进一步组织进攻，又可以发现证据本身欠真实、欠详尽之处，为进一步核查证据，深入查证明确方向。

二、使用证据的要求

　　（一）做好充分准备

　　使用证据前，首先要认真审查证据的可靠程度，并仔细分析该证据适宜用什么方式、方法使用，会有哪些优点和缺点，扬长避短地选择出效果最佳和暴露最少的方式、方法。还要认真考虑犯罪嫌疑人对该证据会有哪些狡辩，应采取什么对策。对涉及有关专门知识的证据，讯问人员在使用前要学习和掌握好必要的相

关知识，避免因无知而失误。

（二）使用证据不能暴露侦查工作的机密，要尽量隐蔽证据的底细，出示时要留有余地

用秘密侦查手段获取的材料，讯问中不得直接使用，使用证据还必须注意保护检举人；不暴露或少暴露证据来源，能做到隐己露彼，既有力地揭露犯罪嫌疑人，又使其对我方掌握证据的情况"讳莫如深"，不知如何进行防范，力戒将证据和盘托出，力争用少量的证据取得最大的效果。

（三）要在必要时才使用证据

凡是能用其他方法起到促使犯罪嫌疑人如实交代的，就不要使用证据。在没有准备好或时机不成熟的情况下，也不要匆忙过早地使用证据。可以说使用证据是讯问的最后底线，因为如果使用证据都不能使犯罪嫌疑人就范，那么用其他的方法就更不能达到目的。同时，还应注意在使用证据时要留有余地，要用最少量的证据来获得最大的效果，切忌将证据和盘托出。

（四）要与说服教育、利用矛盾等讯问手段相结合

犯罪嫌疑人内心尚未触动，单纯依靠使用证据的方法，可能不足以攻破犯罪嫌疑人的防线，如配以说服教育、利用矛盾等手段，在犯罪嫌疑人产生动摇时再使用证据，往往容易收到更佳的效果。

三、使用证据的时机

有利时机，是指使用证据成功把握大、收效好的时机。实践证明，讯问中使用证据的时机选择得当，使用少量的证据也能取得较大的突破，使犯罪嫌疑人的态度产生重大转变。不择时机，不看讯问工作所处的态势，可能会出现使用多项重要的证据，犯罪嫌疑人仍坚持抵赖，不作如实供述。使用证据不当，还会让犯罪嫌疑人了解我方掌握证据的底细，加剧侥幸、对立心理，使我方处于被动，增加讯问的难度。

讯问中，应善于审时度势，抓住随时出现的有利时机，恰当地使用证据，又要有目的、有计划地创造使用证据的有利时机。通常，犯罪嫌疑人出现下列情况时，是使用证据的比较适合的有利时机：

1. 思想动摇，内心矛盾斗争激烈时；
2. 犯罪行为有所败露，尚未作出周密防御时；
3. 案情已有突破，但仍存侥幸、畏罪心理，欲言又止时；
4. 口供出现矛盾，不能自圆其说时；
5. 顽固抵赖，气焰嚣张时；
6. 从其身上或住处搜出证据，就地进行讯问时。

四、使用证据的方法

（一）直接使用证据法

直接使用证据的具体做法包括：讯问人员口头宣示证据，当面出示书证、物证、物证照片，播放录音证言和证据录像等。直接使用证据，对犯罪嫌疑人心理冲击力强、威力大、效果好。尤其出示物证、书证和证据录像等，真实感强，能形成罪证确凿，犯罪嫌疑人无法狡辩抵赖的局面。

这种使用证据的方法必须注意的是：

1. 要正确掌握使用证据的时机。讯问中切忌一遇到嫌疑人狡辩就立即使用证据，而应把握好出示证据的时机（如上所述）。

2. 要正确选择拟出示的证据。采用直接使用证据法所出示的证据，必须经过严格审查，认真核实。如果出示的证据材料失实，就会给犯罪嫌疑人摸清我方底细提供机会，为其进一步筑造防御体系打下基础。用失实虚假的材料逼供，还可能造成冤假错案。

3. 堵其退路。在出示证据之前，要周密预测犯罪嫌疑人可能作出的辩解，并通过提问打消其狡辩。这样才容易突破犯罪嫌疑人的心理防线，促使其交代问题。

还应指出的是，直接使用证据，是将证据直接摆放在犯罪嫌疑人面前，给讯问人员回旋的余地很小，因而要有成功把握才可使用。为此，要求：案情透明度要大；适用的证据不仅确实可靠，而且能够击中犯罪嫌疑人的要害；讯问语气要坚定，绝不能优柔寡断。如果初查中获取的证据还不够确凿、充分，只掌握了部分证据，或者只掌握了一些间接的、辅助性的证据，就不能采用这种直接出示证据的方法，而应采用暗示证据法。

（二）间接使用证据法

对犯罪嫌疑人未作如实供述的案件事实，用旁敲侧击的办法，间接地揭露出有关的片段情节，反映出与证据相关的人和事，使犯罪嫌疑人认为检察机关已了解案件的真实情况，并掌握有证据而不得不如实交代。

间接使用证据，不易暴露讯问人员掌握证据的情况，能收到只露少量已知事实，而查明较多未知事实的效果。加上讯问人员与犯罪嫌疑人能在一定程度上避免"顶牛"状态，讯问人员可表明留给犯罪嫌疑人以坦白交代的机会，犯罪嫌疑人也易于"下台阶"，往往能较顺利地促使犯罪嫌疑人如实交代。

（三）暗示使用证据法

严格说这也是一种间接使用证据的方法。讯问人员不直接宣示证据的具体内容，也不说明证据来源，只用暗示的方法，如用双关语、含蓄词汇、体态语言等，显示出案件事实片段或侧面形象，使犯罪嫌疑人认为检察机关已了解事实真相，并掌握有一定的证据，不得不如实供述。暗示使用证据法的长处在于不暴露证据的底细而能取得好的效果。因此，在讯问中，要使已掌握的证据发挥更大的威力和作用，最好不要采取直接的明示证据，而要运用暗示证据的方法，即向犯罪嫌疑人出示证据要带有迷惑性，既要做到让其明白并确信讯问人员已经掌握了证据，又不让其知道证据的具体内容和证据的量，使之受到迷惑，发生证据联想，产生心理压力，最后达到摧毁其心理防线，突破全案的目的。

第三节　揭露谎言

一、揭露谎言的概念和目的

揭露谎言，是指讯问人员在讯问中利用犯罪嫌疑人因编造谎言使口供出现的矛盾，来戳穿其对抗讯问的伎俩，促使犯罪嫌疑人如实供述罪行的一种讯问方法。

犯罪嫌疑人为了掩盖罪行，推卸责任，逃避惩罚，常常采取歪曲事实、虚构情节、编造假口供的办法来对抗讯问，这就不可避免地要在其口供中出现种种矛盾。这种矛盾一旦暴露出来，也就成为犯罪嫌疑人难以摆脱的包袱。审讯人员在讯问中及时发现犯罪嫌疑人口供中的矛盾，不仅可以有效地揭露犯罪嫌疑人的狡辩和欺骗，打击其不老实供述的态度，还有助于排除疑点，发现新的犯罪事实和线索。

二、发现口供矛盾

犯罪嫌疑人为了推卸罪责，或为了包庇同伙，往往采取避重就轻、歪曲事实、虚构情节等方法编造口供。这不仅会造成供词与证据之间的矛盾，而且往往会出现供词本身也自相矛盾的情况。讯问人员应对犯罪嫌疑人口供进行深入研究、细致全面的分析，及时发现矛盾。

（一）犯罪嫌疑人口供中常见的矛盾

1. 犯罪嫌疑人口供前后的矛盾。多表现为陈述的事实矛盾和逻辑矛盾。

2. 犯罪嫌疑人口供与其他证据之间的矛盾。

3. 犯罪嫌疑人的口供与历史事实、天文地理、自然条件、风俗习惯、方言土语、法律及规章制度、科学知识的矛盾。

（二）发现犯罪嫌疑人口供矛盾的方法

1. 口供与其他证据进行比对。把与证明同一事实的证据和口供相对照，看看两者是否一致，有无矛盾。如果有矛盾，还要查清原因，确定矛盾的主要方面。

2. 讯问具体化。即一步一步追讯犯罪嫌疑人的活动，检验这些活动是怎么发展的，哪些合乎逻辑，哪些不符合逻辑。一般地说，编造假口供最怕寻根究底地详细讯问，讯问得越具体，矛盾就暴露得越清楚。

3. 重复讯问。即重复讯问以前讯问过的情况。通过重复讯问可以发现犯罪嫌疑人口供中的矛盾。因为编造的假口供不是犯罪嫌疑人亲身体验过的，往往记忆不深，或者编造得不全面具体，存在许多空白，在重复讯问中使口供具体化，就可以发现与前一次陈述不符之处。对于那些把假口供背得烂熟的犯罪嫌疑人，重复讯问时会发现两次口供像台词一样完全相符。因为人在重复叙述同一事物时，不可能在顺序、用词上完全相同。出现这种情况，也是一种矛盾。

三、分析口供矛盾

分析口供矛盾的目的，是为了找出产生矛盾的原因，确定可以在讯问中利用的矛盾。产生口供矛盾的原因有以下四种：

1. 犯罪嫌疑人故意编造谎言；

2. 犯罪嫌疑人记忆错误或表述错误；

3. 对事物的特殊性没有认识到；

4. 其他证据不确实。

对于上述四种情况，在讯问中要区别对待，不能一概而论。对犯罪嫌疑人说错记错的，让犯罪嫌疑人更正过来就行了，不应过多训斥指责。对没有认识到事物特殊性而产生的矛盾，只要犯罪嫌疑人说清楚就行了，不要过多纠缠。因为，这种情况多是讯问人员调查不细造成的。对其他证据不实引起的矛盾，要重取或另取证据加以证明。只有犯罪嫌疑人故意编造谎言而产生的口供矛盾，才是在讯问中所要利用的。如果不加分析地利用口供矛盾就可能授人以柄，使犯罪嫌疑人借机无理纠缠，或摸到检察机关的底细和意图，有机会修补他的防御体系，使讯问陷入僵局。

四、揭露谎言的时机和方法

(一) 揭露谎言的时机

揭露谎言的时机，是指犯罪嫌疑人的谎言暴露到什么程度才加以揭露和批驳效果最好。时机的选择通常有两种情况：

1. 撒谎就批驳。在讯问中发现犯罪嫌疑人说谎时马上就予以揭露和批驳，这样能在犯罪嫌疑人刚说谎时就打消其继续说谎的念头，避免说谎以后不易纠正而形成的僵持局面，节省以后的讯问时间。

2. "欲擒故纵"。在讯问中发现犯罪嫌疑人说谎，不立即揭露和批驳，不流露出任何怀疑和不信任的情绪，让犯罪嫌疑人把话说得更明确、更详细、更肯定，使其充分暴露矛盾，作茧自缚。然后讯问人员抓住矛盾，集中火力，揭露谎言，批判其不老实的态度。这种做法，犯罪嫌疑人口供中的矛盾暴露充分，利用起来威力也大，有利于改变犯罪嫌疑人早已形成的侥幸心理。

这两种揭露谎言的时机，都是在讯问实践中经常采用的。选择哪一种时机，要根据案情发展、讯问情势、犯罪嫌疑人个性特点和掌握证据多少等因素综合考虑。

（二）揭露谎言的方法

当口供中的矛盾暴露得比较充分时，一般是采取把矛盾揭露出来，让犯罪嫌疑人给予解释的办法。如果犯罪嫌疑人不能自圆其说，思想出现动摇，就要相机进行说服教育，强化其供述动机。如果犯罪嫌疑人继续狡辩抵赖，则要严加批驳，并适当使用证据，把他的谎言和狡辩彻底驳倒。根据不同的情况，揭露谎言时可以采取以下具体方法：

1. 利用犯罪嫌疑人口供中出现的自相矛盾的地方。即所谓的"以子之矛，攻子之盾"，用犯罪嫌疑人口供中的一个谎言去揭露另一个谎言。

2. 利用犯罪嫌疑人口供与某个事实的矛盾。把这个事实提出来，责令犯罪嫌疑人作出解释。

3. 利用犯罪嫌疑人口供和证据的矛盾。可以根据具体情况，采取使用证据的具体方法。

五、揭露谎言应注意的问题

（一）应该有目的地暴露犯罪嫌疑人口供的矛盾

暴露犯罪嫌疑人口供中的矛盾，是讯问人员有目的性的讯问活动，绝不能毫无目的、漫无边际地讯问。当明知犯罪嫌疑人不如实供述而口供的矛盾又尚不明显，或者不宜使用查获的证据加以揭露时，讯问人员要用问题去检验口供的真伪和确定矛盾点。为此提出的问题，应根据具体情况，要么能发现口供中在事实上、逻辑上是否有矛盾，要么能发现与掌握的确实证据、犯罪事实及有关的客观事实是否有矛盾，起码应该是容易查清的问题。

（二）分析口供矛盾要与犯罪嫌疑人在讯问中的行为表征联系起来

讯问中要利用的口供矛盾，是犯罪嫌疑人的谎言形成的，因此当犯罪嫌疑人的口供出现矛盾时，联系谎言的行为表征加以分析，对确认矛盾和什么性质的矛盾将有帮助。如果口供矛盾与谎言表征相一致，便会增强揭露口供矛盾的信心。

（三）要有计划、有步骤地使用矛盾

在讯问中发现的矛盾不要一下子都揭露出来。否则，一旦久攻不下，出现僵局，讯问人员又两手空空时，就会助长犯罪嫌疑人的嚣张气焰。因此，只有完全有把握转变犯罪嫌疑人的态度时，才能这样做。如果对揭露的矛盾的成因无多大把握，质问的语气可以缓和一些，这样，当发生变故时，能有个回旋余地，不至于太过被动。

(四) 要掌握分寸

利用口供中的矛盾揭露犯罪嫌疑人谎言时，如果击中了犯罪嫌疑人的要害，出现思想动摇的情况时，就要相机进行说服教育，创造让犯罪嫌疑人"下台阶"认错的条件，以避免僵持局面和发生反复。如果犯罪嫌疑人承认错误，并表示愿意交代罪行时，就不要再揭露矛盾，否则可能会使其看不到出路，反而横下一条心不认罪。如果犯罪嫌疑人的谎言被揭露后，讯问人员还要提出下一个问题，这时虽然可以提醒犯罪嫌疑人还说过谎话，但这种提醒应该以比较婉转的方式表达，而不能以指责的口气说出，避免导致犯罪嫌疑人形成对抗态度。

第十一章　职务犯罪侦查讯问策略

第一节　"心理同情法"（情感共鸣法）的运用

对犯罪嫌疑人的犯罪行为表示适度的同情和理解，取得犯罪嫌疑人情感上的共鸣，从而愿意供述罪行。这是讯问贪污贿赂犯罪嫌疑人常用的一种方法。这种方法主要适用于那些因为自己的犯罪行为而在相当程度上感受到精神痛苦、悔恨或内疚的犯罪嫌疑人。

一、进行心理同情的途径

1. 强调客观原因的方法。说明任何人在相似的情况下都有可能干出同样的事情，这样会使犯罪嫌疑人或多或少为其犯罪行为找到理由或借口，并在相当程度上减轻精神压力而获得平慰自己良心的机会。但是，这种自我宽恕还不足以使其摆脱良心的折磨，还需要讯问人员富有同情心的言语来对他施加影响，从而消除犯罪嫌疑人对基于承认有罪所面临不利法律后果的忧虑。

2. 降低对犯罪嫌疑人行为的道德严重程度的评价。职务犯罪案件的犯罪嫌疑人是国家工作人员，他们对自己犯罪后的道德评价非常看重。总希望别人降低对其罪行的道德严重程度的评价，或者完全否定道德品质与所犯罪行的关联性。因此，类似"你犯的这点事，是偶然的，不是必然的，你不是见钱眼开贪财的人，你的人品大家是了解的"的语言，会使犯罪嫌疑人的心理得到某种满足，达到情感上的沟通，拉近讯问人员与犯罪嫌疑人心理上的距离。

3. 提供一种已知或推断的更容易在道德上被人接受或不太令人憎恶的动机和原因。犯罪的动机是多样的，见钱眼开、贪得无厌的人为大家所不齿。根据案件具体情况，为犯罪嫌疑人之所以犯罪，提供一种在道德上容易被人接受的动机和原因（如时间紧、任务重，破案心切而刑讯逼供），以减轻其罪责感，这也是获取供词的一个极好的促动因素。

4. 提出各种理由和借口减轻罪责。通常犯罪嫌疑人会把所犯罪行的后果看得相当严重，甚至远远超出所应当承担的犯罪责任。他完全被犯罪后果所吓倒，不愿意去想曾经发生的一切，更不愿意与他人谈论犯罪和最终坦白供认犯罪。因此，讯问人员可根据案件的实际情况，找出某种客观理由（如家有重症病人，经济拮据而贪污），以及时地、部分地减轻犯罪嫌疑人的罪责感。

5. 通过指责他人。利用心理作用机制，将犯罪责任推托到某个与犯罪有某种联系的人身上，正是因为他的存在导致了犯罪嫌疑人实施犯罪行为。如多数贿赂犯罪案件，行贿人千方百计拉拢、腐蚀党员干部，行贿人的行为是很多原本廉洁的党员、干部犯罪不可或缺的原因。通过指责相关人员，亦可以降低犯罪嫌疑人的罪责感。

6. 唤起自豪感。多数犯罪嫌疑人在以往的工作当中，为国家、为社会做了很多有益的事情，或者为当地的经济发展做了很大贡献，讯问人员通过对这些"闪光点"的肯定，唤起他的自豪感，从而激发犯罪嫌疑人的供述动机。

7. 指出其如继续犯罪，将会导致更为严重的后果。告诉犯罪嫌疑人，事情的发展幸好还没有到不可收拾的程度，如果事情没有被发现，任其继续发展下去，将导致更为严重的后果，到那时谁也帮不了你，你应当感到庆幸。

二、应用心理同情法应注意的问题

1. 要充分理解心理同情是取得犯罪嫌疑人如实供述的一种讯问方法，讯问人员要抑制对犯罪嫌疑人的反感情绪，而要表现出热情、诚恳。

2. 运用之前应增强犯罪嫌疑人的罪责感，不要一开始就表示同情。

3. 在犯罪嫌疑人供述罪行过程中仍要保持原有的同情态度，否则容易使他改变供述罪行的意愿。

4. 只能减轻犯罪嫌疑人头脑中道德感、罪责感的严重性，不能明确表示或故意暗示犯罪嫌疑人的犯罪行为实际上不那么严重，而会减轻或免予刑罚。

第二节 "红脸、白脸法"（冷热交替法）的运用

这种方法是先借他人之力威慑对方，使之陷入困境，然后再出其不意地帮助对方使其对你感恩不尽，目的是接近对方，最后达到控制和操纵对方的目的。

这种讯问技巧可以由两名侦查人员配合运用，也可由一名侦查人员综合运用，一般适用于那些彬彬有礼又态度冷漠的犯罪嫌疑人。

这种"红白脸"技巧之所以奏效的心理学基础就在于强烈的情感反差。成功的途径是借别人的"力"和"威"使对方知恩、感恩。审讯人员的良苦用心在于人为制造风险，一边打，一边拉，先打后拉，"打"要有一定的隐蔽性、迷惑性，"拉"才能奏效。集中力量先打，先以强大的攻势向犯罪嫌疑人正面发起强攻，强化其心理压力，造成大军压境之态势，不交代绝对过不了关。然后替换审讯人员，改变前面强攻态势，来一个180度转弯，以施恩为主，用情感的方法进行交流谈心，帮助消除心理障碍，在交流谈心的过程中，解决事件的实质性问题。这种方法能使犯罪嫌疑人对"红脸"者友好、同情的态度产生信任的心理，

从而更容易接受讯问人的同情、友好、理解态度的影响，对审讯人员感恩，产生佩服之心，达到接近犯罪嫌疑人心理、促使其供述罪行的目的。

第三节　"错觉法"的运用

错觉是人的大脑对客观事物不正确反映的一种心理现象。错觉会导致社会生活中的诸多不便，但是，讯问的成功很大程度上借助于犯罪嫌疑人的错觉。讯问中的"错觉法"，就是用虚虚实实、真假难辨的方法，使被讯问者产生错误判断，从而瓦解其心理防线，交代犯罪事实的讯问策略。

一、错觉的具体表现

1. 犯罪嫌疑人对讯问目标的错觉。在讯问的初期，检察机关对犯罪嫌疑人所犯罪行情况并不十分清楚，很多时候只了解某些现象，因而在讯问时就没有明确、固定的目标，讯问的目的也是为了捕捉、寻找目标。同样，犯罪嫌疑人也不知道什么样的犯罪行为被发现了，处在寻求怎样的方法应付讯问的状态中，这是初审阶段犯罪嫌疑人对讯问目标的错觉的普遍特点。因此，讯问的目的就是要声东击西，避其强，攻其弱，麻痹对方，隐蔽讯问的主攻方向和目标，使犯罪嫌疑人产生错觉，削弱对方的防御强度。

2. 犯罪嫌疑人对犯罪证据的错觉。讯问实际上就是发现证据、收集证据、提取证据的过程，其目的是收集证据来证实犯罪。犯罪嫌疑人不了解讯问人员是否掌握证据，掌握多少证据，这是其错觉产生的基础。讯问犯罪嫌疑人本身就说明犯罪嫌疑人与犯罪事实有关，检察机关不会凭空抓人的，这是犯罪嫌疑人错觉产生的根据。因而在讯问时，讯问人应当注意语言的技巧性，让其摸不到我们的底细；同时，在证据的使用上要强调隐蔽性，出示证据时应注意证据的效应，每出示一次证据应该起到令犯罪嫌疑人对已掌握证据程度错觉的扩大和强化的作用，加速对犯罪嫌疑人心理限制的实现。讯问犯罪嫌疑人成功与否，在很大程度上取决于犯罪嫌疑人对检察机关掌握证据程度的错觉，产生获取证据程度的错觉越大，对犯罪嫌疑人产生的心理压力就越大，与供述交代罪行的距离就越近。

3. 犯罪嫌疑人对利害关系人产生的错觉。利害关系人就是与本案有一定关联的人，这些人掌握了犯罪嫌疑人一定的犯罪事实，与犯罪嫌疑人有一定的利害关系，有时能对案件起到重要的证明作用，因而也是犯罪嫌疑人在接受讯问时较为"关心"的问题。因此，在讯问时，要想方设法让犯罪嫌疑人误以为利害关系人已向检察机关作了交代，继续抵赖无任何实际意义，从而供述犯罪事实。

二、讯问中设置错觉的方法

1. 直接告知犯罪嫌疑人其犯罪的存在，是让犯罪嫌疑人产生错觉的基本方法之一。在讯问中，直接告知犯罪嫌疑人已经构成犯罪，让犯罪嫌疑人产生检察机关已经获得了犯罪证据的错觉。这种错觉是讯问人员强加给犯罪嫌疑人的，并不当然就能取得犯罪嫌疑人的信任使其产生错觉，这需要犯罪嫌疑人的观察和体验。讯问人员为使犯罪嫌疑人产生错觉，通常采用的方法是阻止或者否定犯罪嫌疑人对讯问人员提出的犯罪存在的辩解，进一步强化犯罪嫌疑人对犯罪存在的错觉，只要犯罪嫌疑人产生罪证已经被检察机关掌握的错觉，犯罪嫌疑人才能放弃抗拒，在趋利避害的心理驱使下，就会选择供述认罪。

2. 讯问桌上的"空城计"。从讯问的准备阶段来看，很多时候，讯问桌上应当放些什么东西，讯问人员并不怎么关注，但这对犯罪嫌疑人来说是至关重要的。犯罪嫌疑人一进讯问室，首先注意的就是讯问桌上放了些什么东西，通过这种观察，可以判断出自己的处境。当犯罪嫌疑人一走进讯问室时，发现桌子上除了一本空白笔录纸并无其他东西，他就会感觉到检察机关还没有掌握其多少犯罪情况，产生了相对稳定的定式心理来与讯问人员周旋；但是如果适当地将其他什么材料也放在桌子上，此时的犯罪嫌疑人的反应会截然相反，他会自然产生联想，把桌子上的卷宗与自己的犯罪联系到一起，这就是讯问桌上的"空城计"。

3. 暗示证据的方法。在讯问的初期，讯问人员掌握的犯罪证据往往并不充分，因此，在持有部分证据的情况下，讯问人员不要急于抛证据来引供词，而应当通过暗示证据的方法，使犯罪嫌疑人产生检察机关已掌握大量、充分证据的错觉。如贪污、贿赂犯罪的证据材料大多是合同、票据、证书、财务会计资料等，在放置的方法上既要让犯罪嫌疑人看见这些资料，又要让其看不清楚具体内容。讯问人员有时还可以抽出一些资料，读其中的某一内容和情节，通过犯罪嫌疑人联想的发展扩大，最后系统化，达到证据材料的"无中生有"。

4. 使用模糊语言。讯问中，常常利用模糊语言使犯罪嫌疑人产生错觉。讯问人员不管是提问还是回答犯罪嫌疑人的提问，应尽量使用模糊语言。模糊语言即是那些内涵和外延无限定的词语。如"没有你的口供，我们掌握的其他证据同样可以定你的罪"，"你收了别人的钱，却没替别人办成事，说得过去吗？""你只要如实供述了，将会得到从轻处罚"，等等。这种应答方法可以让犯罪嫌疑人摸不清讯问人员究竟掌握了哪些证据，从而加大其判断失误的概率，加快其思维错觉的速度，还可消除其对立情绪，协调讯问双方的关系，使犯罪嫌疑人相信只有如实供述才是唯一的出路。

5. 讯问人员神态的迷惑性。讯问人员在讯问活动中的喜怒哀乐都会对犯罪嫌疑人产生影响，讯问人员要充分利用自己的神态"迷惑"犯罪嫌疑人。因此，讯问人员要管好自己的"神态"，别让神态"乱说话"，才能在需要时使神态产生迷惑作用。讯问人员神态的迷惑性是根据讯问的目的来决定的，如讯问人员虽然急需犯罪嫌疑人做出某些供述，但神态上应表现出漫不经心、无所谓。如果表现出急不可耐的神态，就会引起犯罪嫌疑人的重视和猜想，权衡对自己是否有利或引起警惕，出现不予配合的局面。或者犯罪嫌疑人供述了讯问人员还没有掌握的犯罪，尽管讯问人员很兴奋、激动，但不能表现出来，不要忙于做笔录，而应给犯罪嫌疑人一种"已在掌握之中"的感觉，否则，犯罪嫌疑人话到嘴边也会退回去的。

6. 利害关系的迷惑性。与犯罪嫌疑人有某种利害关系的人，如介绍贿赂的中间人，挪用公款的使用人，赃款、赃物的窝藏人，案发后虽然犯罪嫌疑人在不同程度上与这些人订立了攻守同盟，但还是时刻担心这些人供述案情，把自己送上绝路。因此，通过讯问策略的运用，给犯罪嫌疑人造成利害关系人已经交代的错觉，迫使犯罪嫌疑人形成供述动机。

7. 迷惑莫被迷惑误。讯问人员想方设法制造错觉，迷惑犯罪嫌疑人，但同时，犯罪嫌疑人亦千方百计利用假象来迷惑讯问人员。如有的犯罪嫌疑人为了博得讯问人员的同情、信任，大讲特讲自己的丰功伟绩，自己辛辛苦苦半辈子，工作勤勤恳恳，多次拒绝贿赂，可以说是两袖清风，可到头来落个被检察机关调查的结果，等等，因此，讯问人员要注意识别假象，不能被假象所迷惑。

第四节　"导谎法"的运用

谎供是指犯罪嫌疑人以虚假的供词隐瞒案件事实真相的行为。利用谎言欺骗讯问人员，以逃避法律的制裁，这是犯罪嫌疑人抗拒讯问的最基本的规律。人类有两大最基本的本能：一是自我繁殖；二是自我保护。面对危险，人人都会采取坚决的自我防卫措施。在讯问中，犯罪嫌疑人作有罪供述就意味着对自我保护本能的放弃，因此，有罪犯罪嫌疑人如果想保持并维护其自我的完整性，他就会撒谎，而且还会绞尽脑汁使编造的谎言尽可能地圆满。

因此，犯罪嫌疑人在接受讯问之前就做好了用谎言来掩盖犯罪事实的心理准备。犯罪嫌疑人的谎言有两个特点：一是语言简练单一。通常用"是"或者"不是"，"有"或者"没有"，"不是我干的"等简单词语回答问题。二是情节表达笼统，不敢深入细节。撒谎的人最害怕细节，谎言所描述的事情，是犯罪嫌疑人没有亲身经历过的，尽管其事先有所准备，但当面对讯问人员突如其来的细节问题，他不敢冒险作过多描述，毕竟言多必失。正因为如此，有时候讯问人员明知犯罪嫌疑人在撒谎，就是无法去揭露，其原因就在于犯罪嫌疑人谎言的单一性和情节表达的笼统性，导致没有证明谎言的依据。为了解决这个问题，"导谎法"应运而生。

所谓"导谎法"，就是讯问人员在明知犯罪嫌疑人撒谎但又无法揭露的情况下，故意将"圈套问题"融合在某一与犯罪有关的情节中，让犯罪嫌疑人继续编造谎言，扩大谎言的范围，最后达到揭露谎言、促使犯罪嫌疑人供述认罪的目的。例如，有的贪污贿赂案件，犯罪嫌疑人将公款贪污了却谎称送给了别人，由于是"一对一"的案件，一个人说给了，而另外一个人说没有拿，当讯问人员问及犯罪嫌疑人钱是怎么送的，犯罪嫌疑人称是送到对方的家里的。根据了解，犯罪嫌疑人根本就不认识对方的家，于是讯问人员进行导谎："你既然到对方家里送钱，就应该知道他们家放置在客厅里的沙发，是皮质的还是人造革的吧？"犯罪嫌疑人说："是皮质的，当时我就是坐在客厅的沙发上的。"而实际上客厅里根本就没有沙发，只有几把椅子。讯问人员抓住这一事实矛盾予以揭露，一举突破犯罪嫌疑人。这里，讯问人员虚构的情节实际上就是一个圈套。圈套还可以是讯问人员已经掌握的某些事实，但却以似乎不知晓的方式提出问题。如贿赂案件犯罪嫌疑人最近花了一大笔钱买了辆汽车，或支付了一大笔购房款，或者在银行中存了一大笔钱。讯问过程中，讯问人员以不会引起犯罪嫌疑人警觉的方式随便问道："除了你的工资（或其他正当收入）之外，你最近还有什么别的收入吗？"如果犯罪嫌疑人立即承认自己有额外的收入，并对此作出了令人满意的解释，那么他的回答将有助于讯问人员排除对他的怀疑。反之，如果犯罪嫌疑人试图在此问题上说谎，则说明他可能有罪，而且讯问人员在此后的适当时机利用这一点迫使犯罪嫌疑人供述。

"圈套"可以是与案件有特殊联系的人和物，如特定时间见到某人（物）或不可能见到某人（物）；也可以是某种事件，如停电、火灾、交通事故；还可以是天气，如下雨、下雪，等等。

导谎法的运用步骤：

第一，让犯罪嫌疑人撒谎；

第二，讯问人员表现出相信和诚恳的态度；

第三，把"圈套问题"放进犯罪嫌疑人的谎言中；

第四，让犯罪嫌疑人继续撒谎，扩大谎言的范围；

第五，揭露谎言。

这样犯罪嫌疑人就钻进了讯问人员设置的圈套。

面对圈套，有罪犯罪嫌疑人通常会考虑片刻，然后再回答，以便找出一个可以接受的解释，有时也会要求讯问人员就该问题提供更多的情况；而无罪者往往会立即作出回答，肯定或者否定。尽管这种回答本身并不能证明犯罪嫌疑人有罪或者无罪，但是将其与其他行为反应等情况结合起来，可以帮助讯问人员判断其有罪还是无罪。

第五节　"亲情法"的运用

在侦查实践中，大部分犯罪嫌疑人在案发后总要托关系找人"说情"，走后门来开脱自己的罪责，讯问人员应当对这种不正常的现象加以充分利用，让犯罪嫌疑人误认为讯问人员被"买通"，成了"自己人"，对犯罪嫌疑人"心中有数"。"亲情法"是利用心理暗示的方法，让犯罪嫌疑人把讯问人员当成"自己人"，来达到说服对方的目的。

这种策略的具体方法是：变换自己角色的位置，以对方的自己人角色出现，让犯罪嫌疑人相信讯问人员，反而能达到说服对方的目的。"亲情法"的运用，关键是要想方设法使犯罪嫌疑人产生讯问人员是"自己人"的错觉。因此，这就要求讯问人员：一是要对案情有比较全面的了解，二是对犯罪嫌疑人的家庭情况更要了解清楚。否则，不会取得犯罪嫌疑人的相信，犯罪嫌疑人把讯问人员当成"自己人"的错觉也就无从谈起。

犯罪嫌疑人被采取了强制措施以后，突然失去人身自由，隔离了与外界的联系，顿时产生一种无依无靠、无所寄托、孤立无援的情绪体验。这种孤独感会带来一系列行为上的变化，如急于探听案情，渴望与同案犯串供，对亲人产生思念之情，也迫切需要知道家庭情况，甚至渴望与家人联系。这是犯罪嫌疑人的一种心理上的需求，如果讯问人员此时能把犯罪嫌疑人的家庭情况、亲人的情况通过某种适当的方式传递给犯罪嫌疑人，出于一种应急情绪反应，犯罪嫌疑人对讯问人员会产生信任感，会把讯问人员当作与外界或者亲友联系的"使者"。"亲情法"就是要讯问人员设法当好这个"使者"。

在讯问实践中，要使犯罪嫌疑人把讯问人员当成"自己人"的主要途径，就是对犯罪嫌疑人家庭及其亲人情况的利用。因此，在进行讯问之前，就要设法了解犯罪嫌疑人的家庭及亲人的情况，使用的方法通常是直接告知犯罪嫌疑人自己刚刚从他的家里来，把其亲人的基本情况传递给他，取得犯罪嫌疑人对自己的信任。在这里，讯问人员应当注意，千万不可用假话来欺骗犯罪嫌疑人，如果犯罪嫌疑人知道你是在用假话欺骗他，那就很难取得讯问的成功。

第十二章　职务犯罪侦查讯问记录

第一节　讯问笔录

一、讯问笔录概述

讯问笔录是记载审讯情况，固定犯罪嫌疑人、被告人供述或辩解的文书，是法定证据形式的一种。

讯问笔录反映着讯问活动的全部过程，记载着侦查人员的提问和所采取的讯问方法、犯罪嫌疑人的供述与辩解及其认罪态度等。认真、合法地制作讯问笔录，对于顺利地进行刑事诉讼活动，准确有力地惩罚犯罪和有效地保护公民的合法权益具有十分重要的意义。

（一）讯问笔录的作用

1. 讯问笔录是固定讯问成果的重要手段。讯问过程中，犯罪嫌疑人所供述的犯罪事实或辩解，是通过犯罪嫌疑人的语言对犯罪嫌疑人所感知的案件事实进行的再现活动。这种认识上的再现内容必须进行固定，否则即使是参加讯问的侦查人员事后也无法准确地将它重新再现，而其他人员更无从知道犯罪嫌疑人究竟说了些什么与案件有关的情况。当然，还可以通过录音、录像的方式来记载、固定讯问的情况，但不能替代讯问笔录。

2. 讯问笔录是法定证据之一。根据《刑事诉讼法》第48条的规定，犯罪嫌疑人的供述和辩解是法定的证据之一。讯问笔录经过查证属实，是确认犯罪嫌疑人有罪无罪、罪轻罪重的有力根据。

3. 讯问笔录是考察犯罪嫌疑人认罪态度好坏的主要依据。讯问笔录能如实反映犯罪嫌疑人在讯问中的表现，如是真诚悔过还是拒供谎供、是主动坦白还是被迫交代、是揭发他人还是包庇他人等，从而成为侦查终结时对犯罪嫌疑人提出从宽或者从严处理意见的依据。

4. 讯问笔录是总结讯问经验的重要资料。讯问笔录不仅反映了犯罪嫌疑人的各种表现、犯罪手段、犯罪动机、在讯问中的心理变化过程，也反映了侦查人员所运用的策略方法、讯问语言等，同时对于讯问中的失误，亦能客观反映出来。而这一切成为侦查人员总结经验、教训的第一手资料，这对提高侦查人员的讯问技巧和水平非常有帮助。

（二）目前制作讯问笔录中存在的问题

1. 告知事项的记录过于简单。如只写"介绍身份，说明谈话要求"，或只写"进行法制宣传"等，便直接进入正文。这样容易成为犯罪嫌疑人借以翻供的口实。

2. 记录人过多用自己的语言组织笔录。有些犯罪嫌疑人自身文化水平不高，在讯问中回答问题含糊不清，甚至答非所问。而记录人员为了追求完美，用自己的语言进行组织、加工。这样并不能恰当地反映犯罪嫌疑人的真实意思表示，亦可能为犯罪嫌疑人日后翻供留下隐患。

3. 尾部制作过于笼统。如犯罪嫌疑人只写上"属实"、"一样"或"看后一样"。这样的词句不能反映犯罪嫌疑人是否认真阅读、核对过笔录，往往会影响讯问笔录的证明力。

4. 讯问、记录人员没有签名。讯问、记录人员不在讯问笔录的尾部签名或者由其他人员代签，这都不符合法律规定。只有讯问人员、记录人员、被讯问人员亲自在笔录上签名，这样的笔录才称得上完整、合法，缺少任何一项，都会使讯问笔录的证明力受到影响。

二、讯问笔录的内容及制作要求

（一）讯问笔录的内容

讯问笔录一般应包括以下具体内容：

1. 首部。这部分为填充式，主要填写讯问次数、讯问起止时间、讯问的地点、侦查人员与讯问人员的姓名、犯罪嫌疑人的姓名。

2. 正文。这是制作讯问笔录的重点和核心，其制作质量的高低决定整个笔录的质量。因此，在正文中，应将整个讯问活动的全部情况客观、真实地反映出来。

正文部分，应特别注意以下几点：

第一，如果是第一次讯问，应记载犯罪嫌疑人的基本情况。包括姓名（别名、化名、绰号）、性别、年龄（未成年人，则应注明出生年月日）、民族、籍贯、文化程度、工作单位、职务、住所、是否受过刑事处分、简历、家庭成员及主要社会关系，以及采取强制措施的情况。

第二，依法、完整记载告知事项。介绍侦查人员的身份，应写明"我们是某某人民检察院的侦查人员"，同时应记载"出示证件（或证明文件）"的事项，不能只笼统地写"介绍身份"。

第三，告知有关法律规定。一是告知犯罪嫌疑人应如何回答问题的要求，表述为"根据《刑事诉讼法》第一百一十八条的规定，你对我们的提问应当如实回答"。二是告知犯罪嫌疑人有聘请律师的权利，表述为"根据《刑事诉讼法》

第三十三条的规定，本次讯问后（或对你采取强制措施之日起），你可以聘请律师为你提供法律咨询，代理申诉、控告（或聘请的律师可以为你申请取保候审）"。三是告知犯罪嫌疑人有申请回避的权利，表述为"根据《刑事诉讼法》第二十八条、第二十九条的规定，你有申请回避的权利（具体宣布相关的内容）"。

第四，一定要讯问"以上内容听清楚没有?"这句话。这并非多余，否则今后犯罪嫌疑人容易在这点上做文章，图谋翻供。

3. 尾部。尾部反映笔录制作的确证事项。根据规定，讯问结束后，讯问笔录应当经犯罪嫌疑人核对，并将核对笔录后是否无误的情况注明，在末页上写明"以上笔录我看过（或向我宣读过），和我说的一致"的意见表示，并签名或捺指印。同时，侦查人员、记录人员、翻译人员应当签名或盖章。如果犯罪嫌疑人拒绝签署意见和签名（盖章）或捺指印，应当注明情况。

（二）讯问笔录的制作要求

1. 内容要真实。即讯问笔录的内容应当全面、准确、客观地反映讯问活动的实际情况。所谓"全面"，即要求反映讯问活动的全貌，不能随意增减，不能断章取义。虽然不要求，也不可能把讯问中的每句话一字不漏地记录下来，但对犯罪嫌疑人有罪、罪重的供述要认真记录，对犯罪嫌疑人无罪或者罪轻的辩解也不能敷衍遗漏；对犯罪嫌疑人的有声语言要记录，对重要问题上反映犯罪嫌疑人心态的体态表情也应如实反映；所谓"准确"，即讯问笔录应当如实反映犯罪嫌疑人的供述，不能任意取舍、夸大、缩小或改变原意。因此，一是要求尽可能记录原话，二是记录犯罪嫌疑人的陈述，使用第一人称的形式，三是案件中涉及的人、事、物的特征要明确，有时需要定性、定位加以说明；所谓"客观"，即讯问记录应反映讯问活动的本来面目，不能添加讯问人员的主观臆想、怀疑推测的内容，也不能凭主观好恶决定内容的取舍。

2. 讯问笔录应由侦查人员当场制作。一是讯问笔录只能由侦查人员制作，且讯问人员不能少于两人；二是记录一般与讯问同时进行，不能采取事后追记、补记的办法制作笔录，更不能按事先拟定的讯问要点整理笔录，或者先把笔录制作好，不经过讯问，强令犯罪嫌疑人在笔录上签名。

3. 记录人员讯问前必须熟悉案件情况。讯问前，记录人员必须与其他参加讯问的侦查人员一起熟悉、研究案情。他不仅要对主要犯罪事实情节和与案件有关的人的姓名、绰号、地名、专用名词术语、方言土语、犯罪隐语等进行了解和掌握，必要时对这些内容可制作手稿，使记录时能做到准确无误，减少错别字，提高记录速度；而且对整个讯问计划和讯问的重点、意图等也应予了解，以便与主审人员进行密切配合。

4. 法律手续完备。讯问笔录作为诉讼证据，要按照证据收集的要求，完善法律手续。其一，讯问结束时，应按法律规定，将讯问笔录交由犯罪嫌疑人核对。其二，讯问笔录不得擅自增、删和挖补，确有必要的应由犯罪嫌疑人核对后，由犯罪嫌疑人在增、删、改的地方捺指印予以确认，并且在改动之处应保留原来的字迹。其三，讯问笔录有两页以上的时候，应由犯罪嫌疑人在每页的页码上捺指印，并在首部犯罪嫌疑人姓名上捺指印。其四，犯罪嫌疑人要求自行书写供述的应当准许，必要时，讯问人员也可以要求犯罪嫌疑人亲笔书写供词。讯问人员收到犯罪嫌疑人书写的亲笔供词后，应当在首页上方写明于某年某月某日收到，并签名。

三、几种特殊情况的记录方法

（一）关于使用证据的记录方法

在讯问活动中，通常要使用证据。尽管这样会产生记录上的困难，但为了真实反映案件的讯问过程，不能不对证据的使用情况进行记录。记录中应当反映出示证据的方式、在出示证据过程中讯问人员的语言配合及犯罪嫌疑人在出示证据后的各种表现、辩解情况和要求。在记录出示证据的方法时，应当先记录讯问人员的语言提示，后用（ ）注明出示的证据；在记录犯罪嫌疑人在出示证据后的表现时，对于非语言表征，如叹气、抱头、沉默、低头、痛哭等，应当用（ ）加以记载说明，如"答：（不语，摇头）"。对于其语言表示，如辩解、申请重新鉴定等，应当明确记载。

（二）关于犯罪嫌疑人答非所问的记录

犯罪嫌疑人答非所问，一般有三种：一是犯罪嫌疑人为了转移目标、投石问路进行试探摸底；二是犯罪嫌疑人没有听懂讯问人员的提问或没有听清要求；三是犯罪嫌疑人认罪服法后，只顾按照自己的理解陈述与案件有关的情况，没有考虑讯问人员提问的具体内容。对于这些情况，只要主审人员没有出面干预，记录人员应当进行记录。有时候如果不记录，可能遗漏侦查线索和揭露犯罪嫌疑人虚假供述的线索，也不能反映出犯罪嫌疑人的态度。

（三）关于犯罪嫌疑人在讯问中不文明语言、隐语、方言的记录

在讯问活动中，犯罪嫌疑人为了如实反映案件的真实情况，会使用一些非规范语言（如方言土语、犯罪隐语、脏话等），或者因犯罪嫌疑人文化知识所限和习惯表达而使用非规范语言。有的词汇在记录时通常难以找到适当的对应词句，不文明语言的如实记录可能会影响笔录的严肃性。对此，在记录中一般不要原话照记，可用同一意思的语言取代。

第二节　侦查讯问的录音录像

一、讯问中录音录像概述

为进一步规范执法行为，依法惩治犯罪，保障人权，提高执法水平和办案质量，最高人民检察院于 2005 年 11 月 1 日颁布了《人民检察院讯问职务犯罪嫌疑人实行全程同步录音录像的规定（试行）》。对讯问中的录音录像问题做了全面的规定（以下简称"同步录音录像"）。

（一）同步录音录像的概念及特点

人民检察院讯问犯罪嫌疑人实行全程同步录音录像，是指人民检察院办理直接受理侦查的职务犯罪案件，每次讯问犯罪嫌疑人时，应对讯问全过程实施不间断的录音录像。

录音录像是通过摄录声像来反映案件事实的，因此，它与传统的手工笔录相比，具有以下显著特点：

1. 完整、准确、客观。录音录像能较为全面地反映讯问活动的全部过程和结果，并与讯问过程同步进行记录。既减少了人为因素的影响，记录也一般不会出现差错，从而能达到记录客观、准确、完整的规范要求，对于反映实体事实和程序事实都有重要意义。

2. 生动、形象、直观。录音录像不仅能记录讯问中的语言内容，而且能以原声原貌的形式加以再现。对讯问中侦查人员与犯罪嫌疑人的表现，原原本本、真真切切地连续反映出来，使后来的人能够"耳闻目睹"讯问的全部真实过程。

3. 传递快捷。传统的手工记录，必须等待记录结束后，才能对讯问的有关情况作了解。录音录像借助现代化的双向传输设备，可以在记录的同时，同步视听。使讯问活动同指挥控制室的研究、指挥调度融为一体，同步运行，提高讯问质量。

（二）同步录音录像的作用

1. 固定证词、防止翻供。同步录音录像能将讯问过程真实地记录下来，根据需要，能在审查起诉、法庭审理阶段再现，从而可以有效地防止犯罪嫌疑人、被告人的翻供。

2. 增强责任心，防止违法讯问。同步录音录像能准确再现讯问过程，可使讯问活动相对公开化，置于领导、同事、法官及辩护律师的监督之下。这在一定程度上能防止讯问人员工作不负责任及违法讯问等现象的发生，促使办案人员努力钻研业务，不断提高讯问水平。

3. 总结经验，不断进步。讯问僵局如何出现，是怎样突破犯罪嫌疑人口供的，讯问中使用了什么样的技巧，这些都会在录音录像中反映出来。通过对录音录像的研究、评判，对于总结经验、教训，提高讯问水平是非常有帮助的。

二、同步录音录像技术工作流程

根据最高人民检察院《人民检察院讯问职务犯罪嫌疑人实行全程同步录音录像的规定（试行）》、《人民检察院讯问职务犯罪嫌疑人实行全程同步录音录像系统建设规范（试行）》、《人民检察院讯问职务犯罪嫌疑人实行全程同步录音录像技术工作流程（试行）》等文件的规定，讯问中同步录音录像的工作流程如下：

（一）同步录音录像的原则

讯问全程录音录像，实行讯问人员与录制人员相分离的原则。讯问由检察人员负责，不得少于两人；录音录像一般由检察技术人员负责。经检察长批准，也可指定其他检察人员负责录制。对录制人员适用《刑事诉讼法》有关回避的规定。

（二）同步录音录像的提出及受理

讯问犯罪嫌疑人需要由检察技术人员录音录像的，检查人员应当填写《录音录像通知单》，写明讯问开始的时间、地点等情况送检察技术部门。检察技术部门在接到办案部门的全程同步录音录像通知后，应当指派技术人员执行，并制作《人民检察院讯问全程同步录音录像受理登记表》。

（三）录制的起止时间

录制的起止时间，以被讯问人员进入讯问场所开始，以被讯问人核对讯问笔录、签字捺手印结束后停止。

（四）同步录音录像的告知

讯问开始时，应告知犯罪嫌疑人将对讯问进行全程同步录音录像，告知情况应当在录音录像中予以反映，并记载于讯问笔录。

（五）具体场景的画面处理

画面要求在固定场所进行全程同步录音录像的，应当以画中画方式显示，主画面反映被讯问人正面中景，全程反映被讯问人的体态、表情，并显示同步录像时间，辅画面反映讯问场所全景。在临时场所进行同步录音录像，使用不具备画中画功能的录制设备时，录制画面主要反映被讯问人，同时兼顾讯问场所全景，并显示同步时间。

对参与讯问人员和讯问室温度、湿度，应当在讯问人员宣布讯问开始时以主画面反映。对讯问过程中使用证据，被讯问人辨认书证、物证，核对笔录，签字和捺指印的过程应当以主画面反映。

（六）暂停录制及故障的处理

如因更换存储介质需要暂停录制的，录制人员应当提前告知讯问人员；如因技术故障等客观原因需要停止录制的，应当立即告知讯问人员。排除故障继续录制时，应当在录音录像中反映讯问人员对中断录制的语言补正。

不能录音录像的客观情况一时难以消除又必须继续讯问的，经检察长批准，并告知犯罪嫌疑人后可以继续讯问。未录音录像的情况应当在笔录中予以说明，由犯罪嫌疑人签字确认。

（七）录制过程的说明

录制人员应当及时填写《人民检察院讯问全程同步录音录像工作说明》中有关录制工作的内容，客观记录讯问过程的录制、系统运行、技术人员交接，以及对使用光盘编号等情况。本人签名后，交讯问人员按要求安排填写，在录制资料副本移交时收回归档。

（八）录音录像资料的封存

录制结束后，录制人员应当将录制资料的正本交讯问人员、被讯问人确认，当场装入人民检察院讯问全程同步录音录像资料密封袋，由录制人员、讯问人员、被讯问人三方封签，由被讯问人在封口骑缝处捺手印。

（九）录音录像资料的保管

技术部门应当将全程同步录音录像资料正本存放于专门的录制资料档案柜内，长期保存，并做到防尘、防潮、避免高温和挤压，以磁介质存储的资料要存放在防磁柜内。

录制资料副本应当在收到《人民检察院讯问全程同步录音录像工作说明》时移交委托录制的办案部门签收。

（十）录音录像资料的技术处理

需要对录有检举揭发内容的声音进行技术处理的，须经检察长批准。检察技术人员应当按照办案部门提交的《人民检察院讯问全程同步录音录像资料技术处理（复制）单》，以录制资料副本为信号源，在办案人员的主持下进行复制。

（十一）录音录像资料的使用

非办案部门或者人员需要查阅讯问全程同步录音录像资料的，应当报经检察长批准。录音录像资料需要公开使用的，由检察长决定。启封讯问全程同步录音录像资料正本时，犯罪嫌疑人或者被告人应当在场。

法庭需要对录制资料正本当庭启封质证的，技术部门在收到《人民检察院讯问全程同步录音录像资料档案调用单》后，将录制资料正本移交公诉部门签收。案件审结后，经公诉人和被告人签字确认后对录音录像资料正本再行封存，并由公诉部门及时送还检察技术部门保存。

第十三章　测谎技术在职务犯罪侦查讯问中的运用

第一节　测谎技术的基本原理

测谎，是对谎言的鉴别活动。实验和研究表明，说谎时，一个人的多种生理指标（如脉搏、血压、呼吸、皮肤电阻等）会发生变化，这些变化在一般情况下只受植物神经系统的制约，而不为被测人主观意志所控制。通过电子仪器记录这些生理参数的变化，然后进行分析就可以得出被测人对所问问题的回答是"诚实"还是"说谎"，从而判断被测人与所调查的问题或案件是否相关。

测谎主要基于"心理刺激触发生理反应"这一"生理心理学原理"：人的生理和心理密切相关并相互影响，当人被施以心理刺激意识到危险情景时，会产生心理紧张，并引发生理反应，通过对生理反应指标的采集、分析，就能对其是否紧张进行判断。根据人的心理活动规律，当人说谎时，在心理上会表现出一定的紧张度，因此，测试紧张度，就可推测其是否说谎，测谎技术的谎言测试就是依此设计的。有人认为，若被测人不说话，测谎就无能为力，这是一种误解，测谎主要是通过采集被试接受心理刺激时的生理反应（皮肤电阻、呼吸波、脉搏波等变化），无论被试是否说话，他只要听到主试的问话，心理活动就会受到影响，就会产生生理反应。也许人们最担心的是，心理素质好的涉案被测人会逃过谎言测试，而心理素质差的无辜被测人会被冤枉，这是影响测谎可信度的关键问题，对此，现在的测谎技术采用三方面技术保障，基本解决了此问题：一是排除意识的主观控制。测谎主要是测量人本能的条件反射，心理矛盾和心理压力（如恐慌心理），在测量参数上选择的是那些不易受大脑皮层意识控制而反映人本能心理反应的生理指标（皮肤电阻、呼吸波和脉搏波等），它们都是人体中最敏感、不易受大脑皮层意识控制而反映人本能心理反应的生理指标。二是运用比较技术，通过比较被测人在相关问题和准绳问题上的生理反应的差异来判断其是否说谎，是被测人自己与自己相比，不是不同人对同一个问题相比，不存在心理素质好坏的问题，心理素质只会影响被测人的反应强度，但不会影响其在不同问题上反应的差异。三是采用特殊的心理测试方法（如紧张峰测试、准绳测试、犯罪情节测试等），通过建立和打破心理定式（如通过测前谈话使被测人建立心理定式，通过无关问题消除其对有关涉案问题的防守意识），消除被测人可能影响测试结果的无关心理因素，呈现其对案情关系的真实态度，保证了测试的可信有效。测谎技术就是使用一种有效的仪器，通过提问对受测者有控制地实施刺激，激发被试的生理反应，根据对仪器采集到的生理指标的分析比较，确定被测者是否说谎的一种技术。现代测谎技术是在长期的司法工作特别是犯罪侦查实践中逐步形成和发展起来的一门应用技术，在世界上已有一百多年的历史。

一、测谎方法的基本原理

（一）威胁越大反应越强原理

虽然生理反应强度与心理威胁强度之间没有严格的数学关系，但是威胁越大，反应越强，这种统计性的规律是存在的，测谎的有效性依赖于这种关系。

（二）自己比自己原理

不能仅凭被测人对某一个问题有无反应，而认定其是否说谎。因为，任何问题对任何被测人都是一个"触动"，都会有反应。所以测谎在同一测试中会问及两类问题，一类是"相关问题"（Relevant Question，以 R 代表），它与案件有直接的联系，对有罪的被测人是一个直接的威胁，对无辜的被测人来说，只是一个间接的威胁（怕被冤枉）；另一类是"陪衬问题"（Comparison Question，以 C 代表），它好像与本案有关联，对所有被测人都会有一定的威胁，但它对有罪的人来说，这种威胁不会超过相关问题；而对于一个无辜的被测人来说，它会使他（她）感到是一种更大的威胁。通过比较被测人在哪一类问题上反应更为强烈，来判断他（她）是否在本案所涉相关问题上说谎。如果被测人在相关问题上的反应强于在陪衬问题上的反应，则为说谎（本书所提"说谎"或"诚实"均指在相关问题上说谎或诚实）；如果在陪衬问题上的反应强于在相关问题上的反应，则为诚实。因此，对于心理素质差的被测人，在相关问题和陪衬问题上的反应都会比较强；而对于心理素质好的人，在相关问题和陪衬问题上的反应都会比较弱。关键在于两类问题反应强度的差别，取决于哪类问题对被测人的威胁更大，从这个意义上来说，测谎与被测人的心理素质是没有关系的。

二、常用的测试方法

（一）犯罪情节测试法（Guilty Knowledge Test，简称 GKT 测试法）

GKT 测试法的相关问题主要围绕案件中的情节设定，一个具体案件的犯罪嫌疑人会知道并记住作案过程中的各种情节，如时间地点、作案工具、被害人的特征、赃物的品名特征、赃款的数量去向等。办案人员、受害人或见证人也知道这些情节。如果这些情节除了办案人员、受害人或见证人以外只有犯罪嫌疑人知道的话，我们就可以利用这些情节中最为可靠的情节用作"相关问题"（或叫

"目标问题"，以 R 代表），与相关问题具体情节相类似但未出现在具体案件中的问题用作"陪衬问题"（以 C 代表），与相关问题串起来问，看被测人在哪一类问题上的反应强烈。如果被测人在 C 问题上的反应强于在 R 问题上的反应，则被测人是在"说谎"；如果被测人在 R 问题上的反应强于在 C 问题上的反应，则被测人是"诚实"的。

应特别注意的是，这里的"犯罪情节"，必须是被测人熟知，且没有外露让其他人知道的情节。如果某一情节为外界广为知道，这种情节是不能作为问题来进行测试的。

（二）准绳问题测试法（Control Question Test，简称 CQT 测试法）

CQT 测试法不依靠案件的具体情节。这种测试方法的相关问题可以直接是案件的实质问题，如"×××（这个案子）是你干的吗?"对有罪的被测人来说相关问题是一个直接的威胁，虽然无辜的被测人因担心被冤枉也会在这个问题上产生反应，但与有罪被测人相比，相关问题对无辜被测人只是一个间接的威胁。陪衬问题（在 CQT 中被称为"准绳问题"）是一种似乎和当前的案子相关联的问题，该问题的设计应该对无辜者构成一个直接的威胁。同理，我们可以通过被测人在哪类问题上的反应更为强烈，而作出被测人是"说谎"还是"诚实"的判断。

第二节 测谎技术在侦查讯问中的作用

一、用于认定和排除犯罪嫌疑，筛选嫌疑对象，缩小侦查范围

认定和排除犯罪嫌疑是测谎的基本功能。特别是在侦查工作前期，侦查人员根据初步侦查和调查掌握的情况，发现了嫌疑对象，但尚无确凿证据认定该对象是否是犯罪分子，通常采用传唤或拘传的方法，进行正面审查，以排除或肯定犯罪嫌疑。但作案者和无辜者都会极力辩解，否认犯罪，其供述有的一时难以查证或虽能查证但需花费大量时间和经费。这时，若使用测谎技术，就能迅速地排除大量的无辜嫌疑人，筛选出重点嫌疑对象，在条件比较好的情况下还可以直接认定犯罪分子，然后围绕重点嫌疑对象开展审讯和调查，可以事半功倍，大大提高破案效率。

二、用于辅助讯问，有利于突破犯罪嫌疑人心理

使用测谎仪本身就可以给犯罪嫌疑人造成一定的心理压力，结合政策教育和使用证据等方法，促使犯罪嫌疑人动摇瓦解，交代问题或者说明事实真相。使用时，测谎人员通过反复说明和强调测谎仪的科学性、客观性、公正性和有效性，并利用犯罪嫌疑人对测谎仪的神秘感，使其感到测谎仪是灵敏的、不容欺骗的，担心如果自己说谎，可能被当场识破、揭穿而暴露自己，从而加重了心理压力。实践中，确实有一些犯罪嫌疑人在测试过程中或测试后不久就交代了罪行。

三、可用于分析、鉴别供词或证词真伪，解决口供与证据、口供与口供之间的矛盾

侦查讯问中，口供与证据、口供与口供存在矛盾是普遍的现象。这些矛盾，有的只要稍加查证就可以解决，但有些矛盾解决起来却相当困难。如两个同案犯，对同一问题口供截然相反，既找不到第三者作证明，又取不到其他旁证；有的犯罪嫌疑人和被害人，对同一事实，各执一端，截然相反，也无第三者作证；有的是嫌疑人和证人对同一事实陈述截然相反。这些"一对一"的情况，孰是孰非，很难判断。这时就可以借助测谎技术，利用测谎结果进行分析判断。这是审查判断证据和口供的一条新途径。

四、测谎结论可用于支持、加固原有证据体系，坚定侦查人员审讯的信心，排除检察官审断证据的疑虑，加强法官断案的决心

由于我国引进测谎技术的时间很短，推广应用还不普遍，目前测谎结论还不能作为诉讼证据在法庭使用。即使在美国，至今也还有一些州的法律没有承认测谎的证据效力。但无论法律公开承认与否，测谎结论对陪审团和法官判案的影响力则是毋庸置疑的。测谎结论在我国虽然还不能作为诉讼证据使用，但通过测谎，可以印证、支持、加固现有证据体系的可信度和证明力，从而使侦查人员审讯突破犯罪嫌疑人的信心更加坚定，使检察官和法官对现有证据的确实性坚信不疑，在判决和裁定案件时能够果敢决断，有利于提高审判工作效率。法律虽然暂时还未规定测谎结论的证据效力，但测谎技术作为侦查工作的辅助手段和判断案情的有效工具，其意义和作用是值得充分肯定的。

第三节 测谎的实施

一、测谎的前提及测谎室的要求

（一）测谎的前提

1. 被测人必须自愿接受测试，除非刑事案件，任何人不能强迫他人接受测试。

2. 测试人员专业性、司法公正性高。

3. 鉴定结果只能作为审查其他证据的辅助手段，不能作为定案依据。

（二）测谎室的要求

1. 环境噪声：要求非常安静。

2. 环境温度：20℃至25℃，如有必要应安装空调。

3. 光照度：适宜，否则影响测试。

4. 通风：保证有足够的氧气。

5. 室内布置：整洁，墙壁上可悬挂证明测谎员资历的证明等。

6. 桌椅：最好是比较舒适的扶手软椅，尽量不要用木凳。

（三）不宜进行测试的人员

1. 饥饿。

2. 明显的疲惫。

3. 睡眠严重不足。

4. 寒冷，身体发僵。

5. 炎热，出汗过多。

6. 身体受伤或正处于疼痛状态。

7. 正遭受心理损伤或心灵创伤。

8. 刚进行过长时间的谈话或讯问。

9. 言行明显处于酒精或毒品的作用下以及毒瘾发作时。

10. 正在感冒发烧、咳嗽时。

11. 服用抑制神经的药物没超过 12 小时。

12. 患有精神病或精神病正在发作时。

13. 患有心脏病和血压状态不好时。

14. 妇女怀孕 3 个月以上时。

15. 14 周岁以下的少年儿童。

16. 智商过低或呆傻的人。

二、测试步骤

（一）测试前的准备工作

1. 接受测试委托。包括：告知办案人员测谎原理；告知办案人员可能的测试结果；充分理解被测人的个性，社会关系，社会经历，家庭关系，文化水平，对本案的态度；讨论、分析案件证据和可用的 GKT 情节，以及情节的准确性、可靠性，必要时查阅案件卷宗。

2. 准备测试题。包括确定 CQT 问题方案（相关问题、准绳问题）；确定 GKT 问题方案（相关问题、陪衬问题）。

3. 与办案人员讨论测试方案，确定问题是否准确，作出的判断是否可靠。并请办案人员给出一个百分比，看在哪些问题上可能出错。

4. 了解被测人的身体状况，看是否适合测试。

5. 布置测试室。安放桌椅、仪器，并将测试问题单输入电脑。

（二）测试前谈话

1. 建立和谐气氛。

2. 作自我介绍——不是来审讯，而是作科学测试。

3. 签订自愿接受测试协议书（如有必要）。

4. 听取被测人对案件的看法。

5. 向被测人讲解测谎原理。

6. 讨论相关问题。

7. 讨论、开发准绳问题，激起被测人对它的重视，修改问题单。

8. 演习一遍全部问题，你问，他答。告诉他不会问其他的问题。

（三）测试、收集图谱

（四）分析图谱

1. 被测人退场。

2. 定量评图，打分。

3. 确定有罪、无罪或无结论。

4. 告知办案人员结果。

（五）若认定——测后谈话（审讯）

第四部分
职务犯罪侦查中的证据运用

第十四章　职务犯罪侦查中的证据运用

第一节　职务犯罪侦查证据特点

一、"一对一"言词证据的中心地位与现实困境

所谓"一对一"证据形态首先是指从证据种类角度来看，对于主要犯罪事实仅有两种不同的证据种类相互印证，而缺乏第三种或以上的其他证据种类予以佐证。例如，在全案证据中仅存在犯罪嫌疑人供述与证人证言，或犯罪嫌疑人供述与书证，或证人证言与物证等。

从证据种类角度考察，"一对一"证据形态并非仅指证据个体数量的"一对一"，在具备多个证据的情况下，由于所有证据都仅被分别归属于两种法定证据种类，因而也属于"一对一"证据形态。"一对一"证据形态下，由于缺乏第三种证据种类对犯罪事实进行印证，在证明程度上稍显薄弱，但并非毫无例外地都无法形成证据锁链，达到证据确实、充分的法定要求。在"一对一"证据形态中虽然仅有两种证据种类，但在每种证据种类之中对于犯罪动机、主观目的、准备过程，犯罪时间、地点、过程，犯罪工具、手段方法，犯罪后果、赃款赃物等基本犯罪情节都有相应的个体证据对之进行相互印证，则同样可以形成证据锁链，达到证明标准。如对于行受贿的动机、过程、金额等主要犯罪事实，受贿人的多次相关供述与有关书证相互印证。我国《刑事诉讼法》第160条、第168条、第172条、第195条等反复规定的"犯罪事实清楚，证据确实、充分"，从证据形式上看，首先要求在全案证据中应存在两种或两种以上的证据种类，所谓的相互印证应是不同证据种类之下具体证据内容之间的相互一致，排除其他合理的可能性。

在职务犯罪中，由于职务犯罪主体的特殊性，犯罪行为表现出高度的智能性，而从职务犯罪行为过程看，职务犯罪行为大都发生在正常的公务活动过程中，具有较强的隐蔽性，犯罪行为实施于较为封闭的空间内，通常仅有犯罪嫌疑人本人及较少的相对人，如贿赂案件的行贿人、徇私舞弊案件的受益人、贪污案件的财务经手人等单个知情人、证人在场亲历。职务犯罪嫌疑人由于其国家工作人员身份，一般都具有较强的反侦查经验与能力，在犯罪预备、实施以及案发前后都一直不断地实施各种反侦查行为，订立攻守同盟，销毁相关书证、物证，因

而在职务犯罪侦查中，收集的定罪证据非常有限，"一对一"证据形态极为常见，其中尤以"一对一"的言词证据形态最为常见，即对主要犯罪事实的证明通常仅有犯罪嫌疑人供述、证人证言两种证据种类，特别是在贿赂案件中仅有受贿人、行贿人双方或其他证人的言词证据，而缺乏其他物证、书证、视听资料等实物证据对主要犯罪事实予以印证。

言词证据与实物证据是根据证据的表现形式对证据进行的划分。"凡是表现为人的陈述，即以言词作为表现形式的证据，是言词证据。凡是表现为物品和痕迹或以其内容具有证据价值的书面文件，即以实物作为表现形式的证据，是实物证据。"①在法定证据种类中，犯罪嫌疑人、被告人供述和辩解及证人证言、被害人陈述、鉴定意见等属于言词证据，书证、物证、视听资料、勘验检查笔录等属于实物证据。言词证据能够比较直观地反映犯罪事实，但由于感知、记忆、判断、表达能力的个体差异，加之社会环境、价值判断、利益需求影响的客观存在与不断变化，言词证据往往处于不稳定状态，其真实性、客观性受到诸多质疑，歪曲、伪造、隐瞒等情况屡见不鲜。职务犯罪特别是在贿赂案件侦查中，"一对一"言词证据形态是最常见的证据形态，"一对一"言词证据形态证明力的不确定性与客观性的缺乏，是职务犯罪从初查、立案到结案过程中一直令人困扰的主要问题之一。"一对一"言词证据形态下，特别是仅有犯罪嫌疑人供述与相关证人证言证明主要犯罪事实的情况下，是否能够定案或者说是否能够达到"证据确实、充分"，形成证据锁链，以及如何确定其证明程度，是职务犯罪侦查证据运用过程中的难点与重点之一。

二、物证、书证、鉴定意见等间接证据的大量存在

在证据学理论中，依据证据与案件主要事实的证明关系的不同，将证据划分为直接证据和间接证据。直接证据是能够单独地直接指明案件主要事实的证据。常见的直接证据有：犯罪嫌疑人、被告人所作的有罪供述，被害人所作的能证明犯罪系何人所为的陈述，能证明某犯罪分子实施犯罪的证人证言，共同犯罪中共犯之间对彼此的犯罪行为的供述，能够直接证明犯罪分子如何犯罪的视听资料及某些书证等。间接证据是不能单独地直接指明刑事案件主要事实，需要与其他证据相结合才能证明的证据。间接证据包括反映犯罪嫌疑人、被告人到过现场的痕迹物品、犯罪工具、犯罪客体物，反映犯罪动机、目的的证据，认定案发地点的勘验笔录，案发后犯罪嫌疑人、被告人为掩盖罪行而实施的毁灭证据、伪造现场

---

① 陈光中、徐静村主编：《刑事诉讼法学》，中国政法大学出版社 2000 年修订版，第186 页。

等再生证据。在侦破案件中，间接证据往往是发现犯罪嫌疑人的先导，是获得直接证据的手段；是鉴别直接证据真伪的手段，在许多情况下可以加强直接证据的证明力；在有些案件中，没有直接证据，可以只根据充分、确实的间接证据认定犯罪嫌疑人、被告人有罪。

职务犯罪的基本行为特征决定其在实施过程中会形成大量客观反映犯罪过程的书证、物证、视听资料等间接证据。

职务犯罪是国家工作人员在依法执行国家公务活动过程中对国家正常公务活动秩序和个人利益的侵犯，依据国家对公务活动的法律规定与公务活动的性质与特征，在国家公务活动过程中必然形成大量的规章、制度、文件，作为在国家公务活动过程中实施的犯罪行为，职务犯罪必然留下大量的书证，如国家工作人员身份证明，具体公务活动的授权与委托，法律、法规与内部规章对具体公务活动程序、实体规范的基本规定，具体公务活动形成的会议决议、决定、命令、备忘录等书面文件等；从犯罪客体与犯罪后果来看，职务犯罪多表现为复杂客体，即在侵犯国家正常公务活动秩序这一主要客体的同时，尚具备侵犯公私财物等次要客体，犯罪后果往往表现为国家、集体的具体经济损失，公民个人合法人身、财产的侵害，并形成诸多书证与物证，如贪污案件中贪污行为在会计资料中的反映，对相关会计资料的司法会计鉴定意见，贿赂案件中贿赂财物在行贿人单位中的账面记载，用于贿赂财物的筹集、运行的书面记录等。

在职务犯罪侦查中，由于"一对一"证据形态特别是"一对一"言词证据形态的普遍存在，直接证据的收集一直是侦查取证的核心环节，而随着职务犯罪的日益隐蔽性与智能化，反侦查能力的逐渐提高，加之"一对一"言词证据形态在证明程度上天生的弱势，必须逐步强调对间接证据的收集、审查、判断。在职务犯罪侦查中，间接证据与直接证据的收集相互依存、紧密联系。在初查与侦查初期，间接证据是收集的重点，收集间接证据的目的是为了固定、收集犯罪嫌疑人供述、证人证言等直接证据，同时对所收集的直接证据进行印证。在突破犯罪嫌疑人、证人获取直接证据之后，要围绕相关犯罪事实大力收集相关的物证、书证等间接证据，从而形成完整、科学的证据锁链。

三、证据收集、保全方法策略性较强

职务犯罪侦查的过程一般是由人到事的侦查过程。大多数职务犯罪案件的侦查都是围绕一定的嫌疑人调查取证而查明有无犯罪事实的，只有少数职务犯罪是从犯罪后果入手展开侦查，如部分玩忽职守案件、私放罪犯案件、监守自盗贪污案件等。侦查过程的不同，决定着侦查环节的重点和所采取的措施、手段的侧重点不同。对于从人到事案件的侦查，立案前的初查主要是为了查明嫌疑人有无犯罪事实而采取的旨在进行审查、调查、核实的措施和手段，立案后的侦查取证过

程则是为了进一步收集证据，以证实犯罪嫌疑人的犯罪事实，并发现有无其他犯罪事实与犯罪嫌疑人并缉获犯罪嫌疑人。

与普通刑事犯罪相比较，职务犯罪是一个由特殊群体所实施的犯罪。职务犯罪人必须具有的国家工作人员身份，决定其大多具有较高的文化程度，社会经验丰富，普遍具备一定的法律知识与法律意识，从而使其犯罪行为表现出明显的智能化色彩。所有的职务犯罪行为都是犯罪人在自己熟悉的专业领域，利用自己的职务身份提供的便利条件，在依法执行公务活动的过程中实施，从而使职务犯罪行为呈现出显著的隐秘性特征。职务犯罪行为的败露将直接对犯罪人的政治生命造成毁灭性的打击，因此在趋利避害本性的驱使下，职务犯罪人在作案前后都会百般掩盖自己的犯罪行为，尤其是案发后，在侦查机关立案侦查过程中，职务犯罪人将竭尽所能进行毁证灭迹、订立攻守同盟、动用关系网说情、拉拢腐蚀侦查人员等种种方法阻碍、干扰侦查。

职务犯罪侦查从人到案的侦查途径以及职务犯罪主体的特殊性决定职务犯罪案件证据的收集与保全必须是在犯罪嫌疑人不知情的情况下实施。在一种不公开的状态下，采取秘密的方式展开侦查，这就要求在获取、收集、保全证据的过程中讲究侦查谋略的运用与实施。

证据的收集与保全首先要强调政策性。职务犯罪人大多具有一定的身份与社会地位，特别是大、要案件犯罪人一般都身居高位，对其的侦查、处理会引发较强的社会影响，因此职务犯罪证据的收集与保全应服从国家反腐败斗争的全局部署，在党委与人大的正确领导与指挥下，选择正确的策略与措施收集、保全证据。

证据的收集与保全应尽量采取秘密性措施。在初查阶段，由于无法采用法定侦查方法，嫌疑人犯罪行为尚处于不确定状态，在取证过程中，应遵循"三隐蔽"原则，即隐蔽侦查人员身份，隐蔽侦查意图，隐蔽侦查手段、方法。立案后侦查过程中，在侦查初期正面接触犯罪嫌疑人之前，仍应采用秘密的方式收集证据，在正面接触、突破犯罪嫌疑人之后，为顺利获取全案证据，尽量以秘密方式获取物证、书证等其他实物证据与间接证据。

证据的收集与保全应突出谋略性。秘密取证并非完全是指采用技术侦查、诱惑侦查等秘密侦查方法获取证据。由于秘密侦查法律的缺陷，职务犯罪侦查部门目前并不直接享有秘密侦查权，依据法律规定，只能借用公安机关、国家安全部门的技术侦查手段，并且职务犯罪侦查部门目前也不具备技术侦查所要求的技术、设备、人员基础，而诱惑侦查也缺乏法律依据，因此秘密获取、收集、保全证据更多的是要求在取证过程中合法、合理地适用一些谋略、方法。无论是在犯罪嫌疑人不知情的情况下，秘密获取证人证言、书证、物证等外围证据，还是在讯问犯罪嫌疑人的过程中，获取直接证据，都应积极探索与利用如瞒天过海、投石问路、顺手牵羊、关门捉贼、打草惊蛇、调虎离山、欲擒故纵、巧借东风、败中求胜、釜底抽薪等策略与方法。

四、证据收集方法科学性、技术性有待提高

证据收集、保全、固定的具体形式主要有：制作笔录、制作鉴定意见、扣押调取、摄影、录像、录音、复印复制、造型、制图等，归纳起来可以分为四类：一是文字记录形式；二是实物收集形式；三是技术检验鉴定形式；四是审查判断形式。除文字记录形式外，其他三种形式都涉及视听技术、检验摄影、痕迹检验、文书检验、司法会计鉴定等有关科学技术的大量应用。而在传统的职务犯罪侦查中，在"由供到证"的侦查模式下，主要适用获取犯罪嫌疑人供述、提取证人证言等文字记录方式收集、固定证据，因而对科学技术的适用较少。随着职务犯罪智能化程度日益增加，犯罪嫌疑人反侦查经验与能力逐渐提高，通过突破犯罪嫌疑人获取其有罪供述进而收集其他书证、物证的侦查模式适用范围越来越窄，大力适用科学技术，通过对物证、书证、鉴定意见等间接证据的收集、固定，在此基础上获取犯罪嫌疑人供述，适用"由证到供"的侦查模式成为解决当前侦查困境的主要选择。

20世纪中后期，计算机、网络技术及多媒体技术的快速发展，深刻地影响着人类的传统行为方式，计算机深入人类生活的方方面面，小到日常的交流、联络，大到国家公务活动的管理都通过计算机进行，计算机、网络日益成为最主要的存储空间、工作手段，大量的生活、工作信息都以电子形式表现、储存，电子证据成为犯罪行为最为常见的载体，传统的法定证据种类都出现了相应的电子证据形式：电子物证，如对会计电算化管理下的会计资料进行篡改而产生的计算机侵入痕迹；电子书证，如大量的计算机存储文档、电子邮件等；电子视听资料，如各种数码照相、DV摄像材料等；电子证人证言，如电子聊天记录；电子当事人陈述，如犯罪嫌疑人的电子聊天记录视频录像等；电子鉴定意见，如对计算机记录真伪进行鉴定的意见；等等。电子证据的广泛出现要求在侦查取证过程中研究、完善新的证据收集、固定、保全方法，同时对电子证据的审查、判断也提出了新的课题。

加强视听资料在职务犯罪侦查证据收集、保全、固定中的适用。随着社会价值观念的转变，公众法律意识的增强，犯罪嫌疑人反侦查能力的提高，当前职务犯罪侦查中犯罪嫌疑人翻供、证人翻证的情况日益突出，严重影响了侦查工作的正常展开。在传唤、搜查、讯问犯罪嫌疑人、询问证人的过程中进行同步录音、录像是有效预防、消除此种现象的方法之一。

五、缺乏可操作性的证据审查判断标准

证据审查判断贯穿于整个证据收集过程，侦查所收集的证据材料能否成为诉讼证据，必须经过严格的审查判断，证据的审查判断也是证据运用的核心。从犯罪学与刑法学角度来看，所有犯罪都具有一定的共性特征，刑法从犯罪构成要件角度对所有犯罪行为都进行了统一与具体的描述，刑事诉讼法与证据学因此结合不同诉讼阶段制定了一系列的证据审查判断标准。但由于法律天然的滞后性与具体案件证据收集、审查、运用过程中必然具有的鲜明个性，导致司法实践中法定的证据审查判断标准无法得到有效、完整、统一的使用。

根据传统定义，所谓证明标准，"又称证明要求、证明任务，是指承担证明责任的人提供证据对案件事实加以证明所要达到的程度"。①由此定义可知，证明标准以证明责任的存在为前提，证明标准是证明责任产生与免除的衡量依据，而证明责任又被细分为两种责任：收集、运用证据证明案件事实的证明责任与审判中提出证据证明自己主张的举证责任，② 因此，证明标准也可被划分为证据收集的证明标准与法庭审判证明标准。证据收集的证明标准又可被划分为两个层次：理想标准与现实标准。由于证据收集的最终目的在于充分履行法庭审判中的举证责任以支持自己的诉讼主张，证据收集的理想标准即为法庭审判的证明标准，此为证据收集所要达到的最高标准。其在我国为事实清楚，证据确实、充分；英美法系国家为排除合理怀疑；大陆法系国家为内心确信。而证据收集阶段毕竟只是诉讼的开始阶段，人们对案件事实的认识正处于不断更新的渐进认知状态，在取证过程中，虽然也可能侵犯公民的人身权利与财产权利，但相比定罪判决对被告人人身权利与财产权利的剥夺与强制存在显著的区别，在证据收集阶段有必要突出自身特点，强调证据收集的现实可能性，确立一个现实标准。

从程序角度出发，侦查被区分为启动、实施与终结三大阶段，其证明标准也有所不同。侦查启动与侦查实施的证明标准都是现实标准，但在内容上有所不同。侦查的启动，在国外只要存在怀疑即可开始侦查，我国现行法规定需"认为有犯罪事实存在需要追究刑事责任"；侦查实施的证明标准即具体强制侦查行为的条件，在国外有"合理根据"即可逮捕、搜查和扣押，"有理由的相信"即可拦截和搜身，而我国现行法对各种强制侦查行为与强制措施进行了具体规定，如只有在"有证据证明犯罪事实的发生、可能判处徒刑以上刑罚，采取取保候审、监视居住等方法尚不足以防止社会危害性的"情况下才能进行逮捕。由于

① 樊崇义：《证据法学》，法律出版社 2001 年版，第 215 页。

② 陈光中、徐静村主编：《刑事诉讼法学》，中国政法大学出版社 2000 年修订版，第 179 页。

侦查终结即意味着侦查的结束，在很大程度上决定着能否成功公诉，在我国甚至决定着最终的审判结果，因此，侦查终结的证明标准必须为理想标准，即达到定罪的证明标准——事实清楚、证据确实充分，同时应排除其他合理怀疑。

第二节　职务犯罪证据收集规则

一、讯问规则

从侦查发展历史与侦查实践现状来看，讯问犯罪嫌疑人一直是侦查行为中最为有效的侦查手段之一。由于目前我国侦查力量比较薄弱，侦查人员素质较低，侦查科技手段落后，在今后相当长时期内，突审犯罪嫌疑人获取口供从而突破全案将一直是侦查破案的主要方式。而侦查取证中屡禁不止的刑讯逼供也可能发生在获取口供的过程中。因而，对侦查机关获取犯罪嫌疑人口供的行为进行严格规范，形成明确的供述规则，是侦查取证规则的主要内容。讯问规则应包括以下内容：

（一）讯问条件

讯问的条件包括实质条件与程序条件，前者即讯问犯罪嫌疑人时案件的证明程度或证据条件，后者即讯问犯罪嫌疑人前需履行的相关手续或所适用的案件情况。由于国外讯问制度中犯罪嫌疑人都享有沉默权，讯问犯罪嫌疑人大多是一种任意侦查行为，而非强制侦查行为，因而在讯问条件方面的规定集中于程序条件的要求，例如，《法国刑事诉讼法》第 70 条规定："对现行重罪案件，如果预审法官尚未受理，共和国检察官可以对任何犯罪嫌疑人发出传票。共和国检察官应当立即讯问依此方式被传唤的人。如果被传唤者是有辩护人陪同自动前来，则只能在辩护人在场的情况下对他进行讯问。"[1]

我国现行《刑事诉讼法》并未规定沉默权，相反，被讯问的犯罪嫌疑人负有"如实供述"的义务，讯问行为是一种不折不扣的强制侦查行为，必须严格讯问的启动与适用条件以约束讯问的实施。因此，我国的讯问条件应全面包括实质条件与程序条件。为限制讯问的任意启动，推动侦查模式从"由供到证"向"由证到供"的积极转变，为沉默权的确立进行先期准备，应从严规定讯问的实质条件即案件的证明程度。由于讯问本身的强制性以及其可能带来的强制措施后果，讯问的实质条件应采用逮捕的证明标准即须有"一定证据证明犯罪事实的

---

[1] 　陈光中、徐静村主编：《刑事诉讼法学》，中国政法大学出版社 2000 年修订版，第179 页。

发生与存在"，借用英美国家术语即有"合理根据"。程序条件对讯问适用的案件与需履行的手续通过列举方式予以规定：第一，一般情况下，讯问犯罪嫌疑人需经合法传唤或直接拘传，传唤或拘传犯罪嫌疑人需经有权部门与个人审批并制作书面文件；第二，在下列情况中，可不经传唤或拘传直接讯问犯罪嫌疑人：（1）犯罪嫌疑人在犯罪现场被抓获或被群众扭送至侦查机关；（2）犯罪嫌疑人已被采取强制措施；（3）正在服刑的人员；（4）犯罪嫌疑人自首的。

我国现行法律对讯问的程序条件已有详尽规定，但尚未规定讯问的实质条件。在犯罪嫌疑人没有沉默权保障的情况下，通过较高标准的讯问实质条件，规范侦查行为，保护犯罪嫌疑人的合法权益，应为一个较为理想的选择。

（二）讯问主体

第一，讯问主体必须是享有侦查权的侦查人员。根据现行《刑事诉讼法》规定，享有侦查权因而有权讯问的人员包括人民检察院的职务犯罪侦查部门、公安机关、国家安全机关、军队保卫部门以及监狱侦查部门的侦查人员。由于侦查权在不同侦查机关与不同侦查部门之间进行了具体划分与配置，因此，在侦查实践中出现了一些争议与纠纷。例如，检察机关的职务犯罪侦查部门在侦办职务犯罪案件的过程中，能否对所牵连或涉及的普通刑事案件犯罪嫌疑人进行讯问；又如，侦查机关内部不享有侦查权的人员，如内勤、办公室人员能否讯问犯罪嫌疑人；再如，对所讯问犯罪嫌疑人的案件不享有侦查权的侦查人员进行的讯问，如经济犯罪侦查部门侦查人员对刑侦部门管辖刑事案件犯罪嫌疑人进行的讯问，是否为合法讯问；等等。针对上述问题，笔者认为，讯问主体首先必须是刑事诉讼法所列举的侦查机关与侦查部门的侦查人员；其次，讯问主体对所讯问的案件必须享有侦查权。检察机关职务犯罪侦查部门侦查人员对非管辖普通刑事案件犯罪嫌疑人的讯问，只能作为核实案件情况、发现案件线索的侦查手段，而不能作为合法的证据。侦查机关内部不享有侦查权的人员只有在获得侦查机关负责人员的明确授权与委托之后，才能成为合法的讯问主体，如参加专案组、参与专项斗争、并案侦查或联合办案等。

第二，侦查人员应不少于两人。讯问主体不少于两人一方面是为了互相监督，切实保护犯罪嫌疑人合法权益，减少违法、违纪行为发生的可能性；另一方面也是保证讯问质量与效率，防止意外事件发生，保障侦查人员人身安全的需要。

（三）权利告知

美国的米兰达规则是权利告知的经典表述。在美国，警方在讯问犯罪嫌疑人、执行逮捕等剥夺自由的行为时，侦查官员和执行逮捕官员应当告知被讯问人、被逮捕人所谓的"米兰达警告"。其主要内容包括：（1）你有权保持沉默；

（2）你的一切陈述，法院可能用来反对你；（3）你有权同律师进行谈话，并有权要求在你被讯问时，有律师在场；（4）如果你需要律师帮助，而又无力聘请的话，将在讯问前为你指定律师。权利告知的核心实质上是沉默权。有关沉默权的优劣废止，国内外一直在争论不休，在我国目前尚不具备建立沉默权的社会环境与法律环境之下，不宜过早引入沉默权，因此，这里的权利告知并不包括沉默权的告知，而只包括下列内容：

第一，告知涉嫌罪名。其主要目的在于使犯罪嫌疑人能够有针对性地行使辩护权。现行《刑事诉讼法》第118条要求，"侦查人员在讯问犯罪嫌疑人的时候，应当首先讯问犯罪嫌疑人是否有犯罪行为，让他陈述有罪的情节或者无罪的辩解，然后向他提出问题"。在此过程中并不要求先行告知涉嫌罪名，其主要目的在于使犯罪嫌疑人摸不清侦查意图，主动供出侦查机关并不掌握的犯罪事实和线索。但这无疑会置犯罪嫌疑人于不利境地，削弱其辩护权的有效行使，侵犯了公民所享有的基本社会权利——知情权，使国家权力的行使因蒙骗色彩而失去了应有的庄重与威严，因此，侦查人员在讯问之前应当告知犯罪嫌疑人涉嫌罪名。

第二，告知相关的诉讼权利。其中最为重要的应为告知其有权获得律师帮助，如果他无力聘请律师，在特定案件中有权获得指定律师的帮助。其他诉讼权利包括有权申请侦查人员回避，有权申诉、控告、申请取保候审。

第三，告知与案件有关的法律问题。涉案犯罪嫌疑人无论是否供述，大多非常关注相关法律问题，比如说涉案罪名的犯罪构成、可能刑期、诉讼程序及强制措施的条件、期限等。为在侦查过程中履行客观公正义务，体现人性关怀，应向犯罪嫌疑人告知上述法律问题。

（四）保障律师帮助

在侦查讯问过程中律师提供帮助，一方面是保护犯罪嫌疑人的有效手段；另一方面，也可以对侦查机关的讯问活动是否合法进行监督与见证。这一规则包括以下内容：

其一，会见规则。在讯问开始之前，犯罪嫌疑人有权申请会见律师，就涉案有关法律问题进行咨询并获得建议，侦查机关不应不合理地加以限制。当然，对于特定案件，比如说恐怖犯罪、毒品犯罪、有组织犯罪以及可能构成侦查障碍、涉及国家秘密的其他案件，经履行必要手续可不予准许会见律师，侦查机关应及时决定是否准予会见及会见的时间、地点。在会见时，应排除侦查机关的介入。我国《刑事诉讼法》第33条规定："犯罪嫌疑人自被侦查机关第一次讯问或者采取强制措施之日起，有权委托辩护人。"《刑事诉讼法》第37条规定："辩护律师可以同在押的犯罪嫌疑人、被告人会见和通信。"联合国《关于律师作用的基本原则》规定，"遭逮捕、拘留，或监禁的所有人应有充分机会、时间和便利条件，毫不迟疑地在不被窃听、不经检查和完全保密的情况下接受律师来访与律师联系协商，这种协商可以在执法人员能看得见但听不见的范围内进行"。因此，律师会见时侦查机关的介入应限制在观其行而不能听其言的范围，否则将使律师会见形同虚设。

其二，律师在场规则。讯问过程中律师全程陪同，一直被侦查人员视为不可接受，应当看到合法讯问除案情本身或涉及国家机密之外并没有什么不可告人的秘密；相反，律师在场可对合法讯问起到见证作用，使犯罪嫌疑人无法在公诉及审判阶段随意以刑讯逼供、诱供等非法讯问手段为借口进行翻供，同时在场的律师还可以对侦查人员的讯问活动起到良好的监督作用。

（五）讯问实施

讯问实施规则主要包括对讯问时间、讯问地点与讯问方法等方面的内容所进行的规制。

1. 讯问时间

首先，在讯问的持续时间上，出于保障人权、及时侦查的需要，各国对讯问的持续时间都进行了严格规定，要求讯问应当在尽可能短的时间内实施。我国《刑事诉讼法》第 117 条明确规定："传唤、拘传持续的时间不得超过十二小时；案情特别重大、复杂，需要采取拘留、逮捕措施的，传唤、拘传持续的时间不得超过二十四小时。不得以连续传唤、拘传的形式变相拘禁犯罪嫌疑人。"由于讯问通常是在传唤或拘传期间内进行，因此，本条实际上要求连续讯问的持续时间不得超过 12 小时。

其次，在讯问的实施时间上，各国为保证人道地对待被讯问人，从而确保犯罪嫌疑人供述的自愿性，大多规定讯问不得在夜间进行，但紧急情况除外，如解救人质、阻止恐怖犯罪、查获危险物品等。我国现行法律对此并无规定。

最后，对两次讯问之间的间隔时间以及被讯问人的休息与进餐时间，有些国家进行了详细规定，如《俄罗斯联邦刑事诉讼法典》第 187 条规定："一次询问的时间不得连续超过 4 小时。至少间隔 1 小时休息和用餐后才容许继续询问，而且一天内询问的总时间不得超过 8 小时……"而我国 2012 年修改后的《刑事诉讼法》第 117 条规定："传唤、拘传犯罪嫌疑人，应当保证犯罪嫌疑人的饮食和必要的休息时间。"

2. 讯问地点

出于对讯问行为的有效监督与及时侦查的需要，各国对讯问地点进行了明确规定，我国《刑事诉讼法》第 117 条规定："对不需要逮捕、拘留的犯罪嫌疑人，可以传唤到犯罪嫌疑人所在市、县内的指定地点或者到他的住处进行讯问……"实践中一般是在侦查人员所属侦查机关、就近侦查机关、临时住宿地或犯罪嫌疑人住所进行讯问。讯问在押的犯罪嫌疑人，根据《人民检察院刑事诉讼规则（试行）》第196条的规定，应在看守所讯问室内进行。

3. 讯问方法

对于具体讯问方法，各国法律基本要求是保证犯罪嫌疑人自愿供述。自愿供述实际上是证据法自白任意性法则在讯问犯罪嫌疑人过程中的具体适用。自白任意性法则"要求凡是通过违法或不恰当的方式取得的并非出于陈述人自由意志的自白应当绝对排除"。① 在侦查讯问中，犯罪嫌疑人的所有陈述都必须出自本人自由意志的选择，侦查机关不得以任何暴力、胁迫、利诱、欺诈、长期违法羁押等非法手段获取口供。自愿供述的实质是现代刑事诉讼理论与立法对犯罪嫌疑人、被告人诉讼主体地位的承认，其理论基础是近代启蒙思想和古典哲学中的主体性理论，该理论要求在任何情况下人的自由意志都不得被侵犯。在侦查取证、讯问犯罪嫌疑人的过程中更应强调对犯罪嫌疑人自由意志与主体地位的尊重。

2012年修改后《刑事诉讼法》第54条规定："采用刑讯逼供等非法方法收集的犯罪嫌疑人、被告人供述和采用暴力、威胁等非法方法收集的证人证言、被害人陈述，应当予以排除。"这明确了我国法律对讯问方法的基本限制。

4. 讯问结果的固定

为了固定证据、保证讯问过程的透明度、保障犯罪嫌疑人的合法权益，各国一般要求对讯问结果应通过制作笔录与同步录音录像进行固定。我国目前法律采用制作笔录方式固定讯问结果。合法、有效的讯问笔录应符合下列要求：第一，如实、全面地记录讯问的整个过程；第二，犯罪嫌疑人对笔录进行了核对并有权提出补充或改正要求；第三，经犯罪嫌疑人与侦查人员签名或盖章。同时，根据最高人民检察院的有关规定，对职务犯罪嫌疑人进行讯问时，要求进行全程同步录音录像。

二、询问规则

相比获取口供，获取证人证言较为简单。即便如此，实践中仍存在一些暴力逼取证人证言的情况，同时对于证人证言的收取范围与内容也存在一些争议。证人证言规则力争解决上述问题并指导侦查机关合法、正确地获取证人证言。由于询问证人的主体、询问方法、询问时间与地点的基本内容与讯问规则的相关内容基本相同，而侦查实践中在询问证人方面目前最为突出的问题是证人拒绝作证，

① 陈光中、徐静村主编：《刑事诉讼法学》，中国政法大学出版社2000年修订版，第179页。

因而，本书所构建的询问规则重点在于解决该问题。证人证言规则主要包括：

（一）保障证人拒证权

证人拒证权是指证人在法定情况下可以拒绝充当证人或对某些提问有拒绝回答的权利。赋予特定公民在特定情况下拒证权是许多国家的通行做法。拒证权主要包括：

1. 拒绝自证其罪特权。当证人在回答某个问题时，有可能牵连自己，使自己受到刑事追诉与处罚时，证人有权不予回答该问题。任何人不被强迫自证其罪是沉默权的法理基础和实质内容。前已论述我国目前不宜建立沉默权，同样在讯问犯罪嫌疑人过程中也不宜赋予其拒证其罪特权，而在询问证人时，为了突出侦查重点，区分主次，鼓励证人作证，打消证人作证顾虑，为证人作证提供现实的法律保护，应赋予证人拒证其罪特权。

2. 配偶、亲属拒证权。为维护基本社会关系稳定，各国法律一般都赋予配偶和一定范围内的亲属以拒证权。考虑到我国家庭关系繁杂的特点，此特权应限制在配偶和直系亲属之中。

3. 特定职业拒证权。为了维系某些职业活动中基本信任关系，法律应赋予下列职业人员拒证权：（1）律师。律师对在执业过程中所知悉的委托人个人信息进行保密，是律师职业活动正常运作的基础，同时也是对犯罪嫌疑人人权进行保护的重要内容之一，各国法律一般都赋予律师以拒证权。当然，如果律师为委托人伪造证据或共谋串供则不应享有此项特权。（2）医生、记者。医生、记者对于在工作过程中所了解的个人信息有权拒绝作证。（3）神职人员。国外法律大多规定神职人员在接受信徒忏悔过程中所知悉事项有权保密，我国宪法保证公民的宗教信仰自由，公民在宗教信仰过程中所应享有的权利法律也予以确认与保护，神职人员拒证权应为其中之一。随着将来信教公民的增多，这一特权的必要性将逐渐体现。

上述拒证特权并非是绝对特权。证人在接受询问时可主张该特权，但也可放弃该权利主动作证。一般来说，并不存在不可放弃的绝对特权。这也意味着虽然拒证权的确立确实会影响到追逃、追赃、共同犯罪侦查等工作，但是，只要侦查人员能够采取针对性的措施，做好思想工作，使证人放弃主张拒证权，主动作证，则可消除拒证权对侦查工作的不利影响。

要有效解决证人作证问题，最关键的是明确证人的权利与义务，其中的核心即在确立证人所享有的基本权利的基础之上，强调其必须作证的义务。解决证人拒绝作证问题的最直接的方式是强制证人履行其作证义务，而此义务的确立与履行应以其基本权利的保障为前提，因此，首先应明确特定证人享有一定的合法拒证权，除此之外，证人必须履行其作证义务，否则，侦查机关有权强制其作证。

（二）强制作证

通过法律明确证人必须作证的义务，同时相应地赋予侦查机关强制其作证的权力，是解决证人拒绝作证问题的最为有效的手段。在英美法系国家，警察询问证人是一种任意调查行为，原则上警察无权强制证人作证，但基于其对抗制诉讼模式与排斥传闻证据规则的要求，证人必须出庭作证，否则将面临藐视法庭罪的惩罚，因此，证人拒绝作证问题并不突出。而大陆法系国家出于查明事实真相的诉讼目的，强调证人的作证义务，侦查机关有权强制拒绝作证的证人履行其作证义务。其立法模式大多在强调证人作证义务的同时明确规定证人不履行义务将面临的后果与可能的制裁。如德国《刑事诉讼法》第 161a 条规定，证人有义务应传唤前往检察院作出陈述，无正当理由不到场或者拒绝到场时，检察院有权依法采取罚款、拘传、责令承担不到场造成的费用等制裁措施。

我国《刑事诉讼法》第 60 条明确规定了证人的作证义务[1]，证人经合法传唤，应忠实履行自己的义务，不得以任何借口拒绝提供证言，如果证人拒绝履行作证义务，应依法追究其作伪证或者隐匿罪证的法律责任。但如果证人拒绝作证是一种纯粹的不作为，没有作伪证或任何隐匿罪证的积极行为，能否追究证人责任从而强制其作证，法律并无任何规定，由此而导致侦查实践中大量证人消极地不作证而无法对其进行有效的处理与强制，从而产生了证人拒绝作证的普遍现象。因此，应通过立法确立一个刚性的询问证人规则，在强调证人作证义务的同时通过下列规定强制证人作证：（1）证人拒绝作证的，侦查机关可通过传唤或拘传强制证人到侦查机关接受询问；（2）证人拒绝作证的，侦查机关可对其进行罚款、拘留等方式制裁；（3）证人拒绝作证致使侦查机关与受害人遭受较大损失的，该证人应承担相应的民事责任。

在赋予侦查机关强制证人作证权力的同时为防止其滥用权力侵犯人权，应对侦查机关强制证人作证进行有效的规范。首先，在强制证人作证过程中，应遵守询问规则的基本内容，如询问主体、拒证特权告知、询问时间、询问地点、询问结果的固定等要求应与讯问要求相一致，特别是询问的方法，只能通过法律威慑来迫使其履行义务，而不能以暴力、胁迫等非法手段强取证言；其次，被侦查机关处罚的证人有权通过行政复议与诉讼方式对其权利进行救济。

（三）证人保护

解决证人拒绝作证问题，一方面通过消极地强调证人作证义务，强制证人作证；另一方面，还需通过积极的证人保护，解决证人的后顾之忧，从而为证人建立一个安全、纯净的环境。我国《刑事诉讼法》第 61 条规定："人民法院、人

---

[1] 我国《刑事诉讼法》第 60 条规定："凡是知道案件情况的人，都有作证的义务。"

民检察院和公安机关应当保障证人及其近亲属的安全。对证人及其近亲属进行威胁、侮辱、殴打或者打击报复,构成犯罪的,依法追究刑事责任;尚不够刑事处罚的,依法给予治安管理处罚。"由于没有规定证人保护的具体主体及具体方法与责任,缺乏完善的证人保护制度,并且对证人的保护都集中于证人被报复之后,因此,证人被打击、报复的行为屡见不鲜,极大地挫伤了证人作证的积极性,从而导致证人拒绝作证的广泛发生。有效的证人保护应包括下列内容:(1)建立完善的证人保护制度。从各国实践来看,证人保护一般都由警察部门负责,对严重犯罪与重要证人应实行 24 小时贴身保护;对证人的保护包括对其本人及近亲属的人身、财产与住所安全的全面保护;证人保护的启动既可由法院、检察院、侦查机关依职权决定,也可由证人申请后由侦查机关进行审批决定。(2)建立证人补偿制度。证人因作证所造成的损失,国家予以一定的补偿,包括交通费、住宿费、误工费及其他必要支出;对证人被打击报复而造成的损失由国家给予一定的补偿。值得指出的是,2012 年修改后的《刑事诉讼法》增加两条,作为第 62 条、第 63 条,这两条从刑事诉讼中证人保护措施、经济补偿权等方面对刑事诉讼中的证人保护制度进行了完善,这是可喜的进步。

三、搜查规则

(一)搜查理由

对于搜查理由的规范,英美法系国家大多采用"有合理根据"或"有合理理由"作为搜查的理由,如英国《1984 年警察与刑事证据法》第 1 条第 3 款规定:"除非警察有合理的理由怀疑他将发现被盗或违禁的物品。否则,本条并不授予他对人、车辆或者位于车辆内或车辆上的物品进行搜查的权力。"大陆法系国家大多采用"必要性"标准对搜查的理由进行详细说明,如《俄罗斯联邦刑事诉讼法典》第 182 条第 1 款规定:"进行搜查的根据是有足够的材料认为在某一地点或某个人处可能存有犯罪工具、对刑事案件有意义的物品、文件和贵重物品。"

我国采用了大陆法系必要性标准的立法模式,《刑事诉讼法》第 134 条规定:"为了收集犯罪证据、查获犯罪人,侦查人员可以对犯罪嫌疑人以及可能隐藏罪犯或者犯罪证据的人的身体、物品、住处和其他有关的地方进行搜查。"由于我国搜查审批程序存在缺陷,搜查是否"为了收集犯罪证据、查获犯罪人"无法进行有效判断,使得法定的搜查理由形同虚设,因此,重新规划我国搜查理由时有必要考虑将现有的必要性标准与合理根据相结合,使搜查理由不仅可以从必要性角度进行考察也可从是否有合理根据角度进行判断,从而对搜查进行有效监督。

（二）搜查审批

在国外，搜查审批奉行严格的司法令状主义，一般情况下，侦查人员只有获得法官签发的令状方可实施搜查。在美国，搜查原则上须经法官批准，警察只有在紧急情况下才可无须法官令状进行搜查；在英国，除逮捕前搜查、逮捕附带搜查以及经被搜查人同意搜查之外，必须经治安法官签发令状，警察才可搜查；在德国，身份检查由警察和检察官决定，对人身、物品、住所或者其他场所的搜查，原则上由法官决定，但在紧急情况下，也可由检察官或其辅助官员决定；在意大利，侦查阶段的搜查原则上必须由法官或检察官批准。搜查审批的司法令状主义其目的在于通过中立的法官严格监控搜查行为。

根据《人民检察院刑事诉讼规则（试行）》第221条与《公安机关办理刑事案件程序规定》第217条的规定，我国搜查审批主体为人民检察院的检察长（适用于检察院自侦部门进行的搜查）与县级以上公安机关负责人（适用于公安机关侦查部门进行的搜查）。由于缺乏外部中立第三方的有效事前监督，我国的搜查审批流于形式，造成搜查的任意妄为，极大侵害了公民的合法权益，同时成为非法证据的主要来源。因此，应重建我国的搜查审批程序：首先，应尽快确立搜查审批中的司法令状主义，由法官对搜查进行许可并签发令状。在目前司法资源紧张的现实条件下，可以由检察官审批作为过渡。其次，规范搜查申请与搜查证的内容。搜查申请与搜查证应明确搜查的理由、目的、对象与范围，从而使法官或检察官的审批成为实质性的审查。

（三）搜查实施

1. 出示搜查证。搜查时，必须出示搜查证，但在执行逮捕、拘留的时候，遇有《公安机关办理刑事案件程序规定》第219条规定的5种紧急情况下，可不用搜查证进行搜查。

2. 见证人在场。搜查时应当有被搜查人或者他的亲属、邻居或者其他见证人在场。

3. 搜查时间。国外大多规定，搜查应在白天进行，只有在紧急情况下或特殊案件中，才能在夜间搜查。我国对搜查时间并无规定。为体现侦查行为的人性化，保护被搜查人权益，应尽快立法对搜查时间进行规定：以白天搜查为原则，夜间搜查为例外，并对例外情况进行列举。

4. 搜查妇女身体应当由女工作人员进行。

5. 搜查记录。搜查时应制作完整的笔录对搜查过程进行记录，搜查笔录应由搜查人、被搜查人、见证人签名。

四、扣押规则

（一）扣押对象

"各国普遍规定，凡是属于搜查范围内的物品、文件，在合法搜查时都可以进行扣押。"例如，英国《1984 年警察与刑事证据法》第 19 条第（2）款规定："警察可以扣押场所内的任何物品，如果他有合理的理由相信——（a）它是因为实施某一犯罪而取得的；并且（b）为了防止它被藏匿、遗失、损坏、变造或毁灭，必须将其扣押。"第（3）款规定："警察可以扣押场所内的任何物品，如果他有合理的理由相信——（a）它是与他正在侦查的某一犯罪或其他任何犯罪有关的证据，并且（b）为了防止它被藏匿、遗失、损坏、变造或毁灭，必须将其扣押。"《德国刑事诉讼法典》第 94 条第（1）款规定："对可以作为证据，对侦查具有意义的物品，应当提取保管或者以其他方式予以保全。"

我国采用了相同的立法例。《刑事诉讼法》第 139 条规定："在侦查活动中发现的可用以证明犯罪嫌疑人有罪或无罪的各种财物、文件，应当查封、扣押；与案件无关的财物、文件，不得查封、扣押。"《人民检察院刑事诉讼规则（试行）》第 234 条第 2 款规定："不能立即查明是否与案件有关的可疑的财物和文件，也可以查封或者扣押，但应当及时审查。经查明确实与案件无关的，应当在三日以内解除查封或者予以退还。"

总结上述各国与我国相关立法，扣押对象主要包括：（1）搜查证上列明与侦查案件有关的所有物品、文件或其他证据；（2）搜查证上虽未列明，但与侦查案件有关的所有物品、文件或其他证据；（3）搜查证未列明，与侦查案件无关，但可能是与其他任何犯罪有关的物品、文件或其他证据。

（二）最佳证据规则

证据学中的最佳证据规则主要适用于对书证及其副件的审查与采信，本书将其扩延到所有实物证据的扣押过程中。

其一，原物、原件存在的应尽量收取原物、原件。

其二，原物、原件不存在或不便提取的可复制、复印。复制、复印必须符合法律规定。

（三）扣押手续

由于扣押涉及对持有人合法财产所有权的剥夺，同时为防止扣押物品在漫长的诉讼过程中被损毁、灭失、调用与私分，我国《刑事诉讼法》第 140 条明确规定："对查封、扣押的财物、文件，应当会同在场见证人和被查封、扣押财物、文件持有人查点清楚，当场开列清单一式二份，由侦查人员、见证人和持有人签名或者盖章，一份交给持有人，另一份附卷备查。"

五、勘验检查规则

（一）勘验检查条件

大陆法系各国大多都对勘验检查的条件进行了详尽规定。如《意大利刑事诉讼法典》第 244 条第 1 款规定："当需要查明犯罪的痕迹和其他物质后果时，以附理由的命令的形式决定对人身、地点和物品进行检查或勘验。"《俄罗斯联邦刑事诉讼法典》第 176 条第 1 款规定："对地点、住房、其他房舍、物品和文件的勘查是为了发现犯罪痕迹，查明对刑事案件有意义的情况。"大陆法系各国通过阐述勘验检查的任务方式对勘验检查条件进行了明确规定，在其规定之中所强调的仍然是比例原则或曰必要性标准，即只有在为查明犯罪有必要的情况下方能进行勘验检查。我国《刑事诉讼法》对勘验、检查设专节加以规定，其中第 126 条规定："侦查人员对于与犯罪有关的场所、物品、人身、尸体应当进行勘验或者检查。"《公安机关办理刑事案件程序规定》和《人民检察院刑事诉讼规则（试行）》对勘验检查也有更具体的规定。

（二）勘验检查主体

由于勘验检查对公民人身、财产、住所及行为进行了一定程度的限制，世界各国大都通过一定的程序对勘验检查进行约束，其中最为有效的手段也是对侦查行为进行监控的最为常规的手段即注重决策主体与执行主体的分离。各国通例是在强调勘验检查的实施是警察固有权力的同时规定勘验检查须司法审查或由检察官审批。大陆法系各国有关规定最为典型。《德国刑事诉讼法典》第 81a 条第（二）款规定，身体检查的"命令权为法官所有，在延误就可能影响侦查结果时，检察院和它的辅助官员也有权命令"。《韩国刑事诉讼法》第 215 条规定："（1）检事在侦查犯罪必要时，可以依据通过请求地方法院判事而签发的令状，进行扣押、搜查或勘验。（2）司法警察官在侦查犯罪有必要时，可以申请检事，依据通过检事请求地方法院判事签发的令状，进行扣押、搜查或勘验。"

我国《刑事诉讼法》第 128 条规定："侦查人员执行勘验、检查，必须持有人民检察院或者公安机关的证明文件。"根据《人民检察院刑事诉讼规则（试行）》、《公安机关办理刑事案件程序规定》的有关规定，此种勘验检查的证明文件须经检察长或县级以上公安机关负责人批准。

（三）勘验检查实施

1. 现场保护

在现场勘验中，接到报案后侦查人员应在最短的时间内赶赴现场，采取必要、及时的现场保护措施；任何单位和个人都有义务保护现场并及时通知侦查机关。

2. 实施人员

现场勘验由侦查人员或在侦查人员主持下邀请具有专门知识的人员进行；物证检验由侦查人员或侦查人员指派或聘请的技术人员进行；尸体检验由侦查机关指派、聘请的法医或医师进行；人身检查由侦查人员或在侦查人员主持下聘请法医或医师进行，检查妇女身体，应当由女侦查人员或医师进行。为有效监督、制约，勘验检查应邀请两名与案件无关的见证人在场。

3. 制作笔录

对勘验检查过程，侦查人员应制作完整的勘验检查笔录，侦查人员、参加勘验检查的其他人员以及见证人都应当在笔录上签名或盖章。

4. 侦查实验

在为侦查所必要时实施，并且禁止一切足以造成危险、侮辱人格或者有伤风化的行为。

六、鉴定规则

侦查取证过程中的鉴定行为是侦查机关为解决某些专门问题与技术问题所进行的鉴定，其所获得的鉴定意见仅为证据资料，只有经法庭质证之后才能成为定案根据。侦查取证中的鉴定规则包括下列内容：

（一）鉴定启动

1. 鉴定启动条件

对于在何时、何种条件下启动鉴定，英美法系国家由于其对抗制的诉讼模式，在侦查阶段由控、辩双方自行决定，法律并不明确规定；而大陆法系国家则作出了具体规定，如《法国刑事诉讼法》第156条规定须解决"技术方面的问题"，《意大利刑事诉讼法》第220条规定："当须借助专门的技术、科学或技艺能力进行调查或者获取材料或评论时，可以进行鉴定。"

我国《刑事诉讼法》第144条规定，鉴定的启动必须是"为了查明案情，需要解决案件中某些专门性问题的时候"，最高人民法院、最高人民检察院、公安部的相关司法解释、规则、规定以及有关的司法鉴定规则中都明确鉴定的启动是为了解决某些"专门性问题"。

2. 鉴定启动方式

对于鉴定启动方式，英美法系国家实行当事人委托与法官指定相结合的方式，大陆法系国家实行当事人参与基础上的法官启动方式。我国实行的是公、检、法三机关在各自诉讼阶段依职权启动的职权方式，犯罪嫌疑人与被害人只享有补充鉴定、重新鉴定的申请权，无权直接申请启动鉴定。

（二）鉴定主体

为保证鉴定的中立性与客观性，鉴定主体必须独立于各方当事人且具备一定资格条件，大多数国家警察系统与检察系统的鉴定机构都并非隶属于警察或检察机构，在鉴定人资格上大陆法系国家实行司法鉴定人登记名册制，英美法系国家虽没有鉴定人资格制度，但在法庭质证中鉴定人需首先接受资格与专业知识审查，因而对专家证人资格要求也比较严格。

（三）鉴定实施

1. 出具合法完整的委托鉴定文书。

2. 提供必要材料。包括进行鉴定所应知悉的基本案情、检材与对比样本、通过鉴定需要解决的问题等，但不得暗示或强迫鉴定人作出某种鉴定意见。

3. 鉴定时间。除精神病鉴定的时间不计入办案期限外，其他鉴定都要计入办案期限。

4. 鉴定意见审查。鉴定意见应采用规范格式，并具备基本内容。鉴定人应在鉴定意见上署名。如果多名鉴定人意见不统一，则可分别提出鉴定意见并分别署名。

5. 告知犯罪嫌疑人、被害人鉴定意见。

6. 补充鉴定或重新鉴定。经犯罪嫌疑人或被害人申请，认为确有必要可进行补充鉴定或重新鉴定。

第三节　职务犯罪证据的审查、判断

一、职务犯罪证据审查、判断内容

某个证据材料能否作为证据使用，其证明力和证据能力如何，要从该证据的客观性、合法性和关联性方面来分别考察。当然，证据的"三性"并非是孤立的，它们之间存在相互作用、相互制约的关系。因此，在职务犯罪侦查过程中对证据材料进行审查判断时也要围绕证据的"三性"来综合考虑，只有完全符合"三性"的要求才能作为证据使用，成为定案的依据。

（一）证据的客观性审查

证据的客观性是指证据应该具有客观存在的属性，或者说，证据应该是客观存在的东西。客观性是判断证据材料是否具有证据能力的必备要素，即缺乏客观性的材料不具有证据资格，就不能作为证据使用。因此，证据的客观性审查是审查运用证据材料的关键，如果能证明某个证据材料不具备客观性，其也就丧失了作为证据的资格，该证据材料的合法性和关联性就不必审查判断了。

1. 证据客观性含义

证据必须具备客观性，这是证据最重要的属性，缺乏这个属性，证据便不称其为证据。证据的客观性具有以下几层含义：第一，证据所反映的内容必须是真正发生过的事实，或者将来必然要发生的事实。比如证人所提供的证词，该证词的内容必须是真的，而不是假的，必须是符合客观存在的事实，而不是凭空杜撰或捏造出来的所谓事实。证据的这个特性是外在于人们的主观意志的，是不以人们的意志为转移的。它表明证据事实处在客观自然的领域，而非处在主观精神的领域。第二，证据的客观性指的是证据的内容必须是客观的。比如说，书证上所反映的内容，必须符合客观真相，必须是确有其事的，而不是指证据内容的载体必须是客观的。证据内容或证据事实的载体只能是客观存在之物，而不可以是单纯的主观的精神。第三，证据的客观性表明案件事实的认定具有可靠性。证据是以事实求证事实的一种客观方法，其客观性基于三种因素：一是任何发生过的事实都会以这样或那样的形式，在客观的自然界或人类的精神界留下各种印记或痕迹。这是由物质不灭定律所决定的，也是客观事物的发展和变化的规律所决定的。二是这种印迹和痕迹与案件事实之间存在一种客观的、内在的联系。三是人类可以通过精神的力量和逻辑的力量，发现和认识这种印记和痕迹与案件事实之间所存在的这种客观的、内在的联系。未知的案件事实依靠逻辑的力量奠定于已知的事实基础上，获得了它的极大的可靠性，也就是它的真实性和客观性。所以，与其他任何方法相比，利用证据来认识和确定案件事实是最可靠的，也是最坚实、最有说服力的。这是因为证据具有客观性的缘故。

理解证据的客观性，在办理案件的过程中，要注意两方面的问题：一方面，不能把怀疑、猜测的东西作为证据。如果把怀疑、猜测的东西作为证据，就必然会造成冤假错案。另一方面，虽不能把猜测、怀疑作为证据，但并不等于说对案件情况不能作一些假定的分析和预见性的判断。在侦查调查阶段，要发挥司法人员的预见性作用，关键的问题是在这种预见没有获得充分的证据证明之前，不要忙于下结论。也就是说，不能把预见误为证据。

2. 证据客观性审查的主要内容

在进行证据的客观性审查时，重点要审查证据的来源。这是判断证据材料客观性的重点，也是认定案情的基础。经验表明，证据的真实性与证据材料来源的可靠性密切相关。凡是来源可靠的证据，其真实性就大；反之，其真实性就没有保证。每个案件都有其特殊性，特别是每个证据材料要经历收集、固定和保全的过程，因此，无论是来自案件当事人的控告、举报、坦白、自首等第一手材料，还是通过侦查机关勘验、检查、搜查、扣押或者询问（讯问）所收集的材料，都要仔细审查其来龙去脉，注意从来源上发现问题，辨别真伪，以判断证据材料的来源是否真实可靠，必要时还可以要求证据制作人或者证据提供人提供证据制作或获取的有关情况。例如，在审查言词证据时，要重点查明提供的情况是当事人亲身感受的，还是他人告知的，或者是道听途说的；在审查物证、书证等材料时，应查清提供材料人的情况以及材料提取的过程。只有那些来源可靠、不存在疑问的证据，才有可能成为定案的依据。对证据进行客观性审查时，除从来源、提取过程等共性方面进行审查外，还应针对不同种类的证据的各自特点进行审查。如对于物证和书证就不能采用完全相同的审查方法，二者固然都要审查证据是否为原件，证据是否有正当来源，但物证应着重审查其外形、属性等特征，而对书证则着重审查其文字图像、符号等内容。此外还要注意需要运用科技手段提取、固定、甄别证据隐含的有关案件事实信息的，应当及时采取技术手段进行鉴定和提取。

（二）证据的关联性审查

证据的关联性指的是证据必须与需要证明的案件事实或其他争议事实具有一定的联系。与案件事实没有联系的证据材料对证明案件事实没有意义，也就不能作为证据使用，因此，证据的关联性是判断证据是否具有客观的证据能力的必备要素之一，证据的关联性审查是证据审查的重要方面。

对证据关联性的审查判断需要注意以下问题：

1. 审查证据是否与案件有关系。由于各个证据材料所反映的具体内容不同，要求我们要完整地审查每个证据，不仅要求证据材料在符合客观规律的前提下符合案件的客观实际，而且要查明这个客观实际与需要证明的案件事实之间是否有内在联系。只有那些能够证明犯罪是否发生、犯罪行为是否为犯罪嫌疑人所为以及犯罪情节如何等的客观事实，才能作为案件的证据使用。凡是与案件事实缺乏关联性的事实，都不能起到证明案件真实情况的作用。实践中，对于一些直接证据，如犯罪嫌疑人或者当事人的口供、证言或陈述等，由于其内容与案件事实有直接的关系，因而并不需要专门进行审查即可确定；而对另外一些证据，则必须经过认真审查，才能确定是否与案件事实有关联。如对提取、移送的作案工具和痕迹检验报告、司法鉴定意见、辨认及勘验笔录等证据，就必须通过审查是在何时、何地、如何提取的，以及提供有关辨认、鉴定意见的人员情况，来查明证据材料与犯罪行为或者被告人有无内在联系。在进行关联性审查时，对于没有关联性的证据材料，应当予以排除，不能作为据以作出批准逮捕和决定起诉的依据，当然在提起公诉时也不能列入证据目录。

2. 审查证据与案件是否有实质性关系。由于经过查证属实的证据才能作为定案的依据，因此证据的审查判断过程可能会涉及证据的查证，然而证据的证明力有强有弱，证据与案件的联系有大有小，因此，对纷繁复杂的大量证据如果都去逐一查证，尤其是对数个证明同一问题的证据都去查证，不仅没有必要，而且也不符合诉讼效率和诉讼经济的现代司法理念。在这种情况下，面对数个证明同一问题的证据，审查证据与案件是否具有实质性关系就显得十分重要。对于与案件有实质性关系的证据要作为重点审查对象，就其合法性和客观性问题进行全面的审查，而对证明同一问题、与案件关系不密切或无实质性关系的证据则可以不予审查和采信。

3. 是否形成证据体系。根据《刑事诉讼法》的规定，人民检察院审查案件，必须查明"证据是否确实、充分"。"确实"是对证据在质上的要求，通过对单个证据在客观性和合法性方面的审查即可实现"确实"的要求。"充分"是对证据在量上的要求，当然，"充分"并不是单个孤立证据的简单堆砌，而是要求单个证据之间要形成完整的证据体系。在完全依赖间接证据定案时，证据之间形成完整的证明体系尤为重要。同时，被审查的证据应当放到本案的证据群中去审查，并注意和其他证据相互印证，避免在证据审查时一叶障目。在进行证据的关联性审查时，就要求把案内所有具有客观性和合法性的证据与案件事实联系起来，审查案件事实是否均有必要的证据予以证明，证据之间、证据与案件事实之间的矛盾是否得到合理的解释，根据证据得出的结论是否唯一，排除了其他可能性。只有证据与证据之间、证据与案件事实之间都协调一致，没有矛盾的情况下，才能就案件事实作出结论。

（三）证据的合法性审查

证据的合法性是指诉讼证据必须是按照法律的要求和法定程序而取得的事实材料。合法性是证据的本质属性之一，没有合法性，证据不能构成。合法性作为证据的属性之一，包含以下几层意思：

1. 证据合法性的含义

（1）证据材料和定案证据是有区别的，它们存在于不同的诉讼阶段。证据材料是尚待证明的客体，因而它是否有客观性、关联性和合法性都尚不可知，这正是诉讼程序所要解决的核心问题。因而证据材料不具有合法性，而定案证据则具有合法性。

（2）证据合法性首先表现在证据的表现形式必须符合证据法律制度所规定的证据的一般表现形式，也即刑事诉讼法所规定的证据种类。此可称为证据形式的一般合法性。这种合法性为合证据法。

（3）证据合法性其次表现在证据的表现形式必须符合实体法律规范所要求的证据的特殊表现形式，如书面证据、公证证据、登记证据等。此可称为证据形式的特殊合法性。这种合法性为合实体法。

（4）证据必须符合程序法的要求。这层合法性可称为合程序法。合程序法的内容包括两个层次：一是合程序法的原则规定；二是合程序法的具体规定。前者如任何证据的收集都必须符合法定程序、必须依法收集，非法收集的证据不能成为定案根据等；后者如鉴定意见的收集过程、勘验笔录的收集过程、证人证言的收集过程等，都有具体的程序规定。

2. 证据合法性审查的主要内容

对证据合法性审查主要从以下几个方面进行：

（1）审查提供证据的主体。一要审查证据的主体是否合格，如对证人证言，应重点审查证人在生理上、精神上是否有缺陷；是否因年幼不能辨别是非，不能正确表达；对鉴定意见要着重审查鉴定人和鉴定机构是否具有出具鉴定意见的资格。二要注意审查证据的主体和本案有无利害关系，因为刑事诉讼法规定，"知道案件情况的人都有作证的义务"，但如果作证的人与本案有利害关系，其证明作用显然和与本案无利害关系的人提供的证言的证明力和可靠性大不相同，其证言也极易因其在案件当中所处地位而失实，甚至混淆是非。因此，对这类证人证言不仅应当谨慎审查，还要有其他证据相依托。同时，在审查运用证据时要注意，非法定主体收集、提供的证据一律不能作为证据采用，但可以作为"线索"由法定人员通过合法的途径和方法重新取证，使其转化为合法的证据，经查证属实，才能作为定案的根据。

（2）审查证据的形式。每一种证据都有特定的形式，如果某个证据的形式存在瑕疵，则无论该证据有多么大的证明力和证明作用，它都不能直接作为证据采用。如鉴定意见必须有鉴定人签名和鉴定单位盖章，勘验笔录必须有两个以上的勘验人签名，言词证据必须有取证人和证据提供人签名等，在对证据进行审查时就必须严格按照法律的规定，确保证据在形式上完全合法，避免在法庭上处于被动的局面。当然，形式不合法的证据不能作为证据采用，只是一个原则性规则，在采取补救措施使其表现形式合法后，仍然可以作为证据采用。

（3）审查证据的收集过程。我国《刑事诉讼法》规定，任何证据都必须是司法人员依照法定程序加以收集的。因此，在审查证据材料时要注意了解每个证据材料是用什么方法、通过什么途径取得的，是否符合法定的程序和要求。一般来说，用合法手段、按照法定程序收集的证据材料，往往能保证其真实性；用非法手段或者不按法定程序收集的证据材料，则常常出现虚假，一切不依法收集的证据材料都有可能因其程序不合法而导致其缺乏真实性，即自愿供述比强迫供述要真实，合法证据比非法证据要可靠。因此，经审查确系使用非法手段或者未按法定程序收集的证据，其真实性和可靠性是值得怀疑的，必须慎重对待，不能轻易作为定案的依据。

二、职务犯罪证据审查、判断标准

证据审查、判断标准即对所收集证据证明程度的审查、判断，考察其是否达到了法定证明标准。在我国刑事诉讼中，刑事案件大体要经过立案、侦查、逮捕、移送审查起诉、提起公诉和判决几个处理阶段（活动）。对每一阶段（活动），法律都规定了一定的证明标准。从《刑事诉讼法》和有关司法解释关于刑事证明标准的立法来看，侦查、起诉、判决所要求的证据标准都是一样的，其核心就是"犯罪事实清楚，证据确实、充分"。

（一）对"犯罪事实清楚，证据确实、充分"的理解与把握

所谓"犯罪事实清楚"，是指与定罪量刑有关的事实和情节都必须查清。至于那些不影响对被告人定罪量刑的细枝末节，则没有必要都查清楚。所谓"证据确实、充分"，是对作为定罪根据的证据质和量的综合要求。证据确实，即每个证据都必须真实，具有证明力；证据充分，即证据必须达到一定的量，足以认定犯罪事实。根据法律规定和司法实践经验，犯罪事实清楚，证据确实、充分，具体是指达到以下标准：（1）据以定案的每个证据都查证属实；（2）每个证据必须和待查证的犯罪事实之间存在客观联系，具有证明力；（3）属于犯罪构成各要件的事实均有相应的证据加以证明；（4）所有证据在总体上已足以对所要证明的犯罪事实得出确定无疑的结论，并排除了其他一切可能性。"犯罪事实清楚，证据确实、充分"的同义表述是"排他性"。根据《人民检察院刑事诉讼规则（试行）》第404条规定，"排他性"是指：（1）犯罪构成要件事实均有必要的证据予以证明；（2）据以定罪的证据之间的矛盾得到合理排除；（3）根据证据得出的结论具有唯一性，不存在其他可能。

而"证据确实、充分"是对用以确定案件事实证据的质和量的要求，它要求每一证据都必须已查证属实，并且案件事实的各个要件都有相应的证据予以证明，证据之间、证据与案件事实之间的矛盾得到排除，全案的证据形成一个闭合的锁链。由此得出的结论具有唯一性、排他性。但这一规定极其抽象并不能给司法人员在实际办案中提供可操作性的标准。2012年修改后的《刑事诉讼法》在第53条增加一款，作为第2款，对"证据确实、充分"作出了规定。其规定："证据确定、充分，应当符合以下条件：（一）定罪量刑的事实都有证据证明；（二）据以定案的证据均经法定程序查证属实；（三）结合全案证据，对所认定事实已排除合理怀疑。"按照此规定，并结合最高人民检察院《人民检察院刑事诉讼规则（试行）》第404条关于"证据不足，不符合起诉条件"的反面规定，"确实、充分"可以分解为以下五个具体标准：

1. 单个证据查证属实

这个标准是整个案件证据符合确实、充分的基础和前提。

首先，单个证据要符合客观性。即单个证据是客观存在的事实，而不是人的主观猜测和虚假的东西。无论是言词证据还是实物证据都应该是实实在在的客观存在。没有存在依据的臆测、想象和无中生有的伪造都不能作为证据使用。值得讨论的是，客观性是个相对的概念，而不是绝对的标准，这不仅因为"任何形

式的证据都包含人的因素"、任何证据"都存在不完全属实的可能",而且还因为公、检、法之间,甚至公、检、法内部不同的经办人对证据的认识和判断客观上存在着一定的差别。从这个意义上讲,刑事证据的客观性是司法人员综合认定上的真实可信性,它已深深地打上司法人员认识的烙印。

其次,单个证据要符合关联性。即刑事证据与案件的待证事实(证明对象)有客观上的联系。凡是与刑事实体法定罪量刑相联系的事实,与刑事诉讼法程序活动相关的事实,都具有可采性。这里的客观联系不仅仅指证据能够证实案件事实的存在,也包括证据能够证实案件事实不存在;既包括证据直接与案件事实相联系,也包括证据间接与案件事实相联系;既包括证据的全部内容与案件事实相联系,也包括证据的部分内容与案件事实相联系。

最后,单个证据要符合合法性。即刑事证据必须是按照法律要求的形式和法定的程序而取得的事实材料。一封举报的匿名信,由于没有举报人的署名,没有法定的证据形式,不具有证据的效力。同样,以刑讯逼供或者威胁、引诱、欺骗等非法的方法收集的言词证据不能作为指控的根据,因为其违反了法定的程序。至于以非法方法获取的实物证据是否具有证据效力,"两高"司法解释没有具体规定,在司法实践中要具体分析,不是一概不予采纳。

2. 证据之间相互印证

证据之间相互印证是我国刑事证明标准的显著特色。我国《刑事诉讼法》第53条规定:"只有被告人供述,没有其他证据的,不能认定被告人有罪和处以刑罚;没有被告人供述,证据确实、充分的,可以认定被告人有罪和处以刑罚。"这一规定要求刑事证据之间必须相互支持、相互说明、相互依托、相互吻合,孤证不能定案。

我国证据相互印证有三种表现形式:第一个形式是直接证据与直接证据相互印证;第二个形式是直接证据与间接证据之间相互印证;第三个形式是间接证据与间接证据相互印证,在没有直接证据的情况下,间接证据之间的印证亦能证实案件的犯罪事实,并达到确实、充分的标准。

3. 证据矛盾合理排除

严格来讲,任何证据与证据之间,甚至是一个证据本身都存在着一定的矛盾性。这是因为案件中各种发生过的事实和情况是错综复杂的,同时人们对证据的收集和使用又受时间、空间等客观条件和技术手段的限制。此外,人们对案件事实的认识也不可避免地带有一定的不确定性、模糊性和矛盾性,言词证据在这方面的表现尤为明显。

合理排除有两个方法:一是对象排除。分析矛盾的部分是否属于案件的构成要件事实,即是否属于证明对象的范围。《人民检察院刑事诉讼规则(试行)》

第 390 条第 2 款第 4 项规定，"证人证言、犯罪嫌疑人供述和辩解、被害人陈述的内容中主要情节一致，只有个别情节不一致且不影响定罪的"可以作出起诉决定。由此可见，无关定罪的构成要件事实即使存在矛盾，也属于细枝末节，完全可以合理排除。二是情理排除。即分析矛盾的内容是否符合日常的经验、逻辑和人情事理。

4. 证据组合形成体系

这个标准要求各种证据组合在一起，必须能够完整地、成体系地证实犯罪的基本构成要件，也就是指证据之间、证据与事实之间，各事实要素之间环环相扣，形成闭合的、无断裂的证据锁链，以保证各个事实环节均有足够的证据，实现全案事实清楚。证据组合形成体系是评价证据在数量上是否达到充分的重要标志。证据体系是否形成取决于它能否证明案件的犯罪构成要件事实。各种证据的收集、调查和审查判断，最终结果必须达到刑法上各个罪名构成要件的要求和标准。

5. 证据指向唯一排他

证据指向唯一排他是指对证据证明的案件事实的综合认定上，结论应当是唯一的，合理地排除了其他可能。排他性要求是"确实、充分"证明标准的最集中体现。刑事诉讼的全部过程都是对案件事实的认识由表及里，逐步深化，去粗取精，去伪存真，最后形成科学、唯一的结论并经得起实践和历史的检验；而且排他性的概念作为证明标准，简单、明确、具体，便于操作和掌握。

证据指向唯一排他，也是相对而言的。排他的实质类似于西方证据法学中"排除合理怀疑"概念。这里的"合理怀疑"是指经得起理性论证的怀疑，怀疑必须说明理由，讲出道理，以事实为依据，而不是无故置疑，吹毛求疵，更不是纯粹的推测、妄想。同时，"排除合理怀疑"要求证据采信的主体必须站在公正客观的立场上，必须有良好的法律职业道德。否则，任何带有主观因素、存在主观范畴的制度设计都可能成为司法擅断甚至是徇私舞弊滋生的"温床"。

（二）不同诉讼阶段证明标准解析

证明标准可以有不同的等级，不同的诉讼阶段，应采用不同的证明标准。自侦案件从立案、逮捕、侦查终结、审查起诉至法院判决，其证明标准应呈阶梯式的递进，这不仅是理论界的共识，在现行刑事诉讼法中也有所体现。这是因为：第一，在不同的诉讼阶段，其直接任务、诉讼主体及采取的诉讼行为均有所不同，要求适用不同的证明标准；第二，从认识论的角度而言，证明过程即为一个认识过程，对案件事实的证明也必须遵循认识的一般原理，逐步地、渐进地由感性认识上升到理性认识，证明标准也必然是由低到高。

1. 立案的证明标准。现行刑事诉讼法规定，立案侦查的证明标准是"认为有犯罪事实，需要追究刑事责任"，即现有证据足以使侦查人员认为有犯罪事实，需要追究犯罪嫌疑人刑事责任即可。其包含两方面的内涵：一是事实条件，即"有犯罪事实"，指有一定证据证明，因而有理由相信有犯罪事实发生；二是法律条件，即"需要追究刑事责任"，指根据上述事实条件，依照刑事法律的有关规定应当追究作案人的刑事责任。应达到的证明标准是：证明有犯罪的客体和客观方面即可，而对犯罪主体和犯罪主观方面则无须查明，但同时还应当证明不属于《刑事诉讼法》第15条规定的六种情形。在确立立案的证明标准时，应明确"以事立案"的证明标准。与杀人、抢劫、盗窃等普通刑事案件不同的是，自侦案件长期以来都坚持有犯罪事实，发现犯罪嫌疑人，并需要追究犯罪嫌疑人刑事责任的立案证明标准。在司法实践中，贪污、挪用公款、私分国有资产、刑讯逼供和玩忽职守、滥用职权、国家机关工作人员签订履行合同失职被骗等造成国有资产重大损失的渎职犯罪案件，有的在案发之初一时难以明确责任人，在当时的立案条件下无法立案，侦查手段因之受到限制，证据可能变化、灭失，责任更加难以明确，或危害后果可能进一步扩大。因此，自侦案件也应明确"以事立案"的证明标准。

2. 逮捕的证明标准。"有证据证明"，即有确实证据证明犯罪嫌疑人已经实施犯罪行为，有逮捕必要。对于逮捕的条件：一是罪疑，即有相当的证据、足够的理由，而非个别的、似是而非的证据予以确认涉嫌犯罪；二是罪重，即所犯罪行可能判处徒刑以上刑罚。我国实行捕押合一的逮捕制度，逮捕作为最严厉的强制措施，必须遵循"比例原则"，逮捕措施应当与被逮捕人所犯罪行的严重程度相适应；三是危险性条件，即采取取保候审、监视居住等方法，不足以防止发生社会危险性，而有逮捕必要的。社会危险性，主要是指隐藏、毁灭证据，串供、逃跑等妨碍侦查和审判的行为及实施新的犯罪。对于逮捕的以上三个实质要件，应达到的证明标准是：现有充分的证据，有足够的理由认定犯罪，并且所犯罪行属于重罪即可；对于危险性条件，只要侦查人员根据犯罪嫌疑人归案后的表现，主观上认为有"隐藏、毁灭证据或串供、逃跑等妨碍侦查和审判的行为"即可，无须客观上已有证据证实上述行为。实践中应注意的是：严格执行刑事诉讼法的规定，不能用公诉标准来代替逮捕标准。虽然刑事诉讼法对逮捕和提起公诉规定了不同的条件和要求，但实践中用公诉的证明标准代替逮捕的证明标准的现象在一些地方不同程度地存在。同时，应合理调整与国家赔偿法的矛盾，对于符合现行赔偿条件的先予赔偿，但经过案件质量考核，对于在决定逮捕阶段符合现行《刑事诉讼法》第79条规定的逮捕条件、符合逮捕证明标准的，不应认为是错捕，办案人员没有违法办案的情况下不应当承担刑事赔偿责任。

3. 侦查终结与提起公诉的证明标准。现行刑事诉讼法规定，如《刑事诉讼法》第160条、第172条的规定，对于自侦案件而言，侦查终结与提起公诉，其证明标准均是"犯罪事实清楚，证据确实、充分"。任何诉讼程序的启动都需要有相应的证据来支持，检察机关提起公诉同样也需要有相关的证据。但要求检察机关在提起公诉时即掌握了"确实、充分"的证据，并以此能够查明所有的案件事实，这显然不合乎诉讼规律，具有某种不现实性和理想化的倾向。

三、职务犯罪证据审查、判断方法

（一）单个证据的审查判断方法

对单个证据审查判断的基本任务，是对每一证据材料的真实性、关联性和合法性进行审核验证。单个证据的审查判断是证据审查判断的基础环节，对于所收集的证据必须首先逐个进行甄别。

司法实践中，对单个证据进行审查、判断的主要方法有以下几种：

1. 甄别法

甄别法是对证据逐一进行个别审查的方法，着眼于证据个体的真实性、相关性、合法性和证明力。这种方法要求司法人员依据客观事物发生、发展、变化的一般规律和常识去辨别证据的资格，辨别其是否具有证明力。

2. 同一认定法

同一认定法是指对两个或两个以上具有可比性的证据进行对比分析，发现或者寻找其共同点和差异点，据此作出认定结论的方法。使用同一认定法以证据之间必须具有可比性为前提。

3. 比较印证法

比较印证法是指将若干证据所反映的事实联系起来进行考察，确定它们之间是否相互呼应、协调一致的方法。比较印证法与同一认定法相比，前者不要求证明客体的同一性和证明客体特征的稳定性，因此其适用范围更为广泛。

4. 辨认法

辨认是指司法人员组织安排有关人员对有关的物品、人身和场所进行识别的一种专门活动。为了查明某一个人是否与案件有关或者有关的物品是否属于某一个人所有，或者某一个场所是否是案件现场，就需要采取辨认措施。

5. 实验法

实验法是指侦查机关采取的侦查实验措施。为了确定在一定条件下能否听到某种声音或看清某种事物，在特定条件下能否发生某种现象或完成某种行为，或者在特定条件下使用何种工具可能留下或不留下痕迹，留有什么样的痕迹等，可以采取侦查试验。

6. 质证法

质证法是指侦查人员按照法定程序组织和指挥了解该事实的两个或两个以上

的人，就特定的案件事实或者证据事实进行互相询问、反驳和辩论的方法。

在运用上述审查方法进行单个证据审查过程中，对于不同证据种类应突出不同的审查重点。

1. 对书证、物证的审查

从是否系原件、原物，形成过程、复制情况，内容是否为当事人真实意思表示，是否生效，取证主体、手段、程序、形式是否合法，来源等方面审查其合法性。

从形成过程、完整程度，内容是否为当事人意思表示，真伪，与本案的联系、与其他证据的联系，内容是否明确、一致、详细，有无变动，所要证明的问题等方面审查其真实性。

2. 对证人证言的审查

从证人在年龄、生理、感知、表达等方面是否具有作证资格，书面证词收集主体资格、取证手段、程序、证词形式是否合法等方面审查其合法性。

从证人的智力、年龄、品德、相关知识经验、法律意识、观察力、记忆力、表达力，与本案或当事人的关系，证言与其智力、年龄是否相当，证言内容是否明确、合理、完整、详细，前后是否一致，未出庭原因，先前证词，是否亲身感知，感知案件事实时的环境、条件和精神状态，作证是否受到不良干扰或影响，与其他证据是否矛盾等方面审查真实性。

3. 对被告人供述的审查

从被告人在生理、精神上是否有缺陷，取证主体、手段、程序、形式是否合法，来源等方面审查合法性。

从智力、年龄、品德、相关知识经验、法律意识、观察力、记忆力、表达力，案发前与被害人的关系，供述内容是否明确确定、前后是否一致，先前供述，感知案件事实时的环境、条件和精神状态，是否受到不良干扰或影响，供述的时间、动机、悔悟情况、详细程度，与其他证据是否矛盾等方面审查真实性。

4. 对鉴定意见的审查

从委托人和委托内容、鉴定人和鉴定机构的资格、检材的来源、鉴定的手段、程序、形式是否合法，检材和样本是否具备鉴定条件等方面审查合法性。

从鉴定人与案件或当事人的关系、鉴定人是否受到外界的干扰和影响、鉴定的依据和材料、鉴定的设备和方法、鉴定次数、鉴定意见与其他证据的关系、鉴定意见是否明确完整、科学依据、鉴定过程的说明、是否将鉴定意见告知被告人等方面审查真实性。

5. 对勘验、检查笔录的审查

从勘验、检查主体，手段、程序、形式是否合法，来源等方面审查合法性。

从真伪、与本案的联系、勘验检查的时间、地点、环境、场所保护情况、勘验检查详细程度、见证人、与其他证据的联系、内容及所要证明的问题等方面审查真实性。

6. 对视听资料的审查

从视听资料收集，制作主体、手段、程序、形式是否合法，来源等方面审查合法性。

从视听资料的形成及时间、地点和周围环境、播放视听资料的设备及视听资料的内容是否明确、完整和所要证明的问题，视听资料是否伪造、变造及复制情况、制作说明、与其他证据的联系等方面审查真实性。

（二）对全案证据的综合审查判断

对全案证据的综合审查判断，是在逐证审查判断的基础上进行的。换句话说，也就是在对每个证据都加以核实之后，再对它们进行综合的分析，看它们能否得到互相印证，彼此是否存在无法解释的矛盾现象，以进一步判明现有的证据是否已经达到"充分"的程度。这是一项比较复杂的工作，它需要办案人员进行理性的思维，客观、冷静地作出科学的结论。对全案证据的综合审查判断，可以采用多种方法。总结司法实践经验，大致有以下几种方法：

1. 比较印证法

所谓"比较印证"，就是将本案中的各个证据，互相加以比较，看它们是否能够彼此得到印证。例如，将犯罪嫌疑人、被告人的口供，与已经收集到的物证、书证加以对照、比较，看它们是否有矛盾，能否吻合，将证人证言、被害人陈述与犯罪嫌疑人、被告人的供述加以对照比较，看它们所说的情况是否一致，在陈述的案情经过和若干细节上有无明显的分歧；将若干证人分别陈述的内容加以对照比较，看它们在证明方向上是否一致，假如一部分证人说有那么回事，而另一部分证人则说并无其事，两证矛盾，则必有一假。在这种情况下，就要仔细分析为什么会出现这些矛盾现象，究竟哪些人说的是事实，而另一些人为什么要说假话。通过比较、鉴别，将虚假不实的证据予以排除。必要时，则应补充收集新的证据，以验证原有证据的真假。

任何一个证据，都不可能自行证明自己的真实性，然而只要将它们拿来互相对照比较，虚假的事实便会立即显露了原形。将已经收集到的各种证据加以对照比较，这是对证据进行综合审查判断的最基本的方法。

2. 串联排疑法

所谓"串联排疑"，就是将已经收集到的全部证据，都串联起来，看它们能否组成一个完整的证明体系，其在证明方向上是否完全一致，能否排除其他的可能性，从而判明全案证据是否已经具备了"证据充分"的要求。所谓"证据充分"，是指用来证明案情的证据，已经有足够的数量，并且能够组成一个完整的证明体系。从正面来看，对于需要证明的问题，均已有相应的证据予以证明，对全案足以得出明确无误的结论；从反面来看，则这些证据串联起来，经过综合分析，所得出的结论是唯一的，并足以排除掉其他各种可能性。是否达到"排他"的程度，是检验证据是否充分的基本标志。如果还存在第二种、第三种可能性，那么就表明本案中的证据还有疑问，还不能据以定案。因而还需要继续补充收集证据。

3. 重新订正法

所谓"重新订正"，是指办案人员对于证据材料的认识，需要随着证据的不断收集而随时予以校正。

对全案证据的综合审查判断，必须保持客观、冷静的态度，坚持一切从实际情况出发，尊重事实，实事求是。

在有些案件的诉讼过程中，办案人员陆续收集到若干证据后，对案件逐步形成了某种带有一定倾向性的认识。譬如，当一个又一个证据都趋向于指控犯罪嫌疑人、被告人有罪时，办案人员自然会认为犯罪嫌疑人、被告人的犯罪嫌疑在逐步增大。但是，后来又收集到的证据，却证明犯罪嫌疑人、被告人并未贪污公款，或者鉴定意见证实了未存在短款的事实，这两个新的证据，在证明方向上发生了变化。在这种情况下，办案人员就不应再坚持原来的判断，而应当及时调整自己对证据的认识，重新确定侦查或调查方向，再去收集其他的证据。

在司法实践中，经常容易发生的问题是，办案人员往往会被最初收集到的某些证据材料所束缚，形成"先入为主"的印象。一旦形成此类印象，又往往会导致偏听偏信。以致对于后来又收集的其他证据，凡与原来的证明方向相反的，则感到难以相信，甚至干脆不听、不记，更不予采信。这种一成不变的定式和偏见，是十分有害的，轻则可能会失去及时改变侦查方向重新调查取证的机会，给后来对案件的认定造成疑难，重则会造成冤、假、错案。"先入为主"是办理刑事案件的大忌，务必引以为戒。

4. 重点深入法

所谓"重点深入"，就是要对那些证实案件起关键作用的证据，进行重点审查，反复核实。

在对全案证据进行综合审查判断时，不应平均使用力量，而应有所侧重。根据司法实践经验，对于犯罪嫌疑人是否占有作案时间、是否拥有作案工具、是否具有作案条件等方面的证据，往往成为能否认定本案的关键。对于这些至关重要的证据，必须下大力气反复认真审查。实践表明，有时仅仅由于对一个关键证据的审查判断失误，竟导致满盘全错，甚至造成冤杀无辜。因此，对关键证据进行重点深入反复核查，是经验之谈，值得引起重视。

至于哪些证据是"关键证据"，不能一概而论，而应视每个案件的具体情况而定。就一般情况而言，关键证据表现于下列三个方面：

（1）在案件的侦查阶段，能够对侦破案件指明方向的证据。

（2）在审查起诉和审判阶段，可能对认定本案产生决定性影响的证据。即取得了该项证据，全案证据就可以形成一条完整的证据锁链，缺少了该项证据，则使整个案件无法认定。

（3）在控、辩双方对案件主要事实存在争议的情况下，某一事实一经查实就能决定全案的证据。即只要查明某一具体情况或者证实某一细节，便足以推倒对方提出的全部证据，可据以对全案作出肯定或者否定的明确结论。此时，能够证明该具体情况或某一细节的证据，就是关键证据。总之，关键证据对侦查破案、平息争议和最后的定案产生决定性影响，应当作为审查判断的重点内容，务必搞清，否则对全案便难以作出正确的结论。

5. 逻辑推理法

所谓"逻辑推理"，是指办案人员运用逻辑思维的方法，对案件中的各种证据材料加以验证，进而推断出正确的结论。

所谓"逻辑"，是指人们正常的思维规律，亦即思维正常的人在一般情况下认识事物和分析判断所遵循的普遍规律。形式逻辑的规律，主要有同一律、矛盾律和排中律，称为三大思维规律。

同一律，就是要求人们在思维的过程中，对于任何一个概念或者判断，都应当前后一致，不允许混淆概念或者偷换论题。

矛盾律，是指在同一个思维过程中，在同一时间、同一条件下，对于同一个认识对象不允许作出两个互相矛盾的判断。

排中律，是指在同一个思维过程中，对于同一个事物，如果出现两个互相矛盾的判断，则其中必有一假，而不可能同时都是真实的。

对刑事证据进行综合审查判断，是办案人员的一种抽象思维活动。因此，办案人员应当努力学习和掌握形式逻辑和辩证逻辑的基本原理，对于已经收集到的证据，进行符合逻辑原理的归纳、推理和分析、判断，以求对案件作出正确的结论。

四、特定证据审查判断与运用

（一）间接证据的审查判断与运用

间接证据不能独立地直接证明案件的主要事实，而只能证明案件事实的某种情况，证明和案件主要事实有关联的某一事实情节，必须与案内的其他证据结合起来，构成一个证据体系，才能对案件的主要事实作出肯定或否定的结论。间接证据的特点：一是间接证据的依赖性。间接证据具有互相依赖的特性，任何一个间接证据本身并没有单独的证明作用，它必须依赖其他证据，并与其他证据结合起来才能具有证明作用。二是间接证据的关联性。运用间接证据查明案情，不仅要审查间接证据本身是否真实可靠，而且要审查间接证据之间，以及各个间接证据与证明对象之间的客观联系。从它们之间的客观联系中确定其证明作用。三是间接证据与直接证据相比，其证明过程复杂，必须有一个判断和推理的过程。四是间接证据的排他性。各个间接证据所能证明的必须是互相一致的，不能是互相矛盾的，必须是排除了其他的可能性。如果不能排除其他可能性，就应当深入地进行调查研究，进一步查明情况；否则，就不能作出证明的结论。

间接证据不能直接证明案件的主要事实，必须与其他证据相结合才能发挥应有的作用；而且运用间接证据定案的过程比较复杂，因此必须遵循《刑事诉讼法》第53条规定"没有被告人供述，证据确实、充分的，可以认定被告人有罪和处以刑罚"的原则，间接证据的运用必须遵守以下规则：

1. 间接证据必须查证属实。根据《刑事诉讼法》第50条规定，侦查人员必须依照法定程序收集各种证据。自侦案件的所有间接证据亦不例外，也必须依照法律规定的程序和方法收集，达到本身确实的程度。如果采取刑讯逼供、威胁、利诱、欺骗以及其他非法方法收集导致间接证据本身不确实，据此得出的关于案件事实的结论就不可能符合案件的客观真实。因此，对每一个自侦案件所涉及的诸如证人证言、物证书证、鉴定意见和现场勘查笔录等间接证据，都应该查证属实，并分清真伪。

2. 间接证据必须与案件事实存在客观联系。间接证据与案件事实之间的联系形式是多种多样的，有些间接证据的事实反映了案件主要事实发生的原因或者是结果，有些间接证据的事实则是案件事实的条件；其他如证明某个证据的真伪或者排除其他可能性的证据等，也都与案件事实存在客观联系。究竟哪些事实与案件事实存在联系，侦查人员应根据每个案件的具体情况进行具体分析，加以确定。由于单个间接证据往往不能清晰地表明它与案件事实有无联系，必须将它与其他间接证据相结合才能判断出这种联系。因此，侦查人员必须客观地、细致地对全案的间接证据进行综合分析，并在此基础上查明间接证据与案件事实的客观联系，切忌人为的主观猜测和牵强附会。

3. 间接证据必须形成一个完整的证明体系。客观地说，一个间接证据只能证明案件事实的某个片段，只有将所有能够证明每个片段的间接证据收集起来，从中找出它们之间的相互联系，形成一个完整的证明体系，构成一条锁链，使每个间接证据都成为其中的一个环节，环环相扣，使每个环节都不脱落，才能据以查明全部案件事实。如果间接证据只是一堆相互不能结合的事实，或者只是与案件事实有联系但不能证明案件的每个环节，即使间接证据再多仍然不能定案。

4. 间接证据之间以及它们与案件事实之间必须协调一致，没有矛盾。在办案过程中，侦查人员必须做到间接证据相互之间没有矛盾，间接证据与案件事实之间也没有矛盾。如果发现矛盾，必须继续收集证据，深入调查研究，合理排除矛盾。否则，就不能勉强定案。

5. 间接证据所形成的证明体系足以排除其他可能性，得出的结论必须是唯一的。间接证据的证明体系不仅要表明这一结论是有根据的，而且要表明其他任何结论都是不可能的。只有这样，它才能具有不可动摇的证明力，从而雄辩地证明案件事实。

在自侦案件中，检察机关行使侦查权的案件涉及贪污、贿赂和玩忽职守、滥用职权等多种犯罪案件，每种案件的证据要求、证明标准不尽相同，运用间接证据定案的方法也不尽同一。

1. 贪污案件间接证据的运用方法。贪污案件有一个显著的特点就是案件的直接证据只有犯罪嫌疑人的供述，其他证据只能划为间接证据。如果犯罪嫌疑人的供述出现反复或者辩解，案件就只能依靠间接证据来认定。因此，在贪污案件中运用间接证据定案，应当重点收集以下间接证据：

（1）收集证人证言证明犯罪嫌疑人履行职务的情况、公款公物的所有权、财务支出的手段和名义、会计做账的情况、犯罪嫌疑人隐瞒和欺骗的事实以及其他需要查证的有关事实。

（2）收集物证证明赃款赃物的原貌和犯罪嫌疑人使用赃款的去向。

（3）收集书证证明犯罪嫌疑人的身份属于国家工作人员、所在单位和公款公物的性质、相应的收入支出和犯罪嫌疑人伪造涂改的单据性质、银行票据存单存折记账凭证的原貌以及其他有关事实。

（4）通过字迹和司法会计鉴定，证明犯罪嫌疑人的笔迹和有关财务会计事实。

（5）在上述基础上重点审查证据的真实性、合法性，证据与证据之间的客观联系，从中排除间接证据之间的矛盾。

（6）最后由一系列间接证据形成的锁链体系，得出的结论必须是作为国家工作人员的犯罪嫌疑人采取贪污的手段非法占有了公共财物。

2. 受贿案件间接证据的运用方法。受贿案件与贪污案件一样，其证据要求也需要各种直接证据和间接证据，所不同的是除具有直接证据性质的犯罪嫌疑人的供述可变化外，还有同样具有直接证据性质的行贿人的供词也可能变化，导致这种案件相比贪污案件的认定更难。

受贿案件中应重点收集以下间接证据：

（1）要注意围绕贿赂款物的来源、特征和去向收集有关的间接证据。对于以物行贿的，要查清物品从何而购，何时所购，物品的价值、形状、颜色等特征，并提取有关的发票、收据和保修证明等书证材料；对于以金钱或有价证券行贿的，要查清金钱是行贿人家中原有的现金，还是从银行提取或从他处借来的；有价证券是从何处购买的，注意有关证据在时间上、数量上的吻合情况；对于以记名存折或不记名存折行贿的，要查清存入和支取的情况，提取原始的收支单据。对所提取和收集的有关账目、发票、单据等书证材料要及时进行鉴定，查明真实的情况，以便对案件的直接证据进行佐证，增加直接证据的证明力。

（2）要注意询问有关知情人、证人。如与行贿人同去但没有直接参与行受贿过程的人，行贿人单位的领导、财会人员，行贿人的家属、朋友，以及有可能对犯罪嫌疑人的该笔受贿行为有所了解、见证的人，如其爱人、子女、保姆、邻居等。

（3）要注意收集有关的反侦查活动证据。受贿人一旦发现罪行被觉察，或有同案犯落网，特别是知道行贿人已作了如实供述，必然会进行反侦查活动。如退赃匿赃，为赃款赃物编造合法来源；涂改、伪造和销毁能够证明受贿的书证；同行贿人订立攻守同盟进行串供等。侦查人员要想方设法收集这方面的证据，必要时还可以主动调动犯罪嫌疑人进行反侦查活动，通过动中取证，把证据由"一对一"变成"多对一"。

（4）要注意向行贿人把行贿的原因、过程，行贿人行贿所得到利益的情况等问细，通过细节来增强其证言的证明力。如行贿的具体时间、地点，当天的天气情况，行、受贿现场的场景、票面金额、行贿的款物有无包装，是怎么携带的，双方在行受贿过程中的对话情况，当时有没有间接的知情人或见证人等。依据行贿人行贿所得利益的情况，查明受贿人为行贿人谋取利益的性质、数量和来源。

受贿案件间接证据的运用需要强调以下几方面：

（1）用间接证据鉴别行贿人供述的真伪。行贿人的供述比较复杂，不能盲目轻信，要对行贿人的供述的背景和内容进行分析，搞清其与有关间接证据的内在联系，然后把行贿人供述与间接证据反复印证，确定行贿人供述中的真实情况，排除虚假内容。

（2）用有力的间接证据迫使受贿人作出供述。受贿人的供述在全案的证据材料中具有特殊的证明作用，因此，应在收集若干间接证据的基础上，对受贿人进行讯问，以取得受贿犯罪的直接证据。针对受贿人的心理特点，有选择地运用间接证据作为武器，就有可能攻破受贿人的精神防线，迫使其如实供述自己的罪行。

3. 玩忽职守案件间接证据的运用方法。这种案件的证据要求与贪污贿赂犯罪案件稍微不同，一个明显的特点是有现场勘查记录。同时，在案件的认定上，如果具有直接证据性质的犯罪嫌疑人供述出现变化时，运用其他间接证据定案的操作方法相比贪污贿赂案件要简单些，间接证据之间容易形成具有锁链关系的证明体系。因此，其操作过程如下：

（1）对所收集的证人证言进行汇总、筛选，证明犯罪嫌疑人在履行公务中表现出的如"轻率的表态、对善意的劝告置若罔闻、对可能造成的危害后果不采取任何措施防范、对自己分内的义务撒手不管"等不履行或者不正确履行职责的行为，这是定案的客观表现，也是定案的前提。

（2）收集证人证言、物证书证和现场勘查笔录、鉴定意见，证明由于犯罪嫌疑人不履行职责或者不正确履行职责的行为所造成的公共财产直接经济损失在30万元以上或者直接经济损失虽不足30万元但间接经济损失在100万元以上的；造成有关公司、企业等单位停产、严重亏损、破产的；造成恶劣社会影响的或者严重影响国家声誉的；造成死亡1人以上、重伤3人以上、轻伤10人以上等实际危害后果；且需要证明以上后果发生的原因是由于犯罪嫌疑人的行为所引起的。

（3）收集书证证明犯罪嫌疑人的国家机关工作人员身份或者是2002年12月28日全国人大常委会《关于〈中华人民共和国刑法〉第九章渎职罪主体适用问题的解释》中属于人民检察院管辖的主体；证明国家法律、法规、单位规章制度和有关规定对犯罪嫌疑人应该履行的职责；证明犯罪嫌疑人工作马虎、草率从事所形成的合同、记录、决定及其他签字材料；通过有关会计账务证明与危害后果有关的经济损失数额。

（4）通过犯罪嫌疑人的客观行为，运用间接证据证明犯罪嫌疑人在主观上不是因为故意造成的，而是因为在主观上想到应该履行而客观上不履行或者不正确履行的过失所造成。

4. 徇私枉法案件间接证据的运用方法。该种案件的认定在证据要求上十分谨慎，直接证据一般有犯罪嫌疑人的供述、原案犯罪嫌疑人（以下简称原案）或者其亲属及中间人的证实等，其他证据一般为间接证据。在直接证据出现变化的情况下，运用间接证据认定案件就比较困难。为此，可以采取以下途径解决：

（1）收集书证和有关证人证言，证明犯罪嫌疑人的身份是行使侦查、检察、审判、监管工作的司法工作人员。

（2）收集证人证言、书证物证，证明原案确实是有罪之人或者是无罪之人，而犯罪嫌疑人却采取伪造、隐瞒、毁灭原有案件的证据或者颠倒黑白制作法律文书，最终使原案逃避法律追究或者被刑罚处罚。

（3）收集有关知情人的证实，证明犯罪嫌疑人接受原案亲友的约见、吃请、游乐以及请托人的请求获取好处及其他利益。

（4）收集犯罪嫌疑人单位有关人员的证实，证明犯罪嫌疑人的政策法律水平、业务技能并不是想象得那么差，办理本案应该没有问题，如果不是故意为之就不会出现原案被追究或者逃避法律制裁。当然，徇私枉法案件比较复杂，应当尽量收集犯罪嫌疑人的供述、原案及中间人的证言等直接证据，否则只能依靠确实充分的间接证据形成的锁链体系定案。①

（二）"一对一"证据的审查判断与运用

"一对一"证据现象多发生在单独实施的犯罪行为中，如受贿、行贿案件中。为此，案件中除了被告人口供与证人证言之外，再无其他证据，或只有一些不能形成完整的证明锁链的间接证据。"一对一"证据都属直接证据，有可能全面反映案件的真实情况，只要查证属实其中之一，就能作出正确的定案结论。但是，它们对于同一案件的证明功能是相左的，一个是证明被告人有罪或罪重的控诉证据，另一个则是证明被告人无罪或罪轻的辩护证据。根据形式逻辑不矛盾的原理，它们不可能同时是真的，至少其中一个是完全虚假或者部分虚假。"一对一"证据多属言词证据，而且言词证据的提供者多是与案件事实或案件处理结果有一定利害关系的人。其中被告人和被害人自不待言，即使是某些证人也不是法理上纯粹的证人，而往往与案情有一定的瓜葛，如行贿人等。在"一对一"证据体系中，无论是被告人口供、被害人陈述还是证人证言，都存在虚假的可能。被告人出于趋利避害的心理，为逃避或者减轻自己的罪责，而拒不认罪或避重就轻；被害人和证人也可能出于某种原因和动机而夸大事实，甚至无中生有嫁祸于人。因此，对于"一对一"证据的任何一方都不能轻易采信，并据此草率定案。更不能先入为主地认为被告人关于自己无罪或罪轻的辩解都是狡辩，而被害人陈述或证人的证言可信度就一定高。"一对一"证据由于在证据充分性上有欠缺，给正确定案带来很大困难，常使办案人员对案件事实处于欲定不能、欲否难为、进退维谷的境地。但是，只要我们认真、精心地审查"一对一"证据，还是可以使其中的一些成为确实、充分的定罪依据的；关键在于正确审查和运用"一对一"证据的方式。

对"一对一"证据的审查，应着重围绕"一对一"证据本身进行。一般是先对其中的控诉证据和辩护证据进行对比，虽然它们之间的证明功能是相左的，

---

① 参见李廷明：《自侦案件运用间接证据定案之我见》，载 http://www.Chinalawedu.com/news/。

但它们都是用于证明同一案件的事实，这种证明对象的同一性就决定了它们之间具有可比性。通过对比审查，可以发现控诉证据与辩护证据的共同之处和差异。如果控诉证据与辩护证据是相同的，内容是合情合理的，并与案内其他间接证据没有矛盾，那么，这些证据一般是真实的，可以用作认定部分案件事实的依据。对于它们之间的差异之点，要进一步分析产生差异的原因，以确认控诉证据与辩护证据间哪一个是虚假的，抑或这两个都是虚假的。对此，我们应对控诉证据和辩护证据作分别的审查、判断。

1. "一对一"证据中控诉证据的审查

（1）审查被害人或证人提供证据的动机。动机不正，其言必假。影响被害人、证人提供证据的因素主要有两个：一是被害人、证人与被告人的关系；二是被害人、证人的思想品质。我们可以从上述两个方面来分析被害人及证人提供证据的动机，并对证言及其陈述真伪程度作出判断。一般来说，如果被害人、证人与被告人素不相识，或关系正常，则其故意捏造事实，提供虚假证据的可能性较小。反之，则容易夸大事实真相，以期加重被告人的罪责。同样，被害人、证人思想品质的好坏，也会影响到其提供证据的动机。实践证明，思想品质好的人，个人顾虑少，容易实事求是地提供证据；而思想品质不好的人，则往往计较个人的利害关系，提供的证据较易失实。当然，这仅仅是一种较易发生的情况，而非必然现象。

（2）审查被害人、证人感知、储存和再现案件事实的主客观条件。在许多情况下，即使被害人、证人提供证据的动机是正当的，但也不能完全保证提供的证据是真实的。因为被害人的陈述和证人证言的真实与否，还要受到被害人、证人感知、储存和再现案件事实的主观能力和客观环境等一系列因素的制约。因此，我们对控诉证据的审查还要注意考察：①被害人、证人是否因认识上、记忆上和表达上的原因而提供了失实或部分失实的证据；②被害人、证人在感知案件事实时，是否因为距离较远、空间障碍、光线照明、音响太小或事件发生的突然与短暂等原因而影响其感知的准确性和全面性；③被害人、证人提供证据时，有无受到外界的不良影响，诸如胁迫、引诱、欺骗、贿买、指使等因素。只有在完全排除了上述足以影响证据真实性的主客观因素后，控诉证据才可能是真实的。在对此进行审查时，可以对被害人、证人的主观能力进行测定，必要时也可进行侦查实验，以判断在被害人、证人所讲的情况下有无可能了解其所说的那些事实。

（3）审查被害人陈述、证人证言的内容。被害人陈述和证人证言都是以其叙述的内容来发挥证明作用的。因此，审查其内容对我们作出正确的判断具有特别重要的意义。审查内容包括：①要审查内容本身是否合情合理，有无矛盾；

②要掌握内容是否稳定，即被害人陈述、证人证言前后叙述是否相同、稳定，有无反复和重大的出入；③审查其内容与案件事实之间的其他证据是否吻合协调，能否相互印证。同世上任何事物一样，案件事实的发生、发展过程也有着内在的自身的发展规律。假如被害人、证人是如实叙述了其所经历和了解的案件事实，其内容本身一般不会有大矛盾或反复，与案内被查证的其他证据间也能印证一致；反之，假如他们有意作伪证，无论是夸大情节还是捏造事实，总会露出破绽，前后矛盾，与事物的发展规律相违背，与案内的其他证据也不能相互印证一致。一般来讲，只有排除了上述所有矛盾的控诉证据，才有可能是真实可靠的指控证据。

2. "一对一"证据中，对辩护证据的审查

辩护证据，很大程度上就是被告人的辩解，对其审查可从以下几个方面进行。

(1) 审查嫌疑人（被告人）辩解的动机、目的，及在何种情况下作出的。实践证明，被告人辩解的原因是多种多样的，有的是出于保护自己的合法权益而提出自己无罪、罪轻或可以免除刑事处罚的事实材料和意见；有的是企图蒙混过关逃避惩罚而虚构事实，误解法律，曲理狡辩；有的是根据自己的自由意志作出的，还有的是受到别人的撑腰打气，拒不认罪，一味抵赖；等等。总之，查清被告人的辩解原因、动机，对于正确判断其真实性，具有十分重要的意义。

(2) 审查被告人辩解的内容是否符合情理，是否稳定。对于被告人的辩解不可不信，但也不可轻信，应认真加以分析鉴别。一方面，要用甄别的方法，依据客观事物发生、发展、变化的一般规律和常识，来分析被告人的辩解是否合情合理；另一方面采取对比的方法，将被告人前后多次供述联系起来，考察其供述的内容是否稳定。如果被告人辩解的理由不符合事物发生、发展和变化的一般规律，或者前后出入变化较大，一会儿一个说法，就极有可能是虚假的。当然，由于案件原因十分复杂，我们在考察被告人的辩解理由时，应考虑到被告人的辩解是否是属于在特殊情况下出现的反常现象，其口供的变化是否有企图逃避罪责以外的原因。

(3) 审查被告人辩解与案内其他间接证据能否相互印证一致。审查被告人辩解的真伪，只从其本身分析是不够的，还必须把它同案件中的间接证据联系起来，在联系和对比中考察，这样比较容易发现矛盾。当发现口供与其他间接证据有矛盾时，绝不能回避，一定要分析、研究，找出产生矛盾的原因，并努力做到合理解决矛盾。当发现口供与其他间接证据彼此协调、相互一致时，也不能盲目乐观，应进一步审查它们之间是客观上的联系，是内在的联系还是表象的联系，是本质上的一致还是假象的一致。一般情况而言，只要其他间接证据是真实的，

那就是本质的一致，口供则可能是真实的；与之相反，则属于假象的一致，与之矛盾的口供则是虚假的。

3. 运用"一对一"证据定案规则

（1）如果辩护证据经审查是确实的，就应对被告作出无罪或罪轻的定案结论。如果辩护证据经审查是虚假的，绝不能仅据此认定被告人有罪或罪重。因为认定被告人有罪或者罪重的定案结论必须建立在控诉证据属实的基础上，而辩护证据的虚假并不能排除控诉证据也是虚假的。因此，不能用驳倒辩护证据的方法来反证被告人有罪或罪重。

（2）对于纯粹的即没有间接证据相伴的"一对一"证据来说，如果"一对一"证据是有罪证据与无罪证据并立，则因为有罪证据得不到其他证据印证，而不能认定被告人犯罪。如果"一对一"证据是罪重证据与罪轻证据结对，则我们只能认定两者相互印证的部分。假如行贿人证实曾送给被告人人民币10万元，而被告人只承认收受贿赂人民币5万元，那么，我们只能认定两者所述相互印证的部分，即就低不就高，认定被告人受贿5万元。

（3）对于非纯粹性的，即有间接证据相伴的"一对一"证据来说，要看间接证据是与控诉证据相印证，还是与辩护证据相印证，印证的程度如何？只有间接证据与控诉证据相印证，并排除了所有合理的怀疑，我们才能认为控诉证据是确实的，并据此作出被告人有罪或罪重的定案结论，否则就不能轻易定罪。①

（三）再生证据的审查判断与运用

再生证据是指犯罪嫌疑人、被告人及其利害关系人在案发后，为了逃避法律制裁而进行各种反侦查活动时形成的能够证明犯罪情况的一切事实。再生证据由于其生成方式和切入角度的特殊性，在职务犯罪侦查中有不可忽视的价值和作用。

1. 再生证据的特点

再生证据是相对于原生证据而言的，是人们根据证据的形成时间及形成目的而对证据所作的一种学理上的分类。它只是对特定范围的一类证据的总称，而不是一种新的证据种类。再生证据作为证据的一种，除了具有证据的一般特征即合法性、相关性及客观性外，还具有其他证据所没有的特性：

（1）再生证据形成的时间是在案发后。再生证据是犯罪嫌疑人、被告人及相关利害关系人针对侦查机关的侦查活动实施有关反侦查活动而形成的证据，所以再生证据只会形成于案发后。对于虽具有再生证据特征而形成于案发前或案发

---

① 参见程灿坤：《试述"一对一"证据的审查运用》，载《中国刑事法杂志》2000年第5期。

中的证据，不是再生证据。

（2）再生证据形成的目的具有违法性。一般来讲，再生证据都是犯罪嫌疑人、被告人及相关利害关系人在案发后采取的隐藏、毁灭罪证，探听案情以及贿买证人等一系列的反侦查活动中形成的，其行为本身具有违法性，其行为目的是为了掩盖犯罪事实，逃避法律处罚，所以再生证据形成的目的具有违法性。

（3）再生证据具有依附性。相对于原生证据来讲，再生证据是不具有独立性的，没有原生证据的存在，也就谈不上再生证据。因为没有案件的发生，也就不存在案件相关利害关系人采取反侦查活动的必要。

（4）再生证据具有反证性。再生证据是在反侦查活动中形成的证据，因此其证明力相当强，特别是在贿赂案件中，在当事人不承认实施了行贿、受贿行为的情况下，若能收集到有关再生证据，关键时就能揭穿当事人的谎言，起到"一证九鼎"的作用。

（5）再生证据具有不稳定性。当事人在进行反侦查活动中，其行为是隐蔽而迅速的，一些再生证据在瞬息之间就可能灭失，例如犯罪分子毁灭的证据，如果不能在第一时间拿到，就会永远丧失掉该份证据，因此再生证据具有不稳定性。

2. 再生证据的作用

从理论上对再生证据的特征、类型进行研究，目的是为了更清楚地了解再生证据与原生证据的性质和不同点，从而提高司法人员发现、收集以及运用再生证据的意识，并正确运用这些证据来证明犯罪事实，将犯罪嫌疑人绳之以法。

（1）运用伪证性再生证据发现犯罪分子新的犯罪线索，避免犯罪分子蒙混过关。办案人员应及时合理运用行为人进行串供事实，即伪证性再生证据，发现并突破案件。当遇到犯罪嫌疑人进行反侦查活动时，办案人员要尽量在第一时间里获取犯罪嫌疑人串供、制作伪证等活动的证据，一旦掌握后，就要适时运用这些再生证据，使犯罪嫌疑人无法自圆其说，无法抵赖，从而达到揭露犯罪事实真相的目的。

（2）运用毁证性再生证据，弥补案件中原生证据的不足，起到完全证明的作用。在刑事诉讼当中，证据并不是孤立的，而是相互印证、相互联系的证据链。因此，再生证据的收集运用，一方面可以增加证据的数量，验证原生证据的真实性；另一方面在职务犯罪案件中，特别是在贿赂案件中"一对一"证据的情况下，一旦掌握了犯罪嫌疑人毁灭、篡改证据的事实，就可以利用再生证据的反证性反证犯罪嫌疑人狡辩和翻供的不真实性，从而提高原生证据的证明力，对案件起到完全证明的作用。

（3）运用刺探性再生证据，收集和发现新的线索，深挖犯罪。每一个犯罪嫌疑人在被侦查机关怀疑或侦查时，都渴望了解侦查人员手中掌握的证据和犯罪情况，以便谋划反侦查对策，因此多会四处活动，打听有关消息。侦查人员可以利用犯罪嫌疑人这一心理，将计就计，从而将犯罪分子一网打尽。侦查人员在侦查过程中，在避免他人打听案情的同时，还应注意打听案情者的真实目的，巧妙地利用这些打听者，收集相关信息，以利于办案。

3. 收集运用再生证据应注意三个问题

由于再生证据形成于案发之后，且具有依附性、隐蔽性和不稳定性等特点，因此对再生证据的收集应遵循一定的原则和方法。

（1）应树立较强的收集再生证据意识。可以说，具备较强的证据意识是收集和运用再生证据的前提条件。只有使侦查人员具备这种意识，才能将此意识转化为一种自觉性的侦查行为习惯。

（2）收集再生证据应注意及时原则，运用时要讲究适时原则。由于再生证据具有依附性和不稳定性，因此收集此类证据一定要及时，否则错过时机，就可能永远无法收集到。在运用时，也应讲究技巧。开始讯问时，不要急于抛出证据，可由犯罪嫌疑人表白自己如何清廉公正，在其说完后再突然出示该证据，给犯罪嫌疑人迎头一击，使其没有任何狡辩的退路。

（3）收集和运用再生证据要注意合法性原则。合法性是证据的三大特性之一，《刑事诉讼法》第50条规定，严禁用违反法定程序的方式或以其他不正当方法收集证据。由于再生证据是当事人在反侦查活动中形成的证据，具有隐蔽性，在收集这类证据时需要运用一定的方法和技巧，但所有行为均应该以合法为前提，防止运用诱供等不符合法律程序的做法收集再生证据。①

（四）翻供、翻证的审查判断与对策

自侦案件犯罪嫌疑人翻供、证人翻证的现象，已司空见惯，如果得不到及时、有效的制止和矫正，侦查工作就会走很多弯路，甚至会使整个案件的工作前功尽弃，让犯罪分子逍遥法外，使反腐败工作失去民心。翻供、翻证现象，表现在侦查阶段先供、先证后翻，在批捕、公诉阶段对侦查阶段的供认和证实的事实推翻前供前证，也有庭审时与证人一起翻供或伙同律师共同翻供。无论在哪个阶段出现翻供、翻证，是全盘否定已供、已证的事实，还是部分翻案，都与外在因素的干扰、内在因素的变化决定分不开。

犯罪嫌疑人、证人翻供、翻证后的供述和证言一般都是不真实的，但并非绝对如此，这需要从案件的客观实际情况出发，依据事实和法律来调查、分析和判断。首先，通过对翻供翻证者的心理动机进行分析，判断后面的供述和证言的真

---

① 参见夏锋：《职务犯罪侦查中如何巧用再生证据》，载《检察日报》2005年9月20日。

实性。其次，通过前后供述和证言的关联性，分析它们是否与案件事实本身有直接或间接的联系，判断翻供、翻证是否真实、可靠。最后，通过对比分析供述与证言，供述、证言与其他证据，判断前面与后面的供述和证言哪一个是真实的、可靠的。在研究、分析和判断犯罪嫌疑人的供述和辩解、证人的证言过程中，办案人员不能凭空想象、主观臆断，也不能先入为主、偏听偏信，要深入实际，依法、客观、公正、全面地进行。只有坚持实事求是的侦查取证原则，才能明辨是非，分清真假，才能准确、彻底地查明案件事实。

在侦查取证过程中遭遇的翻供、翻证现象应从以下几个方面进行积极预防与遏制：

1. 彻底摧毁翻供、翻证者的心理防线。翻供翻证往往产生于翻供翻证者的畏罪、侥幸、对抗等心理因素。假如在他们的这些心理因素尚未完全形成就予以摧毁、瓦解，对于预防翻供翻证的产生有着重要意义。侦查人员要结合证据和政策、法律开展强有力的心理攻势，促其端正态度，认罪服法。对犯罪嫌疑人已供认或证人已证实的犯罪事实，指出其客观性、真实性，讲明事实是不可改变的，歪曲事实是不能得逞的，一经查证属实就可作为定案的依据。对犯罪嫌疑人推翻有罪供述、辩解，甚至是拒供的，可以根据《刑事诉讼法》第53条规定，告诉犯罪嫌疑人：只有被告人供述，没有其他证据证实的犯罪事实不能认定；没有被告人供述，有其他证据证实的犯罪事实可以认定。通过具体的法律规定和众所周知的案例能够让犯罪嫌疑人清醒地认识到供述并非是唯一的证据，推翻事实的供述和辩解并不能自救，不能逃脱罪责，反而要受到从重处罚，告诫证人翻证是作伪证的行为，是要受到刑事处罚的，教育他们认识到只有坦白和如实作证才是最明智的选择。

2. 全面收集认定案件事实的各种证据。认定案件事实的所有证据都是证明犯罪嫌疑人有罪或无罪、罪重或罪轻的依据。侦查人员不仅要收集有罪、罪重证据，也要收集无罪、罪轻证据；不仅要收集直接证据、原生证据、言词证据，也要收集间接证据、再生证据、实物证据，用间接证据、再生证据、实物证据来辨别和印证直接证据、原生证据、言词证据。同时，要注意收集政策法规、行业规章以及部门规定，查明犯罪嫌疑人的行为是否违法、违纪。只有形成全面、完整的证据体系，才能证实犯罪嫌疑人是否犯罪，是否罪重、罪轻，才能严防疏漏，使翻供翻证者无机可乘。全面收集证据主要围绕两点进行：一是要从犯罪构成要件的角度去收集证据。当前，当事人翻供翻证，无论是在行为性质上由重翻轻，数额上由大翻小，还是赃款去向上由私翻公，一般都是围绕犯罪构成要件进行的。因此，侦查人员在讯问、询问过程中，要按照犯罪构成的四个要件，将其细化为若干证据种类去收集，对可能翻供翻证的因素和环节要仔细盘问，并迅速予以查实、固定。二是要从起诉、审判、辩护的角度去收集证据。在整个诉讼过程，由于侦查、起诉和审判的职能不同，执法人员、当事人的地位不同，他们对证据的认知角度也有所不同。因此，在侦查阶段，侦查人员在收集和审视证据时，视线要向前移，从起诉、审判、辩护的角度收集、分析证据，提前拾遗补阙，经得起法庭质证和辩护人挑剔，做到铁证如山、无懈可击。

3. 重视收集与固定证据的形式和方法。在侦查取证工作中，往往只重视证据的内容，忽视其形式；只重视侦查的手段，忽视取证的方法；只重视发现线索，忽视固定证据等，常常为犯罪嫌疑人、证人翻供翻证留下了可乘之机。为了杜绝隐患，收集与固定证据要把握以下几个方面：

（1）做到"五清、五防"堵后路。一是账底清。查清发案单位的有关会计账，盘点清现金出纳和有关管理现金人员的现金，即把现金和账务的实底查清。防止侦结后犯罪嫌疑人、证人串通一气或利用其他关系把贪污和受贿的赃款入账或存放在出纳处，为翻供制造条件。二是外围清。对涉案单位的领导、财会和有关人员，问清案件涉及的疑问是否经过集体研究，是否有账外账"小金库"，调查对象与单位有无经济纠纷或未报销的单据、未结清的账目等，凡涉及案件外围的人和事逐一问明查清。防止采取强制措施后为犯罪嫌疑人开脱罪责集体揽责，或在账外账"小金库"上面做文章，使案件"流产"。三是口供清。讯问犯罪嫌疑人时，一定要问清是否有为公花费未报销的发票，或是与公务有关未结清的账目，贪污受贿的动机、因果关系及赃款去向，把口供扎牢固死。防止犯罪嫌疑人把贪污、受贿的赃款说成为公务开支，或是把贿赂行为说成"礼尚往来"、"借"等来逃避罪责。四是证据清。首先是犯罪嫌疑人亲属的证言、证词要清，问明家中是否有与案件有关的证据和材料等，不留任何翻案余地，防止其家人为翻案伪造发票、假借据、假合同等材料；其次是证人与物证，要收集全面、可靠，问到家，不留死角。防止证人因犯罪嫌疑人家属收买而改变证词行为的发生。五是范围清。缩小办案知情范围，严格办案保密制度，防止泄露案情，为翻供翻证提供可能。

（2）讯（询）问做到"五同步"。一是讯问犯罪嫌疑人的笔录与其亲笔供词同步。讯问犯罪嫌疑人不仅要有办案人员制作的笔录，同时要有犯罪嫌疑人的亲笔供词，详细写明犯罪主观动机和犯罪事实经过、对犯罪的认识和悔罪态度，并按规定在笔录和供词上签名。二是询问主要证人时，笔录和亲笔书写证词同步进行，亲笔写明对其行为和事实的认识，按规定签名。三是讯（询）问与录音录像同步进行。把办案人员讯问犯罪嫌疑人和询问主要证人的全过程，进行录音录像，达到笔录、供词、证词、录音录像实况一致，既为揭穿翻供翻证提供保障和证据，也防止个别人为翻供翻证而诬陷办案人员，全程录音录像也有利于保护办案人员。特别关键的对话和重点情节，要一事多问、一证多取，从多角度反复问明、问细、问透，使犯罪嫌疑人、证人事后想翻不敢翻、不能翻、无力翻。四是取证追赃同步进行。对犯罪嫌疑人转移隐藏或查明的赃款应立即追回，尽量减少经济损失，防止夜长梦多，为再次转移或是伪造借贷等假证，留下翻供余地。五是立案搜查同步进行。在获取证据立案后同时对犯罪嫌疑人的办公场所、住宅和有关藏匿赃款赃物处进行搜查、录像、登记，提取证据，突出一个"细"字，不留死角，防止犯罪嫌疑人及其他当事人毁灭证据或伪造证据。

（3）搜集证据"三不忽视"。一是对犯罪嫌疑人供认不讳的案件，不忽视证人证言，要扎扎实实地问深取细。重证据，不轻信口供，更不唯口供论。只有口供与其他证据有了对应性、契合性，相互印证，才能保证案件质量。二是主要证据齐全的案件不忽视间接证据，只有间接证据齐全与主要证据形成完整链条，才能客观公正地证实犯罪，使主要证据的证明力更加确实充分有利。三是供证一致的案件不忽视物证，全面收集证据，获取证据后，让犯罪嫌疑人和有关证人亲笔在物证上面说明犯罪事实并签名，做到账证相对应，账据与供述相一致，书证与证言相一致，供述证言与其他证据相互印证一致。把证据固定牢，把案件证实证死，彻底堵死翻供翻证的后路。

侦查过程就是获取和固定证据的过程，每次讯（询）问都要因人因事有针对性地进行法律政策教育，特别要做好侦查终结前的综合讯问，理顺案情，排除矛盾，加强教育，打消顾虑，使其端正思想，从而固牢认罪服法的犯罪态度和遵纪守法的观念，用法律政策固牢永不翻供翻证的思想基础。同时利用科技手段，对讯（询）问犯罪嫌疑人、主要证人和搜查、调取主要证据进行全程实况录音录像，利用科技手段把证据固牢定死，像铁板一样，使犯罪嫌疑人不能翻，不敢翻。

4. 加强预防翻供翻证的办案手段。对那些主要犯罪事实已经查清，依法需要拘留、逮捕的犯罪嫌疑人，要果断采取拘留、逮捕措施；对那些有可能翻供、串供，威胁或利诱证人改变证言或作伪证且关系复杂、活动量大的犯罪嫌疑人，实行秘密或异地关押；对为包庇犯罪嫌疑人翻证、伪证、毁证或拒绝作证的行为人，要及时揭露并严厉查处；对已关押的犯罪嫌疑人，不轻易改变强制措施，依法需要改变的，要对其放出后可能出现的串供、串证做出预测，加强控制和监督；对久侦不结的案件，要加快办案的进度，加大采取强制措施的力度，减少犯罪嫌疑人、证人翻供翻证的机会。①

---

① 参见常传领、闫晓东、张哲峰：《贪污贿赂案件翻供翻证的侦查对策》，载《安徽警官职业学院学报》2004年第3期。

第五部分
职务犯罪案件侦查

第十五章　贪污贿赂犯罪案件侦查

第一节　贪污贿赂犯罪案件的特点

一、贪污贿赂犯罪案件概述

（一）贪污贿赂犯罪案件的概念

从我国《刑法》的立法定义来看，贪污案件是指国家工作人员利用职务上的便利，侵吞、窃取、骗取或者以其他手段非法占有公共财物达到立案标准的犯罪事件。贿赂案件是指国家工作人员利用职务上的便利，索取他人财物或者非法收受他人财物为他人牟取利益的犯罪事件。它是受贿、单位受贿、行贿、对单位行贿、单位行贿和介绍贿赂等犯罪事件的总称。有学者也将贪污贿赂犯罪结合在一起对其予以定义，"贪污贿赂罪，是指国家工作人员或国有单位实施的贪污、受贿等侵犯国家廉政建设制度，以及其他人员或单位实施的与受贿具有对向性或撮合性的情节严重的行为。"① 当然，由贪污贿赂犯罪构成的犯罪事件即为贪污贿赂案件。

（二）贪污贿赂犯罪案件的刑法学特征

从刑事实体法的角度看，现行《刑法》将贪污贿赂犯罪列为分则的独立一章，是对 1979 年《刑法》在体例上的一个重大修改。将贪污贿赂犯罪列为专门的一章，作为独立的类罪，对于整肃吏治，加强国家的廉政建设，突出刑法惩治腐败的打击重点，有效地遏制这类犯罪活动，都具有积极的意义。

贪污贿赂犯罪从刑事实体法的角度看具有以下特征：

1. 客体是国家的廉政建设制度。国家的廉政建设制度是以恪尽职守、廉洁奉公、吏治清明、反对腐败为其主要内容的。惩治腐败，加强廉政建设，是我们党和国家的一项长期政治任务。近年来，由于各种因素的影响，国家工作人员中的一些意志薄弱者以权谋私、贪污贿赂、腐化堕落，这不仅破坏了党和人民的血肉联系，损害了党和政府在人民心目中的形象，而且妨害了国家的廉政建设制度、国家机关的正常活动和社会主义建设事业的健康发展。

---

① 陈忠林主编：《刑法》（分论），中国人民大学出版社 2003 年版，第 335 页。

就贪污案件而言，贪污案件侵犯的客体是国家的廉政建设制度和公共财产的所有权。侵害的对象只限于公共财产。根据《刑法》第91条的规定，公共财产包括国有财产；劳动群众集体所有的财产；用于扶贫和其他公益事业的社会捐助或者专项基金的财产；在国家机关、国有公司、企业、集体企业和人民团体管理、使用或者运输中的私人财产，以公共财产论。

2. 客观方面表现为侵害国家廉政建设制度情节严重的行为。其中多为国家工作人员利用职务之便贪污、受贿、行贿等；也有的是国家工作人员虽未利用职务之便，但与其特定身份具有密切关系；还有的是与国家工作人员受贿具有对向性和撮合性的行贿、介绍贿赂的行为。这里的情节严重，多数是指数额较大，当然也包括除数额以外的其他严重情节。就贪污案件而言，它在客观方面通常表现为行为人利用主管、管理、经手公共财产的便利，侵吞、窃取、骗取或者以其他手段占有公共财产。这里应当明确的是利用职务上的便利是指行为人利用自己主管、管理、经手的权力以及管理、经手公共财产的方便条件，而不是指与职务无关的，仅因工作关系熟悉作案环境，凭工作人员身份便于进出某些单位，较容易接近作案目标等方便条件。

3. 犯罪主体较为复杂。就自然人来说，大多数是特殊主体，即国家工作人员。根据《刑法》第93条、第382条的规定，贪污犯罪案件的主体包括：（1）国家机关工作人员；（2）国有公司、企业、事业单位、人民团体中从事公务的人员；（3）国家机关、国有公司、企业、事业单位委派到非国有公司、企业、事业单位、社会团体从事公务的人员；（4）其他依法从事公务的人员；（5）受国家机关、国有公司、企业、事业单位、人民团体委托管理、经营国有财产的人员。就贿赂犯罪案件而言，其主体除了上述人员以外还包括与受贿具有对向性、撮合性的行贿罪、介绍贿赂罪的一般主体及相关特定关系人（亲属、朋友）等。与贪污犯罪不同的是，贿赂犯罪的主体还可以是单位。就单位来说，既有纯正的单位犯罪，也有不纯正的单位犯罪；既有一般的单位犯罪，又有专以国有单位为主体的单位犯罪。

4. 主观方面均为故意，过失不构成本类罪中的任何一种具体犯罪。贪污案件的行为人应当具有侵犯公共财产的目的，并且是非法占有。侦查实践中，一般不要求行为人对"公共财产"明知，只要行为人实施侵吞、窃取、骗取的行为对象是公共财产或视为"公共财产"即可。贿赂犯罪的主观方面也须是故意，但受贿罪、单位受贿罪的主体是明知其利用职务上的便利，索取他人财物或者非法收受他人财物并为他人谋取利益的行为会损害国家工作人员职务行为的廉洁性，仍然决意而为。而与之具有对向性、撮合性的行贿罪、单位行贿罪及介绍贿赂罪则要求行为人具有谋取不正当利益的目的。

二、贪污贿赂犯罪案件的特点

（一）贪污贿赂犯罪案件的总体态势

当前，我国的贪污贿赂犯罪等腐败现象依然十分严重，大案、要案呈上升趋势，突出体现在以下几个方面：

1. 涉案金额越来越大，腐败官员级别越来越高

根据历届全国人大会议讨论通过的《最高人民检察院工作报告》以及相关资料统计：18 年间查处的贪污贿赂等腐败案件平均每年以 22% 的速度增长；大案要案呈上升趋势，违法违纪金额在千万元乃至上亿元的特大案件不断增加；县处级以上领导干部涉足腐败案件的比例增大。据统计，1983—1987 年间因涉嫌腐败案件而受到检察机关立案侦查的县处级以上党政领导干部总数为 1500 余人，1988—1992 年间则为 4623 人，1993—1997 年 10 月更高达 9769 人，从 1993 年到 1997 年 3 月间有 2 万余名县处级以上领导干部、1600 名地厅级以上领导干部因涉足腐败案件而受到纪检监察机关的查处，仅 1998 年一年就有 5357 名县处级干部、410 名地厅级干部、12 名省部级干部（不含军队）受到纪检监察机关查处。①

2012 年 3 月 11 日，最高人民检察院检察长曹建明同志向十一届全国人大五次会议作《最高人民检察院工作报告》时指出，全国检察机关 2011 年全年共立案侦查涉嫌贪污贿赂、渎职侵权犯罪的国家工作人员 44506 人，人数同比增加 1%，其中贪污贿赂大案 18464 件，涉嫌犯罪的县处级以上国家工作人员 2524 人，其中厅局级 198 人、省部级 7 人。②

2. 贪污贿赂犯罪多发于一些经济、政治权力集中的部门

由于监督、制约、领导体制的某些弊病和工作机制的某些漏洞，贪污贿赂犯罪等腐败行为在一些"热点"地区、"热点"部门具有一定的"聚焦性"。比如，政府系统内的城建、交通、国税、海关、财政部门就案件频发。可以说，在经济领域中用政治权力谋取个人或小团体的财富是贪污贿赂犯罪的主要内在表现形式。由于市场体系的不健全、市场机制的不完善以及国家干预的广泛性和权力行使的不规范，在经济领域中通过正常的生产经营活动赚取利润发家致富的难度较大，而利用公共权力寻求"直接的非生产性租金"来牟取暴利实现暴富的机会却很多，也很容易获得。因此，以权谋钱的腐败犯罪形式成为我们转型期腐败犯罪的主要形式，而且主要发生在经济领域，尤其是一些具有经济管理或执法权

---

① 叶俊东：《中国"反腐"三部曲》，载《新华月报》1998 年第 10 期，第 30 页。

② 参见《中国检察年鉴》（2013），中国检察出版社 2015 年版，第 5 页。

力的机关、部门。

3. 群体犯罪、窝案、串案增多

计划经济时代的贪污贿赂等腐败犯罪大都是自然人个体所为，其作案手段、动机等相对简单，对社会造成的损失也相对容易估量、计算。但从近些年的反贪污贿赂犯罪的司法实践来看，犯罪分子内外勾结、上下串通、结伙作案的情况严重，有的一个单位、一个部门内部人员相互勾结、共同作案，有的境内人员在与境外不法分子的相互串通下共同作案。如在工程建设行业，专业分工多，建设工期长，涉及的审批管理环节多。职务犯罪往往在一个单位甚至一个系统内集中发生，表现在上下级之间、业务关联岗位之间联手作案、互相包庇、互惠互利，结成一个错综复杂的利益共同体，甚至更大范围的"犯罪网络"。有的虽不合伙，但案件之间犬牙交错，往往一挖一窝，一带一串。群体腐败由于具有一定的组织性和欺骗性，导致群体的贪污贿赂犯罪活动错综复杂，不易被发现和识破，由此给社会造成的危害也远非简单的自然人个体犯罪可以比拟。

4. 司法行为中的贪污贿赂行为日益严重

在腐败的浊流中，司法腐败尤其是司法机关工作人员的贪污贿赂犯罪行为最为引人注目，其危害也更为严重。因为，司法的公正是防止腐败的重要手段。但长期以来，执法者犯法、反贪者先贪的现象层出不穷，为人民群众深恶痛绝。近年来，随着经济的深入发展，司法腐败的现象愈演愈烈，以法牟利、权钱交易的违法犯罪行为渗透到公安机关、检察院、法院的多个层面和多个环节。近几年来揭露查处的广东省高级人民法院原院长麦崇楷、辽宁省高级人民法院原院长田凤歧、重庆市高级人民法院副院长张弢、沈阳市中级人民法院原院长贾永祥、原副院长梁福全、焦玫瑰以及最高人民法院副院长黄松有的腐败大案更是触目惊心，无以复加。在这个领域里发生的贪污受贿、公然索贿、越权办案、非法羁押、草菅人命的事件越发触目惊心，已到非整治不可的地步了。

司法的腐败是最大的腐败，这是由司法权的特殊性质所决定的。西方哲学家培根指出："一次不公正的裁判，其恶果甚至超过十次犯罪。因为犯罪虽是无视法律——好比污染了水流，而不公正的审判则毁坏法律——好比污染了水源。"司法权是一种中立性和终极性的权力，它对争执、纠纷的判断与处理是最后的和最具权威的，这在客观上必然要求它代表社会公正。人民法院代表国家行使最终裁判权，各类矛盾和问题只有发展到一定程度，才会形成案件诉至法院，一经法院裁判则其他任何机关和部门都无权改变。如果司法腐败，则人们最终说理的正常渠道被堵塞，社会公平和正义则必然丧失。因此，司法腐败必然导致司法机关脱离人民。

（二）贪污犯罪案件的特点

1. 特定的犯罪主体和侵害对象

贪污案件的犯罪主体主要是国家工作人员，即国家机关中从事公务的人员。国有公司、企业、事业单位、人民团体中从事公务的人员以及国家机关、国有公司、企业、事业单位委派到非国有公司、企业、事业单位、社会团体从事公务的人员以国家工作人员论。此外，受国家机关、国有公司、企业、事业单位、人民团体委托管理、经营国有财产的人员也可以构成贪污犯罪的主体。上述贪污案件主体范围以外的人员不能构成贪污罪，但可以成为贪污案件的共犯。

犯罪对象是犯罪行为侵害的人或物。贪污案件的犯罪对象限于公共财物。根据《刑法》第91条的规定，公共财物是指：国有财产；劳动群众集体所有的财产；用于扶贫和其他公益事业的社会捐助或者专项基金的财产。此外，在国家机关、国有公司、企业、集体企业和人民团体管理、使用或者运输中的私人财产，以公共财产论。除上述集中情况外，无论行为人侵犯其他何种财物，均不构成贪污犯罪。因此，贪污犯罪侵犯的对象也是特定的。

2. 犯罪行为的持续性和作案手段的隐蔽性

侦查实践中，贪污案件的行为人初次实施贪污犯罪行为后被揭露的极少，犯罪人一般都是在实施了多次贪污行为后才被发现，究其原因：（1）贪污犯罪案件中，行为人是利用职务上的便利实施犯罪，其正常的职务行为常常掩盖其违法的贪污行为，因而贪污活动难以被及时发现并予以查处。加上作案人实施作案前常有一个预谋的过程，其对作案前、实施行为时以及案后的情况多会加以掩盖和伪装，因而，只有经过多次实施后才可能被追究。（2）由于贪污犯罪是一种涉财性的犯罪，而金钱对人的欲望具有极大的刺激和强化作用，因而行为人在初次犯罪得逞后，往往不会见好就收，而会变本加厉地继续实施更疯狂的同类犯罪，这样，其犯罪行为就会呈现出一种持续性的特点。（3）贪污犯罪人在贪污过程中为了掩盖自己的罪行常常会采取各种手段如伪造账单、涂改票据等使账面财物与实际财物相符，而记账需要持续性，因而贪污犯罪实施者也会根据账目记录的需要持续地实施犯罪。

贪污犯罪的另一个特点是其实施犯罪的手法极其隐蔽。一般在其实施犯罪以前都会有一个激烈的思想斗争过程，一旦他决定实施贪污犯罪，就会利用自身所具有的职权、身份以及知识、经验在案前进行精心谋划，尽量对案件中容易暴露的地方加以关注并采取有效的掩盖行为。案件实施完毕后，他会利用财务方法尽量充平账目，使人难以从表面轻易发现破绽。一旦有风吹草动，他就会利用自己的职权或关系网事先构建保护层，或索性制造假象设法将涉案的账目予以销毁，以此来对抗侦查。

3. 犯罪成员的纠合性和案件性质的复合性

随着我国经济的进一步发展和市场关系、经济关系的进一步复杂化和网络化，经济领域出现了越来越多的新鲜事物和新的交往方式。与此相应的，贪污犯罪案件也出现了一些新情况和新变化。表现在犯罪人员的人数上，犯罪成员已从过去的单人作案向团伙作案、集团作案发展，并越来越多地出现单位内外勾结、境内境外勾结作案的案例。犯罪成员的这种纠合性使得犯罪成员的结构更趋复杂化，这就增大了案件侦查过程中对作案人的判断难度。

同时，贪污案件在性质上也出现了交织性、复合性的特点，这主要表现在：（1）贪污案件同其他相关的职务犯罪案件相交织，形成"你中有我、我中有你"的格局，并且一种犯罪往往是另一种犯罪的手段或掩盖方法，这种交织进一步加大了查处的难度；（2）贪污犯罪与其他一般的刑事违法犯罪行为相交织。贪污犯罪人都存在一定程度的嗜财心理，对钱财的贪婪度极易进一步膨胀，因而往往会在贪污之外寻求其他途径来满足其欲望，这样就会产生其他类型的涉财违法犯罪案件的发生。同时，实例证明，大量的贪官污吏都还存在挪用公款、赌博、嫖娼等违法犯罪行为。这种复合化的发展趋势使案件之间盘根错节，侦查的难度变得更大。但也应当看到，这种情形也使我们在侦查实践中扩大了案件的线索来源和证据来源，从一定程度上也对贪污案件的侦破有所裨益。

4. 有赃物及其他犯罪证据可查

贪污案件是一种以财物为侵害对象的犯罪，其作案的动机和目的也是非法占有财物。因此，不管行为人以什么具体方式实施犯罪，案件中或案件的最后结果总会出现一定的财物。一般而言，贪污犯罪的实施人所追求的非法财物有两种主要的表现形式，一是金钱，二是其他财物。当然，这里的金钱也并不都是表现为一定的货币，相反犯罪人在一定时期内往往不会以现金的形式掌握其贪污所得，而更多地会继续以金融机构存款、投资或其他方式暂时将它保持在一个可控而又离身的范围内。这样做，一方面是使犯罪人能够通过某种途径"洗清"黑钱，另一方面是便于其在不测的情况下及时处理赃物，而不给侦查机关留下太多的证据。

从贪污犯罪行为人实施非法占有财物手段方式来看，归纳起来不外乎四种：侵吞、窃取、骗取和其他手段。

侵吞公共财物是指行为人利用职务上的便利，将自己合法管理、使用的公共财物非法据为己有。即行为人表面上是财物的管理者或使用者，其对财物的权能也仅限于此。但行为人常常是假借管理使用之名而行侵占吞没之实，因此这种方式从表面上较难与一般的管理职能区分。实践中，行为人实施侵吞公共财物的具体方式常见的有：将自己合法管理、使用的公共财物加以扣留，应交而隐匿不交；将自己合法管理、使用的公共财物非法转卖变现或擅自赠送他人。窃取公共财物是指行为人利用职务上的便利，以秘密的方式将由其本人合法管理或使用的财物据为己有。从行为的本质而言，这种方式与一般的盗窃有所相似，但这里一个重要的区别是行为人是否利用了职务上的便利，且所窃财物本身由行为人管理使用。骗取公共财物是指行为人利用职务上的便利，采取虚构事实或隐瞒真相的方法，非法占有公共财物。同理，这种方法与一般意义上的诈骗有相同之处，但实践中更要注意构成要件的差异。这里的"其他方法"包括了除侵吞、窃取和骗取以外的其他一切手段，立法采用概括式的方式也是基于贪污案件作案方法的变化性和发展性，随着实践的进程，越来越多的新型的犯罪伎俩会被犯罪人用来贪污公共财物。

5. 贪污犯罪行为暴露后，往往有毁证灭迹、对抗侦查的活动

一般而言，贪污犯罪暴露后，行为人不会轻易就范，他们往往会想方设法作最后的一搏。这是因为，实践中，贪污犯罪人多为国家工作人员，具有一定的职权，有的还是某一单位或部门的领导，或者头上还罩着某些"光环"，他们一方面从心理上无法承受沦为阶下囚的打击，另一方面由于其自身的活动能力和较强的"社交水平"常常都会有这样或那样的"后台"、"靠山"等，因而有与侦查部门抗衡的资本。再者，加上行为人在实施贪污犯罪之前都有充分的预谋和准备，知道如何采取伎俩尽量少地留下线索证据，因此，一旦罪行暴露他们便会狗急跳墙、毁证灭迹以逃避侦查打击和法律制裁。

(三) 贿赂犯罪案件的特点

1. 权钱交易的犯罪特征

贿赂案件与一般刑事案件的一个重大区别在于，它的发生在主体上具有对向性的特点，即行贿和受贿的同时出现。根据我国现行立法，只有行贿行为而无受贿行为是不构成贿赂犯罪的。而在贿赂犯罪的主体之间存在一种典型的交易关系，即受贿者用手中的职权去交换行贿者给予的物质的利益，因此二者是一种共生关系。

权力是社会关系管理中的一项重要因素，是社会进入政治国家后必然出现的一种现象，它本身具有单向性、强制性的特点，而且往往以一定的利益关系为支撑和背景。当前，由于社会转型中社会关系的进一步复杂化和制度规范的失约，使得大量公共权力的行使缺乏有效的监督制约，从而产生了越来越多的"权力寻租"现象，这就为权钱交易的发生提供了前提。另外，由于权力本身还不是利益，只是一种以利益为背景的行为动力，而其行使人则更愿意将其转变为实实在在的利益，并占为己有。加上越来越多的人希望借助权力的控制力和执行力来满足其不法目的，这就使行、受贿双方在目的上有了契合点。因此，贿赂案件的

实质是行为人利用权力资本和金钱资本为谋取自身利益而进行的非法交易,权力与金钱等利益之间互相依赖、互相吸引、互相利用,是以牺牲国家或集体的利益为代价的金钱利益与权力的交换。所以说,权钱交易是贿赂案件的最典型特点。行、受贿的结果是行、受贿双方当事人都从交易中得到了各自所希望的好处,而受到侵害的却是国家或集体的正常活动和利益。这也就是为什么我们常将贿赂案件称为"无被害人"案件,其实真正的被害人是国家或集体,只是当中没有出现以个体为表现的被害人而已。

2. 犯罪手法行业化、部门化特征明显,成员构成复杂

贿赂案件的权钱交易性,决定了它的发生必定集中在经济交往频繁、投资效益高、资源短缺走俏、法律规制和约束力薄弱的环节和部门。从侦查实践的情况来看,贿赂案件发生的热点部门主要有:

(1)党政机关。党政机关是公共管理权力集中的部门,它在很大程度上承担着社会资源再分配和宏观调控的重任。近年来,一些自律性差、拜金主义观念强的腐化堕落分子成为党政机关的害群之马。他们利用手中掌握的组织人事权、物资调控权、政策决议的决定权大肆进行受贿索贿,一些社会危害大,影响恶劣的大案、要案多发于这一领域,不得不引起我们的关注和重视。

(2)行政执法部门。行政权是与老百姓生活关系联系最为紧密的国家权力,行政机关的职权涉及日常生活的方方面面,可以说群众的生、老、病、死都在其管辖之内。特别是公安机关、工商、税务、海关、城管、环卫等行政执法部门更是对我们的经济生活有重大的影响力。这些部门都是行、受贿的传统高发区。

(3)医疗药品行业。医疗药品行业是近年来贿赂犯罪新的"增长点",老百姓看病难、吃药贵的问题已经超出了纯粹的经济意义,而变成了一定程度的政治问题。这对构建和谐社会,建设小康的战略目标具有极大的负面效应。老百姓对此已怨声载道。据商务部的统计资料表明,在全国药品行业,作为贿赂的药品回扣,每年侵吞国家资产约 7.72 亿元,约占全国医药行业全年税收收入的 16%。事实上,近年来,贿赂已成为医药企业推销产品的常规手段和竞争砝码,收受回扣和财物也成为医疗机构的普遍现象。在该行业中,可能的行贿主体是医疗用品生产、代理、销售商;可能的受贿主体是医务人员,且往往是那些在医疗用品购买上有发言权的人员;贿赂形式多为药品回扣、劳务费、差旅费、赞助费、新药推荐费等。因此,在国家进一步加大医疗卫生体制改革的同时,加强对这一领域中贿赂犯罪案件的侦查打击具有十分重要的作用。

(4)金融行业。金融部门是贿赂案件频发部门,且特大案件多,涉及金额少则几百万元,多则上亿元。多年以来,在审核报批贷款、引进设备时给予回扣,低价处理不良资产变相化公为私已经在银行界形成惯例。而一部分贪官将大

量国有资金转移并潜逃国外，由于我们在国际侦查协作体制上的缺陷使案件侦查常常陷入僵局，因此今后加强相关立法和强化国际间合作也将是工作的重点。

（5）建筑及房地产行业。据有关资料显示，建筑行业中的贿赂案件十分严重，建筑工程承包中的贿赂额约占工程投资的 2%—5%，有的甚至达到 10%，这也成为了建筑行业中一种普遍的、不成文的俗约。在建筑行业中，有些单位的负责人和管理人利用投标管理中的一些制度漏洞，以投标单位是否行贿及数额的多少来决定中标单位。有的利用职权，以透露标底及出卖设计方案、图纸等手段收受财物；有的在编制工程预算或进行工程决算时根据施工队的行贿数额，决定工程造价。在工程施工、验收时，以工程质量不符合要求为条件向建筑单位索贿等。

与建筑行业相邻的房地产行业，目前也是贿赂盛行。房地产管理部门相关官员掌握的权力过于集中，缺乏必要的监督机制，这给一些不法开发商以可乘之机。房地产、土地批租转租、建筑工程被纳入打击商业贿赂犯罪的重点之中。在这个行业中，可能的行贿主体是房地产商；可能的受贿主体是房地产管理部门相关官员；贿赂形式往往是好处费、回扣等。

3. 犯罪手法隐蔽，侦破难度较大

贿赂案件在发生的时间和对象上具有特殊性，它基本上是行、受贿人在双方都"心领神会"后只有其双方本人或极少数相关人知情的状况下所实施的行为。因此，对于案件的具体情况，很多时候只是"天知地知、你知我知"。加上行为人在实施犯罪的过程中常常不断地变换作案方式，设法隐瞒罪行，逃避侦查打击，使得案件的侦破难度加大。就目前而言，行为人为安全起见常采取的作案手法主要有：（1）行为人实施犯罪前精心策划，选择特定条件的场所、时间，故意造成供证"一对一"，使侦查过程中难以找到相关人证和物证，给证实其罪行带来困难。（2）行为人事前以单位名义讨论研究，确定行贿重点和数额，一旦事情败露则以单位作挡箭牌，以求"法不责众"。（3）以借为由，名借实索，有借无还。（4）"曲线受贿"。即由其配偶、子女、秘书等信赖的人出面收受，自己则佯装不知。（5）收受财物后索要行贿方的发票、单据，以证明为自己购买。（6）以劳务费、咨询费、顾问费等相当模糊的概念来掩饰所收贿赂等。

4. 贿赂犯罪一般都有一个较长时间的预谋过程

任何故意犯罪的行为人在实施犯罪之前，都会有意无意地对犯罪的可能成本与预期收益予以比较考量，都希望在获得利益最大化的前提下不被揭露和受到法律的制裁，贿赂犯罪人也有同样的心理。因此，就行贿人和受贿人自身而言，他们都会对这些问题进行仔细考虑，精心安排和谋划。受贿方必然会考虑自己的职务活动或权力所及，这是他与行贿方讨价还价的资本。与此同时，受贿人还会考虑如何利用掌握的权力去获取最大的利益，并保证安全。另外，受贿人在实施犯罪的过程中还必须对取得贿赂的方式和条件进行考虑，即在何时、何地，以何种方式取得，等等。

行贿人在这一过程中也需要考虑和谋划几方面的问题，首先，他必须选择那些掌握他所需要的权力的潜在受贿人，这要经过一定时间的接触和了解，要求行贿对象既享有相应的权力又有收受贿赂的潜在性。其次，他要考虑行贿的具体方式方法，包括贿赂的物质形式、价值、时机，在很多实例中行贿人特别是那些被动行贿人往往会想方设法留下一定的证据，以作为不测时能给予受贿人压力的把柄。如果行、受贿双方不是直接接触，则他们还要考虑挑选合适的人充当中介，这也需要双方进行事先预谋。

5. 行、受贿双方常会订立攻守同盟

由于贿赂犯罪本身具有极强的隐蔽性，而这种隐蔽性又具体表现为贿赂犯罪嫌疑人在实施犯罪的过程中常常会采取各种手段方法来掩盖其犯罪行为，并事先订立攻守同盟，从而导致犯罪证据的获取难度较大，形成取证难的问题。这也是贿赂案件侦查中存在"三难"① 的重要原因所在。这种情况主要是由贿赂犯罪主体的特殊性，犯罪手段方法的隐蔽性、多样性和犯罪证据的单一性所决定的。

贿赂犯罪行为人特殊的社会地位在很大程度上成为案件侦查突破的障碍。行为人特别是受贿人常常位高权重，接触面广，有广泛的关系网络和人情网络，加上犯罪手段狡猾并带有极强的欺骗性，使得案件的线索来源极其狭窄，难以为侦查人员发现。

贿赂犯罪的对向性也决定了行为双方有共同的利益连带，行、受贿双方必然产生"一损俱损"的风险意识，这就会促使他们在案发前互相保密，守口如瓶，案发后共谋对策，结为同盟。其中任何一方都不会轻易暴露对方而殃及自己。

实践中，贿赂的手段方法也不断翻新，可谓花样繁多。加上贿赂犯罪通常与中国传统的正常礼尚往来相交织，因而真真假假难以区分。就算案件进入侦查视野，犯罪嫌疑人也会利用其活动能力，发挥关系网的威力，或是大事化小、小事化了，或是对具体侦办人员予以打压，给正常的查办带来体制外的权力干预，造成实践中的贿赂案件侦查干扰多、阻力大、查证难。

---

① "三难"即案件发现难、取证难、突破难。

第二节　贪污案件的侦查

一、贪污案件的立案审查

（一）贪污案件的受理

最高人民检察院对"受案"作了如下规定，"受案"是指对报案、控告、举报、自首等方面的材料予以接受，并在审查后决定是否受理的诉讼活动，简言之，就是对案件线索的接受和受理。《刑事诉讼法》第108条第3款规定，人民检察院对于报案、控告、举报，都应当接受。在接受的这些案件线索中，有些不属于人民检察院管辖，人民检察院应当按照主管和管辖范围将其移送有关机关处理；对于依法由人民检察院管辖的，人民检察院应当直接受理，并对其进行审查，以判明是否有犯罪事实，需要追究刑事责任，并决定是否立案侦查。可见，"接受"和"受理"是两个不同的概念，"接受"的范围是一切向检察机关的报案、控告、举报和自首，"受理"的范围是所接受的报案、控告、举报和自首中属于人民检察院管辖的部分。①在侦查实践中，由于举报人、控告人等提供的材料中常会因其主观认识上的偏差、法律知识的不足以及其他客观条件的限制，造成他们对问题的性质、程度和情节的阐述不够准确，致使检察机关在受理案件时情况不明确，难以确定是否符合立案的条件，尤其是涉及一些重要的国家工作人员的贪污线索时，更有一些疑虑和担心。因此，检察机关在受理贪污案件的材料之后，应根据材料来源的不同，采取不同的方法进行立案审查。

另外，根据人民检察院的内部分工，具体负责案件受理工作的职能机构是各级人民检察院的举报中心。

（二）贪污案件的线索来源

贪污案件的线索来源，是指检察机关获取有关贪污犯罪事实以及犯罪嫌疑人的相关材料的途径和渠道。根据我国现行《刑事诉讼法》的相关规定和司法实践的总结，贪污案件的线索来源主要有以下几个方面：

1. 人民检察院自行发现的犯罪事实或犯罪嫌疑人

由于职务犯罪从总体上看具有一定的牵连性，即不同性质的职务犯罪或职务犯罪与其他一般刑事犯罪常常会交织在一起，形成群案、窝案、串案。而检察机关在办理某一起案件过程中，通过深挖余罪，有可能拖出一串，抓出一窝，这当

---

① 朱孝清：《职务犯罪侦查教程（第三版）》，中国检察出版社2014年版，第83—84页。

中就可能有贪污犯罪。这种方式也拓展了贪污案件线索的来源。同时，人民检察院在行使法定检察权时，通过侦查监督、公诉、监所检察、民事行政诉讼检察等职能活动，也可能会发现和了解一些贪污案件的线索。这些线索往往质量高，成案可能性较大。

2. 被害人的报案或控告

《刑事诉讼法》第108条第2款规定，被害人对侵犯其人身、财产权利的犯罪事实或者犯罪嫌疑人，有权向人民检察院报案或者提起控告。这里的"控告"是指被害人及其近亲属或诉讼代理人，对侵害被害人合法权益的犯罪行为及犯罪嫌疑人向检察机关予以告发。由于被害人与案件的实体处理有着直接的利害关系，因而其在诉讼中的地位也不同于一般的单位和个人，他有自己独立的诉讼地位和诉讼权利，作为刑事诉讼的当事人，他对犯罪事实或犯罪嫌疑人的报案和控告与一般单位提出的报案和控告应予以区分。应当说，被害人作为犯罪事实的亲历者，他对整个事实的经过有着比一般人更为深刻和切身的体验，因此，一般情况下他所提出的报案或控告真实性较高，且当中可能会包含一些有重要证据价值的情况。但也需注意到，被害人作为案件的直接侵害对象，有着揭露犯罪事实和惩治犯罪人的强烈愿望和积极性，有时这种愿望和积极性往往会在一定程度上促使其夸大其词，有意无意地提供一些虚假信息，给案件的判断审查带来不便。

3. 一般单位或个人的报案或举报

《刑事诉讼法》同样规定，一般单位和个人发现有犯罪事实或犯罪嫌疑人，都有权利也有义务向检察机关报案或举报。他们的报案和举报也是检察机关案件线索的重要来源。这里的"报案"是指单位和个人发现有犯罪事实发生，但不知道具体的犯罪嫌疑人为何人，而向检察机关报告的行为。由于职务犯罪大多是循着"由人到案"的模式，因此实践中这种情况不占多数。而"举报"是指单位和个人不仅发现有犯罪事实还大致了解犯罪嫌疑人为何人，而向检察机关进行告发和揭露并要求依法惩处的行为。所以二者有较大的区别，可以说报案侧重于事实，而举报侧重于人。

4. 犯罪嫌疑人的自首、检举和揭发

根据我国《刑法》的相关规定，自首是指犯罪嫌疑人在实施犯罪行为之后，主动投案并如实交代自己的罪行并接受司法机关审查和判断的行为。自首的犯罪嫌疑人根据《刑法》的相关规定都会在量刑上予以从轻考虑，因而在一般刑事案件中发生较多。而在贪污案件中，由于本身案件线索发现难，加上犯罪嫌疑人一般都坚信罪行不可能暴露，因而实践中主动自首的情况并不多见。一般都是在一案多个犯罪嫌疑人为争取主动得到从轻从宽处理而率先自首或是在侦查机关强大的攻势面前为获取从轻、减轻或免除处罚而自首。而实践中较为常见的却是犯罪嫌疑人的检举和揭发。一般而言，贪污犯罪的群体性特征明显，而一旦一个犯罪嫌疑人被查处则其为争取立功以获得宽大处理往往会检举、揭发同案的其他犯罪嫌疑人或其他他所知情的同类案件的犯罪嫌疑人，实践证明，这种检举和揭发所获得的案件线索真实性较高，有时往往能带出一连串相关案件。

5. 上级交办或有关机关移送

除了《刑事诉讼法》规定的上述几个方面的案件线索来源外，在司法实践中还有的线索来源于上级交办或有关机关的移送。

上级交办的案件主要是指上级检察机关或同级人大、党委交办的贪污案件。这类案件一般比较复杂，社会影响广，查处难度大。但是，只要依靠上级机关的支持，加上措施得力，方法得当，往往易于查办。

有关机关移送的案件也是贪污案件线索的重要来源。检察机关同其他司法机关、行政机关的工作是相互联系的。在司法实践中，检察机关和公安机关、法院及海关、工商、税务、审计、监察等行政执法部门建立了广泛的工作联系制度，相互协调，密切配合。其中，一大批贪污案件包括大案要案都是这些机关移交到检察机关查办的。

（三）贪污案件的线索审查

1. 贪污案件线索审查的内容

检察机关按照《刑事诉讼法》的相关规定，受理案件后须从职业的角度对线索内容进行审查，这就是贪污案件的线索审查。线索审查除了要核实线索材料是否符合立案条件外，还应当审查以下内容：

（1）审查线索来源是否确实可靠

线索材料是贪污案件立案的重要依据，而贪污案件的立案材料来源是多方面的。一般情况下，有关部门移送的、上级机关交办的案件材料，大多经过了这些部门的初步调查，材料的可靠性较高。而某些发案单位报送的材料以及有关群众举报、控告的材料，其情况比较复杂，常常真假混杂，甚至有企图陷害他人的情况存在等。因此，对举报、控告的材料的来源应进行认真的审查，确定材料的可靠性。只有在证实举报、控告材料具有真实性的基础上才能立案侦查。对于匿名举报的材料，检察机关应尽可能地寻找到举报人，采取适当的方法对举报人进行询问，以进一步判明材料来源的可靠性，从而确定材料能否作为立案的依据。

（2）查明涉案的公共财产有无短少

贪污案件是以非法占有公共财产为目的的，因此，案件要成立则公共财产必定有短少。所以，在贪污案件的线索审查中，查明有无贪污犯罪事实的存在，重点应审查公共财产有无短少。其方法一般有盘存、清仓、查账等。

（3）查明公共财产短少的原因

确认有公共财产短少后，只是说明贪污案件有存在的可能性，但还不能肯定贪污犯罪事实一定发生。因为实践中，公共财产短少的原因是多方面的，如因物品的自然损耗而出现短少；因保管不善的损耗而出现短少；因被骗、被盗等出现的短少；因被挪用而出现的短少；也可能是因贪污而出现短少。因此，在审查贪污案件线索时，除了要查明公共财物有无短少外，还要查明短少的具体原因。只有查明是由于贪污犯罪而造成短少的，才能进一步研究短少的数额是否达到立案的标准从而确定是否立案。

2. 贪污案件线索审查的基本要求

贪污案件的线索审查是通过书面审查贪污案件线索材料、接谈审查和初步调查等方式实现的，这项工作的重要性是不言而喻的。因为在线索审查阶段，检察机关对贪污案件的实质要素掌握得较少，加上线索审查阶段还不能依法采取有关的侦查强制手段，同时也为了避免打草惊蛇，因此在线索审查过程中，检察机关要严格遵循"迅速、秘密、合法、适度"的八字要求。

迅速，即要求检察机关在线索审查过程中要以快制胜，及时审查材料，尽量避免拖沓而造成不必要的案情泄露。

秘密，即要求检察机关在不惊动被审查对象和不让其他有关人员知情的状况下，对案件线索予以审查，尽量避免打草惊蛇。

合法，即要求检察机关在线索审查时严格按照《刑事诉讼法》的相关程序规定，特别是关于审查手段的规定，避免出现"程序违法"的现象，给案件的进一步侦查造成负面影响。

适度，即要求检察机关对线索的调查掌握必要的限度，特别是不能以审代侦。

3. 贪污案件线索审查的方法

贪污案件线索审查方法主要包括对案件线索的书面审查、接谈审查和对线索进行必要的调查，即初查。

（1）书面审查

司法实践中，贪污案件的线索材料常常表现为已受理的控告、举报、自首以及其他单位和部门移送或交办的有关文字材料。由于线索的提供人对相关问题的认识上可能存在误区或因受其主客观条件的限制，材料中难免出现一些不实之处。因此，检察机关对于已受理的案件材料，必须进行深入、细致的分析研究，主要应做好以下工作：①通过对贪污线索的审查，初步判明事件的性质；②将线索所反映的情况与同类案件进行比较分析，判断贪污案件成案的可能性大小；③根据分析材料提供人与材料所反映的嫌疑对象的关系，判明所获材料的真实性，并根据材料中所提供的情况，确定嫌疑对象的行为是否符合贪污犯罪的主客观条件；④审查嫌疑对象有无法定的不予追究刑事责任的例外情形。

（2）接谈审查

接谈审查，就是对提供或反映案件线索的有关情况的人员、场所进行接触或接访，通过谈话的形式，了解、核实案件线索的有关情况。

（3）初查

初查是审查的一种方式，是对管辖范围内的线索进行必要的调查，以判明是否符合立案条件的司法调查活动。初查这一概念有五层含义：①初查的法律依据是《刑事诉讼法》第110条规定的"审查"；②初查的对象是管辖范围内的案件线索；③初查的活动内容是调查；④初查的目的是为了判明是否符合立案条件；⑤初查的性质是一种诉前司法活动。初查在整个职务犯罪案件侦查中都具有十分重要的地位，1996年《刑事诉讼法》对传唤犯罪嫌疑人的时间作了严格限制，2012年修订后的《刑事诉讼法》和《人民检察院刑事诉讼规则（试行）》作了更加细化的规定，原先通过较长时间正面接触涉嫌人员来搞清是否有犯罪事实，从而判明是否符合立案条件的办案路子已被切断，而必须把工作重心前移，在初查这一环节上下功夫。只有做好初查工作，才能使立案有坚实的基础，并使侦查人员心里有底，从而坚定信心，果断决策，推进侦查工作向纵深发展。总之，初查是立案程序中最主要的工作，是正确决定是否立案，从而实现立案阶段的刑事诉讼目的的关键；它既是立案的前提，也是立案后的侦查工作乃至整个刑事诉讼的基础。

贪污案件的初查是围绕线索材料的内容而展开的。实践中，对贪污案件线索的初查一般多采取秘密的方式进行。概括而言，初查的内容主要有：①围绕贪污案件发生的前提条件进行调查，重点查明嫌疑对象的身份是否符合法定的贪污犯罪构成的主体要件；材料所反映的犯罪事实发生的时间、地点、单位、项目、人物之间的关系等情况是否确定；寻找线索材料中所涉及的知情人，进一步了解相关情况，获取新的线索；有条件的情况下可约请举报人或控告人进一步了解情况，查明人与人、事与事及人与事之间的相互关系。②对材料所反映的线索进行调查核实，如调查嫌疑对象是否存在收支不平衡、账款不符、账物不符的情况；有无经济上的反常情况；等等。

实践中，对贪污案件线索的调查工作，可由检察机关自行调查，也可由检察机关牵头，聘请专业部门的人员共同参与调查，或在检察机关派出人员的领导下，由嫌疑对象所在单位派人共同进行调查，或由检察机关、纪检部门、行政监察部门进行联合调查。

4. 贪污案件线索的分流

根据最高人民检察院的相关规定，检察机关的举报中心对于所受理的案件线索加以审查后，应对其根据案件线索的不同情况和管辖规定，在 7 日内分别作出如下处理，以将案件线索进行分流：

（1）属于人民检察院管辖的，依法受理并按规定分流。属于本院管辖的，由举报中心按照职能分工移交本院相关部门办理；属于下级人民检察院或者其他人民检察院管辖的，由举报中心移送有管辖权的人民检察院。

（2）不属于人民检察院管辖的，移送有管辖权的机关处理，并且通知有关报案人、控告人、举报人、自首人。对于不属于人民检察院管辖但又必须采取紧急措施的，应当先采取紧急措施，然后移送主管机关。移送案件线索材料，应当移送材料的原件，重要材料的移送应当经检察长批准。

（3）内容不具体的匿名举报线索，或者不具备查处条件的案件线索，经检察长审批后存档备查。

5. 贪污案件的线索审查应注意的问题

司法实践中，对贪污案件进行线索审查应当注意以下相关问题：

（1）贪污案件与非犯罪事件的区别

《刑法》第 383 条第 3、4 项规定了贪污犯罪案件构成的数额和情节标准。据此行为人一般程度的损公肥私、占小便宜的行为未达到数额要求的，属于一般违反纪律的行为，应当予以纪律教育或给予一定的行政、纪律处分，但不应当以贪污犯罪论处。对于贪污数额虽不足 5000 元，但具有严重犯罪情节的，如贪污规定的特定款物的，应当以贪污罪论处。

同时，在单位日常的财物管理中，有时会出现账款不符的情况，对于这种情况，应当认真查明原因，不能妄下结论草率地认定为贪污。

（2）贪污案件与一般盗窃、诈骗案件的区别

这三类案件都涉及侵犯财产，但三者的区别在于：贪污犯罪案件是特殊主体，即国家工作人员以及以国家工作人员论的人员；特定的犯罪手段，即行为人必须是利用职务上的便利条件非法占有公共财物；侵害对象的特定性，即贪污案件侵害的对象只能是公共财产。而盗窃、诈骗案件在上述三个方面没有特殊的要求，其犯罪主体是一般主体，作案手段与犯罪人的职务无关，侵害的对象包括一切公私财物。

二、贪污案件的侦查方法

（一）研究案件特点，选择侦查途径

贪污案件侦查突破口的选择，就是要解决案件侦查工作从何处着手，以何种途径开展工作的问题。贪污案件从刑事实体法的构成要件的角度讲都只包含四个

方面，但实践中的贪污案件类型多样，情况各异，因而侦查人员应认真分析、研判具体个案的特点，找准突破案件的薄弱环节，才能在整个案件侦查中事半功倍。同时，侦查途径选择的正确与否也直接关系到案件侦查的进程与质量，而且一个案件所面临的途径也并非一条，但找出案件的最佳侦查途径也绝非易事，必须经过实践的积累和理论的提升。总体而言，贪污案件侦查中可供选择的侦查途径主要有：

1. 从调查案件线索和证据提供人及有关知情人入手开展侦查

一般而言，案件线索和证据的提供者以及其他知情人无疑是对具体案情有相当了解的。这些人除了一般性的举报、控告人外，还可能是嫌疑人所在单位的领导、同事或其家人、亲友、邻居等与嫌疑人的工作、生活有不同程度接触的人员。实践中，这些人员尽管不可能对嫌疑人所有的贪污事实都了如指掌，但可能对某一起贪污事件有切身的了解。因此，侦查中可以以此为突破口实行"以小见大"的方法，先将容易落实的案情予以查证。

这种侦查途径需要广泛地对相关证人和知情人进行询问，因而询问对象的选择以及方式方法的得当与否对侦查的最终效果影响极大。实践中，可挑选以下几类对象为询问的最佳对象并采取适当的方法：（1）有正义感、平时表现良好，社会阅历较浅，胆量较小的知情人；（2）与贪污犯罪嫌疑人往来密切，了解犯罪嫌疑人有关情况和底细，后因某些原因与嫌疑人产生矛盾或利害关系的人员；（3）过去在某些业务上与嫌疑人有来往，现已不再来往的人员。在询问方式上，要注意有针对性，并且要防止打草惊蛇。

2. 直接从犯罪嫌疑人入手开展侦查

尽管从实践的经验总结来看，一般贪污案件侦查都采取先扫清外围，再打击中心的策略。但不可否认，实践中一些案件如果首先从嫌疑人身上着手反而可以收到意想不到的效果。但这样做必须要有选择性，即要根据对涉案的犯罪嫌疑人的文化程度、社会阅历、心理素质、反侦查能力、社会关系网等多重因素的综合考量来确定是否选择以犯罪嫌疑人本人为突破口。实践中的做法通常有以下几种：（1）对于已经掌握了证明贪污事实的基本证据的案件，可以在立案后果断采取必要的强制措施，依法对犯罪嫌疑人进行拘传，通过刑事措施的强制力给犯罪嫌疑人造成一定的心理压力，再辅以政策攻心、法律教育，促使其交代贪污犯罪的有关问题。同时，要及时对犯罪嫌疑人的住所等进行突击搜查，防止其毁灭、转移、隐匿犯罪证据。（2）对于那些有悔罪心理的犯罪嫌疑人，侦查人员应当采取适当的讯问策略和方法，利用其心理犹豫的状态一鼓作气突破案件，查明事实并固定证据。（3）对于多人共同贪污犯罪的案件，侦查人员可以有针对性地选择那些社会地位较低、阅历较浅、文化水平不高、罪行较轻且认罪态度较好、有较大突破可能的犯罪嫌疑人入手，查明共同贪污的相关事实。（4）对于那些身居要职，自己不亲自实施贪污而指使其亲信或心腹实施共同贪污犯罪的案件，侦查人员既要争取各方支持以便及时控制犯罪嫌疑人，同时要将突破口重点选择在其亲信或心腹等人员身上。

3. 从审查相关财务账目资料入手开展侦查

贪污犯罪的实施者为了尽可能地掩盖罪行，在实施贪污犯罪后往往会对相关财务会计资料进行弄虚作假，这也成了实践中贪污犯的惯用伎俩。因此，在有财务会计资料可查的案件中，应从审查相关财务会计资料着手，开展侦查，获取犯罪证据，查明犯罪事实。不同的贪污犯罪嫌疑人也决定了财务会计资料审查重点的不同，如可能是会计人员贪污的，则从审查账簿入手；如可能是采购、供销、收款人员贪污的，可从查发票入手；如案件发生在银行信贷员、证券从业人员身上，则可从核对存折账卡入手；等等。

（二）检查财务会计资料，核实公共财物数量

在贪污犯罪案件中，行为人大多都利用职务上主管、管理、经手公共财物的便利条件实施犯罪活动，因而其贪污事实必定会在相关财务会计资料中有所反映。所以检查财务会计资料是侦查贪污案件的重要措施之一。侦查实践中，检查财务会计资料通常都与核实现金和实物同时进行。

根据我国相关法律法规的规定，国家机关、人民团体、企业、事业单位须建立会计账目，一切财物收支都应有财务、会计记载。鉴于贪污犯罪活动一般都会在会计资料上留下蛛丝马迹，因此，只要认真检查，就会从中发现问题。

1. 检查前的准备

为了保证检查工作的顺利进行，首先应针对侦查目标，精心准备，主要的工作包括：（1）对相关的会计资料，包括各种报表、账簿、单据、凭证乃至各种与财务相关的记录进行收集整理并加以控制，防止犯罪嫌疑人销毁、转移或隐匿；（2）突击清查库存现金和库存物资并进行登记，以发现矛盾疑点；（3）走访知情人员发现和扩大查账线索。

2. 结合具体情况确定审查方法

侦查实践中，审查会计资料的常用方法主要包括程序性方法和技术性方法。程序性方法，主要有抽查法和详查法。（1）抽查法，即根据具体案情有针对性地抽出某一账簿或凭证、报表等进行重点检查，这种方法主要适用于嫌疑人贪污的犯罪事实和情节明确，作案次数较少或初次作案的情形。（2）详查法，是指对案发单位某一时期或一定范围内的所有账簿、凭证、报表等进行全面清查。根据案件的具体情况又可采用顺查法（依照会计核算程序从查原始凭证入手，依次检查记账凭证、账簿和会计报表）和逆查法（从报表开始检查，以报表核对

账簿，再以账簿核对记账凭证、原始凭证），详查法主要适用于账目混乱、作案次数多和集团贪污的案件，如利用虚报工资、奖金进行贪污等。技术性方法主要有：（1）审问法，即通过对账册资料书面阅读的方法，发现异常，找出问题；（2）复算法，即通过对账册资料中有合计额、累计额的数值进行重新计算，以寻找和发现有无计算错误的问题；（3）核对法，即对案发单位及与业务往来单位的账目、凭证、报表等进行对照检查以从中发现问题；（4）分析法，即通过比较被查单位的会计资料和计划指标数据，分析增减变化是否合理并查找相关原因，以确定是属于错账、漏账，还是为贪污而制作的假账。

3. 对原始凭证的检查

原始凭证是在经济业务发生时所取得或填制的，载明经济业务的执行和完成情况的书面证明。它是进行财务会计核算的原始资料和重要依据。对于原始凭证的检查，应注意查明以下问题：

（1）原始凭证的基本内容是否完备。

（2）经济业务内容与原始凭证的名称、填制日期以及收受单位的名称是否相符。

（3）有无收受单位的签章，若需领导审批的业务有无领导签章；注意检查凭证内容是否与本单位业务相关，报销手续是否完备。

（4）填制日期与凭证编号是否一致。

（5）实物数量的单价与计算出的金额之间是否相符，填制的大小写字是否一致，如有问题就应当查明其原因。

（6）注意白发票、白条收据的经济内容是否清楚，数量、单价、金额是否齐备、正确，有无出具人的姓名、印章和家庭住址，有无经办人和负责人的签章。对于来源不清的凭证，应重点进行检查。

（7）注意有无不应作为报销凭证的原始凭证，如销货证、提货单、存根联等单据。尤其要注意对缺号、缺联、作废的凭证进行重点检查。

（8）检查凭证色泽和新旧程度与当时使用的相同凭证是否无差异。

（9）注意文字和数字有无涂改、刮擦、挖补等现象。

4. 对记账凭证的检查

记账凭证是企事业单位、机关团体的会计部门根据原始凭证所反映的具体经济业务内容，按照会计核算原理和有关会计制度规定编制的用来登记账簿的依据。记账凭证分为三种，即收款凭证、付款凭证和转账凭证。对记账凭证的检查主要包括以下内容：

（1）记账凭证的基本内容是否完备。

（2）会计科目对应关系的运用是否正确。不正确的，应查明具体原因。

（3）是否附有原始凭证，以及原始凭证与记账凭证的经济业务内容、金额等项目是否一致。

（4）记账凭证的"字号"或"编号"是否连续完整。

（5）记账凭证的文字、数字有无涂改和不符合规定的更正。

（6）使用红字的记录是否符合会计制度的规定，是否正常合理。

（7）注意检查记账凭证有无特殊标记，背面有无文字记载。

5. 对会计账簿的检查

贪污犯罪的实施者通常会对会计账簿进行处理，其常用的方法有：收入不记账；收多记少；无据支出；少支多记；无据冲账；非法转账；篡改收支和往来账簿；伪造涂改数字等。针对行为人的这些作弊手段，侦查人员在对账簿进行检查时应重点做好以下工作：

（1）收集账簿资料，检查有无遗漏或隐匿的情况。

（2）对账表、总账与明细账、日记账、账簿记录等进行常规检查，初步核对，以查明是否相符。

（3）复核账面数字有无错误涂改，订正部分是否有合理根据。

（4）根据记账凭证检查账簿记录是否正确。

（5）检查转账事项，核对调整记录、结账记录、过账记录是否正确。

（6）对账户的对应记录进行检查，看其会计记录、会计科目处理是否正确。

（7）调整错误账项，发现有可疑的，实施追踪检查。

同时，在侦查实践中要注意越来越多的"账外账"的存在，特别是在团伙或集体贪污案件中，作案人往往通过设置"小金库"的形式来占有公共财物。在这种情况下，侦查人员一定要善于发现这种"账外账"的存在，实践中较为有效的方法主要有以下几种：一是通过查阅财务账发现"账外账"。由于资金流动的规律性，使得"账外账"不可能凭空而起，它必定与财务账有一定的联系。加上一般贪污犯罪的实施人多采用隐瞒收入或虚列开支方式进行贪污，因此在财务账上会有所反映。二是通过调查涉案单位的收入渠道去发现"账外账"。一些单位除正常业务外往往还有某些较为隐秘的收入渠道，这些渠道具有一定的隐蔽性，不易为人察觉，也容易做手脚，因此常常会转入"账外账"，侦查人员对此也要特别注意。三是通过对涉案单位的往来客户的调查、函询发现"账外账"。四是通过突击盘点现金和核对对账单发现"账外账"。

最后，查账中还要注意几个问题：

一是要注意突出重点。有些案件中的财务会计资料经多年积累浩如烟海，如果撒网式普遍清查不仅费时，还会贻误战机。因而必须要根据具体案件的特点确定查账重点，变"大海捞针"为"有的放矢"。二是要重视技术鉴定的应用。由于查账的技术性极强，一般的侦查人员事实上难以胜任，实践中，为取得更大的战果，往往需要指派或聘请专业的司法会计技术人员协助。同时遇到会计资料中涉及的字迹、文书、印章印文的真假问题也必须请相关的技术专家进行鉴定，以保证清查的准确性和权威性。三是要注意深挖。在清查财务会计资料和款物中，要增强侦查意识，善于查微析疑，追根寻源，而不能就事论事，浅尝辄止，只有这样才能扩大战果。

（三）实施搜查扣押，保全涉案证据

贪污案件的犯罪嫌疑人为了逃避打击，常常会将非法占有的公共财物进行隐匿、转移甚至在极端情况下不惜销毁。因此，贪污案件侦查中，适时进行搜查、扣押是案件侦破的重要措施。通过搜查，除寻找赃款、赃物外，还应注意发现同案件有关的往来信函、电报、单据、发票、合同、记事本、通信录等物品，以从中发现贪污案件的书证，促使犯罪嫌疑人认罪服法。

在贪污案件侦查中，实施搜查应注意以下几点：

1. 要做好搜查前的准备工作。应针对案情进行具体分析和周密部署，研究被搜查人的社会关系，确定搜查的范围和重点，明确搜查目标和要求，做好参加人员的具体分工安排以及实施过程中交通、通信等各种物质准备和技术准备，做到心中有数。

2. 把握时机，以快制胜。搜查工作具有很强的时间性。对于决定搜查的案件，一要选择好时间，可在第一次接触犯罪嫌疑人以后，也可在拘留、逮捕犯罪嫌疑人之时进行。有些大案要案，应在立案后立即搜查，以及时掌握书证、物证，保证侦查工作的顺利进行。二是在行动上要及时、果断，速战速决，防止犯罪嫌疑人转移赃款、赃物，毁灭证据。

3. 讲究搜查方法和策略。为保证搜查工作达到预期效果，首先应注意行动的突击性和保密性，做到出其不意、攻其不备；其次要全面细致，一丝不苟，不放过任何蛛丝马迹；最后要注意做好搜查现场有关人员的工作，对其说明阻碍搜查的法律后果，特别是对在场的犯罪嫌疑人以及家属，应进行密切而隐蔽的观察，这样一方面可以减轻或消除在场人员的抵触情绪，另一方面也可能会得到意想不到的收获，从而扩大搜查的效果。

4. 搜查要严格遵循法律规定的程序。如搜查主体的合法性；一般搜查时出示搜查证，紧急情况搜查后再补办手续；搜查笔录的制作以及具体实施搜查过程中不出现其他违法行为。

扣押在多数情况下是伴随搜查而进行的，也是保全证据的重要手段。《人民检察院刑事诉讼规则（试行）》第234条规定，在侦查活动中发现的可以证明犯罪嫌疑人有罪、无罪或者犯罪情节轻重的各种财物和文件，应当查封或者扣押；

与案件无关的，不得查封或者扣押。持有人拒绝交出应当查封、扣押的财物和文件的，可以强制查封、扣押。因而，扣押是人民检察院侦查贪污案件过程中的一项重要权力，运用得当，对于防止证据灭失，及时查清案件事实具有积极的作用。但实践中，实施扣押也应注意以下问题：

1. 被扣押的财物和文件须与案件有直接或间接的关系，即能证明犯罪事实的有无，与此无关的不能扣押。不能立即查明是否与案件有关的可疑的财物和文件，也可以查封或者扣押，但应当及时审查。经查明确实与案件无关的，应当在3日以内解除查封或者予以退还。

2. 对于查封、扣押的财物和文件，侦查人员应当会同在场见证人和被查封、扣押物品持有人查点清楚，当场开列查封、扣押清单一式四份，注明查封、扣押物品的名称、型号、规格、数量、质量、颜色、新旧程序、包装等主要特征，由侦查人员、见证人和持有人签名或者盖章，一份交给文件、资料和其他物品持有人，一份交被查封、扣押文件、资料和其他物品保管人，一份附卷，一份保存。持有人拒绝签名、盖章或者不在场的，应当在清单上记明。查封、扣押外币、金银珠宝、文物、名贵字画以及其他不易辨别真伪的贵重物品，应当在拍照或者录像后当场密封，由侦查人员、见证人和被扣押物品持有人在密封材料上签名或者盖章，根据办案需要及时委托具有资质的部门出具鉴定报告。启封时应当有见证人或者持有人在场并且签名或者盖章。查封、扣押存折、信用卡、有价证券等支付凭证和具有一定特征能够证明案情的现金，应当注明特征、编号、种类、面值、张数、金额等，由侦查人员、见证人和被扣押物品持有人在密封材料上签名或者盖章。启封时应当有见证人或者持有人在场并签名或者盖章。查封、扣押易损毁、灭失、变质以及其他不宜长期保存的物品，应当用笔录、绘图、拍照、录像等方法加以保全后进行封存，或者经检察长批准后委托有关部门变卖、拍卖。变卖、拍卖的价款暂予保存，待诉讼终结后一并处理。扣押犯罪嫌疑人的邮件、电报或者电子邮件，应当经检察长批准，通知邮电部门或者网络服务单位将有关的邮件、电报或者电子邮件检交扣押。不需要继续扣押的时候，应当立即通知邮电部门或者网络服务单位。对于可以作为证据使用的录音、录像带、电子数据存储介质，应当记明案由、对象、内容，录取及复制的时间、地点、规格、类别、应用长度、文件格式及长度等，妥为保管，并制作清单，随案移送。

3. 对于扣押物品，检察机关应尽妥善保管的义务，不得使用、调换、毁损或自行处理。同时，应对扣押物品认真分析研究，逐一清理鉴别，仔细审查与案件的关联，然后顺藤摸瓜，查明案件事实。

（四）适时采取强制措施，控制犯罪嫌疑人

贪污案件牵制因素多、取证较难，且易发生销毁证据、转移证据、串供、逃跑、自杀等情况，适时对犯罪嫌疑人采取强制措施不仅可以防止上述现象的发生，而且能够促使犯罪嫌疑人的坦白交代。但是，强制措施的采取，应视案件的具体情况而定，在运用时，既要将其看成是一种侦查措施灵活加以运用，又应将其作为一种取证手段适时采取，采取强制措施有利于保障侦查工作的顺利进行，防止犯罪嫌疑人逃跑、自杀、串供、毁证灭迹等，对犯罪人起到震慑作用。在查办贪污贿赂犯罪案件中，对于不同的犯罪嫌疑人适时采取不同的强制措施，对侦查工作的顺利推进具有重要作用。对于犯罪后有畏罪心理，企图逃跑或自杀以逃避法律制裁的犯罪嫌疑人，在掌握一定犯罪事实的基础上，应及时予以拘捕，以避免因其潜逃而给侦查工作造成阻力，或因其自杀而使侦查取证工作难以继续；对于自恃位高权重，态度蛮横或者心存侥幸的犯罪嫌疑人，及时采取强制措施，可以打击其嚣张气焰，打消其侥幸心理。对认罪态度好，有悔罪心理的其他犯罪嫌疑人可以视具体情况不采取或不轻易采取强制措施。

（五）讯问犯罪嫌疑人

讯问犯罪嫌疑人是检察机关侦查贪污案件的必经程序，是正反两方面对面的较量，直接影响侦查结果。为了掌握讯问的主动权，达到澄清事实、查明犯罪、证实犯罪人的目的，掌握正确的讯问方法至关重要。而且，贪污犯罪的主体是国家工作人员或受委托从事公务的人员，其中相当一部分人具有较高的文化水平，丰富的社会阅历和经验，对政策、法律有一定的了解，较之一般刑事犯罪人，手段更加隐蔽、狡猾，往往在犯罪的同时，就为逃避侦查设置了重重障碍。案发后，他们通常不肯轻易认罪，而是施展伎俩，百般抵赖，企图逃避侦查；或利用关系网、保护层进行干扰；或订立攻守同盟；或毁弃、涂改、转移证据；或避重就轻，心存侥幸。凡此种种，对侦查人员的讯问工作提出了更高的要求。

讯问贪污案件的犯罪嫌疑人必须具备一定的条件。侦查实践中，对贪污犯罪嫌疑人的讯问时机，应选择在掌握了一定的证据证明犯罪嫌疑人具有犯罪事实存在的前提下，对其进行正面的审查。对贪污犯罪嫌疑人进行讯问，应当做好一系列准备工作，包括：（1）全面熟悉和掌握案件情况，包括犯罪嫌疑人的基本情况、具体案情和证据材料的情况，厘清眉目，防止胡乱发问，暴露底细，避免使讯问及后续侦查陷入困境。（2）认真分析犯罪嫌疑人的心理特征，掌握其在讯问中会有哪些抗拒心理，是侥幸、畏惧还是对立，在此基础上，制定正确的讯问方案，粉碎犯罪嫌疑人赖以抵抗的精神支柱。（3）制订讯问计划，内容包括案件简要情况；讯问的目的和要求；讯问的步骤、重点和方法；如何将讯问与可以采取的其他措施相配合；如何保护举报人以及讯问中应注意的其他问题。每次讯问还应有具体的提纲，并根据案情发展变化及时补充修改。

实践中，对贪污犯罪嫌疑人的讯问，除了运用政策攻心、利用矛盾、证据提示等基本策略外，还应当针对具体的贪污案件的实际情况，采取其他的讯问策略和方法，以突破案件。

1. 针对不同职务活动的犯罪嫌疑人采取不同的策略。贪污案件的犯罪行为人在实施贪污犯罪的过程中，都是利用了其职务上的便利。因此，贪污犯罪行为与其职务活动是紧密联系的，这就决定了在讯问贪污案件的犯罪嫌疑人时，可以从其职务活动追查贪污犯罪的行为，这既可以迫使嫌疑人交代已被揭露出来的犯罪事实，而且也可能迫使其交代尚未被揭露出来的或侦查人员尚未掌握的犯罪事实。在讯问犯罪嫌疑人的过程中，侦查人员要紧紧围绕公共财产的有关情况进行讯问，查清职务活动中的贪污犯罪问题，从而查清案件的事实，发现贪污犯罪的新线索和新证据。

2. 根据不同的犯罪手段，确定对犯罪嫌疑人的讯问重点。贪污是犯罪行为人利用职务上的便利非法占有公共财产的犯罪。由于贪污案件的嫌疑人职务、职责的不同，决定了犯罪行为人实施犯罪的手段方法也各不相同。因此，讯问贪污案件的犯罪嫌疑人，应根据不同的犯罪手段，确定讯问重点。

对于业务人员实施的贪污案件，由于贪污人员多是利用其从事业务活动的便利条件，采取伪造、涂改票据和高价购入、低价卖出等手段从中贪污，达到非法占有公共财产的目的。因此，在讯问中应从业务人员的有关业务活动入手，围绕行为人贪污的手段方法进行讯问，重点问清票据的来源、式样、内容、填写人或涂改、转款提款的经过；共同贪污成员之间的相互关系；贪污的过程、数额及赃物的处理情况。

对财会人员实施贪污犯罪的讯问。财会人员实施贪污犯罪一般都会在票据、凭证和账目上进行处理。犯罪行为人多采取多支少付、重复支出、多收少记或收入不上账、伪造涂改票据、虚报冒领、混账乱账等手段非法占有公共财产。对财会人员的讯问，应从财务管理活动入手，重点讯问票据、凭证、账目中的犯罪事实。对于重复支出的，要问清与哪张票据重复；重复支出票据的式样、规格、数量、金额是否与原始凭证一致。对收款不记账的，要问清收款人、收款数额、收款的时间、地点以及是否给交款人开了收据。

对于故意搞乱账目从中贪污的犯罪嫌疑人，在讯问中应重点问清其对于乱账的主观状态，即是故意还是工作失误，搞乱的账目共有多少笔，涉及金额是多少，现金是如何提出来的，等等。

对仓库管理人员贪污犯罪的讯问。仓库管理人员实施贪污犯罪一般都是利用其直接经手管理公共财产的便利条件，采取侵吞、窃取的手段非法占有公共财产。对其讯问可通过对仓库财物数额的盘点和查账，重点问清其侵吞、窃取公共财产的品名、数量、金额，贪污的时间、次数，运送的工具、出入库的手续以及赃物的隐藏地、销赃地等。

对运输人员贪污犯罪的讯问。运输人员在实施贪污犯罪的过程中，行为人一般多采取多装少卸、中途窃取、谎报卸货数量等手段将公共财物非法占有。对运输人员的讯问，应重点问清装、卸货物的数量，窃取的数量，所窃货物的存放地点及销赃的情况。对装卸货物无准确数值的，应重点问清赃物存放的有关情况以及销赃的具体情节。

3. 根据犯罪嫌疑人的特点进行讯问。贪污案件侦查中，由于犯罪嫌疑人的年龄、文化程度、社会阅历、罪行的轻重以及行为人所处职位方面的差异，决定了被讯问人在讯问中的不同态度。因此，在贪污案件的侦查中，对犯罪嫌疑人的讯问应根据对象的不同情况，因人施策开展讯问。具体而言：（1）对于社会阅历浅，有严重畏罪心理的犯罪嫌疑人，惧怕贪污罪行败露后，自己的社会地位一落千丈，将面临家庭破裂的危险，因而企图抵赖。对此，侦查人员可开门见山，正面突破，使其对法律尊严产生震慑心理，并结合坦白从宽、抗拒从严的政策教育，适当缓解其心理压力，使其认识到求生的出路而能主动坦白交代。（2）对于老谋深算、手段狡猾、顽固抗拒的犯罪嫌疑人，可采取迂回包抄的讯问策略，出其不意、攻其不备，在其气焰最嚣张、态度最恶劣之时出示有力证据，令其无法狡辩。（3）对于职位高、保护层厚或寄希望于"后台"的犯罪嫌疑人，要打消其妄想，顶住压力、扫清外围、步步紧逼。（4）对于破罐破摔、自暴自弃的犯罪嫌疑人，不宜单刀直入地硬攻，而应侧重疏导，设法恢复其自尊心和荣誉感。这类人案发后悔罪心理较强，一旦打消自卑心理，大多能积极配合讯问工作，如实交代罪行。（5）对于共同犯罪嫌疑人的讯问，应选准突破口，利用矛盾，各个击破。共同犯罪的嫌疑人一般都会订立攻守同盟，但也应当看到，他们同盟关系的基础是尔虞我诈，而非互相信任，特别是在分赃过程中容易产生矛盾，一旦罪行败露，受到切身利益的冲击，其同盟关系就会动摇。在这种情况下，侦查人员只要抓住薄弱环节，就会势如破竹，查清整个案件。对于攻守同盟较为牢固的犯罪嫌疑人，讯问人员要善于制造矛盾，利用其彼此不能充分信任的特点，使某些犯罪嫌疑人误认为其他人已交代了问题，因而为使自己不致被动，也会急于交代以争取宽大处理。

（六）善于运用特殊侦查手段推动侦查进程

现阶段的贪污犯罪案件已越来越朝着智能化、网络化、职能化的方向发展，手段越来越狡猾，方式越来越隐蔽，对抗侦查的情况日益突出，因而取证难度也越来越大。在这种形势下只运用单一的、常规的侦查手段有时无法收到良好的效果，因而侦查实践中，侦查机关越来越注意运用特殊的侦查手段来推动侦查进程。这当中主要是一些技术侦查手段的运用。

值得指出的是，2012 年修改后的《刑事诉讼法》在第二编第二章第七节后增加一节，作为第八节，对"技术侦查措施"从案件范围、期限、材料的保密运用、秘密侦查等方面作了具体规定。结合相关规定，在贪污案件侦查实践中的运用应掌握以下几项原则：

1. 适时使用技术侦查手段。检察人员在使用技术侦查手段时，要进行周密细致的计划和部署，善于利用各种有利条件，把握时机，争取用较小的投入取得较大的侦查效益，不允许在条件和时机都不成熟时贸然行动，暴露侦查目的和意图。

2. 注重人权保障。采用技术侦查手段只能针对与贪污贿赂犯罪有关的人和场所，不能随意扩大使用，侵犯公民人身权利。一般侦查措施能解决的，就尽量不用技术侦查手段，防止司法实践中以技术侦查手段代替其他侦查手段。

3. 与其他侦查手段配合使用。技术侦查手段不是独立存在的，总是依赖于或服务于其他的侦查措施，必须与其他的侦查措施配合使用，优化组合，将公开措施和隐蔽手段结合，内线侦查与外线侦查结合，使之发挥事半功倍的作用。

4. 使用技术侦查手段的人员要熟练掌握各种技术侦查手段的使用方法、作用、使用的规则和谋略，还必须有所选择地用技术侦查手段所要求的通信、交通、技术设备作保障，否则技术侦查无从谈起。

5. 使用技术侦查手段要有灵活性和可变性。全面了解案情，了解与案件有关的侦查环境、侦查对象，因时、因事、因案采取相应的措施和手段，审时度势，如遇案情变化，要及时调整技术侦查手段及相应的侦查措施。

第三节　贿赂案件的侦查

一、贿赂案件的线索审查

（一）贿赂案件的线索来源

研究贿赂犯罪案件的线索来源，可以为立案侦查提供依据，对于侦查活动的展开具有重要的意义。不同的案件来源，一定程度决定了侦查程序启动的快慢不同。贿赂案件作为职务犯罪案件的一种，其在案件线索的来源上与其他犯罪有一定的共同之处，但具体情况也有差异。根据我国《刑事诉讼法》的规定和司法实际情况，贿赂犯罪案件的线索来源主要有以下几个方面：

1. 单位或个人的举报

举报是指单位或个人向检察机关检举、揭发贿赂犯罪事实或者贿赂犯罪嫌疑人的行为。贿赂犯罪的线索来源大多数源自单位或个人的举报。举报主体一般是案件的知情人，大多数举报人是出于公民的责任心或政治上的责任感而举报的（但其中也不乏有匿报）。这也就决定了一般举报的内容比较真实，往往会给案件侦破提供重要的证据或重要的侦查契机。从而，要求负责立案的侦查人员要注意认真对待举报人的举报，做到正确及时立案。

2. 犯罪人自首

自首是指贿赂犯罪嫌疑人自己或委托他人向侦查部门如实供述自己实施犯罪事实的行为。自首的主观原因分为两种：一种是心甘情愿型的；另一种是走投无路型的。前者是犯罪嫌疑人充分认识到自己的行为性质，从内心愿意改过自新，向侦查部门主动交代罪行，争取从宽处理；后者则是犯罪嫌疑人并无真正认罪悔过之意，其自首的根本原因在于罪行已败露，或罪行虽未全部败露但已走投无路，其根本目的在于企图逃避严厉的刑事处罚。由于自首的动机不同，其表现内容也不同。心甘情愿型的，自首供述的材料比较真实、全面，而走投无路型的，供述的材料则不真实、不全面或部分不真实、不全面，这就要求审查人员对待自首材料要慎重，要区别对待。

3. 上级机关交办及有关机关移送的案件

上级机关交办是指党委或上级检察机关将与该贿赂案件有关的材料交给有权管辖的检察部门办理的行为。这类案件一般比较复杂，社会影响力大，查处具有一定难度。但只要依靠上级机关的支持，措施得力，方法得当，往往易于成案。有关机关移送，是指公安机关、人民法院以及其他行政执法部门等在侦查、审理、调查有关案件过程中，发现该案不属于自己管辖时，将与该贿赂案件有关的材料移送到有权管辖的检察部门的行为。这是贿赂犯罪案件线索的重要来源。这类案件在移送前，有些犯罪事实已较清楚，有的证据都比较充实，为迅速立案开展侦查提供了条件。

4. 其他来源

由于贿赂犯罪往往与其他犯罪相互交织，实践中常常出现检察机关在办理其他案件中发现本案线索。此外检察机关应该多渠道、多视野、多层次地扩展贿赂犯罪线索的发现机制。比如，检察机关可以深入人民群众中去，认真倾听人民群众对腐败现象的反映、对位高权重人员的评价等，从中筛选出犯罪线索。同国外相比较，俄罗斯将媒体披露的消息也作为立案的材料来源，无疑对我国追求新闻自由又着力控制腐败行为具有借鉴意义。

（二）贿赂案件的初查

贿赂案件初查的基本要求是：

1. 初查要保密。要把好初查立案关，应特别注意保密。保密是贿赂案件初查成功的关键，实践中失密和"内奸"事件的发生，是初查毁于一旦的重要原因。初查的秘密性要把握四点：一要线索交办和批准审查保密；二要初查对象保密；三要初查方向与内容意图保密，为初查后正面接触犯罪嫌疑人进行首次讯问埋下伏笔；四要参与初查的人员不应过多，尽量缩小知情范围，注意不要暴露身份。

2. 初查要突出重点、统筹兼顾。由于初查的目的主要是为了查明是否有犯罪事实需要追究刑事责任，从而解决是否立案的问题，因此，初查必须突出重点，抓住最能说明犯罪事实存在且牵涉范围小、查证时间短、便于保密、容易突破的线索和环节进行。切忌不分主次，全面开花。同时，由于初查的突破口往往仅是整个案件数罪中的一罪、多项犯罪中的一项、共同犯罪人中的一人，有时甚至只是全案中并非重要的部分和一员，因此，检察机关在下决心、作部署、定措施时，既要突出重点，又要统筹兼顾，注意立足全局，科学运筹，防止只顾局部，不顾全局，不注意对全案证据"资源"的保护，搞"掠夺式"、"毁坏式"的初查。

3. 初查要规范。所谓规范就是要合法、合程序。我国《人民检察院刑事诉讼规则（试行）》设专节对检察机关自侦案件的初查工作予以规定，指明初查一般由侦查部门承担，检察长或检察委员会具有初查批准权，初查可以采取"询问、查询、勘验、检查、鉴定、调取证据材料等不限制初查对象人身、财产权利的措施"；同时，规定在初查阶段"不得对初查对象采取强制措施，不得查封、扣押、冻结初查对象的财产，不得采取技术侦查措施"。①用法律规范初查，对于保障被查人的合法权益，保证准确地查处犯罪至关重要。

（三）贿赂案件的立案条件

贿赂犯罪案件经初查符合立案条件的，要迅即依法立案侦查，终止初查。立案条件也称立案理由，我国《刑事诉讼法》第110条规定："人民法院、人民检察院或者公安机关对于报案、控告、举报和自首的材料，应当按照管辖范围，迅速进行审查，认为有犯罪事实需要追究刑事责任的时候，应当立案；认为没有犯罪事实，或者犯罪事实显著轻微，不需要追究刑事责任的时候，不予立案。"这一规定说明，立案必须同时具备两个条件：

1. 事实条件，即有犯罪事实发生。有犯罪事实，指危害社会的行为已经存在。具体表现为：（1）危害社会的行为已经发生；（2）危害社会的行为已达犯罪程度，即行为触犯刑律；（3）犯罪事实有一定的证据予以证明。但是，此时的证据并不要求达到充分的程度，只需能证明有犯罪事实发生即可。

2. 法律条件，即需要追究刑事责任。需要追究刑事责任是指根据刑事法律的规定，对行为人需要追究刑事责任。具体表现为：（1）所追究的行为在法律上已构成犯罪；（2）追究行为人的刑事责任确有必要，即就现有证据证明的犯

① 《人民检察院刑事诉讼规则（试行）》第173条。

罪事实不具有无罪或不追究刑事责任的法律依据。

但实践中，贿赂案件又包括受贿案件、行贿案件、介绍贿赂案件这三类，对于具体的侦查工作而言，立案条件的判断比较复杂：

1. 受贿案件的立案条件

（1）根据我国《刑法》的有关规定，受贿案件的主体只能是国家工作人员或单位，这是受贿案件立案的首要条件。

（2）行为人必须是利用职务上的便利为他人谋取利益。所谓"职务上的便利"是指国家工作人员利用自己的职责范围或职务活动的便利条件。根据《刑法》和有关的司法解释，它包括三种情况：第一，国家工作人员直接利用本人职务范围的权力；第二，国家工作人员不是利用本人直接的职权，而是利用本人职权或单位所形成的便利条件，通过其他国家工作人员的职务行为，为请托人谋取利益，而本人从中向请托人索取或非法收受财物；第三，离退休的国家工作人员利用原有的职权或单位形成的便利条件，通过在职的国家机关工作人员的职务活动，为请托人谋取利益，而本人向请托人索取或收受财物。所谓"为他人谋取利益"，是指受贿人为他人谋取的物质性利益或非物质性利益。

（3）非法索取、收受他人财物达到一定数额或其他情节严重。如果行为人只是利用职务上的便利为他人谋取利益，而没有收受或索取他人财物的，则不是受贿。如果行为人利用职务上的便利为他人谋取利益，收受或索取了他人的财物，并且财物价值达到了立法所规定的数额，或虽未达到规定数额，但其他情节严重的，也构成受贿罪。

2. 行贿案件的立案条件

（1）行贿人（包括单位）必须具有使国家工作人员利用职务上的便利为自己谋取不正当利益的目的。如果行为人主观上不具有这一目的，客观上也没有采取使之为自己谋取某种利益的行为，则不构成行贿犯罪。

（2）行贿人用于行贿的财物必须为受贿人接受，即贿赂财物事实上的所有权已经发生了转移，否则受贿和行贿都不成立。

（3）行贿的财物也必须达到法定的数额。若未达到法定数额，则只属于一般的小额行贿行为，而不构成行贿犯罪。

3. 介绍贿赂案件的立案条件

（1）行为人在主观上具有介绍贿赂的犯罪目的。

（2）行为人在客观上具有在行贿人和受贿人之间沟通关系、撮合条件，促使行贿、受贿得以实现的行为。

（3）介绍贿赂犯罪的成立须以行贿、受贿的实现为前提。凡是行贿、受贿没有实现的，介绍贿赂案件也不能成立。

二、贿赂案件的侦查方法

（一）研究案件特点，选择侦查途径

贿赂案件与其他普通刑事案件相比，其不同点在于侦查机关在立案和开展进一步的侦查活动时，已经有了明确的犯罪嫌疑人，但缺乏认定的证据。因此案件的侦查主要是围绕有效获取犯罪证据，突破犯罪嫌疑人来开展的。侦查实践中，贿赂案件的侦查应通过选择最佳的侦查途径，去掌握认定犯罪的证据，为迅速推进侦查进程奠定基础。贿赂案件的侦查中，侦查途径的选择既要能够尽快地获取犯罪证据，又要在侦查过程中尽可能地不被调查对象所察觉。实践中，可选择的侦查途径主要有：

1. 从被索贿人入手开展调查

被索贿人是在受贿人的刁难、勒索下被迫行贿的。他们虽然也从受贿人处得到一定的好处和利益，但其心理活动较为复杂。一方面他们对受贿人有一定的憎恶感，另一方面又担心自己会受到法律的制裁。针对这种情况，贿赂案件的侦查中应对这类人员采取相应的侦查措施，做好他们的思想工作，促使被索贿人如实交代有关问题，从而突破整个案件。

2. 从行贿人入手开展侦查

行贿人是贿赂案件的重要关系人，他提供的真实情况是认定犯罪的直接证据。这对查明案件事实，突破受贿人具有极大的作用。实践中，行贿人之所以给受贿人行贿，其目的在于通过受贿人手中的权力达到为其谋取某种利益的目的，行、受贿双方当事人是相互勾结、相互利用的。但同时，行贿人因有求于受贿人而进行行贿，在一定程度上也具有被迫性，他们之间也不可避免地存在一定的矛盾。因此，贿赂案件的侦查，一般也可从行贿人入手，开展侦查，突破案件。

3. 从证人及相关知情人入手开展侦查

贿赂案件的证人和知情人包括行贿、受贿人双方的家属、情人、子女，以及其他知情人（如集体行贿单位的知情人）。重点放在行贿、受贿人的家属、情人上面。贿赂犯罪往往有一个过程，并不是三言两语、一拍即合的，一般有预谋行贿，准备钱物，收受贿赂，隐藏、掩盖事实真相等一系列活动，作为行贿人和受贿人的家属应有所察觉，他们是贿赂行为的目睹者或者耳闻者，有时还可能是直接参与者。受贿人利用职权暴富后往往饱暖思淫欲而寻找情人，将赃款赃物花在情人身上，且常出于炫耀心理而向情人泄露某些受贿事实或干脆与情人勾结共同受贿。因此，获取行贿、受贿人的家属、情人的口供，是一个重要的突破口。在实践中，这种特殊关系决定了行贿人、受贿人的家属、情人一怕案件暴露，二怕牵连自己的心理。当案件暴露后，往往想方设法为犯罪分子开脱，不愿提供有关其亲人受贿、行贿的犯罪事实，有的甚至拒绝作证或提供虚假情况。这时侦查人员可以一方面利用其不作证会加重亲人罪责的矛盾心理，另一方面应细心观察，适时运用策略，造成心理错觉，从而获取证据，突破案件。另外侦查人员在对这部分人员进行调查询问时，应注意选择抗拒心理较弱、社会阅历较浅的人员进行突破。

4. 从审查受贿人的职务活动入手开展侦查

由于贿赂犯罪是典型的权钱交易，侦查人员可以有针对性地从犯罪嫌疑人所经手的具体业务活动中寻找突破口。在审查时，侦查人员一定要注意不被一些表面的假象所迷惑，结合其业务活动特点认真审查。根据实践经验，可以根据不同行业不同的贿赂犯罪表现形式采取相应的方法策略来进行突破。

比如，在基建行业中，贿赂犯罪主要表现在：一是利用工程发包拿"好处费"；二是"入权力股"，向承包方敲竹杠。侦查时一般应从查工程量大小，造价高低，有无合同和预决算，建筑队的性质、技术如何，联系施工方与建筑方的中介环节，建筑质量好坏等入手，采取突破中介人和承包人的方法和策略。

在金融系统，贿赂犯罪主要表现在：一是利用贷款公开索要；二是明帮暗要，变相索贿；三是名扶邪助，高利盘剥。调查时一般应从查贷款手续是否齐全，担保资料是否具备，款项用途是否合法，贷款是否如数归还入手，采取集中力量突破贷款人的策略和方法。

在供销系统中，贿赂犯罪主要表现在：一是凭借手中的批销权，利用一些生产单位急需和个人急购的急切心理趁机索贿受贿；二是乘一些小企业和个体户急于推销自己的产品，打开市场之机渎职受贿；三是一些不法分子为谋取不正当利益，向一些单位的主管人员和经办人员行贿，以此打通关节，为其进行非法活动大开方便之门。调查时一般应从查商品是否紧俏，质量是否达标，库存有无积压入手，采取控制犯罪嫌疑人先扫外围的方法和策略。

5. 从审查财务会计资料入手

在经济往来中，贿赂案件有时会涉及账册、单据、凭证，以及行贿人的原始记录本等资料。特别是单位行贿，审查会计资料，寻找突破口是一项细致和辛苦的工作。一方面要求侦查人员不仅熟悉和掌握财会知识，而且还要通晓有关制度；另一方面侦查人员要做到有重点、有计划地审查，才能发现疑点和线索，为侦查提供方向和线索。比如在单位行贿中，审查会计资料应从受贿单位和相关的其他单位（主要是行贿单位）的账目中同时入手。受贿方账目的审查重点应放在受贿方与行贿方经手发生的业务关系中每次业务的详细过程。行贿单位的账目审查重点应放在核实开支项目和与受贿单位业务往来账目上。

6. 从其他经济犯罪或不法行为入手

贿赂犯罪与贪污、徇私枉法、走私贩私、偷税、黑社会性质犯罪、贩制伪劣商品等犯罪联系紧密，相互交织，侦查人员可以利用在侦查其他案件中抓住疑点，发现线索，从而顺藤摸瓜，发现行贿和受贿的犯罪活动。在实践中，由于一些犯罪分子一旦犯罪得逞，往往会同吃、喝、嫖、赌等行为结下不解之缘，所以侦查人员可从经济反常和不法行为入手，注意分析，深挖余罪，常常能够达到破此案带彼案、破一案带一片之目的。

（二）调查询问

调查询问是贿赂案件侦查最基本的侦查措施，它贯穿于贿赂案件侦查的始终。由于贿赂案件在侦查的初期阶段一般都有较为明确的犯罪嫌疑人，而没有反映犯罪结果的有勘查价值的现场可供勘验，因此，调查询问就成为首先采取的措施。侦查机关通过调查询问，可以发现贿赂案件的线索，收集犯罪证据，查清犯罪事实。

询问证人获取证言，主要是为了查明犯罪嫌疑人行贿、受贿的具体时间、地点、过程、次数，贿赂物的种类、数量、特征、价值，隐藏处所，有无在场人，受贿人为行贿人谋取了何种利益，以及其他与行、受贿有关的情况。具体包括查账中发现的问题，嫌疑人工作和生活中有无反常现象。嫌疑人有无掩盖贿赂的活动，如伪造、毁灭证据和秘密串供等。为了促使证人客观、真实地提供上述情况，应当做好调查询问前的准备，创造良好的询问气氛，选择适当的谈话地点和环境条件。

按照证人同案件的关系和态度，可以分为以下三种情况，对于持不同态度的证人，应当采取不同的方式进行询问：（1）肯于积极作证的证人，这主要是指控告人、检举人，对这部分人应当鼓励其提供真实可靠的证言。（2）被动作证的证人，这主要是指行贿单位的知情人，如会计、出纳、运输和转交行贿款物的人员等，他们当中不少人抱着多一事不如少一事的态度，一般不肯主动提供证言，有的知情人和犯罪嫌疑人有从属关系，怕打击报复而有所顾虑，但只要工作做得细致，大多会采取配合的态度。（3）不愿作证的证人，这主要是指与受贿人或行贿人有利害关系的证人，如他们的家属、情人、子女、亲友等。对这种证人，必须运用谋略和灵活机动的方法来获取证言，对其中构成共同犯罪或伪证犯罪的，则应果断采取强制措施。

（三）清查有关账目

清查账目是获取贿赂案件书证的重要手段。在贿赂案件侦查中，往往涉及账册、单据、凭证等。行、受贿行为人往往会在这些资料上留下蛛丝马迹。因此，侦查机关通过查账，可以迅速发现犯罪线索和获取犯罪证据。

贿赂案件中，由于账册、单据等多在行贿人、受贿人的控制之下，为防止与案件相关的原始账册、单据被销毁，查账前要严格保守秘密，或采取法律手段，查封有关的会计资料，以保证查账活动的顺利实施。同时，侦查机关应聘请有关的专业人员，协助清查账目。实践中，查账主要从以下几个方面着手，开展工作：

1. 对集体行贿的单位的查账主要查企业总账、明细账、记账凭证、原始单据，审查有无账证不符的情况。若有账证不符，或者在明细账、记账凭证、原始凭证中出现付给对方购销人员回扣、提成、信息费、酬劳费用，或者出现与企业活动无关的报销费用，或者出现高档商品的发货票等可疑情况时，均应查明原因。

对于原始凭证中出现的白条，应通过询问白条的经手人和其他知情人，查明白条所涉款项的去向。对于某些劳务支出，要注意从中发现有无巧立名目套取现金的行为。

2. 对于行贿人所在单位的账目的审查，主要应从受贿人主管、经手、管理的业务出发，审查账面上的记载及有关资料有无违反国家政策、计划调拨、经营范围等疑点。对发现的疑点，侦查机关要认真进行审查核实，从中发现受贿线索和证据。

3. 查行贿单位的工资账目。对一些人员流动性大，临时工、季节工多的单位，常常以工资支出的方式套取现金。对于行贿单位，尤其是对集体性质的单位的查账，应注意审查工资发放是否超出规定范围，有无将非工资支出记入临时工、季节工的工资支出项目。对于将信息费、酬劳费、好处费等记入工资支出的，应查明去向。同时，还应审查工资名单与实际领取工资的人员是否相符，有无虚列名单冒领工资或虚列名单发放奖金而实际用于行贿的情况。

4. 查行贿单位的小金库。小金库是指不在账上列支列收，而在账外由某些人任意开支的现金。小金库是某些人行贿的资金来源。小金库的资金来源是多样的，如单位的劳务性收入、服务性收入等。虽然小金库不在账上反映，但许多有小金库的单位都有一本"账外账"，专门记载小金库的收支情况，这种账多为日记账或流水账，有的单位由会计、出纳保管，有的由单位领导或办公室某一工作人员保管。因此，小金库一般都有账可查。查小金库应取得单位领导和群众的配合，对于无账可查的小金库，只能依靠群众的回忆和揭发。

（四）通过搜查、扣押、查询、冻结存款、汇款和追赃获取证据

由于贿赂案件言词证据地位突出，所以这一取证途径对于固定证据，防止翻供，扩大战果，证实犯罪具有重要意义。

对贿赂犯罪嫌疑人可能隐藏赃物罪证的一切处所，要及时搜查。通过搜查所要获取的犯罪证据有：（1）证明受贿人索贿、受贿和行贿人行贿及获得某种利益的各种书证。（2）证明受贿人收受贿赂和行贿人为谋取某种利益而行贿的物

证材料。搜查前，应当做好充分的准备，拟定搜查实施方案，了解被搜查处所及其周围的环境特征，仔细研究被搜查人的个性特点，分析判断被搜查人藏匿赃物罪证的处所，避免盲目搜查，注意防止赃物罪证被转移、销毁等。在搜查过程中，要突出一个"细"字，并注意观察犯罪嫌疑人及其家属的表情，不放过任何蛛丝马迹。必要时，在搜查之后还可以选择时机再次搜查，出其不意取得证据。

对于搜查中发现的与案件有关的账据信件、赃款赃物及其他证据，要逐项进行登记，并按照法定手续予以扣押提取，如果不能提取原物，可进行拍照、封存。根据案件侦查工作的需要，在履行必要的审批手续后，也可以扣押被告人的邮件。

要采取重点查询和普遍查询相结合的方法，查询犯罪嫌疑人的存款和股票等有价证券以及汇款，并依法予以冻结。另外要通过讯问犯罪嫌疑人、询问犯罪嫌疑人家属、走访有关知情人等方法发现赃款赃物的去向，并穷追不舍，直至扣押或追缴。

（五）通过司法鉴定获取犯罪证据

对于贿赂案件侦查过程中涉及的专门性问题，需要指定或聘请有关的技术人员进行鉴定，并作出鉴定意见。贿赂案件侦查中需要进行的鉴定主要有：（1）司法会计鉴定。主要用于对会计资料和小金库账目中专门性问题的鉴定。（2）文书物证鉴定。主要用于对与行贿、受贿有关的可疑文书、文字材料的内容有无伪造、变更，及笔迹等方面的鉴定。（3）危害结果的鉴定。主要针对与行贿、受贿有关的建筑物质量、实际造价等的鉴定，对积压、霉变、报废商品质量、价格的鉴定，确定行贿、受贿给国家造成的损害程度。（4）声像资料鉴定。主要用于鉴定录音资料中的声音与有关人的声音是否同一。如有的受贿人提供了证明他已将行贿款退还给行贿人的录音资料，对此要通过鉴定认定所录声音与有关人的声音是否同一，以鉴别所提供证据的真伪。

（六）讯问犯罪嫌疑人

讯问是侦查人员对犯罪嫌疑人进行的面对面的审查，是一项尖锐、复杂的斗争，也是一项原则性、策略性、法律性很强的工作。讯问犯罪嫌疑人是查明贿赂犯罪事实真相、印证案件中证据材料的重要途径和方法，因此要做好以下几方面工作：

第一，讯问前要充分准备。包括：（1）充分了解犯罪嫌疑人的各种具体情况，以便讯问时采取相应的对策。（2）周密制定详尽得当的讯问计划或提纲，预设多套讯问的方案策略，做到有备而讯、胸有成竹，力求在法定时限内突破犯罪嫌疑人的心理防线。（3）精心选择接触犯罪嫌疑人的最佳时机、场合及讯问地点，讲究与犯罪嫌疑人第一次交锋的斗争艺术，营造讯问气氛，实行强势攻心，给犯罪嫌疑人形成兵临城下的心理压力，突破其心理防线。

第二，搞好第一次讯问。紧紧衔接在初查之后的第一次讯问的成败与否，对案件的进展起着举足轻重的作用。这个阶段不但时间紧迫，而且面临的犯罪嫌疑人大都具备一定的抗侦查能力，一旦 12 小时突破不了，就难以对受讯者采取强制变更措施，这样会给以后的侦查增加更大的难度。因此，如何在法定时间内突破犯罪嫌疑人，及时录制口供，为进一步侦查、审讯打好扎实基础，便成为侦查理论及实践中要研究的关键问题。

第三，为了使讯问工作取得预期的效果，应当在全面熟悉案情的基础上，掌握犯罪嫌疑人的心理特点及其活动规律，对不同情感、意志、气质、性格和认罪态度的犯罪嫌疑人，根据不同的情况采取不同的讯问策略和方法，随时把握其心理动向，掌握讯问节奏，摧毁其侥幸、抗拒的逆反心理，促使其认罪服法，避免讯问的模式化和浮光掠影。对社会阅历浅，年龄较轻，作案手段简单，反侦查能力较弱，畏罪心理重的犯罪嫌疑人，采用"开门见山，单刀直入，击中要害"的策略，解除其思想包袱，促其走坦白从宽的道路；对社会阅历较深，年龄偏大，有一定领导职务，社会经验和法律政策水平及反侦查能力较强的犯罪嫌疑人，采用"以柔克刚"的策略。在将其控制的同时，应适当考虑其健康状况及合理要求，动之以情，晓以利害，适时提示证据，瓦解其侥幸心理，促其交代；对于订立攻守同盟的犯罪嫌疑人，采用"利用矛盾，各个击破"的策略，先隔断双方间的联系，然后利用矛盾突破防线，选择已被掌握的那部分情况，有的放矢，根据不同对象采取"一把钥匙开一把锁"的方法，各个击破；对受贿人拒不供认而直接证据又不充分的，可以从受贿人为行贿人谋取的利益入手，从受贿者的经济收入状况与生活上对比，通过间接证据的使用来促其交代。

第四，为了防止同案犯罪人之间、受贿人与证人之间，相互串联，进行串供，对同案犯罪人的讯问与对证人的询问，应当同步进行。为了防止犯罪嫌疑人及其家属转移赃物罪证，讯问受贿人应当和突击搜查与扣押书证、物证同步进行。这样采取协同化作战的工作方法集结优势兵力迅速完善主要证据，并及时互通情况，反馈信息，可以取得最大的讯问效果，避免贻误战机而给侦查工作带来被动。

（七）适时采取强制措施

强制措施是同犯罪分子作斗争的重要手段，目的在于保障侦查工作的顺利进行，防止犯罪嫌疑人逃跑、自杀，或隐匿、伪造、毁灭、转移证据，或互相串供等。根据《刑事诉讼法》规定，检察机关在侦查直接受理的刑事案件时，根据案件情况，对犯罪嫌疑人可以拘传、取保候审、监视居住，并有权决定对犯罪嫌疑人拘留、逮捕。根据案件的进展情况及犯罪嫌疑人的态度和心理变化，适时采取一定的强制措施，有利于瓦解犯罪嫌疑人的心理防线，尽快交代问题并澄清案件事实。对于犯罪后有畏罪心理，企图逃跑或自杀以逃避法律制裁的犯罪嫌疑人，在掌握一定的犯罪事实的基础上，应及时予以拘捕，以避免因其潜逃而给侦查工作造成阻力，或因其自杀而使侦查工作难以继续。对其自恃位高权重，态度蛮横或者心存侥幸的犯罪嫌疑人，及时采取强制措施，可以打击其嚣张气焰，打破其侥幸心理，起到震慑作用。对于认罪态度较好，有悔罪心理的犯罪嫌疑人，为鼓励其主动交代犯罪事实，可以视情况不采取或不轻易采取强制措施。

（八）广泛搜集间接证据和再生证据，突破疑难案件

很多贿赂犯罪往往只有犯罪嫌疑人口供与证人证言，再无其他任何证据，常常使办案人员对案件事实处于欲定不能，欲否又难的进退维谷境地。针对此情况，侦查人员应充分发挥间接证据的证明功能，广泛收集间接证据，突破与证实"一对一"的贿赂犯罪。首先，办案人员要打破"一对一"的案件无法侦破的观念，要善于变"一对一"为"多对一"，要有锲而不舍、广泛收集间接证据的精神。虽然单独的间接证据不能直接证明案件的主要事实，但它却是发现犯罪的先导，起着发现和鉴别直接证据的重要作用。其次，在具体操作上，要考虑从外围入手，由表及里，围绕与行贿、受贿有关的一系列事实去收集间接证据。

除此之外，由于在贿赂案件中，行、受贿双方一有风吹草动就急于串供封口、转移赃物，从而产生再生证据。因此，我们应该具有发展的眼光，掌握证据的发展变化，充分利用"再生证据"，去揭露和证实犯罪。"原生证据"是指犯罪分子作案时留下的证据，"再生证据"是指犯罪分子或利害关系人在进行反侦查活动中留下的能部分或全部地再现犯罪真相的证据。[①]

在贿赂案件的侦查中，再生证据在一定程度上不仅能弥补原生证据的不足，还能进一步证明原生证据的客观真实性，而且在某些情况下有些再生证据还能暴露出一些新的贿赂犯罪事实。因此，我们应该重视再生证据的收集和使用。

再生证据的收集应及时、迅速，根据实践经验，再生证据主要产生于串供串证、翻证变证、订立攻守同盟时；隐匿、销毁证据时；转移赃款、赃物时；收买、威胁证人时。有时，还可以利用受贿人迫不及待与家人、行贿人串供、封口的心理，巧妙留下工作上的"失误"，给受贿人以串供的机会，从中截获其串供的证据，将案件办成"铁案"。

---

① 朱孝清：《职务犯罪侦查教程（第三版）》，中国检察出版社 2014 年版，第 320 页。

第十六章　渎职侵权案件的侦查

　　国家机关工作人员的渎职犯罪案件是指刑法分则第九章规定的渎职犯罪案件，是国家机关工作人员不履行或不正确履行职责，滥用职权、玩忽职守、徇私舞弊，危害国家机关正常的职能活动，致使国家或者人民的利益实际遭受或者可能遭受重大损失的行为所构成的一类犯罪案件的统称。具体包括：1. 滥用职权案；2. 玩忽职守案；3. 故意泄露国家秘密案；4. 过失泄露国家秘密案；5. 徇私枉法案；6. 民事、行政枉法裁判案；7. 执行判决、裁定失职案；8. 执行判决、裁定滥用职权案；9. 枉法仲裁案；10. 私放在押人员案；11. 失职致使在押人员脱逃案；12. 徇私舞弊减刑、假释、暂予监外执行案；13. 徇私舞弊不移交刑事案件案；14. 滥用管理公司、证券职权案；15. 徇私舞弊不征、少征税款案；16. 徇私舞弊发售发票、抵扣税款、出口退税案；17. 违法提供出口退税凭证案；18. 国家机关工作人员签订、履行合同失职被骗案；19. 违法发放林木采伐许可证案；20. 环境监管失职案；21. 传染病防治失职案；22. 非法批准征用、占用土地案；23. 非法低价出让国有土地使用权案；24. 放纵走私案；25. 商检徇私舞弊案；26. 商检失职案；27. 动植物检疫徇私舞弊案；28. 动植物检疫失职案；29. 放纵制售伪劣商品犯罪行为案；30. 办理偷越国（边）境人员出入境证件案；31. 放行偷越国（边）境人员案；32. 不解救被拐卖、绑架妇女、儿童案；33. 阻碍解救被拐卖、绑架妇女、儿童案；34. 帮助犯罪分子逃避处罚案；35. 招收公务员、学生徇私舞弊案；36. 失职造成珍贵文物损毁、流失案。

　　职务犯罪中的侵权案件，是指国家机关工作人员利用职权实施的侵犯公民人身权利和民主权利的犯罪案件。具体包括：1. 国家机关工作人员利用职权实施的非法拘禁案；2. 国家机关工作人员利用职权实施的非法搜查案；3. 刑讯逼供案；4. 暴力取证案；5. 虐待被监管人案；6. 报复陷害案；7. 国家机关工作人员利用职权实施的破坏选举案。

第一节　渎职侵权案件侦查的特点

检察机关的职务犯罪侦查部门担负着贪污贿赂和渎职侵权两大类犯罪案件的侦查工作。渎职侵权案件的侦查工作与贪污贿赂案件的侦查工作虽然有一些共同点，但二者毕竟是不同的，是有区别。对于二者的共同点的研究已经比较多，但是对二者区别的研究就显得不够深入。与贪污贿赂案件的侦查相比较而言，渎职侵权案件侦查主要有以下特点：

一、与贪污贿赂案件的管辖范围和特点不完全相同

渎职侵权案件的范围比贪污贿赂案件的范围要大得多，既有造成经济损失的案件，又有侵犯人身权利和民主权利的案件；贪污贿赂侦查中的案件都是故意犯罪案件，渎职侵权案件侦查中的案件既有故意犯罪案件，又有过失犯罪案件。

二、案件来源不完全相同

贪污贿赂侦查中的案件主要来源于群众的举报，而渎职侵权侦查中的案件主要不是来源于群众的举报，这是一个很大的区别。渎检部门的案源主要不是群众的直接举报，而是新闻报道。因为渎职侵权犯罪，尤其是渎职犯罪是一种结果犯，如果没有造成严重的危害后果就不能构成本类犯罪，只有造成了严重的危害后果才能构成本类犯罪。这类犯罪案件，往往造成人员伤亡甚至是群死群伤的惨痛后果或者是造成巨额财产的损失。对于这样惨重的损失，新闻媒体的报道是非常及时的。所以，新闻媒体的报道就为渎职侵权侦查工作提供了大量的案源。但是，这类案源也并不是通过关注新闻报道就可以轻易直接发现的。因为这样一类案件本身有一个特点，就是它们常常隐藏在重大责任事故案件和重大诈骗等刑事犯罪案件的背后，属于"案中之案"、"案后之案"。如果不对新闻媒体的公开报道进行仔细深入的分析，就只能看到公开暴露出来的重大责任事故案件和重大诈骗等刑事案件，看不到可能隐藏在它们背后的渎职犯罪案件。如果头脑中分析思考一下这些暴露出来的事件发生的背后原因，即除了犯罪嫌疑人故意犯罪的原因之外，有关部门是否认真履行了自己的职责，就可能会发现"案中之案"、"案后之案"。因此，在渎职侵权案件侦查工作的开展过程中，要善于根据此类案件的特点"另辟蹊径"。

三、侦查工作的顺序不完全相同

贪污贿赂案件的侦查工作一般都是采取"由人到事"的侦查途径。因为贪污贿赂案件的主要来源是群众的举报，这种举报一般都是由人民群众首先指出贪

污贿赂犯罪嫌疑人的身份，然后才是对案件情况与证据的提供。而反贪部门围绕着被举报人开展调查取证工作，这是属于对象明确、事实待查的情况。所以，侦查工作一开始就有明确的目标，就针对某个人或某些人，可以直接调查举报的贪污贿赂挪用公款等事实是否存在，属于"由人到事"的侦查；而渎职侵权案件的侦查工作则不同，尤其是渎职案件的侦查，人们首先看到的是危害的结果，然后才去调查犯罪嫌疑人（这部分工作一般都由公安机关负责）。然后进一步调查有关职能部门是否存在渎职行为，哪些人应当承担渎职犯罪的刑事责任（这部分工作一般由检察机关的渎检部门负责），这就是"由事到人"的侦查途径。以上是对一般情况而言的，由于具体案件的复杂性和侦查工作的需要，有时也可能打乱这种顺序，或者交叉进行，或者同时进行。

四、侦查方法不完全相同

由于贪污贿赂一类的犯罪具有极大的人为的隐蔽性和狡猾性，所以，贪污贿赂案件的侦查方法是"公密结合，以秘密调查为主"，局外人感到有些神秘，但不是神秘化；而渎职侵权犯罪，一般而言，由于履行职务的程序性、公开性和行为人主观上的过失性，公开调查的难度不大。所以，渎职侵权案件的侦查方法一般是"公密结合，以公开调查为主"。但是，国家机关工作人员利用职权侵犯公民人身权利和民主权利的案件，仍然具有相当的人为隐蔽性和狡猾性，应当进行秘密调查。需要强调的是，在司法实践中如果遇到既有渎职犯罪，又有贪污贿赂犯罪的，就要根据案件的具体情况选择好突破口，然后根据突破案件的需要，选择适当的侦查方法，做到有的放矢。

五、处理难度不完全相同

随着党风廉政建设的加强和反腐败斗争的深入开展，对贪污贿赂挪用公款等犯罪嫌疑人，一般都没有人敢出面说情或进行包庇，侦查工作受到的干扰相对比较少，依法处理的难度不大；而渎职侵权案件处理的难度比较大。人们往往受"为公不犯罪"、"动机是好的"、"交学费"等传统习惯思维的影响，群众不愤恨，领导不在乎。只有造成人员伤亡甚至是群死群伤的案件后，人们才因为"人命关天"而紧张起来。这时，一些人由于害怕牵连到自己，又千方百计捂盖子、定调子、跑门子，甚至强迫检察机关瞒案不报、压案不查。一直拖到被上级纪委和检察机关调查清楚后，在上级领导的监督之下，才不得不承认错误，承认应该由司法机关追究有关人员的刑事责任。

以上对于渎职侵权案件侦查与贪污贿赂案件侦查的比较说明，渎职侵权案件的侦查要根据自身的特点，找出适合的工作模式，以促进渎职侵权案件侦查工作的开展。

第二节　滥用职权案件的侦查

滥用职权案件有广义和狭义之分。广义上的滥用职权案件是刑法分则第九章规定的滥用职权这一类犯罪案件的总称，它是指国家机关工作人员超越合法限度行使职权，危害国家机关的正常职能活动，致使公共财产、国家和人民利益遭受重大损失的行为所构成的犯罪案件，具体包括八个罪名。狭义的滥用职权案件仅指《刑法》第397条所规定的滥用职权犯罪案件。由于狭义的滥用职权犯罪案件与其他七个滥用职权类的犯罪案件〔执行判决、裁定滥用职权案，私放在押人员案，违法发放林木采伐许可证案，办理偷越国（边）境人员出入境证件案，放行偷越国（边）境人员案，阻碍解救被拐卖、绑架妇女、儿童案，帮助犯罪分子逃避处罚案〕是一般与特殊的关系，换言之，其他七个罪名都是从狭义的滥用职权罪中延伸或割裂出来的。所以，对狭义的滥用职权案件的侦查的研究在滥用职权类的案件侦查中具有代表性。因此，本节中如无特别说明，滥用职权案件就是从狭义上来说的。

一、滥用职权案件的特点

滥用职权案件是指国家机关工作人员滥用职权，致使公共财产、国家和人民利益遭受重大损失的犯罪事件。滥用职权案件有如下特点：

（一）滥用职权案件的犯罪主体是特殊主体

即滥用职权案件的犯罪主体只能是国家机关工作人员。不是国家机关工作人员不能单独成为滥用职权犯罪的主体，但反过来，并不是所有的国家机关工作人员滥用了职权均构成滥用职权犯罪。《刑法》第397条在规定了滥用职权犯罪的同时，又特别规定："本法另有规定的，依照规定。"所谓"刑法另有规定的"，是指在刑法分则中，对某些国家机关工作人员滥用职权的行为，单独规定为犯罪，并明确相应的罪状和法定刑。根据特别法优于一般法适用的原则，滥用职权犯罪不包括已作出特别规定对某些国家机关工作人员滥用职权的犯罪，如林业主管部门的工作人员违反森林法的规定，超过批准的年采伐额发放林木采伐许可证，或者违反规定滥发林木采伐许可证，情节严重的，则构成违法发放林木采伐许可证犯罪；负责公司设立、登记或者股票、债券发放、上市申请的批准、登记工作的国家有关主管部门的国家机关工作人员徇私舞弊，滥用职权，对不符合法律规定条件的公司设立、登记申请或者股票、债券发行及上市申请，予以批准或者登记，致使公共财产、国家和人民利益遭受重大损失的，则构成滥用管理公司、证券职权罪等。因此，对滥用职权犯罪的主体可作如下理解：主体是国家机关工作人员；是国家机关工作人员这个特殊主体中的一般主体，即刑法分则渎职罪一章中除专门规定了特殊滥用职权犯罪外的其他国家机关工作人员；这里的滥用职权案件是一般意义上的滥用职权案件。

（二）犯罪的主观方面故意与过失兼而有之

滥用职权犯罪在刑法理论上，一般被认为是故意犯罪。但是应当注意，滥用职权犯罪的主观方面有故意的一面，即行为人对其滥用职权的行为是明知的，属于明知故犯；但是行为人对于滥用职权行为所造成重大损失的后果，往往是出于过失或者间接故意的心理状态。

因此，审查滥用职权犯罪是否成立，在主观心理状态方面应该从两个方面进行审查：一是行为人对自己滥用职权的行为是故意为之。如明知不应将职权应用于某一事项而故意运用，或者在运用某一职权之时不正确运用。二是行为人对其滥用职权所造成的重大损失的后果往往出于过失或者间接故意的心理状态，即应当预见自己滥用职权的行为会造成国家、人民利益、公共财产等重大损失，由于疏忽大意而没有预见或者已经预见到而轻信能够避免，或者明知滥用职权会造成公共危害结果的发生，但是对这种结果采取漠不关心的放任的态度。

（三）滥用职权案件造成的损失严重

国家机关工作人员滥用职权，通常可以分为两种情况：一是超越职权，即国家机关工作人员行使其职权时，逾越其职权范围，实施了其无权实施的行为。如行政机关工作人员，逾越职权行使国家的审判权、下级机关非法行使上级机关的职权或者上级机关非法插足直接代替下级行使职权等。二是不正当行使职权，即考虑不应当考虑的因素或者不考虑应当考虑的因素，不合理利用职务上的地位或者法律赋予的职权，实施法律所不允许的行为，如强迫命令、瞎指挥、盲目蛮干，或者弄虚作假、胡作非为等。

按照刑法规定，国家机关工作人员滥用职权，致使公共财产、国家和人民利益遭受重大损失的行为才构成犯罪。因此，对于"重大损失"的理解应当严格按照最高人民检察院《关于渎职侵权犯罪案件立案标准的规定》执行。其一，看人员伤亡数量；其二，看经济损失数额；其三，看其他情节的严重程度，如由于滥用职权使工作、生产等遭受重大损害、在国内外造成恶劣的政治影响等。上述三者居其一即可视为"重大损失"应予立案。

当然，不能单就损失严重论其犯罪，在审查中，还必须看国家机关工作人员滥用职权的行为与严重损失之间是否存在因果关系，也就是说，滥用职权犯罪的客观方面应同时具备滥用职权行为和"重大损失"犯罪结果且二者有因果关系。

从近几年查处滥用职权犯罪的情况看，其在渎职侵权类犯罪中所占的数量比例很高。在所查处的滥用职权犯罪中，造成多人伤亡的或者造成严重经济损失的案件所占的比例又相当大，给国家的财产、国家机关在人民群众心目中的地位形象和人民群众的生命财产安全造成了重大的损失、破坏和威胁。

（四）滥用职权案件往往与其他违法犯罪相交织，情况比较复杂

滥用职权的行为人之所以滥用职权并非一时激情所致，往往是经过深思熟虑之后有意而为之。究其原因，不外乎有几种情况：一是本人存有私心，为自己、为亲朋好友的私利而滥用职权；二是贪图钱财，在收受贿赂或者别人的好处之后而滥用职权；三是为掩盖自己或者他人违法乱纪之事而滥用职权。因此，大凡滥用职权案件往往与其他违法犯罪相交织，例如，交通警察为了自己获得钱财，在他人所开汽车没有超速超载的情况下，故意以超速超载为由予以处罚；城管执法人员对不如期"上贡"的摊贩随意罚款、砸摊或者打人伤人；工商管理人员在收取一方摊主的好处之后，对其他未给好处的经营同类商品的摊主随意罚款，或吊销营业执照等。说穿了，滥用职权实际上就是一种典型的腐败，是公共权力的非公共运用，是广大人民群众深恶痛绝的。从以上分析可以看出滥用职权犯罪与个人私欲、违纪、违法以及个人执法水平、道德素养低下密切相关，情况比较复杂。在办理此类案件时，要注意正确掌握政策法律界限，严格区分罪与非罪、此罪与彼罪、违法与违纪、正当执法与滥用职权等，这是办理此类案件一个较为困难的方面。反过来，由于滥用职权往往与违法违纪相交织，情况比较复杂，又为侦破此类案件创造了一个有利的条件，即既可以从滥用职权方面搜集证据，也可以从违纪、一般违法和其他犯罪方面搜集和发现证据，也就是说，这类案件证据材料较多，可供选择的证据材料亦较多，既可"查此先查彼"，又可"查内先查外"，既可从滥用职权方面开展侦查调查，也可以从其他违法违纪方面开展侦查调查。

（五）滥用职权案件的涉及面广、环节多、人员复杂

首先，从涉及面来讲，可以说滥用职权案件涉及司法机关、行政执法机关和兼有公共管理职能的各个部门，可以说几乎所有穿制服、戴大盖帽的国家机关工作人员均可能成为滥用职权案件的犯罪主体。事实上，从查处的滥用职权案件的情况看，上述的各个机关和部门几乎都被牵涉到，只不过是数量的多与少有所区别而已。

其次，从牵涉的环节看，滥用职权也几乎涉及权力所涉及的各个环节。如房产系统的动迁、住房分配、处理房产纠纷；金融系统的立项、贷款、贷款审批、提取现金；司法系统的立案、复议、批捕、采取强制措施、公诉、审判、减刑、保外就医；建筑系统的投标、土建、水电安装、内部装修、检查验收等。最为突出的是掌握财政、经济大权的一些管理部门以及一些社会管理领域的部门，滥用职权的现象尤为严重。

最后，由于牵涉的部门多，涉及的环节也多，自然涉及的人员也较多。此

外，由于造成损失结果的原因也多而复杂，各原因所起的作用也不尽相同，有的表现为直接原因，有的表现为间接原因，因此，涉案人员中，哪些不负责任，哪些负间接责任，哪些应该负直接责任，在认定上有一定难度。

（六）犯罪行为既有一定的隐蔽性，也有一定的欺骗性

犯罪嫌疑人滥用职权，在许多情况下都是不公开而为之，虽造成一定损失，但局外人很难发现个中缘由，即使了解一二，也无真凭实据，最多只能认为某个国家机关工作人员办事不公，私心太重，但是要认定其滥用职权就比较困难，因此，具有一定的隐蔽性。同时，滥用职权也有一定的欺骗性。如果群众发现某个国家机关工作人员滥用职权，这个国家机关的工作人员可以找出相当多的理由来搪塞。如"法律如此规定，我是依法办事"，"接上级通知，现在应如此办理"；"这是内部规定，你们不了解实情"等，极其所能蒙蔽、欺骗群众。滥用职权案件的隐蔽性与欺骗性的特点，看似不利于侦查，实则不然。其隐蔽性在有侦查权的侦查机关深入调查过程中，事实真相是不难被查清的，而欺骗性也只能欺骗一般群众，不可能欺骗侦查机关。因此，在侦查过程中，既要倾听群众意见，也不一定全信，要重证据、重事实、重调查研究。

二、滥用职权案件的立案

滥用职权案件的线索来源主要是机关团体举报，公民控告、检举，上级机关交办以及检察机关在办案的过程中发现的。检察机关的渎职犯罪侦查部门在接到举报材料之后，应当根据材料的不同来源，采取一定的方法，进行认真细致的审查，以确定有无犯罪事实以及是否需要追究刑事责任。

（一）线索材料审查方法

1. 对书面材料进行审查。包括：

（1）损失是否达到立案标准。

（2）造成损失的原因是否与国家机关工作人员滥用职权的行为有因果关系。

（3）行为是否有不需要追究刑事责任的情形。如果就书面材料的审查，认为有犯罪事实存在，需要追究刑事责任，符合立案条件的，即应立案。

2. 进行必要的初查。通过对现有材料的审查尚不足以确定是否具备立案条件的，应进行必要的初查。初查的内容包括通过鉴定确定损失，通过现场勘查和调取相关的物证、书证以及调查有关证人以确定是否存在滥用职权行为以及滥用职权行为与危害后果之间，是否有刑法上的因果关系。需要特别强调的是，有些案件发生后，损失处于不确定的状态，并在继续扩大或者处于继续扩大的趋势，在此情况下，只要能够确定已经造成的损失达到立案所规定的标准，就可以立案，然后通过有关强制手段以减少损失的继续扩大。

在立案的方式上，目前检察机关采用的是以人立案的方式。我们认为，如果

有利于案件的侦查，可以采用以事立案的方式。滥用职权案件，一般都有比较明显和比较明确的危害后果，而且通过调查可以证实是由于什么原因造成的，责任人员有一定的范围但具体是谁暂时难以确定。在此情况下，可以采取以事立案的方式开展侦查。以事立案可以使侦查手段合法化，而且可以更好地隐蔽侦查意图，有利于案件的及时侦查。

（二）立案前审查应予注意的问题

1. 注意区分滥用职权罪与非罪的界限。首先应从立案标准上把好关。按照2006年发布的最高人民检察院《关于渎职侵权犯罪案件立案标准的规定》，审查死亡受伤人员数量，审查直接经济损失的数额。如果数量数额均未达到立案标准，而且也没有其他严重情节的，则不予立案，即不视为犯罪，只能按照一般违法违纪行为处理。根据最高人民检察院《关于渎职侵权犯罪案件立案标准的规定》，滥用职权案件，涉嫌下列情形之一的，应予立案：

（1）造成死亡1人以上，或者重伤2人以上，或者重伤1人、轻伤3人以上，或者轻伤5人以上的；

（2）导致10人以上严重中毒的；

（3）造成个人财产直接经济损失10万元以上，或者直接经济损失不满10万元，但间接经济损失50万元以上的；

（4）造成公共财产或者法人、其他组织财产直接经济损失20万元以上，或者直接经济损失不满20万元，但间接经济损失100万元以上的；

（5）虽未达到第（3）、（4）两项数额标准，但第（3）、（4）两项合计直接经济损失20万元以上，或者合计直接经济损失不满20万元，但合计间接经济损失100万元以上的；

（6）造成公司、企业等单位停业、停产6个月以上，或者破产的；

（7）弄虚作假，不报、缓报、谎报或者授意、指使、强令他人不报、缓报、谎报情况，导致重特大事故危害结果继续、扩大，或者致使抢救、调查、处理工作延误的；

（8）严重损害国家声誉，或者造成恶劣社会影响的；

（9）其他致使公共财产、国家和人民利益遭受重大损失的情形。

国家机关工作人员滥用职权，符合刑法第九章所规定的特殊渎职罪构成要件的，按照该特殊规定追究刑事责任；主体不符合刑法第九章所规定的特殊渎职罪的主体要件，但滥用职权涉嫌前款第1项至第9项规定情形之一的，按照《刑法》第397条的规定以滥用职权罪追究刑事责任。

其次，严格掌握滥用职权案件的犯罪构成要件。一是行为人在主观上对损害结果的造成是否有过失或间接故意。如果纯属意外事件、自然灾害造成的损失，不是由行为人主观罪过与行为所致，则不能认定构成滥用职权罪。二是行为人在客观上要有滥用职权的行为，而且要有由此造成的"重大损失"，且两者之间有因果关系才能认定为滥用职权犯罪。

再次，滥用职权罪中客观上的构成要件之一"重大损失"系指实际造成的且无法挽回的损失。否则，对暂时性的可以挽回的损失不能认定为构成滥用职权犯罪。

最后，要将滥用职权罪与工作技术事故区别开。如果行为人工作上尽职尽责，但由于客观条件和自身技术水平限制及超常意外，而给国家、人民带来了重大的损失，则属于工作技术事故。其主观上对于这一损失结果的发生没有间接故意或过失，客观上没有滥用职权而导致的重大损害及因果关系。因此，不能认定滥用职权犯罪，而是一般技术事故。如卫星发射中失事、失利，往往就是由于客观环境和技术人员技术水平有限而导致的技术事故。

2. 注意滥用职权与玩忽职守罪的区别。滥用职权与玩忽职守两罪同时规定在《刑法》第 397 条第 1 款中，有许多相似之处。由于滥用职权罪是从玩忽职守这一"口袋罪"中分离出来的，单立罪名，这对于认定罪与非罪、正确处理案件具有重要意义。但也易于让侦查人员产生认定罪名错误，因为原来这类案件统统以玩忽职守论罪。因此，有必要注意两罪的区别。

（1）主观上，玩忽职守只能是过失，而滥用职权行为人对滥用职权的行为主观上是故意，而对造成的损失，其主观上可以是过失，也可能是间接故意。

（2）在客观上差别较大。一是一般滥用职权罪表现为作为方式，即积极地去实施法律上所禁止的行为；而玩忽职守罪是不作为的行为方式，即消极地不履行、不认真履行职守。二是滥用职权罪的责任人表现为胡乱使用手中的职权，擅自逾越职权，或不正确履行职权或随心所欲、蛮不讲理作出错误处理等行为表现；玩忽职守则表现为不履行职责、放弃职守，或者不认真履行职责，马虎草率、敷衍了事，严重不负责任。

3. 注意滥用职权罪与刑法分则第九章渎职罪中其他有关部门滥用职权罪的区别。国家机关工作人员滥用职权构成犯罪的，一般应依照《刑法》第 397 条，滥用职权罪的规定定罪处罚，但是刑法另有规定的除外。所谓"刑法另有规定的"，是指在刑法分则中，对某些国家机关工作人员滥用职权的行为已经单独规定为犯罪，并明确了相应的罪状和法定刑。根据特别法优于一般法适用的原则，滥用职权罪不包括刑法已经作出特别规定的某些国家机关工作人员滥用职权犯罪。例如，《刑法》第 403 条规定的滥用管理公司、证券职权罪，《刑法》第 407 条规定的违法发放林木采伐许可证罪等。其区别在于：这些犯罪的主体仅限于某一特定行业的国家机关工作人员；而滥用职权罪的主体为所有国家机关工作人员。另外，两者区别还在于危害结果的要求上有所不同。

4. 注意将滥用职权罪与受贿罪区别开。行为人实施滥用职权行为同时又实施受贿行为而分别构成滥用职权罪与受贿罪的，应依据数罪并罚的原则实施数罪并罚。但行为人因为受贿而实施滥用职权行为且分别达到滥用职权罪与受贿罪的立案标准的，构成刑法理论上的牵连犯。应根据处理牵连犯的原则，根据行为人的具体表现，选择处刑较重的罪名定罪量刑。

5. 滥用职权罪与重大责任事故罪、铁路运营安全事故罪、重大飞行事故罪、重大劳动安全事故罪、工程重大安全事故罪、教育设施重大安全事故罪、消防责任事故罪的区别。重大责任事故罪等七个罪名属危害公共安全罪一类。它们与滥用职权罪的主要区别是：其一，犯罪主体上，滥用职权罪为国家机关工作人员，而后者为矿山、工厂、林场、建筑、铁路、航空等具体的单位或单位的职工（可以是自然人，也可以是单位）。如后几罪主体为自然人主体时，为该行业、部门的职工，而不是国家机关工作人员。其二，在犯罪客观方面有较大差异：滥用职权罪发生于国家机关工作人员日常行政管理性事务中；而后几罪则发生于上述特定行业各项生产作业及生产作业的具体指挥、调度过程中。

三、滥用职权案件的侦查方法

（一）滥用职权案件侦查途径的选择

实践中，滥用职权案件有以下侦查途径可供选择：

1. 从搜集调取书面材料入手，开展侦查。大多数滥用职权案件都离不开书面材料。这种书证材料包括两个方面：一是证明犯罪嫌疑人职务、责任的有关规章制度方面的书面材料；二是嫌疑人违规滥用职权过程中形成的书面材料，如签批文件、裁定书、通知、处罚通知书等。由于滥用职权案件是国家机关工作人员职务上的犯罪案件，因此，总有一些证明犯罪嫌疑人职务、责任及犯罪嫌疑人违规开出的各种证件等的书面材料。因此，对于滥用职权案件，可以从搜集、调取书面材料入手开展侦查。

2. 从询问证人、被害人入手开展侦查。在滥用职权案件中，由于案件涉及范围广、环节多，各个方面的证人相对也较多。侦查人员可以从证人、知情人入手开展侦查工作，特别是当犯罪嫌疑人拒不供认时更应考虑从证人这一薄弱环节入手选择突破口。在滥用职权案件中，证人大致有如下几种人员：举报人、控告人；犯罪嫌疑人所在单位领导、同事以及上级主管部门人员；与犯罪嫌疑人有业务往来关系的人员；从犯罪嫌疑人处获利或受益人员；受犯罪嫌疑人滥用职权之害的有关人员以及其他知情人员。在这些人当中，最知情的当数犯罪嫌疑人的同事、领导以及与其有业务关系的人员。但他们可能基于种种个人考虑，往往不愿意如实提供情况，有的甚至可能提供不真实的情况。为此，侦查人员应当在调查摸底的基础上，从犯罪嫌疑人的关系网中选择薄弱环节进行突破。如可以选择平常表现尚好、阅历较浅、胆量较小的证人或知情人，对于存在被害人的案件，可以从询问被害人入手，获取案件的直接证据作为突破口。

3. 从现场勘查入手开展侦查。对于有现场可以勘查的滥用职权案件，应该从现场勘查入手开展侦查。因为在此类案件中，现场是保留犯罪结果的场所，现场上有大量的痕迹物证，同时现场及其附近有许多知情群众，了解事件发生的起因、经过和结果。通过现场勘查，可以搜集到与案件有联系的重要证据，确定造成危害后果的原因。有些现场，还可以直接确定造成危害后果的原因。有些现场，还可以直接确定造成损失的数量和数额。

4. 从讯问犯罪嫌疑人入手开展侦查。在滥用职权案件中，犯罪嫌疑人一般都具有一定的职务，有一定的文化程度，有较丰富的社会经验，相对较难突破。但这也只是相对而言。由于案件不同，案件中的犯罪嫌疑人的情况也不完全一致。有些犯罪嫌疑人能够认识到自己的责任，对自己滥用职权的行为所造成的严重后果悔恨不已，有较强的悔恨心理，只要侦查人员方法得当，就比较容易取得这类犯罪嫌疑人的口供。有些犯罪嫌疑人自知后果严重，且十分恐慌，心理素质较差，侦查人员稍做工作，即能取得这类人的供述。总的来说，在一定条件下，从犯罪嫌疑人入手，也能够侦破案件。

（二）滥用职权案件应当获取的证据类别

滥用职权案件应当搜取的证据范围要根据该类犯罪的构成要件和量刑情节来确定，通常应搜集如下几方面的证据：

1. 证明损失结果方面的证据。是否造成重大损失是认定滥用职权行为是否构成犯罪以及量刑轻重的重要依据。一般情况下，滥用职权案件的损失可以分为三类：

一是人身伤亡，包括死亡人数、重伤和轻伤人数；二是经济损失，包括直接经济损失和间接经济损失；三是给党和国家造成严重的政治影响，包括给国家机关的信誉造成严重影响、给国家机关的正常活动造成严重破坏。在搜集证据时，应围绕以下几个方面进行：以立案标准为基础，根据案发时的客观情况分析判断损失的实际危害后果；查清人员伤亡的数量、程度；查清给党和国家的信誉、形象、威望等造成严重损害的情节；认定直接经济损失要以无法挽回为原则，且应以检察机关依法立案为时限来计算经济损失。

2. 证明滥用职权行为与危害后果之间因果关系的证据。刑法中的因果关系既包括直接因果关系，也包括间接因果关系。滥用职权行为与危害后果之间多体现为直接因果关系，有时也表现为间接因果关系。因果关系不同，反映行为人的主观恶性与行为的责任也不相同。因此，通过搜集证据查清危害行为与危害后果之间的因果关系，对认定案件性质及确定行为人的责任意义重大。滥用职权案件行为人的责任也比较复杂，对危害后果有的负有直接责任，而有的则负间接责任，而间接责任人员不属于追究刑事责任的范畴，只有直接责任人员才应当负刑事责任。领导责任又分主要领导责任和次要领导责任、实施者责任。实施者责任又分为主要实施者责任和次要实施者责任。因此，应根据案件的实际危害程度和滥用职权的具体情节确定行为人的刑事责任，搜集证据时应注意把握，区分清楚，重大、疑难案件更应如此。

3. 证明犯罪嫌疑人职务与职责方面的证据。犯罪嫌疑人的职务与职责，是衡量嫌疑人构成犯罪与否的尺度，因此，在搜集滥用职权案件的证据时，应注意对这两方面证据的搜集：

从职务方面来讲，一是要搜集证实犯罪嫌疑人具有国家机关工作人员身份方面的证据；二是证实犯罪嫌疑人在某个国家机关、部门中担任何种具体职务方面的证据。

从职责方面来讲，可分为法定职责（或限定职责）、内部职责（或基本职责）和授权职责。法定职责是指法律、法规对国家机关工作人员职责予以明确规定的责任。法定职务与法定职责密切相关不可分割，担任什么样的法定职务，应承担相应的法定责任，一旦不认真履行或违反规定造成了严重后果，就应承担相应的责任。内部职责是指虽无法律、法规明文规定，但在本系统或本单位内部形成的用以约束其工作人员行为的具体规定和制度。授权职责是指单位领导在授权其下属工作人员为完成某项工作时所提出的明确要求，如果行为人不按照授权内容或超出授权内容随意行事造成严重后果的，亦应负刑事责任。

4. 证明滥用职权人行为与职责关系方面的证据。在搜集与固定滥用职权犯罪证据的过程中，还应注意围绕行为与职责的关系搜集和固定证据，这是因为之所以某行为人构成此类犯罪，往往是超越职责范围或胡乱履行职责所致。因此，查清行为与职责的关系，对正确认定犯罪嫌疑人的客观行为也是十分重要的。为此，在搜集此类证据时，要注意查清以下两种行为：一是不正确履行职责，即行为人并非不履行职责，而是履行了职责但不正确，表现为在职务活动中乱用职权，胡作非为；二是逾越职责的行为，即行为人在执行职务活动中超出了自己的职务权限，实施了其无权实施的行为而造成严重后果的。

（三）滥用职权案件的侦查方法

1. 全面收集书证。由于滥用职权案件是国家机关工作人员职务上的犯罪案件，因此，在案件侦查中应当通过调查访问、调取、搜查扣押等方法全面搜集一切能够证明犯罪嫌疑人职务、职责的文件，并将这些文件作为书证入卷。证明犯罪嫌疑人职务、职责的文件包括证明犯罪嫌疑人任职时间、所任职务、具体职权、工作分工等。有的案件犯罪嫌疑人的职责是临时授权或赋予的，或者是某个时期上级机关布置的某项任务，或者是在某次会议上决定某项工作由犯罪嫌疑人负责。如果属于这种情况，就必须搜集证明犯罪嫌疑人负责某项具体工作的证据。无论是国家统一制定的规章制度还是单位内部制定的规章制度都在搜集的书证之列。书证不仅能证实犯罪嫌疑人的职务、职责情况，而且有时还能反映犯罪嫌疑人的职务活动过程。既包括犯罪嫌疑人所在单位实施某项活动的决定性文件、执行情况文件，也包括会议记录、参与人员的工作笔记等。在商务活动中，还有能够反映业务往来情况的书信、电报、合同、会计账目的书证材料。在建筑施工方面，书证资料会更全面、更充分，基本能够反映出工程的全部过程。

2. 及时勘查现场，获取相关物证。对有现场可供勘查的滥用职权案件，侦查机关在接受报案后应该迅速赶赴现场进行勘查，及时发现、提取和固定与案件有关的痕迹物品，搜集与案件有关的证据材料。在勘查的过程中应注意查清事件发生的原因、经过，人员伤亡和物质损失情况，以及各行为人在现场上的活动表现情况、有关人员的直接责任和间接责任。

3. 通过鉴定获取证据。在滥用职权案件中，经常需要对有关痕迹、尸体、人身、文件、笔迹、会计资料、技术和质量等进行检验鉴定，以确定被检验对象与案件、与有关责任人之间的关系。通过鉴定得出的鉴定意见，是证实滥用职权案件的证据之一。

4. 询问证人获取证人证言。询问证人是侦查滥用职权案件的重要方法。虽然滥用职权案件证人相对较多，但是获取证人证言也并非轻而易举之事。一般情况下，举报人或控告人能够积极主动地提供证人证言。中间环节知情的有关工作人员和其他有正义感的知情人也会主动提供证言。有些证人则是"事不关己、高高挂起"的心态，不主动作证，甚至因各种原因拒绝作证。侦查人员应该耐心细致地做好证人的思想工作，了解他们所顾虑的原因，解决他们所担心的问题，促使他们提供证言。

在侦查滥用职权案件时，时常会遇到证人拒绝作证的情况。对此，应具体情况具体分析、区别对待。首先，对于与犯罪嫌疑人关系密切而拒绝作证的人员，侦查人员要深入了解掌握证人与犯罪嫌疑人关系密切之所在，对证人进行必要的政策和法律教育，使其认识到滥用职权犯罪的严重危害，认识到作为公民应尽的作证义务，从而端正认识，用正义感来代替同情心，用理智来代替感情，用法律来评断是非，进而促使证人提供相关的证人证言。其次，对于怕得罪犯罪嫌疑人、怕受到打击报复的证人，应该在必要的政策法律教育和实际案例教育的基础上，表明检察机关惩治犯罪嫌疑人和滥用职权犯罪的决心，鼓励证人树立起与滥用职权犯罪作斗争的勇气，并为其提供切实的安全保护措施，如为其保密、解除犯罪嫌疑人的职务、对犯罪嫌疑人采取强制措施等。最后，对于担心惹火烧身、牵连自己的证人，侦查人员应该根据这些人害怕自己被处理的心理特点，晓以利害、指明出路，敦促其如实作证。此外，侦查人员在取证时要特别注意选择取证时间、地点和方法，尽可能缩小影响面、注意保密，减少对证人作证的不利因素。

5. 讯问犯罪嫌疑人。对于滥用职权案件犯罪嫌疑人的讯问，要注意搜集犯罪嫌疑人主观上是故意还是过失的证据，过失犯罪的犯罪嫌疑人一般都能供述过失犯罪的过程，大多数情况下，查清了犯罪嫌疑人的行为表现，也就查清了犯罪嫌疑人的主观心态，但也存在犯罪嫌疑人千方百计推卸责任，拒绝交代犯罪问题的情况。滥用职权犯罪嫌疑人的主观心态比较复杂，其犯罪既有故意的一面，又有过失的一面，因此，要针对案件的特点，结合犯罪嫌疑人的职务、知识水平、思想状况，采取不同的讯问方法和策略。

在滥用职权案件中，犯罪嫌疑人时常拒不供认自己的罪行，其主要原因是犯罪嫌疑人有畏罪心理，担心自己的前途；有的犯罪嫌疑人是将希望寄托于自己的"后台"、"保护伞"，交代问题时避重就轻；有的犯罪嫌疑人则自恃位高权重以势压人。在讯问过程中，侦查人员要对犯罪嫌疑人进行必要的教育，其中包括政策、法律、思想以及前途教育，目的是使犯罪嫌疑人丢掉思想顾虑和不切实际的幻想。对于居功自傲者，对于那些态度恶劣、气焰嚣张者，可以采取必要的强制措施，使其感觉到检察机关办案的严肃性与惩治犯罪的决心。同时，侦查人员还要坚决依法办案，顶住来自各方面的压力和说情，彻底消除犯罪嫌疑人的侥幸心理，使其认罪服法。对于想侥幸顽抗到底的犯罪嫌疑人，侦查人员应当适当出示证据；对于相互推卸责任，或者已经订立攻守同盟者，侦查人员要善于发现和利用同案犯罪嫌疑人之间的矛盾，或者是制造矛盾，令其不能自圆其说，从而不得不交代自己的犯罪行为。

第三节　玩忽职守案件的侦查

玩忽职守案件是指国家机关工作人员未尽职守，因过失而致使公共财产、国家和人民利益遭受重大损失的案件。玩忽职守行为是渎职犯罪中最典型的行为之一。从广义上讲，玩忽职守案件是指刑法分则第九章规定的这一类犯罪案件的总称，具体包括十个罪名。从狭义上讲，玩忽职守案件仅指《刑法》第397条规定的玩忽职守犯罪案件。狭义的玩忽职守案件与其他九种玩忽职守类犯罪案件（国家机关工作人员签订、履行合同失职被骗案，失职造成珍贵文物损毁、流失案，执行判决、裁定失职案，失职致使在押人员脱逃案，环境监管失职案，传染病防治失职案，商检失职案，动植物检疫失职案，不解救被拐卖、绑架妇女、儿童案）是特殊与一般的关系。对狭义的玩忽职守案件的侦查的研究也适用于广义的玩忽职守案件的侦查，所以，如无特别说明，本节所说的玩忽职守案件仅指狭义的玩忽职守案件。

玩忽职守犯罪可以表现为职务上的作为，也可以表现为职务上的不作为。所谓职务上的不作为是指具有特定职责的国家机关工作人员，在有条件、有可能并且应当履行其职责的情况下，不履行职责或者不积极履行职责的行为。也就是说，行为人对自己所担负的职责和工作，严重不负责任，无所用心，抱着敷衍应付、放任自流的态度，从而使国家、集体和个人利益遭受重大损失。所谓职务上的作为，是指国家机关工作人员以其"积极的行为"去实施不忠于职守的行为。有的擅自离守，不忠实履行自己的职责；有的盲目蛮干，不正确履行自己的职责。但应注意的是，玩忽职守罪是结果犯罪，仅有玩忽职守行为而未达到立案标准所规定的损失后果，则不构成犯罪。

在认识"职务上的作为"作为表现形式的玩忽职守案件时，不能因为它是一种"积极的行为"，而把这类犯罪认为是故意犯罪。在这类行为中，虽然它表现为积极的行为，但犯罪主体对于发生的重大危害后果，在主观上仍然是过失，犯罪主体本人并不希望这一结果的发生，或者轻信可以避免，或者因疏忽大意没有预见。

玩忽职守行为不仅严重干扰国家机关的正常管理活动，使公共财产、国家和人民利益遭受重大损失，而且败坏党风和社会风气，成为党和国家政治生活中的一种腐败现象。因此，依法惩治玩忽职守犯罪，不仅是加强法制建设的需要，也是保证国家机关正常运作，促进廉政建设的需要。作为承担依法侦查玩忽职守犯罪案件的检察机关来说，认真履行这一职责，严肃查办玩忽职守犯罪，对保障依法治国、依法行政，促进经济建设有重大作用，并且也是加强廉政建设的一项重要内容。

一、玩忽职守案件的特点

（一）有严重的危害后果

在客观上有公共财产、国家和人民利益遭受重大损失的后果，是法律规定构成玩忽职守犯罪的特别要求。这些损失可能是物质、经济上的，可能是生产、技术方面的，也可能是人的生命安全或者政治方面的。归纳起来，其损失后果表现在三个方面：一是造成的损失常常是触目惊心的。一个案件造成的经济损失多达几百万元、几千万元乃至上亿元。经济损失又分为直接经济损失和间接经济损失。直接经济损失是指与玩忽职守行为有直接因果关系造成的公共财产毁损、减少的实际价值。间接经济损失是指由直接经济损失引起和牵连的其他损失，包括失去的正常情况下可能获得的利益和为恢复正常管理活动挽回所造成的损失所支付的各种开支、费用等。间接经济损失是定罪的考虑情节，直接经济损失是构成玩忽职守罪的重要依据。二是多有人员严重伤亡。有的是一案就造成几十人乃至几百人伤亡的严重后果。三是造成恶劣的政治影响。个别玩忽职守案件造成干群关系激化，导致群众冲击政府机关，阻断道路交通的也时有发生，使党和政府的威信和声誉受到严重影响。可以说，玩忽职守案件所表现出来的最本质特征和最突出特点就是造成的损失和影响特别严重。

玩忽职守案件有严重的犯罪后果是客观存在的，不以行为人的主观意志为转移。人们对玩忽职守案件的发现和认识，往往是从其后果开始的。玩忽职守犯罪虽然是过失犯罪，但其造成的损失常常非其他案件可比。由于玩忽职守行为对这些危害后果的造成是出于过失，所以，玩忽职守案件中的犯罪后果会暴露出来，行为人也难以像故意犯罪那样对结果加以掩盖和伪装。这是侦查玩忽职守案件的有利条件。然而，行为人在执行职务过程中，因玩忽职守行为所造成的损失，尤其是物质毁损、经济损失，又不是立竿见影的，往往要经过较长一段时间才能反映出来。因而玩忽职守案件造成的损失是客观事实，这种客观事实表现在：反响大，影响坏，议论多，掩盖难，一般难以弥补和挽回，即使能挽回一部分损失，也是寥寥无几，并且非常艰难。如在与诈骗犯罪有关的玩忽职守案件中，常常有玩忽职守被骗款已经被骗方用来偿还债务，或与他人签订经济合同后，又发生正常往来关系。对此，检察机关为挽回经济损失所要做的工作是大量而又复杂的。有的还需要债权人向人民法院提起民事诉讼后，才能反映出来。

此外，当前有案不报的状况比较严重，与玩忽职守的犯罪行为愈演愈烈形成强烈的反差。其中原因除了对玩忽职守犯罪行为存在种种糊涂认识之外，有的单位领导从维护本单位部门声誉等各种角度出发而不报案；有的单位到检察机关报案是为了请检察机关帮助挽回损失，如发案单位认为损失已经不可能挽回也就不了了之；有的则是害怕拔出萝卜带出泥，暴露自己或单位存在的问题，影响自己的前途和政绩，而有意不报案。尽管还存在法律制度和监督机制不完善等因素，但近年来，此类犯罪日见增多，损失数额越来越大，给国家和人民利益造成严重损害。因此，严厉打击此类犯罪是必要的，也是刻不容缓的。

（二）玩忽职守犯罪多与其他犯罪交织在一起

国家机关工作人员从事组织、监督、管理公共事务活动。在这些活动中，玩忽职守犯罪人工作严重不负责任，并非一时一事，有的玩忽职守犯罪也不是孤立存在的。如在购销环节中，就有相当数量的玩忽职守案件与诈骗案有关，即国家机关工作人员因工作严重不负责任而被骗构成玩忽职守犯罪。其主要特征是一方审查不细，盲目自信，将款物给付对方；另一方虚构事实，将款物骗到手后逃之夭夭。由此形成一方是玩忽职守犯罪，另一方是诈骗犯罪，双方互为因果。此类情况，在案件的侦查、认定和追缴款物中存在较多困难。在安全生产管理、基本建设和固定资产更新改造、仓储管理、医药卫生等方面，玩忽职守犯罪又往往与重大责任事故相伴而生。在金融投资、司法、进出口商品检验等活动中，玩忽职守犯罪常常与徇私舞弊、贿赂犯罪交织在一起。

另外，国家机关各职能部门在市场经济的运行过程中，尤其是在计划经济向市场经济转轨的过渡时期，起着重要的调控、管理作用。而新的市场经济体制以及与之相适应的法律制度尚在完善之中。国家机关工作人员在这个转变调整过程中思想观念起了较大的变化，尤其是受经济利益的驱使，对工作极端不负责任，官僚主义、马虎草率态度日渐形成并逐步恶化。甚至一部分人不仅对工作玩忽职守，而且为了追求优越的物质生活而利用手中的职权进行贪污、受贿索贿、挪用公款，侵吞国家财产。由此可见，玩忽职守案件中，行为人有一个思想的腐化过程，进而不仅对工作不负责任造成重大损失，构成玩忽职守犯罪，还常常出现一人多罪的特点。侦查中应当注意强化侦查意识，深挖细查，从小案牵出大案，查一罪挖多罪。

（三）犯罪行为有明显的行业特征，暴露不充分

玩忽职守犯罪发案部位相对集中，发案的领域非常广泛。玩忽职守案件一般发生在国家机关的职能活动中，但发生的领域非常广泛。从发生的领域来讲既可以是经济活动中，也可以是司法和行政执法活动中。国家机关工作人员的玩忽职守犯罪可以涉及各行各业，而不同行业有不同的行业规范、管理制度和技术要求。不仅有国家统一制定的法律、法规，各行各业也有有关的单行法规，单位内部还有内部制定的规章制度。它们都是国家机关工作人员正确履行职责的要求和依据。这些法律、法规有时并非群众都能了解和知悉。玩忽职守犯罪人的犯罪行为是在履行自己的职责过程中发生的，他们置有关法律、法规于不顾，违反履行公务的程序、方法和要求，想当然行事。由于各行各业国家机关工作人员的工作专业技术性强，玩忽职守行为的表现形式多种多样，但都与自己的专业技术密切相关，并可能发生在执行职务的各个环节中。因此，玩忽职守犯罪行为有明显的行业特征。有时仅仅对行业特点有一般了解，不能发现其犯罪行为和事实。

玩忽职守案件往往涉及面广、环节多，原因复杂，责任分散。许多玩忽职守案件往往涉及决策、指挥、执行等多个方面，每个方面又表现出多个环节，造成损失结果的原因多，原因所起的作用也不相同。有的表现为直接原因，有的表现为间接原因。涉及的责任人员也多，认定起来有一定的难度。

因玩忽职守犯罪涉及法律、法规、制度广泛，具体到某个行业、某个部门单位、某个人的具体职责，往往需要侦查人员了解有关单位、行业的规章制度，做

大量的工作才能弄清楚。玩忽职守犯罪又往往被正常执行职务行为所掩盖，甚至为一些假象所掩盖，而常常暴露不充分。如金融工作中的玩忽职守犯罪案件，常常是表面上信贷手续齐全，貌似合法，而实际上却没有履行"三查"职责（即贷前调查、贷时审查、贷后检查）。有的贷款人无贷款资格（如伪造手续、贷款抵押物实际价值过小等），有的担保人无担保资格。对于貌似合法的情形，侦查人员不了解有关行业的规章制度、运作特点、技术细节和工作环节，则难以查明案件真相。虽然犯罪后果暴露比较明显，但后果形成的原因、过程比较复杂，以至于犯罪行为暴露不充分。检察机关受理案件时只有一些检举、控告材料，这些材料因受多方面条件限制，一般只能提供一些不很明确、具体的情况。有时甚至于犯罪嫌疑人是谁都不明确。有的涉及人员较多、环节较多，有一果多因的情况。此时问题出在哪一个环节，是工作失误、缺少经验所致还是技术设备原因无法预见，谁负主要责任谁负间接责任，并不是一目了然的。所以，玩忽职守犯罪行为常常暴露不充分。但是，无论是玩忽职守行为的后果暴露充分不充分，都需要侦查人员掌握有关的法律知识、有关的规章制度、行业知识和技术特点，才能在侦查中发现问题，进而收集证据证实犯罪，不至于被玩忽职守行为人的谎言所欺骗。由于玩忽职守犯罪涉及的大量法律法规不为群众所知悉，无从判断该怎样做和国家机关工作人员的职务行为是对是错，这也是玩忽职守犯罪事实情节具有隐蔽性的重要原因。有的案件时过境迁，某些环节人们回忆不清；有些当事人、证人由于某种原因，可能对当时的情况作了一定的伪造和编造；有些人甚至故意将犯罪事实情节搞乱，妄图蒙混过关；犯罪人常常在案件的关键环节上打埋伏，或避重就轻，或嫁祸于他人。这就要求侦查人员在侦查中，不能被假象所迷惑，要抓住具有隐蔽性的情节，去揭露案件的本来面目。

（四）案件侦查往往受到外界干扰

玩忽职守案件的侦查难度大，这不仅是因为玩忽职守案件本身所有的复杂性，还是因为侦查中干扰多。玩忽职守犯罪的主体是国家机关工作人员，大多数担任着一定的领导职务或负责某方面的工作。身份的特殊性，使他们更容易编织关系网，形成较厚的保护层。于是，在检察机关的办案过程中，说情者有之，袒护者有之，甚至指责依法办案，给侦查人员设置重重障碍。有的领导干部因与某一违法乱纪事件有牵连，或对玩忽职守造成的后果负有领导责任，为使自己得到解脱而以权说情；有的领导干部基于本位主义、小团体主义，而不惜以损害国家利益和长远发展为代价，用"上级决定"、"经集体讨论决定"等借口，进行组织说情；有的部门和领导干部借保护改革之名，行说情包庇之实；有的单位和领导出于对玩忽职守行为的危害性认识不足而有意无意地以"经验不足"、"工作失误"掩盖玩忽职守犯罪事实，大事化小，小事化了；有些人对此并不关心，往往采取少说为佳、但求无过的态度，有些人顾虑较多，怕得罪人。诸如此类的现象使玩忽职守犯罪案件侦查工作困难重重。在这种影响下，玩忽职守犯罪人不仅不吸取教训，反而会利用其尚存的职权与关系网，对有关知情人施加影响，使得不少证人本身就对玩忽职守犯罪的危害性认识不足，进而不愿意作证，更进一步造成案件调查取证的困难。对此，侦查人员应正视这些困难，树立信心，注意侦查方法和策略。

二、玩忽职守案件的立案

玩忽职守案件的线索来源主要是发案单位的举报、有关部门的移送、上级领导机关交办、公民的检举和检察机关在办案中发现的线索。当前，随着举报工作的大力开展，匿名举报越来越多，这已成为玩忽职守案件的主要线索来源。根据规定，这些线索由人民检察院举报中心负责统一管理。举报中心对属于本院管辖、应当由侦查部门初查的，移送侦查部门。

及时发现与掌握玩忽职守案件的线索，是能否顺利地揭露和证实玩忽职守犯罪的前提条件。由于玩忽职守犯罪是国家机关工作人员职务上的犯罪，并可能发生在国家机关工作人员执行公务的任何环节和过程中，玩忽职守行为常常与正常执行职务行为，甚至与工作失误、技能技术限制所出现的失误交织在一起，加之玩忽职守行为在执行职务过程中发生环节的复杂性以及人们对玩忽职守行为与危害后果认识滞后，决定着从玩忽职守的发生到对玩忽职守犯罪的认识过程较长。而在这一较长的过程中，有关证人、知情人、案件关系人和有关证据都将随着时间的流逝而发生较大的变化。如在经济犯罪案件中的玩忽职守，由于一笔业务往往要涉及多个供方和需方，形成连环，因发案时间较长，有的单位已经破产，有的单位已经撤销，从而导致案件性质认定困难，也难以取证证实犯罪。另外，举报材料因受多方面的条件限制，不能提供所需的全部情况。因此，应当不失时机地采取适当方法进行审查，以便及时决定是否立案侦查。

（一）立案条件

检察机关对于举报、移送等有关材料，都应当进行认真审查，其目的是确认有无玩忽职守犯罪事实存在，是否需要立案和侦查。玩忽职守案件的立案，必须具备以下两方面条件：

1. 具有玩忽职守犯罪事实。玩忽职守犯罪是国家机关工作人员在执行职务过程中的过失犯罪。构成玩忽职守犯罪事实自然有其特殊要求：

（1）犯罪主体必须是国家机关工作人员。

（2）行为人有玩忽职守行为事实。玩忽职守行为是指行为人主观上出于过失，客观上履行、不积极履行或不正确履行其职责，从而使公共财产、国家和人民利益遭受重大损失的行为。玩忽职守犯罪，在主观上一般表现为过失，包括疏忽大意的过失和过于自信的过失。这里的过失，是指行为人对待其玩忽职守行为致使公共财产、国家和人民利益遭受重大损失的结果而言的。

2. 玩忽职守行为所造成的后果达到立案标准，需要追究刑事责任。仅有玩忽职守行为而未达到立案标准规定的损失后果，不构成玩忽职守犯罪。根据最高人民检察院《关于渎职侵权犯罪案件立案标准的规定》，玩忽职守案件，涉嫌下列情形之一的，应予立案：

（1）造成死亡1人以上，或者重伤3人以上，或者重伤2人、轻伤4人以上，或者重伤1人、轻伤7人以上，或者轻伤10人以上的；

（2）导致20人以上严重中毒的；

（3）造成个人财产直接经济损失15万元以上，或者直接经济损失不满15万元，但间接经济损失75万元以上的；

（4）造成公共财产或者法人、其他组织财产直接经济损失30万元以上，或者直接经济损失不满30万元，但间接经济损失150万元以上的；

（5）虽未达到第（3）、（4）两项数额标准，但第（3）、（4）两项合计直接经济损失30万元以上，或者合计直接经济损失不满30万元，但合计间接经济损失150万元以上的；

（6）造成公司、企业等单位停业、停产1年以上，或者破产的；

（7）海关、外汇管理部门的工作人员严重不负责任，造成100万美元以上外汇被骗购或者逃汇1000万美元以上的；

（8）严重损害国家声誉，或者造成恶劣社会影响的；

（9）其他致使公共财产、国家和人民利益遭受重大损失的情形。

国家机关工作人员玩忽职守，符合刑法第九章所规定的特殊渎职罪构成要件的，按照该特殊规定追究刑事责任；主体不符合刑法第九章所规定的特殊渎职罪的主体要件，但玩忽职守涉嫌前款第1项至第9项规定情形之一的，按照《刑法》第397条的规定以玩忽职守罪追究刑事责任。

检察机关经过初查认为行为人确有玩忽职守犯罪事实存在，需要依法追究刑事责任的，应制作《提请立案报告》，报请检察长或检察委员会批准或决定，并报上一级检察机关备案。人民检察院决定对玩忽职守案件立案侦查的，应当制作立案决定书。决定不予立案的，如果是被害人控告的，应当制作不立案通知书，写明案由和案件来源、决定不立案的原因和法律依据，由侦查部门在15日内送达控告人，同时告知本院控告申诉检察部门。如果玩忽职守行为造成的损失不足，情节轻微，不构成犯罪但需追究党纪、政纪责任的，则不予立案，移送有关主管机关处理。

目前，办理经济领域玩忽职守案件存在的突出问题是损失数额不好确定。有的长期处于不确定的状态，造成立案困难，或已立案的长期不能结案。大部分是因为玩忽职守与经济合同纠纷的分歧和对损失数额的认识不一致所致。结合司法实践及民法、民事诉讼法等法律规定，以下五种情况可以确定损失数额：（1）与诈骗有牵连的案件，发案单位已经无力挽回的损失，一旦公安、检察机关介入，不论挽回损失与否，都应计算在玩忽职守损失数额之内，所挽回的损失可以作为定罪量刑的考虑情节。（2）发案单位对款物失去控制后，行为人或单位一般都努力通过各种途径进行追索，其中包括提起民事诉讼。在诉讼中经法院判决败诉或应承担部分责任的终审案件，其应赔偿的数额为损失额。（3）债务方不能偿还的债务，债权方又失去了向人民法院起诉的机会，其债款应认定为损失。（4）按民法通则关于诉讼时效的规定，债权债务关系确定后，债务人去向不明达 2 年以上。（5）不用通过民事诉讼就能明显判断债务人已经没有能力偿还债权人的债务。

此外，在金融工作中，相当数量的案件，金融部门通过民事诉讼胜诉，但债务方和担保方却已经宣告破产，又无负连带责任的单位，判决不能兑现，则以不能偿还的贷款本息认定玩忽职守的损失额度。

（二）玩忽职守案件立案审查的方法

检察机关在受理关于玩忽职守犯罪举报材料之后，应当根据材料的来源不同，采取一定的方法，进行认真审查，以确定有无玩忽职守犯罪事实以及是否需要追究刑事责任。

立案审查，分为初步审查和调查核实两个阶段。初步审查重点在于判明举报的线索是否具有真实、可靠性，只有线索反映的事实具有成案的可能性，才需要进一步进行调查核实。初步审查是调查核实的准备阶段，有时还需要进行现场勘查。因此，两个阶段在审查的内容和方式上是不同的。在具体的立案审查中，应视案件的不同情况和来源，采取相应的审查措施进行审查。

1. 书面审查。在进行立案审查时，首先应该对现有的控告、检举材料进行仔细的审核。书面审查的依据，一般是检察机关已受理的检举、报案、控告以及其他单位和部门移送或交办的文字材料。由于递送材料者的主观认识、法律知识和客观条件的限制，有关问题的性质、行为后果等往往得不到全面、客观的反映。有的单位报案也仅仅是为了挽回损失。因此，所提供的玩忽职守犯罪线索，常常情况复杂，轮廓不清，有的甚至以其他犯罪线索的形式出现。为此，在对所受理的案件线索进行审查时，必须进行深入细致的分析和研究。

（1）要通过审查，初步判断事件性质，确定管辖。根据《人民检察院刑事诉讼规则（试行）》第 157 条规定，对不属于玩忽职守案件，或不属于检察机关管辖范围，则应在 7 日以内移送有关部门处理。移送举报线索，应当移送举报材料原件,移送重要的举报线索应当经检察长批准。

(2)要根据线索反映的情况以及办案经验,初步判断玩忽职守的可能性是否存在。为此,可仔细审查举报内容。对举报内容的审查主要是看举报的内容是否详细和举报的内容是否存在矛盾。一般而言,如果举报的材料中,时间、地点、人、事、物都有说明的,则该材料真实性大;如果举报材料的内容前后一致,没有矛盾,则该材料可信度较高。

(3)要认真分析线索材料的来源,根据举报、控告的情况及与被举报、控告人的关系,分析举报人能否进一步提供有关犯罪的证明材料。

(4)分析审查玩忽职守行为发生的可能关键环节。对书面材料进行审查时,主要围绕:损失是否达到立案标准;造成损失的原因是否与国家机关工作人员的玩忽职守行为有因果关系;行为是否有不需要追究刑事责任的情形。对于符合立案条件的,应及时立案。

另外,由于我国目前通信技术的迅猛发展,有相当数量的举报线索是通过电话方式来进行的。那么,对于自首、来访和电话举报的,在进行初步审查时,应注意以下几个方面:第一,问明举报的原因和线索来源,举报人的姓名、住址、工作单位等情况。掌握这些情况,在随后的侦查活动中,可以使我们尽快发现知情人,推进侦查工作。当然,在某些情况下,举报人可能因各种原因往往不愿意提供这方面的信息,这并不影响举报活动,但要尽量努力说服举报人。第二,如有可能,应仔细询问举报人和被举报人的关系,问明举报次数和举报的方式及其他知情人的姓名和住址等。第三,详细询问其所举报的事件涉及的时间、地点、人、事、物以及相关的情节、手段、后果以及证据等情况。这是举报的核心内容,应当尽可能在举报人愿意配合的情况下,细致了解涉嫌犯罪事实、过程、地点、时间及有关行为人和知情人姓名和住址等基本情况,并尽可能掌握查证线索。第四,审查举报的内容前后是否一致,对存在矛盾的地方,应当通过仔细询问和分析,查明产生矛盾的原因。

对于用电子邮件、QQ信息等方式举报的,也应按上述几个方面,通过适当的方法,进行核实。

2. 通过对现有材料进行审查尚不足以确定是否具备立案条件的,应进行必要的初查。对于控告、举报的玩忽职守的犯罪案件线索,在对控告举报材料进行书面审查的基础上,应当进行调查核实工作,或者通过对现有材料审查尚不以确定是否具备立案条件的,应进行必要的初查。初查措施包括通过鉴定确定损失,通过现场勘查和调取有关的物证、书证以及调查有关证人确定是否存在玩忽职守行为以及玩忽职守行为与危害后果之间,是否具有刑法上的因果关系。在初步审查的基础上,应当根据线索的来源和案件性质等,灵活确定进一步调查核实的步骤和方法。在进行进一步的调查核实时，应制订切实可行的调查核实计划，以指导调查核实工作的开展。在进行具体的调查核实工作时，应当确定专门的侦查人员负责。一般而言，调查核实的重点应当是举报人所举报的线索中最容易突破，证据结构简单，能构成犯罪的主要事实以及证据容易毁损、转移的事实。

在调查核实的过程中，侦查机关应迅速地与被控告、检举人的单位，或者其上级部门的党委、纪委和监察部门取得联系，在他们的协助下，对检举控告的材料进行调查，或者与这些部门进行联合调查。如果调查的结果，确认检举、控告的事实属实，应追究有关责任人的刑事责任的，则应立案侦查。

对于已经受理的由有关部门移送的或上级部门交办的玩忽职守案件，由于这类案件一般都有较好的材料可供审查，因此，对该类案件审查条件较好。经过必要的审查后，如事实成立，则应迅速立案。如果材料较少，不足以说明案件的基本情况，则应进一步进行调查核实，或者请有关单位进行调查，然后根据进一步调查核实的结果，决定是否立案。在进一步调查核实期间，检察机关应与有关单位保持密切的联系。

根据规定，初查由人民检察院的侦查部门进行，但是对举报材料性质不明难以归口，情况紧急需要及时办理或者群众多次举报未查处和检察长交办的，由举报中心进行初核。举报线索的初查，可由检察机关自己侦查，也可以与被举报人所在的单位或其上级部门党委、纪委、监察部门取得联系，在他们的协助下进行调查，或者同这些部门联合调查。亦可由检察机关牵头，聘请有关专业部门进行调查。调查工作从两个方面进行：一是外围调查。查明被举报人的职务身份、职责范围。二是直接核实举报材料所反映的损失结果。查明和核实是否造成损失、损失后果及其严重程度，有关单位和责任人针对损失是否采取措施予以挽回，结果如何。

3. 对于有现场的，应当及时进行勘查。玩忽职守案件中有些案件有现场可查。在已受理的案件中，如果已造成了事故，存在现场的，应立即组织人员对现场进行勘查。这些案件主要是造成人身伤亡和物质损失的案件。这种案件现场的勘查与普通刑事案件的勘查一样，要求及时、全面、细致、客观地进行。这些案件现场有的是其他部门勘查后，认为是由于玩忽职守行为造成而移送检察机关办理的；有的则是在危害后果形成后，其形成原因不明确而组织联合调查的。无论哪一种情况，都应迅速地进入现场进行勘查，及时发现、固定和提取与案件现场有关的痕迹物证，查明事实经过、事故发生的原因及后果，必要时要聘请专家协助勘查。同时访问证人、知情群众和受害人，并注意查证一些会议记录、工作记录、电话记录等文件，从中可以反映出上下级之间的工作联系、指令、安排或请示、报告、批复等，为认定案件性质和责任提供线索。通过勘查，如果判明事故的原因是由于国家工作人员玩忽职守所造成的，则应对有关人员进行立案侦查。

玩忽职守案件的立案侦查，是一个非常复杂的过程，为了准确地立案，侦查机关应认真理解和掌握刑法、刑事诉讼法等有关的规定，并认真理解和掌握最高人民检察院《关于渎职侵权犯罪案件立案标准的规定》中对该罪的犯罪主体、犯罪行为、造成重大损失的标准、经济损失的计算、责任人员的划分等方面的具体规定，依法立案。

（三）玩忽职守罪的认定

玩忽职守罪是国家工作人员严重不负责任，不履行或者不正确履行职责，致使公共财产、国家和人民利益遭受重大损失的行为。其法律特征是：

1. 本罪的主体是特殊主体，即国家机关工作人员。

2. 本罪侵犯的客体是国家机关的正常活动或者国家工作人员的职务行为的勤政性。

3. 本罪的主观方面是过失，包括疏忽大意的过失和过于自信的过失。

4. 本罪的客观方面表现为国家机关工作人员具有玩忽职守的行为，并因玩忽职守行为造成公共财产、国家和人民利益造成重大损失。玩忽职守行为表现为国家机关工作人员严重不负责任，不履行或不正确履行职责。需要注意的是，玩忽职守犯罪是过失犯罪，所以，损失的结果必须是实际发生的，有发生的危险而实际上没有发生是不能构成本罪的。并且，损失的结果与玩忽职守行为还要有刑法上的因果联系。对于损失结果达到"重大损失"的标准，要依照最高人民检察院《关于渎职侵权犯罪案件立案标准的规定》来进行判断。

三、玩忽职守案件的侦查方法

（一）玩忽职守案件的侦查任务

玩忽职守案件在决定立案侦查时，已经初步确认了一定人的玩忽职守行为及其后果，这就决定了玩忽职守案件通常是"由人到事"的过程。在玩忽职守案件的侦查中，无论是侦查计划的制定，还是侦查中的取证，都是根据刑法的有关规定，围绕着揭露和证实犯罪，判明犯罪嫌疑人的责任这一核心任务的完成而开展工作的。因此，立案以后，应首先明确的是侦查工作应解决的问题。尽管每一个具体的玩忽职守案件都存在各自不同的特点，但就一般意义而言，玩忽职守案件的侦查，通常应解决以下问题：

1. 查明造成重大损失的原因，核实损失结果，查明玩忽职守犯罪所造成的损失的严重程度。玩忽职守行为所造成后果的严重与否，直接关系到对行为的定性和定罪量刑。因此，对玩忽职守行为后果的调查，是玩忽职守案件侦查中应首先解决的问题。

造成重大损失的原因有两类：一类是人为的原因，即行为人在执行公务的过程中不负责任而造成的损失。其中又有两种情况：一是行为人因过失而未尽职守；二是行为人对自己应当履行的职责，放弃或撒手不管。另一类是环境、技术上的原因。环境、技术上的原因是不能预见的，如国家机关工作人员在签订、履行合同的过程中，由于国家政策、国际市场行情的变化，受个人能力水平的限制，对方恶意设圈套以及不可抗力等原因，致使国家利益遭受重大损失的。又如环境监督管理、传染病防治和商检等工作中，仪器发生故障或所用材料的质量低劣等原因，不能使国家机关工作人员有效履行职责，导致国家和人民利益遭受重大损失的。

在造成重大损失后，查明造成损失的原因是侦查玩忽职守案件的重要任务之一。国家机关工作人员在执行职责的过程中，环节较多，因而应当查明究竟是什么环节上出了问题造成损失，通过对造成损失的原因分析，查明问题的环节所在。而查明问题出现的可能环节后，又有助于区分直接原因和间接原因，在此基础上区分直接责任与间接责任以及各占多大的分量。

是否造成重大损失是认定玩忽职守行为是否构成犯罪以及量刑轻重的重要依据。一般情况下，玩忽职守案件的损失可以分为三类：一是人身伤亡，包括死亡、重伤和轻伤人数；二是经济损失，包括直接经济损失和间接经济损失；三是给党和国家造成严重的政治影响，包括给国家机关的信誉造成严重影响，给国家机关的正常活动造成严重破坏。在收集证据时，要围绕以下几个方面进行：以立案标准为基础，根据案发时的客观情况，分析确定损失的实际危害后果；查清人员伤亡的数量、程度；查清给党和国家的信誉、形象、威望等造成严重损害的情节；认定直接经济损失要以无法挽回为原则，且应以检察机关依法立案为时限来计算经济损失。

在立案审查中，虽然对损失后果进行了初查，但初查中主要是解决损失后果是否达到立案标准，至于究竟造成损失的具体严重程度如何，则要在侦查中予以查明。

查清危害后果的严重程度是侦查玩忽职守案件的一个重要内容，也是侦查中较难解决的复杂问题之一。不仅是准确惩治犯罪人的需要，也是为国家挽回损失的需要。因而成为玩忽职守案件侦查所不可回避的问题。其中，有的需要由专业人员进行鉴定；有的需要经过提起民事诉讼以生效的民事判决认定损失额度；在与诈骗有关的玩忽职守案件中损失的认定则更困难，如检察机关或公安机关办案经常追缴一些物品，对物品价值的认定，既关系到玩忽职守犯罪造成或被挽回的损失数额，又涉及诈骗犯罪的数额，但在定价方面往往出现分歧，尤其是对非国标产品，物价部门因没有标准而不予受理，双方协商又无法律效力；有的案件中诈骗犯罪人逃往境外，超过诉讼时效仍无音信，或案件久侦不破；等等。上述诸多因素的客观存在，使玩忽职守案件侦查难度加大。对此，侦查人员要注意根据案件实际情况，按照法律规定，予以正确认定。

2. 查明犯罪嫌疑人的职责范围和犯罪嫌疑人的主观罪过。查明犯罪嫌疑人的职责范围，是确定犯罪嫌疑人是否对已经客观存在的严重后果负有玩忽职守责任的重要依据，也是衡量嫌疑人是否构成犯罪的尺度。它是玩忽职守案件侦查中一个非常重要的、必须重点加以解决的问题。因此，在侦查玩忽职守案件时，务必查清犯罪嫌疑人的职责范围。只有查明了犯罪嫌疑人的职责范围，才能对其行为是否构成玩忽职守作出正确判断；只有查明了犯罪嫌疑人造成损失的具体行为，才能正确认定其对损失后果应负的责任。在查明犯罪嫌疑人的职责范围时应当注意以下几点：

（1）查明犯罪嫌疑人的法定职责范围。法定职责范围是与法定职务密切联系的，它通过嫌疑人所在行业、单位的有关规定、章程、制度等反映出来，其职务、职责的证明文件则具体反映嫌疑人所应承担的职权与义务。因此，可通过了解犯罪嫌疑人所属单位的种种有关的规章制度和犯罪嫌疑人本人的职务，以掌握犯罪嫌疑人的法定职责。

（2）查明犯罪嫌疑人的实际职责。法定职责往往是抽象、概括性地规定嫌疑人所应负的职责义务，而具体到某个人的某项工作或任务时，常常实际职责无明文规定，但嫌疑人应当履行或不履行该职责义务已成为该行业或该单位人所共知的惯例，或者是临时赋予某项职责。

（3）在查明嫌疑人的职责范围时，还应当注意了解其任职时间、实际业务水平和工作能力。注意收集有关职责范围的证明文件。

（4）围绕行为与职责的关系认真收集证据。在收集和固定此类犯罪证据过程中，除以上几种情况外，还应注意围绕行为与职责的关系收集固定证据，这是因为之所以某行为人构成此类犯罪，往往是不认真履行职责或超越职责范围行为所致。因此，查清行为与职责的关系，对正确认定犯罪嫌疑人的客观行为也是十分重要的。为此，在收集此类证据时，要注意查清以下几种行为：①未履行职责的行为，行为人没有实施其职务上所要求实施的行为。②擅离职守行为，即行为人的职责有明确的要求而行为人不按职责要求实施，在特定的时间私自离开了特定的场所以致造成严重后果的行为。如监所管理人员擅离岗位，致使在押的罪犯逃跑，继续危害社会等。③不正确履行职责，即行为人并非不履行职责，而是履行了职责但不正确，表现为在职务活动中出现差错或者决策失误。④逾越职责的行为，即行为人在执行职务活动中超出了自己的职务权限，实施了其无权实施的行为而造成严重后果的。

在玩忽职守案件中，犯罪嫌疑人的主观状态也是侦查中应当查明的一个重要问题。在任何玩忽职守案件中，犯罪主体的行为是否构成犯罪，均以行为人的过失为前提。如果玩忽职守行为人在实施某一行为中，主观上不存在过失，而是客观上因为各种原因不能预见，即使是行为人的行为造成了严重的危害后果，行为人也不承担刑事责任。

3. 查明嫌疑人造成重大损失的具体行为。由于玩忽职守犯罪是一种与犯罪主体的职务密切相关的犯罪行为，它存在作为和不作为两种情况。因此，在具体的侦查工作中，应当围绕着犯罪嫌疑人的职务，围绕着犯罪嫌疑人的玩忽职守行为是否与严重后果存在因果联系等方面，去查明犯罪嫌疑人具体实施了什么样的玩忽职守行为。通常，在玩忽职守犯罪中，造成重大损失的行为主要表现为以下四种类型：

（1）不履行职守。这种类型在行为上表现为犯罪嫌疑人对工作不负责任，不履行其所担负的职责所要求履行的职务行为，从而导致了重大危害后果。

（2）擅离职守。这种类型在行为上表现为犯罪嫌疑人在特定的时间内，未按照职务要求，离开特定的岗位，从而导致事故的发生，并造成了重大损失。

（3）未尽职守。这种类型在行为上表现为犯罪嫌疑人在履行职责时，发生了本来不应当发生的错误，从而造成了严重的危害后果。

（4）超越职守。这种类型在行为上表现为犯罪嫌疑人在实施职务行为中，实施了其无权实施的职务行为，滥用职权、盲目蛮干是这类行为的表现之一。

在具体的侦查工作中，还必须查明造成重大损失的具体行为人，他的行为和重大损失后果之间的因果联系；另外一个必须查明的问题是，在涉及多个责任人时，在已经查明了以上问题的前提下，还应进一步区分直接责任人和间接责任人。只有如此，才能真正查明造成重大损失的具体行为。

查明行为与严重后果之间的因果联系，有助于进一步区分直接责任人和间接责任人。直接责任人的行为与严重后果之间，存在直接的因果联系，因而直接责任人应承担刑事责任；而间接责任人，由于其行为与严重后果之间只有间接联系，对重大损失后果不起决定作用，因而不承担刑事责任。

在玩忽职守案件中，正确区分案件中的具体实施人与领导者之间的关系，对于确定谁是责任人具有重要意义。根据有关规定和侦查工作的实际情况，领导者在下列情况中，应承担直接责任：

（1）具体的实施人员为完成领导下达的任务而实施了某一行为，结果造成了重大损失，但具体实施者确实不了解该行为违反了有关规定；

（2）在具体的实施过程中，具体的实施人员对实施中存在的问题，提出了纠正意见，但没有被领导采纳，从而造成了严重后果的；

（3）造成重大损失的行为是根据集体研究作出的错误决定实施的，主持研究和决定的人员应负直接责任。

在下列情况下，领导者与实施者均应承担直接责任：

（1）具体实施者提出了违反规定的建议，经领导批准加以实施，从而造成了严重后果的；

（2）具体的实施人员在完成领导布置的任务时，明知该任务导致的行为违反有关规定，但不向领导提出纠正意见却继续实施，从而造成了重大损失后果的。

在具体的玩忽职守案件中，如果领导者作出了某一错误的决定而导致了严重后果的出现，但该决定的作出依据是具体实施者虚假汇报，或编造谎言，则具体的实施者应承担直接责任。

实践中，造成重大损失的具体玩忽职守行为千差万别，并且隐匿于正常执行公务行为之中，甚至与工作失误交织在一起。如果不查明造成重大损失的具体行为事实，则难以区分和认定。在查明嫌疑人造成损失的具体行为时应当注意的是：

（1）要掌握执行公务的全过程，查明造成损失的工作环节、行为与行为人。实践表明，在玩忽职守案件中，有些损失往往不是单纯地由某一个人的具体行为所造成，而是涉及几个人甚至更多的人的行为综合作用的结果，牵涉到多个方面的多种因素。有的重大损失后果还可能经历了一定的发展过程和若干环节，可能与几个人在不同时间和方面的行为相互交织在一起。在实践中，造成相同危害后果的具体玩忽职守行为有不同的具体表现。如在信贷活动中造成贷款无法追回的后果的行为，可以是金融系统工作人员贷前不调查而盲目放贷，也可以是工作人员贷时不仔细审查而违章放贷，还可以是违章担保导致金融部门负连带责任，资金被扣划等。足见具体的玩忽职守行为多种多样，情况复杂。所以，不仅应当查明造成损失的形成过程，而且还要查明造成损失的具体行为究竟如何，并仔细分析这些行为与损失后果之间的因果关系。

（2）查明玩忽职守犯罪嫌疑人在实施玩忽职守行为过程中有无徇私舞弊等行为，以及损失出现后或有迹象表明玩忽职守行为后果即将发生时，行为人是否采取了补救措施挽回损失。

（3）查明玩忽职守行为与损失后果的因果联系。要查明这种因果联系，必须了解刑法上因果关系的特点和因果关系原理。刑法上的因果关系，主要研究的是犯罪构成要件要求的行为与构成要件要求的结果之间的因果关系，是一定人的危害行为与危害后果之间因与果的联系，它以客观存在的危害行为与危害后果的两种现象为前提，危害行为是危害后果发生的原因，危害后果是危害行为所引起，二者缺一则无因果关系。因此，在玩忽职守案件中，行为人在职务上的玩忽职守行为造成危害结果的应负刑事责任；反之，即使行为人有玩忽职守行为或危害后果，但不是该行为所引起的就不能让行为人对危害后果负责任。并且，玩忽职守行为与危害后果之间的联系是客观存在的，符合事物发生发展的规律，在时间顺序上玩忽职守行为在前，危害后果在后。如果时间顺序颠倒，则不能构成玩忽职守犯罪。但危害后果之前的玩忽职守行为也不一定都是危害后果的原因，结果之前的原因，只有起了决定结果发生的作用，才能证明是该结果的原因。弄清上述原理有利于查明玩忽职守行为与损失后果之间的因果关系，有利于案件侦查的顺利进行。

4. 挽回损失。为国家和人民挽回损失是玩忽职守案件侦查的一个重要任务，也是检察机关义不容辞的责任，是最直接的为经济建设服务。这与插手经济纠纷是两个不同的概念。根据《人民检察院刑事诉讼规则（试行）》关于查询、冻结存款、汇款之规定，人民检察院根据侦查的需要可以依照规定查询、冻结犯罪嫌疑人的存款、汇款，查询、冻结与案件有关的单位存款、汇款和扣划与案件有关的单位存款。这一规定解决了过去检察机关在办理玩忽职守案件中手段有限的问题。这将有利于防止被骗款流失，使国家、集体财产得到挽回。实践中常有玩忽职守案件被骗款已由骗方偿还债务，或与他人签订经济合同后，又发生正常的经济往来关系。对此，检察机关不能强行扣划。因为这与公安机关追缴赃物不同，检察机关只能做该款最后所在单位的工作，或者由债权方通过民事诉讼等方式解决。

（二）玩忽职守案件的侦查途径

玩忽职守案件发生的范围相当广泛，情况比较复杂。通常情况下，此类案件一经立案便有明确的侦查对象，由于侦查对象的身份、社会地位的特殊性，在立案侦查前，很可能已经被触及到或者行为人已经预感到后果的严重性。因而在侦查中，嫌疑人和与案件有牵连的人很可能串供、毁证，在思想上亦有所准备，千方百计逃避罪责。有的钻法律空子，利用规定不具体、不明确，推卸责任；有的人强调客观原因或借口谎称客观原因推卸主观责任；有的利用尚存的职务之便，威胁证人、知情人，制造事端，把情况搞复杂；有的利用其关系网或党政领导、主管部门中的某些人对玩忽职守犯罪的危害性认识不足，或者以欺骗手段欺上瞒下，骗取领导信任，而出面为自己说情等。因此，玩忽职守案件侦查中，必须针对案件的不同特点和不同情况，采取相应的对策和方法。在分析判断案情的基础上，有步骤、有方向、有重点地开展侦查工作。其中，侦查途径选择是否适当，决定着案件侦查能否顺利进行。某种程度上甚至可以说是案件侦查成败的关键。玩忽职守案件的侦查途径通常有：

1. 从书面材料入手开展调查。多数玩忽职守案件都有一定数量的书面材料。

由于玩忽职守、滥用职权案件是国家机关工作人员职务上的犯罪事件，因此，总有一些证明犯罪嫌疑人职务、责任的规章制度等书面材料。如果是商业活动或工程建设中的玩忽职守案件，能够证明犯罪嫌疑人在商业活动中的行为表现的书面材料就更多一些。因此，对于玩忽职守案件，可以从搜集、调取书面材料入手，选择案件的突破口。

首先，由于玩忽职守案件是国家机关工作人员职务上的犯罪事件，因而总有些证明嫌疑人职务、职责规章制度的书面材料，证明嫌疑人任职时间、方式的书面材料等；其次，由于国家机关工作人员经手的职务活动（如商品检验）要履行一定手续、记录，因而玩忽职守案件中常常有一定数量的反映国家机关工作人员经手的业务活动的书面材料。从书面材料入手开展侦查常常有助于从规章制度方面收集、发现玩忽职守犯罪事实和嫌疑人的职责范围。如金融系统玩忽职守案件中，可以与规章制度对照发现违章担保事实。而贷款担保书、履约保证书以及其他证明文件，都是证明案件事实、发现案件线索的有力材料。而对于盲目放贷型案件，虽然此类案件多数手续齐全，貌似合法，对照规章制度，侦查方向应确定在了解"三查"职责上，即"贷前调查、贷时审查、贷后检查"的职责，对这种情况下的侦查方向，出发点正是从书面材料所反映的规章制度入手确定的。从书面材料入手也有助于通过反映玩忽职守犯罪嫌疑人经手的业务活动的书面材料，去发现嫌疑人的具体环节和行为。如国家商检部门、商检机构的工作人员严重不负责任，对应当检验的物品不检验，或者延误检验出证、错误出证，致使国家利益受损。在此类案件中，有关检验手续材料则反映出嫌疑人具体是如何不规范检验的。从书面材料入手，常常还有助于发现损失款物的去向，进而发现与案件有关的其他人员或者是利用经济合同进行诈骗的人，或者是债务一方。他们常常可以提供有关国家机关工作人员在执行职责过程中严重不负责任的细节，这对于侦查玩忽职守案件从外围突破具有重要作用。

此外，从书面材料入手，还有利于侦查人员正确区分经济合同诈骗和经济合同纠纷。检察机关不能越权办案，一律不得介入属于合同、债务等经济纠纷案件，不得以任何方式为经济纠纷当事人追款讨债。因此，准确地区分诈骗犯罪与经济纠纷的界限，对于检察机关依法办理玩忽职守案件非常重要。利用经济合同诈骗与经济合同纠纷的根本区别，是看行为人主观上有无骗取钱财的目的，客观上有无真诚履行合同的表示。判断的客观依据主要是案件中的书面材料。

2. 从询问知情人入手开展侦查。在玩忽职守案件中，由于案件涉及范围广，环节多，各个方面的证人、知情人相对也较多。侦查人员可以从证人、知情人入手选择突破口。特别是当犯罪嫌疑人不供、拒供、狡辩时，可以从询问知情人入手，选择突破案件的薄弱环节。

在玩忽职守案件中，由于嫌疑人执行公务往往有一个过程，围绕某一具体业务活动，涉及范围较广，环节较多，因而各方面的证人较多。通常有检举人，控告人，嫌疑人所在单位的领导、同事，与嫌疑人有业务往来的关系人和其他知情人。在这些人中了解情况最多的是单位领导和业务关系人。但他们基于种种个人原因（如既得利益、连带责任等），往往不愿意如实提供情况，有时甚至可能提供虚假情况。为此，侦查人员应当在调查摸底的基础上，发现所有可以了解情况的人从中选择合适对象，运用适当的策略方法进行询问。特别是当嫌疑人坚持辩解、书面证据材料不全，或者是不能够反映出嫌疑人具体玩忽职守行为时，更应当从证人入手，从外围突破案件。有些案件需要通过嫌疑人所在单位领导了解嫌疑人的职责，特别是临时赋予的职责；了解嫌疑人经手的业务审批手续、程序。有些案件需要通过与嫌疑人共事的单位同事，了解嫌疑人经手业务的细节。有些案件手续齐全，并且合法，仅靠内查不足以发现和证实犯罪，需暗访受益方、受害方、见证人等，进而查找能证明嫌疑人渎职的证据。

由于在玩忽职守案件询问中涉及的证人，多系犯罪嫌疑人的领导、同事、朋友或他的亲属，由于犯罪主体的特殊性和人民群众普遍对玩忽职守犯罪的认识不足，把玩忽职守犯罪看成是工作失误，对犯罪人本人往往抱有同情心，且他们都与犯罪嫌疑人存在千丝万缕的关系，因此，在开展具体的询问时，除了应遵循询问证人的一般原则外，还应讲究方式方法，根据证人的身份、知识水平、社会阅历以及他们和犯罪嫌疑人的关系等，采取不同的询问方法。

3. 从讯问犯罪嫌疑人入手，掌握玩忽职守和造成损失的全部经过。讯问犯罪嫌疑人是侦查玩忽职守案件必不可少的侦查措施。由于这类案件犯罪主体的特殊性，在进行具体的讯问工作时，必须针对犯罪嫌疑人的职务、知识水平和对待讯问的心理，选择有针对性的讯问措施开展讯问。

由于玩忽职守嫌疑人一般都具有一定的职务和专业技术知识，也有较丰富的法律知识和社会经验。他们担心自己的前途，害怕受到法律的制裁，不愿意交代罪行，抗拒讯问，但另外，从主观上讲，他们均属于过失犯罪，都不希望严重损失的发生，因此，在讯问中比较容易接受教育，只要教育的方法得当，往往能使他们正确地认识到自己的罪责，从而帮助他们转变对待讯问的态度。犯罪嫌疑人的这些特点，决定了讯问工作，自始至终既要采取有力措施，利用证据，突破其预设的防线，又要通过摆事实、讲道理、利用形势、政策和法律教育，启发他们对自己应负的法律责任的认识。只有这样，才能有效地进行讯问。

尤其是在初次正面接触中，嫌疑人愿意与侦查人员进行交谈（重点当然是为自己辩解）。对此，侦查人员应当采取讯问策略和方式（如迂回渐进、自由交谈等）进行讯问，掌握嫌疑人经手的公务活动过程。对于玩忽职守造成重大损失，主要犯罪事实已经清楚，关键情节已经基本掌握的，可以直接进行突破。在讯问中应当注意边讯问边调查，讯调结合，加快侦查进程。

4. 从现场勘查入手获取证据。有现场的玩忽职守案件，主要是造成人身伤亡和物资毁损的案件。对这种现场的勘查往往是在案发后、立案前进行的。有些案件是在其他部门勘查后，认为是某个行为人的玩忽职守造成的损失，而移送检察机关办理的。立案前的现场勘查，多为判明损失的原因、收集证据进行的。对于其他部门已经勘查过的现场，检察机关则通过现场勘查加以核实，并且进一步收集与案件有关的证据。所以，无论其他部门是否勘查过的现场，检察机关均应当对受理的案件现场进行勘查。现场勘查既是审查事件性质的方法，也是案件侦查的起点。

在玩忽职守案件中，往往存在很多与犯罪嫌疑人的职务行为有关的各种原始书证，这些书证是认定犯罪嫌疑人的行为是否构成犯罪的重要依据，因此，立案侦查以后，应当迅速地采取有力措施，到犯罪嫌疑人所在的单位调取，或者通过使用搜查、扣押等措施，对这些原始书证进行提取和勘验。

在玩忽职守案件的侦查中，应当提取和勘验的原始书证主要有两个方面：一是能证明犯罪嫌疑人职责的各种书证。如能证明犯罪嫌疑人的职务、职责的证明文件，包括任职时间、所任职务、职权和义务等。在有的玩忽职守案件中，犯罪嫌疑人的职责是临时赋予的，或者是在某个时期完成上级交办的某项任务，或者是在某次会议上决定由某人负责某项工作等，在这种情况下，要注意收集能反映这方面情况的各种证明材料，如会议记录、上下级之间谈话的记录、上级给下级的指示等。二是能认定犯罪嫌疑人负有玩忽职守责任的各种原始的文书材料。在经济活动中的玩忽职守案件，应注意提取谈判纪要、合同书、公证书、差旅票证、会计账册、书信电报、电话记录、伪劣商品检验结论等。在引起重大责任事故的玩忽职守案件中，应收集规定法定职责的内部条例、有关安全技术的规章制度以及不同生产技术部门的各种检查登记簿册等。

在提取这些文书材料时，既可以检察院的名义发函索要，也可以委托犯罪嫌疑人所在单位组织收集，或者请他们写出加盖公章的证明材料。当然，也可以使用秘密的侦查手段来获取有关文书材料。

对于已经提取的文书材料，侦查人员应当进行仔细的审查，以判明文书材料中所记载的内容是否与实际情况相符合，对经过审查已经确定是伪造的材料，应从案卷材料中加以清除，并不得作为定案的依据。但对于这类材料产生的原因、行为人、过程等，则应进行认真分析和研究，也许可以从中发现重要的侦查线索。

5. 询问被害人。被害人由于亲身经历了事故发生的过程，他们最了解事件发生的原因、经过和结果，因此，被害人对案情的陈述是重要的诉讼证据之一。如果被害人将要死亡的，应抓紧时间开展对被害人的询问。通常，对被害人的询问应了解三个方面的问题：

（1）事故发生的过程。

（2）被害人本人的情况，包括被害人的技术水平；是否受过安全技术规程教育；是否有个人防护设备；被害人本人生理上有无缺陷等。

（3）谁应当对事故负责。在具体的询问被害人的工作中，如果被害人伤势不重，无生命危险，询问可在现场进行；如果被害人伤势严重，已经送入医院，应在医生的协助下，迅速开展询问。

（三）玩忽职守案件的取证措施

玩忽职守案件中有的犯罪嫌疑人对工作极其不负责任并非偶然，而是在工作中一贯地马虎应付，在损失造成后不以为然；有的嫌疑人在造成损失后预感到事态严重，因而与有关证人串供、毁证，或者利用其关系网进行一系列的反侦查活动，或者从自己的专业角度编造托词，以推卸责任。另外，玩忽职守犯罪嫌疑人的身份特殊、执行公务的环节较多、技术性较强，其行为是否玩忽职守情况复杂。根据玩忽职守案件的特点，常用的取证措施有以下几个方面：

1. 全面收集书证。提取原始书面证据材料，是侦查玩忽职守案件常用的重要取证方法之一。这些材料主要是：

（1）反映嫌疑人职责、身份的书面材料。如国家统一制定的有关规章制度、单位内部工作条例、临时指派工作的记录等。

（2）反映嫌疑人经手的、形成损失后果的业务活动过程的书面材料。如书信、记录、合同书、担保书、公证书、会计账本、单据、电报、强行扣划文书、商品检验结论等。

上述材料，有的可以到发案单位提取，有的需要其他部门提供（如电报底稿），有的需要到与之有业务联系的单位提取，有的需要搜查、扣押取得。

对于提取的书面材料，侦查人员应当进行仔细审查。首先，要判明材料所记载的内容与实际情况是否相符。如贷款人抵押物实际价值过小，或以用作抵偿他人债务，担保单位的财产已出现负债等。其次，要审查真伪。如一些不具有贷款资格的人伪造手续骗取贷款的案件，要在核对、鉴别贷款手续的真伪上下功夫，由此确定放贷人是否玩忽职守。

2. 询问证人，获取证人证言。询问证人是查办玩忽职守案件的重要的取证方法。尽管玩忽职守案件证人较多，但是，获取证人证言也不是轻而易举之事。一般情况下，举报人或控告人能够积极主动地提供证人证言，中间环节知情的有关工作人员和其他有正义感的知情人也会主动地提供证言。有些证人则有"事不关己，高高挂起"的心态，不主动作证。侦查人员要细致耐心地做好证人的思想工作，考虑他们的顾虑情况，促使他们提供证言。在实践中，证人拒绝作证主要有以下几种情况：

（1）面对已经造成的重大损失，认为自己与损失的造成有某种联系，担心自己受牵连，不愿如实作证。这些人还可能对损失作一些技术上的解释，表明损失的造成是技术上不可避免的，迷惑侦查人员，无意中掩盖玩忽职守犯罪人的罪责。有的领导往往出于害怕负连带领导责任而不如实作证。

（2）担心受到打击报复。实践中，因玩忽职守犯罪案件情况复杂，确有放纵犯罪人的现象。而有关证人考虑嫌疑人曾是其领导或者掌握某种实权，担心日后受到打击报复而拒绝作证。

（3）由于自身有违法乱纪行为，害怕作证后"拔出萝卜带出泥"暴露自己，或自己有某种把柄被嫌疑人掌握，作证可能导致"一损俱损"。

（4）商业活动中的玩忽职守案件，有相当一部分人拒证是害怕影响其经济业务活动、商业信誉。

（5）证人对玩忽职守犯罪的危害性认识不足，认为"改革不能不犯错误"、"不管造成多大的损失，个人没有装腰包"；与嫌疑人关系密切；等等。

在查办玩忽职守案件时，经常遇到证人拒证的情况。对此应具体分析、具体对待。①对于与犯罪嫌疑人关系密切而拒证的证人，侦查人员要深入了解掌握证人与犯罪嫌疑人关系密切的所在，对证人进行必要的政策和法律教育，使之认识到玩忽职守案件的危害，端正认识，用正义代替同情心，用理智来代替感情，进而为侦查部门提供必要的证人证言。②对于怕得罪嫌疑人，怕受到打击报复的证人，要在必要的政策法律教育和实际案例教育的基础上，鼓励证人树立起与玩忽职守犯罪作斗争的勇气，并为其提供切实的安全保护措施，如解除犯罪嫌疑人的职务、对犯罪嫌疑人采取强制措施等。因为，这类证人主要是与犯罪嫌疑人有上下级领导关系或是与犯罪嫌疑人有一定的业务关系，或是畏于犯罪嫌疑人的权势，怕作证以后断了自己的前途或财路，或怕遭受打击报复。③对于自身有违法行为，害怕牵连自己的证人，侦查人员应该根据这些人害怕处理自己的心理特点，晓以利害、指明出路、敦促其如实作证。另外，侦查人员在取证时要特别注意选择取证的时间、地点和方式，尽可能地缩小影响面，注意保密，减少对证人作证的不利因素。

3. 现场勘查，收集物证。对于有现场可以勘查的玩忽职守案件，应该从现场勘查入手选择突破口。因为在此类案件中，犯罪现场是保留有犯罪结果的场所，现场有大量的痕迹物证，同时现场及其附近有许多目击证人。通过现场勘查，可能收集到与案件有联系的重要证据，确定造成危害后果的原因。有些现场，还可以直接确定造成的损失。

4. 询问被害人。当玩忽职守行为造成损失时，承担损失的可能是具体的单位或公民个人，也可能是国家。对于前者有具体的对象，其损失可能是生命健康受到损害，也可能是经济损失、物资毁损。如负有环境保护监督管理职责的国家机关工作人员严重不负责任，导致发生重大环境污染事故，致使公私财物遭受重大损失或者造成人身伤亡的案件；国家商检部门、商检机构的工作人员严重不负责任，对应当检验的物品不检验，或者延误检验出证、错误出证，致使国家利益遭受重大损失的案件，由于被害人亲身经历了玩忽职守犯罪事件，他们对犯罪的起因、经过和结果最为知情。因此，向被害人取证，往往能获取证明玩忽职守犯罪最直接的证据。

5. 进行科学鉴定。在玩忽职守案件的侦查中，经常需要进行法医、文痕检、会计司法、技术和质量的检验鉴定，以解决案件中的某些专门性问题。科学鉴定的意见既可为确定事故原因提供可靠依据，鉴定意见本身又是证明案情的重要证据。因此，及时地进行鉴定，有利于案件中涉及的各种专门性问题的解决，这对于准确判断行为人的玩忽职守行为是否构成犯罪，是十分必要的。

进行科学鉴定，必须严格按照鉴定的法定程序和最高人民检察院制定的各种检验工作细则的有关规定，进行送检和鉴定。

对于鉴定意见，侦查人员必须对它的真实可靠性进行审查。具体审查时，可以从鉴定方法是否科学，结论是否经过充分论证，是否符合逻辑，是否受到外界的干扰和影响，鉴定意见与案件中的其他证据之间是否协调一致，与犯罪嫌疑人的供述是否存在矛盾等方面进行综合评断。通过审查，如果认为鉴定意见存在问题，应当进行补充鉴定或重新鉴定。如果本地区不便进行补充鉴定的，可以聘请外地的技术部门进行鉴定。另外，检察机关的技术部门，应当按照复核制度的有关规定做好证据的复核工作和建立好有关的档案。

6. 通过讯问犯罪嫌疑人获取供词。在玩忽职守案件中，犯罪嫌疑人一般都具有一定的职务，有一定的文化程度，有较丰富的社会经验，相对较难突破。但这也不是一成不变的。由于案件不同，案件中的犯罪嫌疑人的情况也不完全一致。有些犯罪嫌疑人能够认识到自己的责任，对自己的行为所造成的严重后果悔恨不已，有较好的悔罪心理，只要侦查人员方法得当，比较容易取得这类犯罪嫌疑人的口供。有些犯罪嫌疑人自知后果严重，且十分恐慌，心理素质较差，侦查人员稍做工作，即能取得这类口供。总体来说，在一定条件下，从犯罪嫌疑人入手，也能够侦破案件。

讯问犯罪嫌疑人，要注意收集犯罪嫌疑人主观上是故意或者是过失的证据，过失犯罪案件的犯罪嫌疑人一般都能供述过失犯罪的过程。大多数情况下，查清了犯罪嫌疑人的行为表现，也就查清了犯罪嫌疑人的主观态度，但也存在犯罪嫌疑人千方百计推卸责任，拒绝交代犯罪问题的情况。特殊情况下，玩忽职守犯罪还存在主观上间接故意的情形。而滥用职权犯罪的主观上则多表现为故意，也可以表现为过失的心理。因此，要针对案件的不同情况，结合犯罪嫌疑人的职务、知识水平、思想状况，采取不同的讯问方法和策略。

在玩忽职守案件中，犯罪嫌疑人拒供，主要是由于犯罪嫌疑人有畏罪心理，担心自己的前途；有些犯罪嫌疑人是将希望寄托于"后台"、"保护伞"，交代问题时避重就轻；有些犯罪嫌疑人则自恃职务高，以势压人。在讯问过程中，侦查人员要对犯罪嫌疑人进行必要的教育，其中包括政策、法律、思想以及前途教育，目的是使犯罪嫌疑人丢掉思想顾虑和不切实际的幻想。对于居官自傲者，对于那些态度恶劣、气焰嚣张者，可采取必要的强制措施，使其认识到检察机关是在认真办案动真格的。同时，侦查人员还要坚决依法办案，顶住来自各方面的干扰和压力，彻底消除犯罪嫌疑人的侥幸心理，使其认罪服法。对于"不见棺材不掉泪"者，侦查人员应适当提示证据。对于相互推卸责任，或制定攻守同盟者，侦查人员要善于发现和利用同案犯罪嫌疑人之间的矛盾，或是制造矛盾，令其不能自圆其说，从而不得已交代自己的行为。

讯问犯罪嫌疑人是侦查玩忽职守案件所必不可少的环节，也是取证的重要措施。由于国家机关工作人员执行公务的某些环节上存在着透明度不高的情况，有时从外围调查无法完全查明嫌疑人的行为表现，即使外围调查已经掌握其行为表现，也还需要通过讯问犯罪嫌疑人来加以核实，以及进一步获取收集证据的线索。犯罪嫌疑人是玩忽职守的责任者，他对案件的内情最清楚，犯罪嫌疑人的供述经过查证属实是法定证据之一。玩忽职守案件的犯罪嫌疑人大部分有一定文化，有一定社会经历和阅历，担任一定的领导职务，能言善辩具有对抗能力，有的还善于钻法律空子，极尽掩盖或减轻罪责之能事。他们知道后果严重，所以，一般不会轻易交代问题。但是，玩忽职守案件犯罪嫌疑人虽对工作严重不负责任，但对造成的损失在主观上不希望出现的，在平常的工作中也还有积极向上的表现或者曾经有过突出的工作业绩。因而，应当看到他们在讯问中既有不愿坦白的一面，又有容易接受教育的一面，这个特点决定了讯问工作应该自始至终坚持摆事实讲道理，启发他们对自己应负法律责任的认识。在策略的运用上，要根据嫌疑人的年龄、阅历、性格等实际情况灵活选择，突出针对性。对其进行说服教育切忌空洞说教，应当言之有物并注意与其他策略方法的配合使用。玩忽职守犯罪嫌疑人受过党和国家的教育培养，受过一定程度的专业教育，犯罪后因畏罪心理，担心自己的前途，在讯问中极力狡辩推卸责任。讯问中，应当通过职权与义务责任的关系论证，批判其官僚主义，只讲权力、利益、享受而工作不负责任的行为；通过对损失的可预见分析，以其没有专注地去预见损失的行为表现，批驳其客观原因和条件论；通过法律、法规、制度的阐述，以其违反规章制度、程序方法的行为去反驳其推卸责任的理由；通过对他给国家和人民利益造成的重大损失结果的分析，以其漫不经心的工作态度，批驳其"好心办坏事、未装腰包"的谬论。总之，要堵死他钻政策、法律的空子，戳穿其借故狡辩的口实，才能清除外因障碍，进而结束教育，提高认识，并自觉谴责自己的罪行，坦白交代。由于玩忽职守案件的嫌疑人自尊心较强，特别是专业技术人员，为了启发他们的自觉性，调动其认罪的积极性，讯问中要尽可能不损伤其自尊心，适当掌握发问的语气、态度和方法，让其在不太难堪的情况下，主动承认自己的犯罪事实。同时，侦查人员还要坚持实事求是、依法办案的原则，顶住来自各方面的压力和说情，彻底消除嫌疑人的侥幸心理。对于相互推卸责任或者订立攻守同盟者，侦查人员还要善于发现个别嫌疑人之间、与有关证人之间的矛盾，并利用矛盾突破案件。

7. 采取有效措施，缉捕犯罪嫌疑人，追缴赃款赃物，及时终结案件的侦查。一般而言，对于符合采取强制措施的条件，而又有采取必要的犯罪嫌疑人，都应当适时采取相应的强制措施。但如果没有采取必要的，也可以不采取诸如逮捕等强制措施。有时，为了更大的侦查利益的实现，即使对犯罪嫌疑人存在采取强制措施必要的，也可以采取放线钓鱼的策略，暂不对侦查对象采取强制措施。但在此过程中，必须采取有力的监控措施，对侦查对象进行严密控制，以防发生意外。在侦查的过程中，凡是经过分析，认为侦查对象有逃跑、自杀、串供、毁证可能的，都应当采取监控措施，待时机成熟后，立即采取强制措施。侦查对象逃跑后，应根据具体情况，分别采取不同的缉捕措施。对于应该逮捕的犯罪嫌疑人，应请公安机关发布通缉令；对于不符合逮捕条件的，可发协查函至其可能逃亡地的检察机关，请求协助查缉；对于已经潜逃出境的应当逮捕的犯罪嫌疑人，应及时通过有关途径请求国际刑警组织向有关成员国发布通缉令，将其追捕归案。

侦查实践表明，许多玩忽职守案件往往与腐败行为交织在一起。因此，在案件侦查的过程中，及时而有效地追缴赃款赃物，就是一项非常重要的工作。追缴赃款赃物可以有效地保护国家、集体和个人的合法财产，恢复被破坏的社会主义经济秩序，有利于打击经济犯罪。总之，追缴赃款赃物在打击玩忽职守犯罪方面意义重大。

在具体的侦查工作中，对于已经发现的可能是侦查对象犯罪所得的一切赃物，应当先行扣押、查封和冻结，待确认为赃物后，立即没收。经过查证，不属于赃物，应予退还。在讯问犯罪嫌疑人时，应查明赃款赃物的去向，以便收缴。

经过侦查和综合审查后，如果认为已经取得的证据足以作出刑事追诉或不追诉（含撤销案件）的结论，且没有发现遗漏的罪行和应追究刑事责任的同案犯罪人，不需要继续侦查，或者不具备继续侦查的条件时，侦查即告终结。在侦查终结前，侦查机关应当详细审查已经获取的证据和其他案件材料，严格区分罪与非罪的界限，准确认定案件的性质。在审查工作中，如果认为现有的案件事实尚不清楚，证据不够确实充分，或者法律文书不齐备的，应当继续进行侦查取证或补充必需的法律文书。

经过审查后，在下面三种情况下，侦查可以终结：

（1）通过侦查，已经收集到了相关的证据，且证据足以证明有玩忽职守犯罪事实的存在，已具备依法追究犯罪嫌疑人刑事责任的条件的，侦查即告终结。

（2）通过侦查，已经查明犯罪嫌疑人的行为不构成犯罪，因而不应当追究刑事责任；或者虽已构成犯罪，但依法应当免予追究犯罪嫌疑人刑事责任的，侦查亦告终结。

（3）通过侦查，案件主要事实难以查清，而且缺乏继续侦查取证的实际条件，形成悬案的，也应当终结侦查，撤销案件。

第四节　刑讯逼供案件的侦查

刑讯逼供案件是指司法工作人员对犯罪嫌疑人、被告人使用肉刑或者变相肉刑逼取口供的犯罪事件。在中国古代，刑讯逼供曾一度被合法化。新中国成立后，刑讯逼供被严厉禁止。但是在司法实践中，刑讯逼供现象却屡禁不止。其中的原因复杂，既有司法工作人员本身素质低、办案能力差的原因，又有司法工作人员法纪观念淡薄的原因；既有司法工作人员在观念中仍然把口供作为"证据之王"的原因，又有受侦查技术条件的限制，案件的破获很多时候不得不依赖口供的原因；既有观念中认为的"犯罪嫌疑人是犯了罪的人，打了也没关系"的原因，也有对犯罪嫌疑人的人权保护相关制度措施滞后的原因；既有刑讯逼供在侦破一些案件中确实起到了积极作用的现实原因，又有刑讯逼供案件的责任人不能得到有效查处的原因。但是，不论原因如何，刑讯逼供作为一种被法律明确禁止的侵犯犯罪嫌疑人的合法权利的行为，其消极作用不言而喻，必须重视对此类案件的侦查工作。

一、刑讯逼供案件的特点

（一）犯罪主体是司法工作人员

刑讯逼供罪主体是有侦查、讯问权的国家司法工作人员，如公安机关的侦查员、预审员；检察机关的检察员、侦查员；法院的审判员、厂矿保卫干部借调到公安、司法机关的工作人员。当前，一些行政执法人员在行政执法过程中也采用刑讯逼供或变相刑讯逼供方法办案，如海关、税务、工商、边防检查站的工作人员以及保安人员等。从司法实践看，刑讯逼供罪的主体中绝大多数是公安机关的刑侦人员和派出所民警，但近年来检察机关的侦查人员刑讯逼供案件也时有发生。

（二）刑讯逼供案件多为共同犯罪

为逼取口供而对犯罪嫌疑人刑讯，往往是发生在派出所、刑警队及保卫科、处等刑事执法人员办公的场所。大多数情况下是因为犯罪嫌疑人、被告人不供述，或者审讯人员认为犯罪嫌疑人、被告人的口供不真实，或者犯罪嫌疑人、被告人作无罪、罪轻的辩解陈述或"沉默"不语而被审讯人员认为"态度不老实"，且急于求成而导致实施逼供行为。在这种情况下，主审人或其他参与人用直接的言语威胁，或者使用特定含义的肢体语言，如示意动用刑具的手势、眼神发出后，在场的人就会同时或轮流对犯罪嫌疑人用刑。因此，刑讯逼供案件绝大多数为共同犯罪案件。且实施刑讯逼供的犯罪嫌疑人有主有次、情节有轻有重。

（三）被刑讯人身体多有伤痕

刑讯逼供在客观上表现为犯罪主体对被刑讯人身体上的各种外力打击和折磨。打击主要是采用吊打、捆绑、紧手铐、电棍捅、拳打脚踢或使用器械对被刑讯人施以肉刑。折磨人身的方法也很多，主要采用冻饿、罚站、日晒、威吓、火烤、不准睡觉以及其他足以使被刑讯人肉体上或精神上受到严重侵害的方式。这些行为在不同程度上给犯罪嫌疑人或者被刑讯人身体上留下外力打击的痕迹和损伤后果，有的还造成被刑讯人自杀或精神失常。通过对被刑讯人身体的检验鉴定，可以充分证实刑讯逼供的严重程度和造成的后果。

（四）犯罪现场留有痕迹、物证

在采取暴力的方式进行刑讯逼供的地方，不管是使用械具进行的（如用手铐、警棍、绳索等）拷打、捆绑或者是用其他器具进行刑讯逼供，不论刑讯逼供者使用哪种方法刑讯，案发之后，现场上往往留下作案工具和痕迹，如折断的木棍、绳索、皮带，犯罪嫌疑人的毛发、血迹、呕吐物等。

（五）查处过程中阻力大、干扰多

刑讯逼供的犯罪动机除个别的是出于挟嫌报复等个人恩怨外，较多的是行为人在办案工作中目无法纪，不讲策略，讯问和取证能力低，信奉"被讯问人不打不成招"的谬论，急于破案而实施不法侵害行为。行为人明知自己的行为与正确执法相悖，因此，作案后大多采取各种办法极力掩盖罪责，他们一方面破坏现场或改变被刑讯人的死因，另一方面与被告人之间订立攻守同盟，甚至搞反侦查活动，顽固对抗检察机关的侦查。发案单位的个别领导也以各种理由庇护犯罪嫌疑人，不支持查处；知情人也持消极态度不积极举证。刑讯逼供案件在侦查过程中阻力大、干扰多，是不言而喻的。但是，办案实践也证明，只要侦查人员在办案中注意工作方法，讲究侦查艺术，坚持依靠党委和上级机关的支持，争取发案单位的配合，侦查人员完全可以克服阻力、排除干扰。

二、刑讯逼供案件的立案

（一）刑讯逼供案件的立案要求

1. 刑讯逼供案件的初查要紧紧围绕是否有刑讯逼供的犯罪事实发生，是否需要追究涉案人员的刑事责任来进行。刑讯逼供案件的来源主要是被害人或被害人近亲属的告发，上级机关交办和有关部门移送。侦查机关收到告发材料后首先要认真进行审查。对犯罪嫌疑人、被告人的死亡原因有争议且难以断定的，侦查人员必须进行必要的调查、访问、现场勘查和法医鉴定，正确确定死亡原因。初查要贯彻及时迅速的原则，对于报案及时的案件，要在犯罪嫌疑人未能有效建立攻守同盟和构筑牢固的心理防线之前开展调查。

2. 刑讯逼供案件的立案要及时、果断。刑讯逼供案件立案的涉案人员的范围，宜宽不宜窄。经过立案前的审查，对于确有犯罪事实，依法需要追究刑事责任的，能够实行以事立案的单位，尽可能对刑讯逼供案件采用以事立案的方式，使案件侦查及时进行，各种侦查措施能够合法运用。

（二）刑讯逼供案件的立案标准

最高人民检察院2006年公布的《关于渎职侵权犯罪案件立案标准的规定》，首次以司法解释的形式对刑讯逼供案的八种立案情形予以详细规定。

根据规定，刑讯逼供罪被明确为"司法工作人员对犯罪嫌疑人、被告人使用肉刑或者变相肉刑逼取口供的行为"。涉嫌下列八种情形之一的，应予立案：以殴打、捆绑、违法使用械具等恶劣手段逼取口供的；以较长时间冻、饿、晒、烤等手段逼取口供，严重损害犯罪嫌疑人、被告人身体健康的；刑讯逼供造成犯罪嫌疑人、被告人轻伤、重伤、死亡的；刑讯逼供，情节严重，导致犯罪嫌疑人、被告人自杀、自残造成重伤、死亡，或者精神失常的；刑讯逼供，造成错案的；刑讯逼供3人次以上的；纵容、授意、指使、强迫他人刑讯逼供，具有上述情形之一的；其他刑讯逼供应予追究刑事责任的情形。

过去对司法工作人员刑讯逼供罪的立案情形规定比较笼统。2006年公布的《立案标准》在总结实践经验后，用列举的方式将刑讯逼供罪的立案情形一一列出，有利于加强对刑讯逼供的执法，保护犯罪嫌疑人的人权。

三、刑讯逼供案件的侦查方法

（一）刑讯逼供案件的侦查途径

1. 从现场勘查入手。刑讯逼供案件的主体绝大多数是负有侦查职能的公安刑警、检察人员等，由于自身职业特点决定了这些犯罪嫌疑人具有较强的反侦查能力。为了掩盖犯罪行为，逃避打击，案发后，刑讯逼供的犯罪嫌疑人不但会及时破坏现场，而且还会采取各种手段藏匿、销毁作案工具，消除犯罪痕迹。但是，只要检察人员抓住时机，及时进行勘查，细心查找，都会发现犯罪嫌疑人在刑讯逼供过程中遗留在现场的各种痕迹（如在捆人的床腿、凳子腿、暖气管、门把手上会发现捆绑人的痕迹，被害人涂抹在上面的血迹等）和其他物证。这些痕迹、物证不仅是揭露犯罪、证实犯罪、突破案件的关键，也是侦查活动乃至全部诉讼活动的重要证据。

2. 从调查访问入手展开侦查。对于有现场目击证人的刑讯逼供案件，可以从调查证人入手，获取翔实的直接证据材料。由于刑讯逼供案件的被刑讯者是某类案件的犯罪人或是犯罪嫌疑人，刑讯者在刑讯时自恃是执行公务，因而，在刑讯时有时并不回避围观者。有些刑讯逼供案件有许多目击证人，但由于行为人是执法人员，一些在场证人不敢作证。在侦查过程中只要侦查人员深入群众，广泛调查走访，就会找到有价值的证言材料，从而为突破案件打下基础。

3. 从讯问犯罪嫌疑人入手展开侦查。由于刑讯逼供案件一般为共同犯罪，且犯罪嫌疑人有主有次，犯罪情节有轻有重，因此，犯罪嫌疑人的认罪态度和供述心态也各不相同。对于那些被害人已死亡且尸体已火化，法医鉴定意见没有证实刑讯是致死原因的案件，可以从讯问犯罪嫌疑人入手，选择侦查途径。犯罪嫌疑人对自己和其他同案人刑讯逼供事实知道得最清楚，有的犯罪嫌疑人社会阅历浅、胆子小、有畏罪和悔罪心理，通过讯问犯罪嫌疑人，可以收集到刑讯逼供犯罪的事实和有关的证据材料，为深入开展侦查工作提供可靠的条件或者直接侦破案件。

4. 从调取原案件材料入手开展侦查。对有犯罪事实而犯罪嫌疑人又不明确的案件，通过调取原案件材料，可以查明原案件承办人是谁，进而确定讯问人员是谁，哪些人员参与实施刑讯逼供活动，弄清案件发生的过程。

5. 从鉴定意见入手开展侦查。对于刑讯逼供造成被害人死亡或者被害人精神失常的案件，可以先给被害人进行伤情或伤痕鉴定。通过鉴定，查明被害人致死致伤的直接原因，以及被何物所伤，掌握案情的关键，进而开展侦查工作。

（二）刑讯逼供案件的取证措施

1. 对被害人的调查访问。在刑讯逼供案件中，只要被害人神志清楚，能够讲话，应尽可能首先对被害人进行调查，仔细听取他的陈述。因为，刑讯逼供案件的犯罪过程，被害人最清楚，且深受皮肉之苦，被害人的如实陈述能为查清全案过程提供最核心、最直接的证据，对侦破案件有重要价值。对被害人的陈述，侦查人员要对其进行客观全面的分析，不可盲目偏听偏信。被害人的陈述可能会因其被刑讯时及其事后的心理、生理等原因，而出现夸大事实、歪曲内容、误算时间等现象，给侦查工作带来不必要的麻烦。

2. 对被害人的医学鉴定。在刑讯逼供案件中经常遇到的鉴定有理化鉴定和法医鉴定。理化鉴定即是通过物理和化学检验，鉴定现场上提取的血迹、呕吐物、毛发等是否为被害人的；而法医鉴定主要是要查明被刑讯逼供致伤、致死者身上形成的伤痕的部位、数目、形状和特征，判明致伤、致死的原因和致伤工具，区别哪些是致命伤，哪些是非致命伤，确定死亡原因和行为人的责任。对那些被刑讯后自杀的被刑讯逼供人的尸体进行法医鉴定时，还要注意区别哪些是自伤、哪些是他伤、哪些是生前伤、哪些是死后伤，以正确判明行为人刑讯的程度和责任的大小。

3. 勘验现场，获取物证。刑讯逼供犯罪案件，一般是发生在派出所、刑警队、预审室、治安联防办公室或者保卫部门的办公地点等场所内，这些场所也就是犯罪现场。案发后，检察机关要迅速组织力量，不失时机地勘查现场，仔细寻找刑讯时使用的工具、被刑讯人遗留血迹、呕吐物等痕迹物证。发现痕迹物证之后，要首先进行拍照、录像，并尽可能提取痕迹物证。如果是刑讯逼供致人重伤或死亡的案件，检察人员要对被害人人身或尸体进行详细的拍照录像。认真记录伤痕的部位、形状、程度等事项。值得注意的是，刑讯逼供案发生后，由于种种原因，有的在一段时间后才被检察机关立案侦查。这样的案件，犯罪分子有较充足的时间消除刑讯现场上的痕迹，毁弃或隐藏作案工具等，因此，对这种被破坏的、时过境迁的案件的现场勘查，应该仔细搜寻尚未消除掉或未经仔细揩拭的血迹、呕吐物、毛发等痕迹物证。

4. 询问证人，调查访问。询问证人是侦查取证过程中常用的方法，对刑讯逼供案件的侦查尤为重要。刑讯逼供案件一般发生在派出所、刑警队、预审室、厂矿保卫部门的办公地点，这些地点位于居民生活区、厂矿职工和公安民警办公区内，其周围的居民、职工、民警有时会听到刑讯时的声响，有时会看到一些刑讯的情节。只要侦查人员进行深入的调查工作，采取适当的询问方法，就会收集到大量的嫌疑线索和确凿证据。刑讯逼供案件的证人主要是刑讯者的同事和刑讯场所周围的居民、职工。还有少量是被害人的亲朋、监管场所的民警和与被害者关在同一监室的犯人。有些证人由于是犯罪嫌疑人的同事，且有的人或多或少地也有过刑讯行为，出于同情而不愿如实作证；有些证人由于是刑讯者管辖区内的居民，受其管制而不敢如实作证。在这种情况下，向证人取证时，要讲究方式方法。首先要向证人宣讲国家的法律，讲明公民作证的义务和法律对作证公民的保护原则，排除公民不敢、不愿作证的心理障碍，为证人提供良好的作证条件，以获得所需的证据。

5. 侦查实验。侦查实验是指侦查人员为了确定与案件有关的某一事实或现象是否可能发生或存在，而模拟案件或事件发生当时的条件将该事实或现象重新加以演示的一项侦查措施。在侦查刑讯逼供案件，特别是侦查刑讯逼供致被害人死亡的案件时，经常需要进行侦查实验，以验证犯罪嫌疑人所陈述的被害人伤痕和死亡的形成原因。

6. 适时采取人身强制措施。由于刑讯逼供案件的犯罪嫌疑人多是懂得法律，对于检察机关采取何种强制措施很敏感，而且深知每种强制措施的法律后果。因此，在查办此类案件中能否根据侦查工作的深入和证据的收集掌握程度，适时、果断地对嫌疑人采取强制措施，是切实控制犯罪嫌疑人拒不认罪的不良心理恶性发展的重要手段之一。在司法实践中，许多刑讯逼供案件的嫌疑人对自己所犯罪行拒不如实供述，或是花言巧语兜圈子，或是沉默不语消极对抗，甚至个别嫌疑人气焰嚣张，公然向检察机关的办案人员叫嚣示威。对于这些情况只要办案人员能适时、果断地采取强制措施，切断嫌疑人与外界的联系，改变其周围的环境因素，在嫌疑人的心理上形成强大的客观环境压力和法律威慑压力，有效地防止和控制其拒不认罪不良心理的发展，使其产生负罪感，在负罪心理作用影响下，如实向检察机关供述刑讯逼供犯罪事实。

另外，对于共同犯罪嫌疑人还应根据各自的认罪态度分别情况、区别对待。对于拒不认罪交代的犯罪嫌疑人，采取措施应该坚决果断；对于认罪态度积极、带头交代罪行有悔罪表现的犯罪嫌疑人，采取强制措施可适当从宽。采取强制措施的轻重缓急，要根据情况灵活掌握，使强制措施这种侦查手段发挥最大的效力。对于公安民警犯罪的案件，需要捕人的应异地关押。因为在这些行为人熟悉的地区，人情关系多，容易发生通风报信的情况。对于共同犯罪的案犯，也应异地分别关押，以防串供。

7. 适时进行搜查。刑讯逼供案件使用搜查措施主要是对犯罪嫌疑人的住处、人身、办公地点等进行搜查，以发现刑讯逼供中使用的工具等重要物证和书证，包括攻守同盟的书面材料或是留给家人的有关信件等。搜查当中应当注意发现行为人的其他犯罪行为的物证和书证。

8. 讯问犯罪嫌疑人。讯问犯罪嫌疑人是刑讯逼供案件侦查工作的重要环节。此类案件的嫌疑人主要是负有侦查职能的人员，他们基本上有对付侦查、应付讯问的能力。案发后，嫌疑人之间通常要订立攻守同盟、统一口径，因此，刑讯逼供案件的讯问工作难度较大。侦查人员对这一情况应该有清醒的认识，讯问前要做好充分的准备。其准备工作主要包括了解、掌握各嫌疑人的年龄、职务、文化程度、社会阅历、兴趣爱好等情况，并选择那些胆子小、社会阅历浅、经验少、有正义感、责任小的嫌疑人作为突破口。针对不同犯罪人的心理状况、文化程度、社会经验、犯罪性质等，运用不同的讯问方法，选择恰当的讯问策略，突破犯罪人的心理防线，获取犯罪人的真实口供。

由于侦查刑讯逼供案件的阻力和干扰较大，为保证侦查取证工作的顺利进行，侦查机关除要采取上述相应的取证方法外，还要及时以口头或书面的形式向人大、党委、政府等领导机关通报情况，以取得领导机关和发案单位的大力配合，必要时要求领导机关，出面协调与有关部门的关系。办案实践证明，在办理刑讯逼供案件中积极取得党委、上级机关的支持和发案单位的配合是顺利破案的重要条件。

第十七章　职务犯罪侦查中的几个疑难问题

第一节　职务犯罪案件线索的发现与获取

长期以来，线索来源匮乏一直是制约职务犯罪案件侦查工作有效开展的一个"瓶颈"问题。其原因很多，如很多案件没有具体的被害人；大部分案件具有很强的隐蔽性；犯罪结果不容易被人们所感知；有些职务犯罪的危害性没有引起人们的重视；检察机关主动发现案件线索的手段和能力受到各种主客观条件的制约等。扩大职务案件线索的来源，加强发现与获取案件线索的能力，做好发现与获取案件线索的基础性工作成了职务犯罪案件侦查工作的当务之急。

一、职务犯罪案件线索的发现与获取的途径

职务犯罪案件线索的发现与获取的途径，是指检察机关获得职务犯罪事实以及犯罪嫌疑人有关材料的渠道。线索的发现与获取是对职务犯罪案件进行立案侦查的前提。根据刑事诉讼法的有关规定和司法实践，发现与获取案件线索的途径主要有以下几种：

（一）人民检察院的自行发现

检察机关自行发现的案件线索大致可以分为两种情况。一种是检察机关在履行侦查之外的其他职能过程中发现的；另一种是检察机关在开展侦查工作的过程中发现的。检察机关在行使批捕、公诉和法律监督的过程中可能会发现职务犯罪的线索，如检察机关在审查起诉的过程中，就有可能发现公安机关的侦查人员的刑讯逼供行为；在监所检察的过程中，就有可能发现私放在押人员的犯罪案件。在对职务犯罪进行侦查的过程中，就有可能由一个案件发现隐藏在其背后的群案窝案，由一个犯罪嫌疑人牵出多个犯罪嫌疑人。一般来说，检察机关自行发现的案件线索的真实性比较高，成案的可能性相应地也就比较大。

（二）单位或者个人的报案、举报或者控告

报案是指有关单位或个人怀疑或者发现有职务犯罪事实发生，向职务犯罪侦查机关揭露和报告的行为。一般来说，报案只是报告职务犯罪案件的发生，提供的案件事实和证据材料比较简单笼统，不能明确指明犯罪嫌疑人是谁。举报是指单位或者个人向职务犯罪侦查机关检举、报告职务犯罪事实或者犯罪嫌疑人的行

为。一般来说，举报不仅检举、报告犯罪事实的发生，而且往往有具体的举报对象即犯罪嫌疑人，提供的事实和证据材料也相对具体详细。举报主体绝大多数是与案件无直接利害关系的单位和个人，为维护国家、集体和他人的合法权益而向职务犯罪侦查机关揭发、检举犯罪事实及犯罪嫌疑人。控告也是向职务犯罪侦查机关告发、控诉犯罪嫌疑人及其犯罪事实，但控告是受所控告罪行直接侵害的人提出的，其目的主要是为了保护自身的利益并要求依法处理犯罪嫌疑人。从总体上来讲，报案由于大多数确有犯罪事实，因而成案率比较高；举报有很多时候由于犯罪事实不是很明确，成案率相对较低；被害人的控告一般较为详细和具体，因此，控告的材料具有较高的证据价值。一方面是因为被害人直接受到了职务犯罪的侵害，对于犯罪事实有亲身的感受；另一方面是因为被害人要求惩罚犯罪嫌疑人的愿望强烈，能够积极配合侦查机关的工作，愿意全面提供有关犯罪事实和犯罪嫌疑人的相关情况。报案、举报、控告是职务犯罪案件线索的重要来源，在有些案件中还是主要的案件来源。

（三）犯罪嫌疑人的自首

自首，是犯罪嫌疑人在实施犯罪行为之后，主动投案，并如实交代自己的犯罪事实以接受公安司法机关的审查和处理的行为。在职务犯罪侦查中，自首的情况是不多见的。一般是在案发后，侦查机关开展了强大的侦查攻势，犯罪嫌疑人感觉到逃避侦查已经不可能，自首争取从宽处理是最为明智的出路时，才选择了自首。今后的侦查工作中，要善于充分运用法律对自首的从宽处理的规定和侦查的威慑力，扩大自首这一种案件来源。

（四）有关机关的移送

这是职务犯罪案件线索的重要来源。在司法实践中，通过公安机关、法院、海关、工商、税务、审计、监察等部门的移送获取的案件线索非常多，因此破获的职务犯罪案件在所有的职务犯罪案件中占了很大的比重。这已经成为职务犯罪案件线索发现与获取的重点发展方向。检察机关及其职务犯罪侦查部门应该继续保持同这些部门的联系，并使这种制度化的联系更加完善。尤其是要加强同职务犯罪多发频发的单位和部门的联系。

（五）上级领导机关交办的案件

上级领导机关交办的案件主要是指上级检察机关职能部门或同级人大、党委交办的职务犯罪案件。这类案件一般都是案情比较复杂、社会影响大的案件。在查处的过程中，要注意取得上级领导机关的支持，以有效地排除侦查工作可能遇到的干扰和阻力。同时，在具体的侦查过程中，要做到措施得力，安排得当，以保证案件的顺利破获。

二、职务犯罪案件线索的发现与获取的基础性工作

为了扩大职务犯罪案件的线索来源，检察机关的职务犯罪侦查部门要加强发现与获取职务犯罪线索的基础性工作。具体来说，基础性工作主要包括以下几个方面：

（一）加大宣传力度，扩大职务犯罪案件的线索来源

检察机关应该通过广播、电视、报纸等形式开展广泛的宣传，有条件时也可以由检察机关及其侦查部门的人员通过设立宣传栏、上街宣传等形式开展宣传。可以通过典型案例的公布、统计数据公布、理论宣讲等形式使人民群众及相关单位和部门认识到职务犯罪的严重危害性和检察机关惩治职务犯罪的决心与能力。这样可以激发全社会同职务犯罪作斗争的热情，形成对职务犯罪的强大攻势。同时，还要宣传职务犯罪的管辖范围、立案标准、举报方法和渠道等，使有关单位和广大人民群众提供职务犯罪线索时能够有可靠的依据和可行的方法。此外，还要把关于对举报人的保密制度、奖励制度等切实关系到人民群众安全与利益的问题宣传明白，使人民群众和相关单位在提供线索来源时无后顾之忧并且提高他们的积极性。

（二）建立与职务犯罪多发系统和单位的固定的、长期的联系

这种联系要实现制度化、合理化、有效化，体现为工作联系制度和案件移送制度，体现为对职务犯罪查处的协调工作。根据职务犯罪发案的规律和特点，检察机关应在总结经验的基础上，研究制定包括贪污、贿赂案件和渎职、侵权案件在内的统一的与各部门的工作联系制度和案件移送制度。这不仅可以保证职务犯罪案件能够及时被移送到检察机关，拓宽案件的线索来源，而且还能减少案件侦查中的阻力，同时还能够起到预防犯罪的作用。

（三）在检察机关内部建立职务犯罪案件线索移送制度

检察机关的反贪、批捕、起诉、反渎职侵权、监所、民行、控申等部门在工作中发现不属于本部门管辖的职务犯罪案件线索时，应及时移送到有管辖权的部门。这种移送也要实现制度化，使检察机关在打击职务犯罪方面发挥一种整体配合的优势。

（四）职务犯罪侦查部门建立发现与获取线索的工作机制

检察机关对于侦查人员收集到的职务犯罪案件线索，应作为考核其工作的一项重要成绩来评定。侦查人员发现大案、要案线索的，可以立功、受奖，这样就使侦查人员不仅重视案件的侦查工作，而且也重视案件线索的发现与获取，能进一步扩大职务犯罪案件线索的来源。

（五）加强检察机关侦查部门发现与获取线索能力的培养

检察机关侦查部门的侦查人员不仅要具备较强的办案能力，而且也应该具备

善于发现职务犯罪案件线索的能力。这种能力的培养要从多方面进行。如对于职业敏感性的培养、分析能力的培养就是其中的一个方面。侦查人员从平时听广播、看电视、读报纸中就可以发现一些明显的职务犯罪案件的线索，分析出一些可能的职务犯罪案件的线索，这就是职业敏感性与分析能力的一种体现。

第二节　职务犯罪的举报与初查工作

职务犯罪的举报与初查工作是职务犯罪侦查工作中非常关键的两个部分。举报与初查工作本身虽然不是行使侦查权，但它们质量的高低往往能够决定后面侦查工作能否开展以及开展的成败，所以必须引起足够的重视。

一、职务犯罪的举报

从法律意义上讲，举报是指国家专门机关对非涉案单位或个人对违法犯罪行为的检举、报告依法予以处理、查处的活动。职务犯罪的举报，是指单位或者个人向职务犯罪侦查机关检举、报告职务犯罪事实或者犯罪嫌疑人的行为，是检察机关直接依靠群众同贪污、贿赂、渎职、侵权等职务犯罪作斗争的一项业务工作，是实行专门工作与群众路线相结合的有效形式。

（一）职务犯罪举报工作制度

根据《人民检察院刑事诉讼规则（试行）》、《关于人民检察院办理直接受理立案侦查案件实行内部制约的若干规定》和《人民检察院举报工作规定》，职务犯罪举报工作制度主要包括以下几个方面：

1. 受理制度

受理制度包括的内容主要有：（1）人民检察院举报中心直接受理的举报范围，即现行《刑事诉讼法》第18条第2款所规定的检察机关侦查案件的管辖范围。同时，对于不属于检察机关侦查管辖范围内的报案、控告，也应当先接受，并接受犯罪嫌疑人的投案自首。（2）任何单位或个人发现有犯罪事实或者犯罪嫌疑人，有权利也有义务向检察机关举报。举报应当实事求是，举报人不得捏造事实，伪造证据，诬告陷害他人等。（3）检察机关应当设立专门的举报接待场所，向社会公布通信地址、邮政编码、举报电话号码、举报网址、接待时间的地点、举报线索的处理程序、查询举报线索处理情况及结果的方式等相关事项。（4）检察长应当阅批重要的举报材料，定期或者不定期接待群众举报，检察长接待日应当向社会公布。（5）接受举报的工作人员，要坚持文明接待，做到热情和蔼，耐心细致，认真负责，全心全意为人民服务。接受口头举报的工作人员应当制作笔录，接待举报的工作人员应当告知举报人要如实举报和捏造、歪曲事实应当承担的法律责任。电话举报、网上举报、传真举报的，应参照有关规定办理。（6）检察机关的举报工作也应该执行首办负责制。

2. 管理制度

管理制度包括的内容主要有：（1）检察机关受理的举报线索由举报中心统一管理。本院检察长和其他部门及其工作人员收到的举报线索，应当及时批交或者移送举报中心处理。有特殊情况暂时不宜移送的，报检察长或者部门负责人批准。（2）侦查部门在侦查中发现的需另当处理的线索，一般应当在两个月内向本院举报中心通报；对暂时不具备查办价值的举报线索，应当每月向举报中心集中通报一次；经初查不予立案的举报线索，应当在一个月内移送举报中心。侦查部门应当指定专人统一归口管理案件线索，并按要求填写《案件线索信息登记表（台账）》、《案件线索登记分流审批表》等，逐件建档，严格保密，并严格按规定办理线索流转。（3）举报中心应当建立举报线索数据库，指定专人将举报人和被举报人的基本情况、举报线索的主要内容以及办理情况等逐项录入计算机。（4）分级管理和要案线索分级备案的管理制度。涉及县、处级干部的要案线索一律报省级检察院备案，其中涉及犯罪数额特别巨大或者犯罪后果特别严重的，层报最高人民检察院备案；厅、局级以上干部的要案线索一律报最高人民检察院备案。要案线索的备案，应当逐案填写《要案线索备案表》。备案应当在受理后7日内办理。情况紧急的，应当在备案之前及时报告，不得隐瞒不报。对要案线索初查后的处理情况，应当在作出决定后10日内按备案的范围报上级人民检察院备案。上级人民检察院对下级人民检察院报送的备案材料应当及时进行审查，如有不同意见，应当在10日以内将审查意见书面通知报送备案的下级人民检察院。下级人民检察院应当执行。

3. 审查、移送、初核处理制度

举报中心对于所收到的举报线索，应当及时审查，并根据举报线索的不同情况和管辖规定，在7日内分别作出如下处理：（1）对属于人民检察院管辖的举报线索依法受理；受理后，应依据检察机关内部管理分工，移送相关部门。（2）不属于人民检察院管辖的举报线索，移送有管辖权的机关处理，但必须采取紧急措施的，应当先采取紧急措施，然后移送主管机关。（3）内容不具体的匿名举报线索或者不具备查处条件的举报线索，经检察长审批后存档备查。

4. 反馈制度

反馈制度主要就是对于举报线索的处理情况，由有管辖权的人民检察院及时向有关举报人进行答复。

使用真实姓名或者单位名称举报的，属于实名举报。实名举报除通讯地址不详的以外，应当将处理情况和办理结果及时答复举报人。

对采用走访形式举报的，应当场答复是否受理；不能当场答复的，应当自接待举报人之日起 15 日内答复。

各级人民检察院举报中心负责实名举报答复工作。必要时可以与本院有关侦查部门共同答复。

答复可以采取口头、书面或者其他适当的方式进行。口头答复的，应当制作答复笔录，载明答复的时间、地点、参加人及答复内容、举报人对答复的意见等。书面答复的，应当制作答复函。邮寄答复函时不得使用有人民检察院字样的信封。

答复应当包括下列内容：（1）办理的过程；（2）认定的事实和证据；（3）处理结果和法律依据。

5. 举报保护

（1）各级人民检察院应当依法维护举报人及其近亲属的合法权益。

（2）各级人民检察院应当采取下列保密措施：①举报线索由专人录入专用计算机，加密码严格管理，未经授权或者批准，其他工作人员不得查看。②举报材料不得随意摆放，无关人员不得随意进入举报线索处理场所。③向检察长报送举报线索时，应当用机要袋密封，并填写机要编号，由检察长亲自拆封。④严禁泄露举报内容以及举报人姓名、住址、电话等个人信息，严禁将举报材料转给被举报人或者被举报单位。⑤调查核实情况时，严禁出示举报线索原件或者复印件；对匿名举报线索除侦查工作需要外，严禁进行笔迹鉴定。⑥其他应当采取的保密措施。

（3）举报中心应当指定专人负责受理网上举报，严格管理举报网站服务器的用户名和密码，并适时更换。利用检察专线网处理举报线索的计算机应当与互联网实行物理隔离。通过网络联系、答复举报人时，应当核对密码，答复时不得涉及举报具体内容。

（4）对打击报复或者指使他人打击报复举报人及其近亲属的，经调查核实，应当视情节轻重分别作出处理：①尚未构成犯罪的，提出检察建议，移送主管机关或者部门处理；②构成犯罪的，依法追究刑事责任。

（5）对举报人因受打击报复，造成人身伤害或者名誉损害、财产损失的，应当支持其依法提出赔偿请求。举报人利用举报捏造事实、伪造证据，诬告陷害他人构成犯罪的，应当依法追究其刑事责任。对举报失实并造成一定影响的，应当采用适当方式澄清事实，为被举报人消除影响。

6. 举报奖励

（1）举报线索经查证属实，被举报人构成犯罪的，应当给予举报人一定的精神及物质奖励。

（2）人民检察院根据举报追回赃款的，应当在举报所涉事实追缴赃款的

10% 以内发给奖金。每案奖金数额一般不超过 10 万元。举报人有重大贡献的，经省级人民检察院批准，可以在 10 万元以上给予奖励，数额不超过 20 万元。有特别重大贡献的，经最高人民检察院批准，不受上述数额的限制。

经查证属实构成犯罪但没有追回赃款的案件，可以酌情给予举报人 5000 元以下的奖励。

对举报贪污贿赂案件有功的举报人员，参照上述规定给予奖励。

（3）奖励举报有功人员，应当在判决或者裁定生效后进行。奖励情况适时向社会公布。涉及举报有功人员的姓名、单位等个人信息的，应当征得本人同意。

（4）举报奖励工作由举报中心具体承办。奖励经费在业务经费中列支。

7. 责任追究

（1）举报中心在举报线索管理工作中，发现检察人员有违法违纪行为的，应当提出建议，连同有关材料移送政治工作部门或者纪检监察部门处理。

（2）具有下列情形之一，对直接负责的主管人员和其他直接责任人员，依照检察人员纪律处分条例等有关规定给予纪律处分；构成犯罪的，依法追究刑事责任：①滥用职权，擅自处理举报线索的；②私存、扣压或者遗失举报线索的；③故意泄露举报人姓名、地址、电话或者举报内容，或者将举报材料转给被举报人、被举报单位的；④徇私舞弊、玩忽职守，造成重大损失的；⑤压制、迫害、打击报复举报人的；⑥查处举报线索无故超出规定期限，造成举报人越级上访或者其他严重后果的；⑦隐瞒、谎报、缓报重大举报信息，造成严重后果的。

（二）职务犯罪举报工作中应注意的问题

目前，职务犯罪举报工作在司法实践中存在一些突出的问题，需要引起注意。主要包括以下几个方面：

1. 举报人的保护问题

举报人在打击职务犯罪中的重要作用不言而喻，但是现实中对举报人的保护方面却存在很多问题。法律法规对举报人保护的规定过于原则性，具体可操作性不强。如没有明确保护举报人的责任单位或部门；没有明确保护举报人的人力、财力、物力资源；没有明确启动保护举报人的程序；没有明确保护举报人的措施和手段；没有明确对举报人进行事后救济的保障等。因此，举报人的后顾之忧就非常多。如担心举报被泄密，这样就等于把举报人交到了被举报人手中，实践中举报人因此被打击报复甚至全家被杀害的现象也不鲜见。这样一来，对于潜在的举报人无疑是一个警钟，他们会担心自己举报后是否也会遭此厄运。对举报人保护不力已经严重影响了举报工作的有效开展。

2. 严格遵守保密制度

检察人员在举报工作中，应严格遵守以下保密制度：

（1）举报材料是在检察工作中产生的国家秘密和工作秘密，必须严格按照国家和最高人民检察院有关保密规定办理。

（2）举报的受理、登记、转办、保管等各个环节，都应当严格保密，要严防泄露或者遗失。办案人员不得私自摘抄、复制、扣押、销毁举报材料。

（3）不得泄露举报人的姓名、工作单位、家庭住址等情况；严禁将举报材料和举报人的有关情况透露或者转给被举报单位和被举报人。

（4）调查核实情况时，不得出示举报材料原件或者复印件，不得暴露举报人；对匿名信函除侦查工作需要外，不准鉴定笔迹。

（5）宣传报道和奖励举报有功人员，除本人同意外，不得公开举报人的姓名、单位。

3. 注意区分错告和诬告

只要不是捏造事实，伪造证据，即使举报、控告内容与事实有出入，甚至是错告的，也要和诬告严格加以区别。只有利用举报捏造事实，伪造证据，诬告陷害他人构成犯罪的，才依法追究刑事责任。

4. 及时回避

检察人员在受理举报和办理案件过程中，发现有《刑事诉讼法》第28条或者第29条规定的情形之一的，应当自行提出回避；没有自行提出回避的，人民检察院应当按照有关规定决定其回避，当事人及其法定代理人有权要求其回避。

检察人员自行回避的，可以口头或者书面提出，并说明理由。口头提出申请的，应当记录在案。

应当回避的人员，本人没有自行回避，当事人和他们的法定代理人也没有申请其回避的，检察长或者检察委员会应当决定其回避。

关于回避的规定，适用于书记员、司法警察和人民检察院聘请或者指派的翻译人员、鉴定人。书记员、司法警察和人民检察院聘请或者指派的翻译人员、鉴定人的回避由检察长决定。

5. 防止无理取闹

对以举报为名无理取闹的人，要坚持原则，进行批评教育。对严重妨碍检察工作人员履行公务，扰乱检察机关正常工作秩序的，应当依照法律或者有关规定处理。

（三）对职务犯罪举报线索的管理与审查利用

1. 举报线索的管理问题

检察机关对于职务犯罪举报线索统一由举报中心进行管理，并且要严格按照规范的程序进行受理、登记、审批、分流、初查、结案、反馈、归档和消化等工作。管理中应该遵循的原则包括：统一管理、归口办理；严格保密，保护举报人的合法权益；接受监督，取信于民；定期清理举报的线索，防止出现线索积压。管理中一般是遵循以下程序进行的：（1）由检察机关的举报中心统一对外受理职务犯罪的举报线索。对于侦查部门或者检察机关的领导收到的举报线索也应该在规定的时间内交到举报中心进行统一管理，然后再由协调小组研究分流。（2）实行举报线索由检察长统一审批的制度。这就是说，举报线索由举报中心的负责人统一呈报检察长审批，经过检察长审批后，再由举报中心进行分流，整个过程必须在受理线索后7日内完成。（3）线索要进行登记造册，实行专人负责制。举报中心应该安排专人负责统一对线索的登记、分流和统计。线索分流后还要进行动态的跟踪监督，设置举报线索管理登记簿，以便随时掌握线索办理情况和动向。对每件线索都应当设置举报线索处理反馈答复函、转办线索回复函、转办线索督促催办函。线索统计做到月月有报表，季季有分析，半年有动态分析总结等。（4）对外反馈工作也由举报中心统一进行。转至本院侦查部门的举报线索由侦查部门办结后在规定的时间反馈给举报中心，再由举报中心统一对外答复举报人。（5）初查结案后统一归档于举报中心。按照规定，侦查部门必须在2个月内将举报线索初查结案，结案后初查卷宗应及时交由举报中心归档，举报中心设专人负责初查卷的归档管理，按照统一的归档顺序录入初查案件登记目录簿。立案侦查的案件，也应形成初查卷，交由举报中心归档。

此外，可以按照以下三种分类进行管理：（1）级别分类管理。即按照举报内容的情节和来源，划分举报线索并分类处理。（2）密级分类管理。即根据密级的有关规定和举报内容及情节等的轻重缓急，将举报线索划分为秘密、机密、绝密三档，以确定线索的保密措施。（3）管辖分类管理。即将线索分成控告类、申诉类、举报类的基础上，还应按照管辖职能划分为本院管辖类线索和非本院管辖类线索。

2. 举报线索的审查利用问题

对举报的线索进行审查就是为了判明举报的性质、甄别真伪、明确管辖的范围和使用价值，以决定线索由哪个机关或者部门进行查处。一般来说，应该首先审查举报线索的管辖范围。包括是否应该由检察机关管辖和是否属于本院管辖，如果属于本院管辖，应该具体由哪个部门查处。对属于本院管辖的，要进行整理、登记、汇报；对于涉及交叉管辖的，要向领导请示，以便依法作出处理；对不属于本院、本部门管辖的，要及时进行分流、移送、转出。然后要通过审查举报材料的来源、渠道，看举报内容是否具有真实性，初步判明举报材料的成案价值；审查举报的方式判断成案价值；审查被举报人的身份与职务等情况，判断发生职务犯罪的可能性的大小；审查举报人与被举报人的关系等，分析举报人的举报动机、原因等判断成案价值。在对成案价值的判断过程中，需要审查人具体问题具体分析，但是还是有很多规律可循的。比如署名举报的线索的真实性可能高于匿名举报；举报人与被举报人的关系如果是上下级关系或同事关系，其真实性就可能高于举报人与被举报人没有任何关系的举报线索；直接到检察机关进行举报的线索的真实性可能就高于电话匿名举报；用正常笔迹写得较为明确具体的举报信的真实性就可能高于用伪装笔迹掩盖自己真实身份的举报信等。上述规律不是绝对的，只是一般的规律。在具体的举报线索审查中，需要审查人员综合各方面的情况，依靠分析推理以及经验等对举报线索进行审查判断。

对于举报线索的利用，大致可以分为以下情况：对于不能判明真伪的举报线索和成案价值高的线索，要及时分流到有关的部门进行初查或者侦查；对于明显不真实的举报可以直接归档留存，但如果涉及诬告陷害的，要根据诬告陷害的管辖原则移送有关部门进行处理；对于不能成案但是具有情报价值的线索要存档备用。举报线索除经过初查立案的外，对于经过查证证实为虚假的线索直接存档；对于仍然不能判明真伪的，可以留到条件成熟时再进行查证；对于有情报价值的但不能立案的，作为情报加以利用。在举报线索的利用方面，还要善于从一个线索发现其背后可能存在的多个线索，拓宽线索的利用价值等。

二、职务犯罪的初查

根据《刑事诉讼法》和《人民检察院刑事诉讼规则（试行）》的相关规定，职务犯罪案件的初查是指检察机关侦查部门对接受和自行发现的职务犯罪案件线索，按照管辖范围进行调查，以确定是否立案的专门活动。职务犯罪的初查的目的就是确定是否需要立案，而立案是侦查程序启动的开端，所以，初查本身并不是侦查行为，而是属于一种立案前的审查活动。也因为初查的目的是确定是否需要立案，所以初查的内容就是围绕着是否有犯罪事实和是否有需要追究刑事责任的人而展开。

（一）职务犯罪初查的条件

根据《刑事诉讼法》和《人民检察院刑事诉讼规则（试行）》的有关规定，职务犯罪案件的初查应该具备以下条件：

1. 有反映职务犯罪事实的案件线索。这是对职务犯罪案件初查的事实条件的要求。但是应当注意，这时所要求的案件线索只要能够反映出有可能有职务犯罪事实存在即可，而不需要客观上一定存在该事实。因为初查本身就是为了判断是否需要立案。而立案的条件之一就是认为有犯罪事实存在，这种认为也只是一种主观上的判断，而不一定客观上就存在该犯罪事实。也就是说，即使到了立案阶段，这种犯罪事实也只是在主观中存在而不一定是客观的，所以，为了确定是否立案而进行的初查工作对犯罪事实只要求是主观上的一种可能性即可。

2. 可能追究刑事责任。这是职务犯罪初查的法律条件。对于可能追究法律责任的理解应该包括，如果这种可能的犯罪事实存在，那么其中可能的犯罪嫌疑人依此事实需要被追究刑事责任，同时要注意到按照刑事诉讼法关于不予追究刑事责任的六种情形的规定。

3. 检察机关已经受理。这是职务犯罪案件线索初查的程序要求。职务犯罪案件线索只有经过有管辖权的检察机关受理，才能初查。受理包括举报中心对举报职务犯罪案件线索的受理，也包括侦查部门对自行发现的或有关单位或部门移送的以及上级机关交办的职务犯罪案件线索的受理。

4. 经过一定的审批程序。职务犯罪案件线索的初查应当报请检察长或检察委员会决定。没有检察长或检察委员会的决定，不能对案件线索进行初查。

（二）职务犯罪初查的原则

职务犯罪案件线索的初查作为一项专门的调查工作，应该遵循以下几个原则进行：

1. 依法初查原则。初查工作作为立案前的一项专门的调查工作，是检察机关履行法律职责的一项活动，必须严格遵循有关初查的相关法律规定，包括实体性的规定和程序性的规定。具体来说主要包括以下几个方面的内容：（1）职务犯罪案件线索的初查主体一般只能是检察机关内部的反贪部门、反渎职侵权犯罪侦查部门及承担部分职责的相关部门（如监所检察部门、行政检察部门），特殊情况下也可以由举报中心对线索进行初核。（2）对职务犯罪案件线索的初查应当由检察长或者检察委员会决定。（3）对职务犯罪案件线索的初查应依照法定程序进行。（4）对职务犯罪案件线索进行初查的过程中，不得限制被查对象的人身权利和财产权利，不得对被查对象采取强制措施，不得查封、扣押、冻结被查对象的财产。（5）职务犯罪案件线索经过初查后，应该根据不同的初查结果，依法处理。

2. 秘密初查原则。在依法进行职务犯罪案件线索初查的过程中，应该使初查处于不公开或者半公开的状态。要严格保密，防止暴露初查对象、意图和内容。具体来说主要包括以下几个方面的内容：（1）隐蔽初查意图，采取一种迂回的方式，对外不能暴露案情，尤其是在接触初查对象之前要绝对保密。初查原则上不触动被查对象，必须接触被查对象时，尽可能不向被查对象暴露调查人员的调查目的和调查方法，不能泄露与证人谈话的内容，不能暴露举报人的相关情况，不能透露侦查人员已经掌握的证据材料。（2）严格控制检察机关内部人员知情的范围。举报线索由专人负责受理登记，初查计划、进度、内容由承办人和主管领导制定、掌握，严禁对其他人谈及。对大要案的初查除了按照有关的规定向有关党政领导汇报外，一般均不得告知。（3）初查的措施和手段要尽可能秘密地进行。（4）在初查过程中，不仅不能向被查对象透露举报人的相关情况，对检察机关内部和外部的无关人员也不能透露，以切实保护举报人的合法权益。

（5）必须接触被调查对象的情况下，应当报经主管检察长或者检察委员会批准。

3. 迅速及时原则。对于举报线索从受理到初查的时间限制，要遵循相关的规定。初查是立案的前提和基础，只有迅速初查，才能保证及时立案。迅速及时的初查可以为决定是否立案提供有力的证据，同时可以不给被查对象以喘息的机会，防止可能出现的串供、毁灭证据、逃跑、自杀等情况。但是应该注意，不能因为为了迅速就破坏了应该坚持的秘密初查原则，要使这两个原则相互促进。

4. 突出重点、全面考虑的原则。初查工作要围绕能够证明有犯罪事实存在和有需要被追究刑事责任的人这两个立案条件收集证据，这就是初查工作要突出的重点。但是，需要注意的是，初查工作要考虑到可能的立案后的侦查工作，不能采取一种"破坏式"的方法来开展初查工作。如果初查中对案件事实的查证只考虑能否立案的问题，而不进行全面的考虑，就很可能给今后的侦查工作带来不该出现的困难。这就要求在制定初查计划、采取初查措施的时候既突出重点，又能够统筹兼顾。

5. 适度初查的原则。初查的目的就是为了确认职务犯罪事实是否存在，以便决定是否立案。所以，一旦初查表明可以立案，初查工作就应该结束，马上进入立案侦查阶段。这样才可以保证合法地采取侦查手段与措施，保证案件的及时破获。如果初查不适度，在具备立案条件时仍然继续初查，就有可能出现不能使用侦查手段而阻碍案件的调查进程或者非法使用侦查手段的情况，也违背了初查的目的。经过初查，如果表明职务犯罪案件线索所反映的犯罪事实不成立，初查工作即应终止。

（三）职务犯罪初查的措施和策略方法

根据《人民检察院刑事诉讼规则（试行）》第173条的规定，在初查过程中可以采取以下措施：

1. 询问。询问对象包括与正在调查的职务犯罪案件线索有关的一切人员，如证人、知情人，也包括职务犯罪案件线索被查清后可能被立案侦查的犯罪嫌疑人。

2. 查询。主要是为了了解查证案件线索而查询存款、汇款等。

3. 勘验、检查。勘验是对实施职务犯罪的场所和遗留与职务犯罪有关的痕迹、物品的场所进行实地勘查的行为。

4. 鉴定。主要是指对初查过程中出现的一些专门性问题聘请或指派具有专门知识的鉴定人员进行鉴定。

5. 辨认。虽然《人民检察院刑事诉讼规则（试行）》没有把辨认写在初查措施之内，但是鉴于辨认是可以以不限制被查对象人身与财产权利的方式进行的措施，而初查过程中又有可能需要使用，因此，辨认可以作为初查措施。

6. 调取、扣押物证、书证和视听资料。

运用以上措施进行初查的过程中，还必须采用一定的策略方法，以保证初查工作的有效开展。实践中常用的初查的策略方法主要有：

1. 调查访谈。即对能够提供或反映案件线索情况的有关人员进行访谈，对线索所涉及的有关场所进行调查。

2. 借用其他机关身份开展初查。即借用有关的执法执纪机关、部门的名义进行初查工作。例如，借用纪检、监察、公安、税务、工商、审计、技术监督、海关、城建等机关的名义，以执法执纪或者专项检查的名义进行初查。在使用此方法时，既要讲究方式方法，做好前期的准备工作，如对相关部门的专业知识、工作程序等进行了解；也要出示相关的证明文件与手续。必要时，还可以请相关的执法执纪部门的工作人员一同前往进行协助。要注意的是，根据《关于人民检察院在办理直接立案侦查案件工作中加强安全防范的规定》第 10 条规定："不得借用其他机关的行政、纪律措施控制犯罪嫌疑人、被告人，不得参与其他机关对违法违纪人员的看管。"

3. 以调查或侦查其他已经公开的案件的名义开展对举报线索的初查工作。

4. 化装调查。化装侦查在职务犯罪的侦查工作中是经常使用的，在初查工作中同样可以使用。在进行化装调查时，要充分准备，防止出现被对方识破的可能，同时在接触交谈中要掌握主动权，取得对方的信任。

5. 使用线人开展初查。物色可靠的人员贴靠被查对象，由线人及时准确地向初查人员提供被举报人的有关情况、犯罪证据是行之有效的初查方法。线人要具备能够接近被举报人、具有一定的活动能力以获得真实情况、能够被我方有效控制等条件。在使用线人时，要遵循法律的规定；防止其背叛我方而被对方利用；要注意保护其人身安全；获得的情况要经过转化才能在今后的工作中公开使用。

（四）初查后的处理

根据《人民检察院刑事诉讼规则（试行）》的规定，检察机关侦查部门对职务犯罪案件线索进行初查之后，认为有犯罪事实需要追究刑事责任的，应当制作审查报告，提请批准立案侦查，报检察长决定。

经过初查，认为犯罪事实存在并且有需要被追究刑事责任的人的，应该提请批准立案侦查；认为没有犯罪事实或者事实不清、立案依据不足的，或者具有《刑事诉讼法》第 15 条规定的情形之一的，应提请批准不予立案。

职务犯罪要案线索初查后的处理情况，应当在作出决定后 10 日内按照备案的要求上报上级人民检察院备案。上级人民检察院认为处理不当的，应当在收到备案材料后 10 日内通知下级人民检察院纠正。侦查部门收到举报中心移送的职务犯罪案件举报线索后，应当在 1 个月内将处理情况回复举报中心，3 个月内回复查办结果；情况复杂，逾期不能办结的，报经检察长批准，可适当延长办理期限，延长期限不得超过 3 个月。延期办理的情况应当及时向举报中心通报。下级人民检察院收到上级人民检察院移送的职务犯罪案件举报线索后，应当在 3 个月内办结。情况复杂，确需延长办理期限的，经检察长批准，可以延长 3 个月。延期办理的，由举报中心向上级人民检察院举报中心报告进展情况，并说明延期理由。法律另有规定的从其规定。

　　检察机关对职务犯罪案件线索经初查后决定不予立案的，如果是被害人控告的，应当制作不立案通知书，写明案由和案件来源、决定不立案的原因和法律依据，由侦查部门在 15 日内送达控告人，同时告知本院控告申诉检察部门。控告人如果不服，可以在收到不立案通知书后 10 日内申请复议。对不立案的复议，由人民检察院控告检察部门受理。控告检察部门应当根据事实和法律进行审查，并可以要求控告人、申诉人提供有关材料，认为需要侦查部门说明不立案理由的，应当及时将案件移送侦查监督部门办理。人民检察院认为被举报人的行为未构成犯罪，决定不予立案，但需要追究其党纪、政纪责任的，应当移送有管辖权的主管机关处理。

第三节　职务犯罪证据的收集与运用

　　职务犯罪侦查的直接目的就是查清案件事实，揭露职务犯罪，揭发职务犯罪人，同时保证无罪的人免受追诉。而这一切都要依靠证据来支撑。也就是说，职务犯罪的侦查过程就是一个证据的收集与运用的过程。

一、职务犯罪证据的一般性问题

　　证明案件真实情况的一切事实，都是证据。根据《刑事诉讼法》的规定，职务犯罪证据有八种形式，即物证；书证；证人证言；被害人陈述；犯罪嫌疑人、被告人供述和辩解；鉴定意见；勘验、检查、辨认、侦查实验等笔录；视听资料、电子数据。无论哪一种证据，都必须经过查证属实，才能作为定案的根据。

　　人民检察院在职务犯罪侦查的过程中，有权向有关单位和个人收集、调取证据。有关单位和个人应当如实提供证据。对于涉及国家机密的证据，应当保密。侦查人员在职务犯罪的侦查过程中，必须依照法定的程序，收集能够证实犯罪嫌疑人、被告人有罪或者无罪、犯罪情节轻重的各种证据。

　　收集、调取的书证应当是原件。只有在取得原件确有困难时，才可以是副本或者复印件。收集、调取的物证应当是原物。只有在原物不便搬运、不易保存或者依法应当返还被害人时，才可以拍摄足以反映原物外形或者内容的照片、录像。书证的副本、复印件，物证的照片、录像，只有经与原件、原物核实无误或者经鉴定证明真实的，才具有与原件、原物同等的证明力。制作书证的副本、复印件，拍摄物证的照片、录像以及对有关证据进行录音时，制作人不得少于两人。提供证据的副本、复印件以及照片、音像制品应当附有关制作过程的文字说明及原件、原物存放何处的说明，并由制作人签名或者盖章。检察机关侦查部门向有关单位收集、调取的书面证据材料，必须由提供人署名，并加盖单位印章；侦查部门向个人收集、调取的书面证据材料，必须由本人确认无误后签名或者盖章。对于有关单位和个人提供的证据，应当出具收据，注明证据的名称、收到的时间、件数、页数以及是否原件等，由侦查人员签名。

严禁刑讯逼供或以其他非法方法收集证据。必须保证一切与案件有关或者了解案情的公民，有客观地充分地提供证据的条件，除了特殊情况外，可以吸收他们协助调查。

凡是知道案件情况的人，都有作证的义务。生理上、精神上有缺陷或者年幼，不能辨别是非、不能正确表达的人，不能作证人。检察机关应当保障证人及其近亲属的安全。

二、职务犯罪证据的收集

职务犯罪证据的收集包括收集过程和收集方法的问题。

（一）职务犯罪证据的收集过程

职务犯罪证据的收集过程包括了证据的发现、证据的固定和提取。

1. 职务犯罪证据的发现

职务犯罪证据发现的第一个步骤就是确定调查范围。确定调查范围也就是确定查找证据的范围。对于案情的分析判断的目的之一就是分析潜在的未知证据可能存在的范围，然后再在这个范围中通过措施、手段的运用来获取证据。对于这个范围的确定不是一成不变的，随着案件侦查的进展，范围也要做相应的调整。确定了范围之后就是发现证据线索。因为很多证据都是不能直接被感知和发现的，是需要通过很多线索来进行发现的。同时要注意，虽然很多证据线索本身不具备证据价值，但是却可以加强侦查人员对案件事实的一种主观确信。之后就进入了发现证据的阶段。这样一个过程需要侦查人员充分发挥主观能动性和进行深入细致的调查分析。

2. 职务犯罪证据的固定和提取

证据被发现后，必须对其进行固定和提取，才能使证据最终在诉讼意义上发挥证明案件事实的作用。在职务犯罪案件的侦查中，常见的固定和提取证据的方法有以下几种：（1）笔录提取法。就是通过文字记录的形式进行证据的固定和提取的方法。这种方法主要适用于以言词、活动、状态为内容的证据材料。其表现形式有询问笔录、讯问笔录、现场勘查笔录、搜查笔录、人身检查笔录、辨认笔录等。（2）音像提取法。就是通过录音录像、照相等手段进行证据的固定和提取的方法。这种方法主要适用于物证、书证以及以声音、形象为内容的证据材料。音像提取法具有直观、准确、逼真的特点，也是实践中应该多采用的一种方法。但是也要注意遵守相关法律对于音像提取和固定证据的一些程序性的要求。（3）实物提取法。就是直接提取与案件有关的物品、文书和痕迹载体的固定和提取证据的方法。主要适用于具备提取条件的物证和痕迹载体以及各种书证和音像证据等。（4）粘印提取法。就是通过粘贴、复印、吸附等方式进行证据的固定和提取的方法。主要适用于各种平面痕迹物证。（5）模型提取法。就是通过制作模型来进行证据的固定和提取的方法。主要适用于各种立体痕迹物证。

（二）职务犯罪证据的收集方法

职务犯罪证据的收集方法就是指通过各种措施的运用和具体方法的采用来获得证据的方法。

1. 职务犯罪证据收集的措施

从一般意义上来说，职务犯罪侦查的各种措施就是为了收集职务犯罪的证据。具体来说，职务犯罪证据收集的措施主要包括：（1）通过讯问犯罪嫌疑人收集证据。讯问犯罪嫌疑人是指侦查人员为了查明案情和其他有关问题，依照法定程序，以言词方式对犯罪嫌疑人进行审问的一种侦查措施。讯问犯罪嫌疑人的结果就是得到了以讯问笔录为载体的犯罪嫌疑人的供述和辩解，是职务犯罪侦查中重要的一种诉讼证据。（2）通过询问证人、被害人收集证据。询问证人、被害人是指侦查人员依照法定程序，通过言词方式向能够证明案件情况的证人、被害人进行调查的一种侦查措施。询问证人、被害人的结果就是获得了以询问笔录为载体的证人证言、被害人陈述，是职务犯罪侦查中常见的一种诉讼证据。（3）通过勘验、检查收集证据。勘验、检查是指侦查人员依照法定程序对与犯罪有关的场所、物品、尸体和人身进行勘验和检查，以发现和收集犯罪活动所遗留下来的各种痕迹、物品和确定人身的伤害状况以及生理状态的一项侦查措施。勘验、检查的结果就是获得了勘验、检查笔录，是职务犯罪案件侦查中的证据之一。（4）通过搜查收集证据。搜查是侦查人员为了收集犯罪证据、查获犯罪人，依法对犯罪嫌疑人以及可能隐藏犯罪嫌疑人或者犯罪证据的人身、物品、住处或者其他场所进行搜寻、检查的一种强制性的侦查措施。搜查的结果可以使我们收集到物证、书证、视听资料等多种形式的证据。（5）通过调取、扣押物证、书证和视听资料收集证据。调取、扣押物证、书证和视听资料是指人民检察院依法调取或者强行扣押与案件有关的物品、文件和视听资料的一种侦查措施。很显然，这种侦查措施运用的结果就是获得了物证、书证和视听资料这些法定的证据。（6）通过查询、冻结存款、汇款收集证据。查询、冻结存款、汇款是指人民检察院根据侦查工作的需要，依法查询、冻结犯罪嫌疑人的存款、汇款或与案件有关的单位的存款、汇款的一项侦查措施。这是世界各国通用的一种侦查措施，在职务犯罪，特别是贪污贿赂犯罪的侦查中经常用到。这种措施采用的结果是可以获取书证等，更为重要的是，通过这种侦查措施还能够使侦查人员发现更多的案件线索和证据。（7）通过鉴定收集证据。鉴定是指人民检察院为了查明案情、解决案件中的某些专门性问题，指派或者聘请具有专门知识的人对该专门性问题进行科学鉴别和判断的一种侦查措施。职务犯罪侦查中鉴定的种类很多，如笔迹鉴定、事故原因鉴定、司法会计鉴定等。鉴定的结果就是得到了鉴定意见这样一种证据。（8）通过辨认收集证据。辨认是指侦查人员为了查明案情，在必要时让被害人、证人以及犯罪嫌疑人对与犯罪有关的物品、文件、尸体、场所或者犯罪嫌疑人进行分辨、识别的一种侦查措施。辨认可以使侦查人员获得诸如证人证言、犯罪嫌疑人供述和辩解等证据，在职务犯罪的证据收集过程中经常用到。

2. 职务犯罪证据收集的几种方法

对于通过侦查措施获取证据这一问题，可以从另外一个角度把它们归纳为概括性的方法。这些方法主要有：（1）内查外调法。就是把内部审查与外部调查结合起来进行调查取证的一种方法。内部调查也就是指对已经被采取强制措施、已经被羁押的犯罪嫌疑人进行的讯问审查；外部调查就是指运用各种措施在外部广泛收集犯罪嫌疑人供述和辩解之外的证据。这种方法使侦查人员能够摆脱传统上的对于口供的单纯依赖，并且使犯罪嫌疑人的口供和其他证据可以互相印证，能够有效地证实犯罪。（2）询问、讯问法。就是通过向案件的有关人员提问并要求回答的形式进行调查取证的一种方法。这种方法是针对犯罪嫌疑人、证人、被害人使用的。在运用这种方法进行证据的收集的时候，除了要遵循相关的程序法的规定以保证证据的合法性之外，更要注重策略、技巧和询问、讯问方法的运用。要针对不同种类对象、不同个体的诸如心理、与案件的关系、经历、性格的不同制定询问、讯问计划，以获得真实性高、证明力强的言辞证据。（3）调取、扣押法。就是依法调取或者强行扣留物证、书证以及视听资料等实物形态证据的一种方法。这种方法一般适用于勘验检查、搜查等侦查活动，其主要目的是为了获取和保全实物证据。（4）科学鉴定法。也就是指派或聘请具有专门知识的人对侦查过程中遇到的案件中的某些专门性问题进行科学鉴别和判断的一种方法。在侦查中如果遇到诸如可疑账目、物品、文书、痕迹、事故原因等侦查人员无法判明的专门性问题时适用。在职务犯罪侦查中，这种收集证据的方法是经常用到的。常见的鉴定有司法会计鉴定、文书鉴定、法医学鉴定等。

三、职务犯罪证据的运用

职务犯罪证据的运用是证据收集与获取的目的。在对证据进行运用时，首先要对证据进行审查，然后再进行运用。

（一）职务犯罪证据的审查

职务犯罪证据的审查主要包括证据审查的内容、证据审查的步骤和证据审查的方法等问题。

1. 职务犯罪证据审查的内容

作为证明案件事实的证据必须具备"三性"，即客观性、关联性和合法性，审查的内容也就是围绕这三个方面而展开。（1）审查证据的客观性。所谓的证据的客观性，也就是证据的真实可靠性。对证据的客观性的审查既包括从证据来源、证据形成的时间、地点、条件等方面进行考虑，也包括从证据内容本身的是否符合情理、是否符合逻辑、前后是否一致等方面进行证据客观性的审查。（2）审查证据的关联性。证据的关联性又称为证据的相关性，是指证据与案件事实有无联系的问题。如果一个情况是客观的，但是与案件事实毫无联系，就不能成为证据，因为这种客观情况对案件事实根本没有证明作用。对证据的关联性的审查就是审查证据材料与案件事实有无联系、联系的紧密程度、是何种联系等。（3）审查证据的合法性。证据的合法性也就是证据的可采性的问题。这种审查主要是对于证据的发现、提取、固定、保管的过程和方法以及证据的形式是否符合程序法的规定进行的判断。证据即使具备了客观性与关联性，但是如果不具备合法性，是不能成为定案的依据的。但是要注意的是，没有合法性的证据如果具有客观性和关联性，在侦查阶段是可以作为线索使用的，比如用来发现其他证据等。

2. 职务犯罪证据审查的步骤

审查职务犯罪证据应当遵循由个别到整体的原则，循序渐进地进行。具体来说包括以下三个步骤：（1）单独审查阶段。就是对每一个证据材料单独进行客观性、关联性和合法性的审查，以判明其是否能证明案件事实。这种审查是下一个步骤的基础。但是，这种审查由于不可避免地带有封闭性，所以审查的结果还有待进一步的验证。（2）对比审查阶段。就是对证明同一案件事实的两个或两个以上的证据进行比较和对照，看其是否存在矛盾或不一致的地方，看其能否合理地证明该案件的事实。如果两个证据不一致，就要分析这种不一致是本质上的差别还是非本质的差别，造成不一致的原因是什么。如果是由于合理的原因造成的非本质的差别，则这些证据为真实的可能性就比较大。如果没有合理的原因造成了证据之间的本质上的差异，则至少其中一个证据是不真实不可靠的。需要注意的是，在对比审查阶段，一致的两个或者两个以上的证据也不能直接认定为真实的。因为在职务犯罪的证据中，由于串供、订立攻守同盟等造成互相一致的假证据也很常见。在对待这种证据的审查中，也有一定的技巧存在，比如，共犯不合常理的高度一致的口供就很有可能不真实。（3）全案审查阶段。在最后的阶段，要对所有的证据进行综合的分析研究，看其内容是否能够互相印证，能否达到确实、充分地证明案件事实的程度。在全案审查阶段，如果发现有矛盾，则应该找出原因，挑出其中与全案证据相矛盾的个别证据。如果所有最后判断为真实可靠的证据前后一致，整体上符合逻辑，能够互相印证，则证据审查即告完成。

3. 职务犯罪证据审查的方法

职务犯罪证据审查的方法有很多，常用的主要有如下几种：（1）逻辑分析法。就是运用形式逻辑对证据进行分析判断。（2）甄别法。就是运用常识和客观事物发生和发展的一般规律对证据进行分析判断。（3）比较法。就是对两个或者两个以上的证据进行内容方面的比较，以判明证据真伪的方法。（4）实验法。就是通过侦查实验等方法重演或者再现相关人陈述的内容，以判断证据（主要是人证）的真伪的方法。（5）印证法。就是通过考察案件中不同证据材料的内容是否相互吻合、协调一致来判断证据真伪和证明价值的一种对案件证据材料进行综合审查的方法。（6）对质法。即在两个或者多个案件的当事人或者证人对案件事实的陈述不一致时，组织这些相关人员到一起相互进行质询和诘问以判明证据真伪的方法。

（二）职务犯罪证据的具体运用

职务犯罪案件证据在经过审查之后，如果判断证据为真实可靠的，就可以进行具体的运用了。实际上，职务犯罪证据的审查与运用是相互交叉的，而不是存在绝对的先后顺序或截然分开的两个阶段。

职务犯罪证据的运用包括侦查过程中的运用和侦查终结后的运用。侦查终结后运用的目的主要是完成证明案件事实，以便正确解决追究犯罪嫌疑人的刑事责任的问题这一使命。而职务犯罪证据在侦查中的运用则是一个重要而又复杂的问题。但总的来说，在侦查阶段，职务犯罪证据就是用来查明是否确实有犯罪发生，犯罪嫌疑人是谁，应该如何抓获犯罪嫌疑人，如何证明犯罪嫌疑人有罪以追究其刑事责任。所以，职务犯罪证据在侦查中的具体运用主要包括如下几个方面：

1. 通过现有证据发现新的证据

证据的价值不仅在于本身可以证明案件事实，而且还可以通过现有证据发现新的证据。这时，现有证据就成了发现新证据的线索。在职务犯罪侦查的过程中，依靠现有证据发现新的证据是普遍的现象。如根据犯罪嫌疑人的口供查找到赃款赃物；根据会议记录找到知情人进而获得证人证言等。

2. 通过证据寻找和认定犯罪嫌疑人

职务犯罪侦查中，很多案件都是选择"由人到事"的侦查途径。这种情况下，证据的作用就是把立案之初的对犯罪嫌疑人的怀疑转变为确认，用证据来认定犯罪嫌疑人。如举报人举报某人有受贿的犯罪事实，侦查人员就要通过证据认定被举报人是否有举报线索反映的犯罪事实，是否真的是犯罪嫌疑人。对于选择"由事到人"和"由物到人"侦查途径的案件，证据的作用首先就是能够对犯罪嫌疑人进行刻画，通过证据寻找到犯罪嫌疑人，再通过证据确认犯罪嫌疑人。如贪污案件中，某单位发现财物短少，怀疑是有人贪污所致，那么就要通过证据查明是谁实施了贪污犯罪，通过证据确认怀疑对象确实实施了贪污犯罪。

3. 通过证据抓获犯罪嫌疑人

证据达到一定程度才具备将犯罪嫌疑人采取逮捕等抓获归案的措施的法律条件。同时，对于潜逃的犯罪嫌疑人也只有通过证据来分析、确认其可能的隐藏地点，进而将犯罪嫌疑人抓获归案。

4. 通过证据突破犯罪嫌疑人的口供

在很多职务犯罪案件中，口供的作用举足轻重，甚至没有口供就可能导致不能最终定案。而由于职务犯罪嫌疑人身份的特殊性，他们犯罪的过程一般都比较隐蔽，一般都拥有一定的法律知识，与侦查机关进行对抗的能力很强。在这种情况下，突破犯罪嫌疑人的口供很多时候必须依靠比较充分的证据。所以，职务犯罪证据运用的一个重要方面就是用来突破犯罪嫌疑人的口供。

5. 通过证据证明案件事实

职务犯罪证据的最终运用就是用来证明案件事实。通过所获得的证据证明了犯罪事实，才能完成职务犯罪侦查的使命。到侦查终结时，职务犯罪证据达到了确实、充分的程度，就达到了侦查阶段证据运用的目的。

当然，上面只是概括性地论述了职务犯罪证据运用的几个方面。在具体的案件中具体运用职务犯罪证据是一个更为复杂的问题。这其中涉及运用的策略、运用的方法、运用的实施等诸多问题。由于这些问题也就是如何具体开展职务犯罪侦查的问题，所以在此不做展开论述。

第四节　几种疑难案件的侦破方案

本节所说的疑难案件是指在职务犯罪侦查中可能出现的案件难以侦破的几种情况。侦查人员在职务犯罪侦查工作中所遇到的不易侦破的疑难案件虽然数量不多，但却是侦查工作的难点，有必要进行认真的研究和探索。职务犯罪中，尤其是贪污贿赂案件的侦查中，常见的疑难案件的侦查方法可作如下归纳。

一、对于订立攻守同盟案件的侦查方法

在职务犯罪案件中，一些共同犯罪的犯罪嫌疑人为了掩盖犯罪和逃避侦查，经过密谋策划，同案人之间或与有关的关系人之间订立攻守同盟，借此狡猾抵赖，为侦查工作设置障碍，对这类案件的侦查主要应抓好以下几个环节。

（一）找出同案犯罪嫌疑人供述中的破绽，深追细究

凡订立攻守同盟的犯罪嫌疑人，必然要编造事实掩盖真相，但编造的东西总是假的，很难自圆其说、天衣无缝。在一定的条件下，犯罪嫌疑人在供述时总会不由自主地暴露真情。这类案件的犯罪嫌疑人最善于充分发挥自己的口才，滔滔不绝地讲述自己编造的谎言，目的只有一个，使侦查人员确信其供述是真的。据此，侦查人员要善于抓住犯罪嫌疑人供述中的矛盾，查微析疑，然后利用矛盾进行讯问，迫使犯罪嫌疑人如实供述。

（二）积极搜寻犯罪嫌疑人订立攻守同盟的证据，摧毁其企图侥幸过关的心理防线

一些犯罪嫌疑人订立攻守同盟后，自恃无人知晓，因而对自己的犯罪行为一味抵赖。对此，侦查人员应注意尽力搜集犯罪嫌疑人之间订立攻守同盟的证据，如来往书信、短信内容、网上聊天记录、会议记录、记事本上的记载、有关证人的指证等，以揭露其掩盖犯罪事实的真相，彻底打消其侥幸过关的心理。讯问中通过提示（或出示）犯罪嫌疑人订立攻守同盟的证据，往往会使犯罪嫌疑人认为其他同盟人已如实交代，出卖了自己，从而起到分化瓦解攻守同盟的作用。

（三）选准薄弱环节分化瓦解

攻守同盟是两人以上订立的，而每个人与案件的关联程度并不相同，罪责及心理状态等也不尽相同，这就决定了攻守同盟中存在相对的薄弱环节。侦查人员可认真分析案情，熟悉每个犯罪嫌疑人在全案中的地位和作用以及在犯罪各阶段的心理状态，选择那些罪行较轻、心理防线较弱，作案中又处于从属地位的犯罪嫌疑人作为突破口，牵一线而动全局，从而打破攻守同盟，侦破案件。

（四）抓住战机，攻其不备

在侦查中，攻守同盟的参与者只要一人被触动，必然要引起其他人的警觉，

采取新的对策。因此，在接触一人时，就要抓住战机，全面出击，采取对犯罪嫌疑人同时控制并及时审查的方法，趁其他人尚未察觉或不完全摸底、惊魂未定之时，出其不意、攻其不备，使他们来不及思考对策，处于完全被动挨打的局面，有时会收到事半功倍的效果。实践证明，犯罪嫌疑人的攻守同盟不会是铁板一块，只要方法措施恰当，是完全可以攻破的。

二、对"夹生"案件的侦查方法

有些职务犯罪案件在检察机关介入以前，已经本单位和有关部门（纪检、监察部门等）调查过，由于缺乏经验和其他一些主客观原因，致使犯罪嫌疑人了解、掌握了有关机关的调查及拥有证据材料的情况。因而，在检察机关立案侦查前早已有了心理准备，采取串供、伪造、涂改证据，隐匿、毁灭证据等手段，制造假象、以假乱真，甚至上告、反污有关部门"整"他，给检察机关的侦查设置种种障碍，使案件成为真假难辨、是非难分、定难定、否难否的"夹生"案件，对这类案件的侦查，主要应抓好如下几个环节。

（一）放宽视野，扩大侦查范围

"夹生"案件多系几经周折的案件，不仅发案单位和有关部门多次调查。而且侦查机关也可能进行了反复工作，所调查的问题、指控的对象、调查的证人以及调查进展情况，犯罪嫌疑人都基本清楚，并且做了大量的反侦查工作。因此，侦查人员如果仍把视线局限在原有的侦查范围很难有新的收获。这就要求侦查人员放宽视野，扩大侦查范围，从犯罪嫌疑人意想不到的范围收集证据、打开缺口。

（二）分析"夹生"的原因，集中力量重点突破

案件"夹生"的原因是多方面的，但主要是因为犯罪嫌疑人反侦查行为所致，但无论如何，犯罪嫌疑人的能量总是有限的，只能在某些环节上制造假象，指使证人或知情人为其作假证。这些证人与知情人之所以为犯罪嫌疑人开脱，有的是基于共同的利害关系，有的是基于亲属关系，有的是怕打击报复，有的是不好改口等。侦查人员应认真分析"夹生"的原因，抓住要害问题和关键的人和事，集中人力、集中时间、重点突破，毕竟检察机关享有侦查权，有法律作后盾，侦查手段方法也多，久攻之下，犯罪嫌疑人精心构筑的反侦查防线也难免一失。

（三）采取特殊的侦查手段，使犯罪嫌疑人防不胜防

"夹生"案件中的犯罪嫌疑人所进行的反侦查活动，仅是针对侦查机关的一般的调查取证、羁押审讯、搜查扣押等侦查方法的，这也是现阶段侦查机关侦查的一些基本方法。但面对"夹生"案件，常规的、公开的侦查方法已不奏效，侦查机关应在侦查方法、手段、措施上多方设想，考虑采用一些非常规的侦查手

段方法，如依靠现代科技，采用技术侦查方法，针对犯罪嫌疑人已有准备，采用秘密侦查方法，使其防不胜防。例如，司法会计鉴定、笔迹鉴定、书写时间鉴定、测谎技术、秘密监控、监听监录、化装侦查、专案耳目等方法。总归一句话，犯罪嫌疑人是"死"的，而侦查手段方法是"活"的，针对案件具体情况，灵活采取各种侦查手段方法，"夹生"案件终将会突破。

三、对供证"一对一"贿赂案件的侦查方法

在贿赂案件侦查中，经常出现供证"一对一"的情况，而一般的规律是行贿人承认行贿，受贿人否认受贿，常常使案件处于既不能肯定，又不能否定状态，是侦查难点之一。面对"一对一"案件，侦查人员不应有畏难情绪。事实上，贿赂案件中绝对的"一对一"是不存在的。在行贿人、受贿人交接贿赂物品的瞬间，可能是"一对一"，但纵观整个犯罪过程，却并非"一对一"。贿赂犯罪是一种智能型犯罪。行贿人、受贿人作案一般有预谋过程，行贿人行贿前要同有关人员商量、策划，选择受贿人，研究行贿方式，确定贿赂物品。单位行贿或一些个体企业行贿还要经过反复研究论证，记有账目和会议记录。行贿以后，赃款赃物的使用和去向，都会留下痕迹或给有关人员留下印象，案发后，行贿人、受贿人不但积极订立攻守同盟，还会利用亲友毁证、匿赃，受贿人为行贿人谋取利益的不正常现象，也会被群众察觉。因此，在整个案件中，有大量直接与间接证据可以证实犯罪。

此外，从表面上看，行贿人与受贿人两者之间是"一对一"，但在行贿人周围，可能有多个受贿人，反之，在受贿人周围也同样会有多个行贿人，加之介绍贿赂人、行受贿人的家属、亲友等知情人的存在。因此，在一个贿赂案件中，知情人、涉案人是很多的，侦查人员应善于分析研究哪些人知情，哪些人与案件有牵连，寻找薄弱环节，将"一对一"变为"多对一"从而突破案件。

四、以"借"为名的行、受贿犯罪的侦查方法

现阶段的行、受贿犯罪人，当其罪行败露之后，在检察机关的严厉追查之下，行贿人会讲：确实给过某某钱，受贿人也不否认确实接受某人的钱，但双方均会异口同声"郑重其事"地申明，这钱是"借"的，行贿人会拿出受贿人出具的"借条"，这无疑给案件的查处工作又增加了难度。对于以"借"为名的行、受贿犯罪问题，应重点考虑从如下几个方面突破：

（一）查出具借据时间

正常的借贷与以"借"为名的贿赂犯罪都有借据存在，但出具的时间上有差异。正常借贷一般是在借钱的同时出具，而贿赂犯罪一般是在风声很紧的情况下不得已而出具，并非是在交接钱物之时。这主要是贿赂犯罪的本质所决定的，

也就是说贿赂犯罪一般不留字据，试想，在权钱交易的过程中，受贿人为行贿人提供了某种利益或好处，而在收受钱财的同时还要出具一张借条给行贿人，受贿人无论如何是不愿意的，如果让行贿人手捏一张借条，待所求之事办成之后，三天两头跑到受贿人家里或单位催还借款，甚至一纸诉状递交法院告某人借钱不还，到头来受贿人是哑巴吃黄连，弄得鸡飞蛋打。因此，受贿人在正常情况下是绝不会出具借据的。但当检察机关追查得紧的时候，受贿人怕受打击处理、行贿人怕既得利益丧失，双双商议以"借"为由来应付追查，所以"借"款的时间与写"借条"的时间不一致，落款的时间当然与写借据的时间也不一致，这就形成了一个时间差，少则三五个月，多则两三年甚至更长时间，这是侦查中可以利用的一个很好的条件，通过查墨迹新旧程度，书写纸张的生产时间，其他书写工具的启用时间及书面用语的流行时间来鉴定"借据"的书写时间，从而判定是借还是受贿。

（二）审查"借"款目的

民间正常借贷是因为有某种急需用钱的紧急情况出现时发生的，如生病住院、父母亡故、子女婚嫁、修房购车等，而受贿则没有上述情况发生。但由于要以"借据"为掩护，势必也要编造上述虚假情况，通过查证，谎言一揭就穿，即使巧合有紧急情况发生，但受贿人经济根本不困难无须借钱，相反"借"的钱分文未动而干脆全部存入银行，其所说"借"款理由自然站不住脚。

（三）审查"借贷"双方关系

正常的借贷双方关系密切，彼此依赖，一般是亲朋好友居多，而一般的社会关系是不会出现借贷的，尤其不可能出现大额借款。如果双方当事人是很一般的社会关系，甚至只有一两面之交或根本不认识的情况下发生"借贷"就不能不说违反常理了，而且有的"当事人"所借款项巨大，动辄几万元、十几万元、几十万元。这种现象如果用正常借贷来搪塞势必有些欲盖弥彰。

（四）审查"借贷"双方是否存在权钱交易

权钱交易是贿赂犯罪最典型的特征，受贿方从行贿方获取钱财后，均要为行贿人提供某种利益或者允诺为其提供好处，通过查证行贿方从受贿方得到的利益或好处的证据，权钱交易的问题就迎刃而解了，此时如再说是"借"已毫无用处。而正常的借贷则不可能出现上述情况。

五、送礼与行贿的区别

馈赠，请客送礼，是我国延续几千年的民风民俗，也是人际交往中联络感情的实际需要，正当的馈赠送礼是无可厚非的。现阶段许多贿赂犯罪人为逃避侦查也钻这方面的空子，一旦罪行败露，则称所受之物为礼品、礼物、礼金。据报载，南京某公司送某影星一幢价值百万元的豪宅，该影星欣然接受，舆论大哗，此影星大言不惭地称其为"周瑜打黄盖"。至于该影星是否受贿姑且不论，但身为国家工作人员动辄收受几万元、几十万元、上百万元的"礼金"、"轿车"、"别墅"，这能用正常的"礼尚往来"加以解释吗？从侦查的角度看，送礼与行贿可从如下几个方面加以判别。

（一）两者关系不同

送礼是一种正常的人际交往，是情之所致，也就是说，送礼方与受礼方交往关系密切，大都是亲朋、密友关系，而且这种行为是相互的；而行贿、受贿双方关系一般或者根本不认识，感情并没有达到送礼这一步，且这种所谓"送礼"行为总是单向的。

（二）礼值不等

正常的送礼价值一般不高，价值仅几十元、几百元而已，几千元则属礼重了，而且礼品较普通，如少量现金、生活用品、滋补药品、保健用品、烟、酒、茶、工艺品、装饰品、服装、首饰等，而行贿物的价值一般较高，少则几千元上万元，多则十几万元、几十万元，所送物品较特殊，除现金外，多见于高档家电、家具、名牌服装、金银首饰、股票、邮票、高级轿车、豪华别墅等。

（三）针对性不同

送礼一般是根据受礼人的需要，精心挑选，如对病人大都送滋补品、保健品，对老人则送保健食品、药品，送寿礼以纪念品居多，送祭品则布料为多；而行贿则没有这么些讲究。如某局长的父亲亡故，死活送人家空调机、摄像机、轿车这不能不说蹊跷。

（四）最关键的仍然要看是否存在权钱交易

受"礼"人是否利用了自己职务之便为送"礼"人谋取利益。上述事项，均可通过调查走访的方式一一查清。

六、窝案、串案的侦查方法

窝案、串案并非严格意义上的法律或法学概念。窝案是指发生于一个单位，且有多人参与并实施的同类个案的集合体。串案是指具有内在联系的、以证据链将各个个案连接起来的集合体。当前，在职务犯罪中，窝案与串案频发，究其原因，有以下几个方面：单位的领导干部犯罪，上行下效，内部的监督制约机制失效；不正之风盛行，把手中的权力当作牟取私利的工具，道德制约机制失效；打击不力，加上地方保护主义、部门保护主义的影响，法律制约机制失效；权力的行使不透明，缺乏有效的监督，社会制约机制失效。对这类案件的侦破应该重点把握以下的策略和方法。

（一）精心选择突破口，突破首案

这是侦破窝案、串案的第一步，也是侦破窝案、串案的关键环节。侦查窝案、串案首先就要通过初查和立案后的侦查摸清大致的情况，然后在对整体有一个基本的把握的基础上，选择其中证据最容易获取、最容易突破的案件作为突破口进行侦破。一般来说，选择突破口应当本着先外后内、先下后上、先易后难、先行贿人后受贿人的规则进行。在实践中，可以选择案件的犯罪嫌疑人所犯罪行较轻，或者犯罪嫌疑人主观恶性不大、与侦查机关进行对抗的能力相对较弱，或者能够充分证明犯罪嫌疑人犯罪事实的证据已经被侦查机关所掌握的案件作为首案。首案突破后，侦查机关就可以进一步获取窝案、串案的更多的证据，为其他案件的侦破打下良好的基础。在对首案进行侦查的过程中，不仅要收集本案的证据，更要收集其他案件的证据。需要注意的是，在对首案进行侦查的过程中，要尽量做到秘密进行，不暴露整体的侦查意图，以免打草惊蛇，造成案件侦查工作的被动。

（二）深追细查，以快取胜

窝案、串案的特点就是案件与案件之间互相关联。虽然侦查机关在初查和侦查的过程中对整体的情况有了一个大致的把握，但是不可能对所有案件都有一个清晰的认识。而且，有些案件往往隐藏得比较深。实践中开始只是认为有一起案件发生，在侦查过程中才发现是窝案、串案的情况也十分常见。所以，侦查机关在侦查的过程中，就要树立深挖窝案、串案的侦查意识，而且这种意识的树立往往还以对窝案、串案的犯罪规律的认识与把握的基础上。在窝案、串案的规律方面，常常出现以下三种情况：扇面型，比如一个行贿人分别向一个单位的多个人行贿；锁链型，比如发生在组织人事领域的买官者找到介绍人，介绍人找到领导，领导再指示具体负责人事安排的人员，其中发生的行贿、介绍贿赂等职务犯罪行为；窝巢型，比如一个单位或部门，从领导者到关键岗位的若干人都心照不宣地共同或者分别进行职务犯罪活动。

在对窝案、串案进行深追细查的过程中，可以采用以下的方法进行：由人到人进行案件的发掘，比如对一个行贿人考虑其是否可能向多人行贿，或者一个受贿人是否可能接受多人的贿赂；由案到案的发掘方法，比如对犯罪嫌疑人利用职务的条件、作案手法等进行仔细的研究，再从与此案具有相似条件的部门中发现新的案件；由环节到环节进行发掘，比如在国有企业的基建环节发现有职务犯罪，那么就在采购、销售、财务、承揽等容易发生职务犯罪的环节中发现新的犯罪；由下而上进行发掘，比如发现某一级领导涉嫌职务犯罪，他的上级领导应该有条件知悉这一情况而没有进行干预，则很可能上级领导与其有互相关联的职务犯罪行为存在。

窝案、串案的一个特点就是牵一发而动全身，当一个案件或一个人被触及后，其他的犯罪嫌疑人就会很警觉，他们会快速进行各种反侦查活动，比如互相订立攻守同盟、进行串供、毁灭证据等活动。这就要求侦查机关以快制快，抢在犯罪嫌疑人进行这些活动之前进行证据的收集与获取，防止证据出现毁损与灭失，保证侦查工作处于主动的状态。为了保证对窝案、串案的侦查能够在以快制胜的过程中做到有条不紊，在首案的侦查之初，如果条件具备，就应该制定一套整体的侦查计划。

（三）合力攻坚，整体突破

由于对窝案、串案的侦查工作量大，难度大，应该在人员的配备上作出精心合理的安排。这样才能保证窝案、串案在整体上被顺利突破。具体来说，可以将个案侦查中的小组作业转变为传唤、取证、搜查、追赃、控制、固定证据同步进行的大兵团式的侦查组织。同时，对于每一个工作组的人员要做到充分利用每个人的特长，做到优化组合。

窝案、串案的侦查工作还面临的一个难题就是这样的案件影响大、阻力大、干扰多。实践中可以采取异地办案、交叉办案、异地羁押、提高办案单位级别等方法排除阻力和干扰。

第六部分
职务犯罪侦查中的刑事技术工作

第十八章　职务犯罪侦查中的刑事技术概论

第一节　刑事技术的概念

一、刑事技术的概念

从广义上说，刑事技术是指运用于刑事诉讼活动中，用于收集犯罪证据，查明案件事实的一切科学技术的总称。刑事诉讼的直接目的在于收集犯罪证据，查明案件事实、惩罚犯罪。这决定了刑事诉讼中刑事技术运用的目的主要是收集犯罪证据，查明案件事实，因而其刑事技术主要包括现场勘查技术、记录技术、识别技术、鉴定技术、计算机和网络技术、情报信息技术、音像技术、电子证据技术、监听技术、监控技术等。刑事技术还可以从不同的功能划分为侦查技术与鉴定技术。从广义上看刑事技术具有两个基本特点：

1. 刑事技术是技术性侦查的基础。科学技术本身是一种认识客观世界的方法，而案件事实是一种客观存在，是客观世界的组成部分，因而刑事技术必然是查明案件事实的重要手段。现代侦查的发展表明，刑事技术是现代侦查方法最重要的组成部分和发展方向，以刑事技术为主导的技术性侦查是现代侦查方法体系的主要方面。

2. 刑事技术是收集证据的重要方法。构成刑事技术核心组成部分的技术是刑事司法鉴定技术。刑事司法鉴定技术的目的是通过鉴定获取科学证据，证明案件事实。在现代证据调查中，物证鉴定技术、法医鉴定技术、司法会计鉴定技术等已经成为获取犯罪证据最重要的技术。大量的科学证据已经成为侦查、起诉、审判的重要证据。

从狭义上说，刑事技术是刑事诉讼中享有侦查权、起诉权、审判权的机关依《刑事诉讼法》的规定，运用自然科学、技术科学以及社会科学的相关原理与方法，用于发现、记录、提取与犯罪事实有关的物证，进行物证的鉴别与鉴定，从而揭露与证明犯罪事实的一系列技术方法的总称。从这一定义可知，刑事技术是以刑事物证为对象的技术，与之相应的技术包括现场勘查技术、刑事照相技术、痕迹检验技术、文书检验技术、法医检验技术、物证理化检验技术、警犬鉴别技术、物证信息管理技术、会计鉴定技术等。

二、刑事技术概念与相关概念的辨析

（一）刑事技术与司法鉴定

司法鉴定是指诉讼中一切鉴定的总称。这里所指的"司法"在严格意义上是指司法机关的执法活动，但是在法律体系中，"司法"不仅包括了诉讼意义上的司法，而且包括了"准司法"，即仲裁、行政执法等活动。司法鉴定一般指诉讼中的鉴定，而"诉讼"包括刑事诉讼、行政诉讼、民事诉讼，但在广义上也包括了准司法活动中的鉴定。刑事技术中的刑事司法鉴定是司法鉴定的组成部分。刑事技术与司法鉴定是既有联系又有区别的两个概念，它们的技术知识、对象有相同部分，但又存在不同，其中，刑事现场勘查、鉴定技术是司法鉴定技术的重要组成部分，但其他的刑事技术，尤其是犯罪鉴别技术等是刑事技术自身特殊组成部分。

（二）刑事技术与物证技术

物证技术的对象是"物证"，而物证不仅存在于诉讼证据之中，而且存在于一切需要查明事实真相的事件中，但物证是诉讼证据的基本种类。物证技术是关于物证的发现、提取、固定、保全、鉴定等一切技术手段和方法的总称。在刑事技术中，物证也是主要的研究对象，刑事案件中涉及的痕迹、文书、尸体、人体物质、植物、纤维等是刑事技术的鉴定对象；当然，它们也是物证技术的鉴定对象。所以，就运用的领域而言，物证技术的"物证"范围比刑事技术中"物证"所涉及的范围大，但物证技术的对象范围与刑事技术中的物证对象范围是一致的。物证技术鉴定与刑事技术物证鉴定除在适用案件性质范围有别外，其鉴定的原理、方法、依据、程序等都具有一致性。

（三）刑事技术与法庭科学技术

法庭科学技术是指为法庭审判提供科学证据所涉及的一系列科学技术的总称。科学证据在证据形式上表现为鉴定意见，而鉴定意见的获得必须依赖一定的科学技术，因而法庭科学技术是关于法庭审判需要而获得科学证据的技术。从这一意义上说，法庭科学技术与司法鉴定技术是一致的，而与刑事技术存在区别。法庭科学技术具有严格的证据规范要求，技术原理、方法、依据、程序、结论的形式不仅应符合科学技术本身的要求，而且必须符合证据科学的要求，两者必须统一，否则不符合法庭科学技术的内在要求。刑事技术在科学证据获取方面必须按法庭科学的要求来完善，实现技术的规范化、标准化和程序、规则的法律化。从这个意义上说，刑事技术是法庭科学技术的组成部分。

（四）刑事技术与检察技术

检察技术是我国检察机关在职务犯罪案件侦查和实施法律监督过程中所运用的科学技术手段和方法的总称。这种技术名称是从行业来划分的，其本身在行业的技术发展中有一定的意义，但是从技术科学本身的特点来说缺乏实在意义。在检察业务中，运用于侦查的检察技术属于刑事技术的范畴，包括物证的发现、提取、记录技术、鉴定技术、情报信息技术、侦查技术四大部分，而运用于法律监督的检察技术涉及不同种类的诉讼，因而其技术应属于司法鉴定技术。

三、现代刑事技术的发展趋势与要求

近年来，"技术导侦"和"信息导侦"已经成为刑事侦查新的发展方向和趋势。这种发展反映了现代刑事侦查必须以技术、信息为支撑的科学侦查思想。技术科学、信息科学已经广泛地深入社会生活的各个方面，而犯罪也不可避免地与技术、信息相结合，因而作为打击犯罪为主要目的的刑事侦查也必须以超前的、跨越式的观念将现代技术科学、信息科学的成果运用于实现侦查的目的，否则将不能完成刑事诉讼的任务。

刑事技术将实现跨越式发展。这是现代犯罪的智能化、职业化等的趋势，现代法治的人权保障要求，以及刑事技术、信息技术本身的进步等决定的。刑事技术的发展必须满足侦查破案的需要、必须为侦查破案服务，因而刑事技术必须循着技术先进、实用、鉴定意见准确、技术性侦查的方向发展。而且刑事技术的发展以及在刑事侦查中的拓展应用，必然改变刑事侦查的模式、方法，进而形成以技术、信息为主导的现代刑事侦查理论和方法。

现代刑事技术的发展需要全面拓展刑事技术的功能以满足侦查、起诉、审判的需要。刑事技术在传统技术运用的基础上，必须立足于实践的需要开展新技术、新方法的研究，从而用先进的技术勘验现场、提取物证、采集信息、检验、鉴定。因此，微量物证、电子物证、图像内容以及物证的系统检验等将成为刑事鉴定技术发展的新方向。刑事技术发展必须满足诉讼证据的需要，在技术本身发展的同时必须使刑事技术的管理、运用实现规范化、标准化，鉴定中心、研究所等刑事技术实验室应实现质量认证，提高鉴定的质量，保证鉴定意见的正确性。

现场勘查、物证提取、信息采集、信息系统及其数据库以及网络化的自动识别是现代技术性侦查的基本建构。现场必须勘验、信息必须采集、信息实现共享、鉴别实现自动化是世界上各个国家刑事侦查的基本要求，所以技术性侦查必然带来现代侦查的革命性变革。

刑事技术的发展必须紧跟现代证据科学发展的需要，尤其是刑事技术鉴定及其鉴定意见。刑事技术鉴定意见只有符合刑事证据规则才具有可采性，才能够获得法庭的认证，否则不能实现刑事诉讼的目的。所以，刑事技术人员、侦查人员应积极地参与有关刑事技术鉴定意见的证据规则的制定，同时也应认真地学习证据规则的理论，使得刑事技术的鉴定意见得到科学、合法的运用。

刑事技术的发展需要完善刑事技术的体制和培养大量的刑事技术专门人才。

基于着眼实战和发展的需要，刑事技术体制的建立应以现场勘查、情报信息、刑事技术鉴定为中心，以技术导侦、信息导侦为主战场建立现代刑事技术管理与科学发展的体制。

第二节　刑事技术的对象、体系

一、刑事技术的对象

刑事技术的对象是由刑事技术所能够解决的专门问题决定的。刑事技术所解决的专门问题有的是证据性问题、有的是探究案件事实可能性的问题、有的是情报信息问题、有的是通信与监管问题，还有的是犯罪预防问题。就诉讼需要来说，刑事技术所要解决的专门问题是证据性问题和探究案件事实可能性问题。刑事技术中解决证据性问题的技术所涉及的对象主要是物证，包括痕迹、物质、物品、文书、笔迹（动态痕迹）、电子数据、声像资料等，其技术包括勘查技术、记录技术、鉴定技术，通过物证鉴定解决专门性问题，可以获取科学证据。刑事技术中探究事实可能性问题是通过侦查技术来实现的，包括鉴别技术、监控技术、技侦技术、心理测试技术、信息情报技术等。刑事技术中除解决证据性问题的技术和侦查技术以外的技术是解决犯罪防范与控制的技术。这部分技术不仅涉及解决普通的刑事犯罪防范控制问题，而且涉及职务犯罪预防与控制问题。

二、刑事技术的体系

刑事技术是刑事司法和犯罪预防、控制中运用的技术，是由多种技术所组成的学科群。该学科群是以犯罪的预防与控制、刑事侦查、刑事审判的需要而逐步发展形成的。犯罪是一种复杂的社会现象，涉及广泛的社会关系，形成形形色色的案件，因而涉及的技术十分广泛。从某种意义上说，社会发展中现有的科学技术都可能运用于发现、证明犯罪事实，但是只有在刑事司法中运用，并形成一定的运用方法体系的技术，才是刑事技术的组成部分。

刑事技术学科群一般从狭义方面进行构建，或者说以刑事物证为对象来构建，包括现场勘查技术、刑事照相技术、痕迹检验技术（手印检验、足迹检验、工具痕迹检验、枪弹痕迹检验、其他痕迹检验）、文书检验技术（笔迹检验、印刷文件检验、污损文书检验、印章印文检验、添写文书检验、改写文书检验、文书制成时间检验等）、物证的理化检验技术（毒物、毒品等）、生物物证检验技术、法医检验技术、电子物证检验技术、警犬技术、物证信息管理技术等。法医检验技术是刑事技术的重要组成部分，但是法医学已经自成独立的学科，自身包含法医物证、法齿学、法骨学等，在一些西方国家，法医学还包括了与人身识别有关的手印、笔迹、外貌等学科。司法会计技术也是刑事技术的重要组成部分。

第三节　刑事技术在职务犯罪案件侦查中的作用

刑事技术在刑事司法中具有重要的作用，尤其是在犯罪侦查中将成为核心的侦查力量，主导侦查的发展与实践。为了实现现代刑事诉讼发展的要求，保护无辜的人不受刑事追诉，保护犯罪嫌疑人的人权，有效地打击刑事犯罪，需要充分地运用现代科学技术开展技术性侦查，收集科学证据。从现代刑事诉讼发展的趋势来看，刑事技术是现代侦查、审判的重要力量，科学调查、科学证据、信息情报等将成为未来查明案件事实的主要手段和方法。刑事技术在职务犯罪案件侦查中的作用具体表现在以下几个方面：

一、为职务犯罪案件的侦查提供线索

刑事案件的事实必然以信息形式存在并以信息固有的方式、途径在相关的环境、人员中进行交换、传递。案件事实的这种特性是侦查人员发现和证实案件事实的科学基础，而刑事技术则是在此基础上发现和证实案件事实的最佳认识途径。贪污、贿赂、渎职侵权等案件的事实信息都可以通过不同的主体主动或被动传达到侦查机关，其记录案件事实的物证信息、人证信息都可以通过刑事技术获取、存储、运用，从而为发现和证实案件事实提供线索。

二、通过犯罪信息系统、犯罪鉴别为职务犯罪案件侦查提供手段、方法

刑事案件事实信息的生成、存在、变化、消亡都有其客观性，都与时间、空间为其存在的基本物质要素。在刑事案件的系统侦查工作中，在案件事实形成的不同阶段，案件事实信息存续、变化、消亡的不同状况都可以通过刑事技术手段和方法获取相应的信息，并通过刑事信息技术存储、运用，建立犯罪案件的信息系统，从而为案件的科学侦查提供依据。现代刑事侦查是以犯罪信息系统的构建为基础的，在构建犯罪信息系统的基础上，通过人身物证及其相关物证信息和犯罪鉴别技术开展犯罪预防、识别，从而构建系统的侦查手段和方法。虽然贪污、贿赂、职务侵权等案件的事实信息以人证信息为主，物证信息为次，但是采用现代刑事技术手段能够收集犯罪嫌疑人、可疑犯罪事件的信息，并建立相应的信息系统，从而为预防、侦查该类犯罪提供手段和方法。

三、为职务犯罪案件的侦查、起诉、审判提供证据

侦查人员运用刑事技术能够发现、提取、固定犯罪证据，通过物证鉴定还能够为侦查、起诉、审判提供科学证据。这些证据是侦查、起诉、审判证据的重要组成部分，具有重要的意义。在现代刑事诉讼中，收集证据、不断地运用科学技

术获取新证据是完成诉讼任务的主要手段。现代刑事技术的发展，不断地形成解读物证所记录的案件事实信息的新方法，从而不断地拓展新的证据。从 DNA 指纹鉴定技术，到电子物证鉴定技术，新的科学证据不断的产生，为证明案件事实起着越来越重要的作用。刑事技术鉴定能够使被称为"哑巴"证据的物证通过鉴定人的言辞意见而实现开口，使单个物证的证据价值从单一走向系统，使不同物证之间单一的、不确定的联系实现系统的、确定的联系，从而为构建案件的物证系统，实现以物证系统来证明案件事实创造了条件。虽然贪污、贿赂、职务侵权等案件主要以人证为主，但是没有物证作为必要的印证，其证明案件事实往往不充分，而且不确定，所以树立以收集物证为中心，科学证据为支撑的现代侦查理念，依法开展技术性侦查，是预防和侦查该类犯罪发展的必然。我国检察机关在职务犯罪案件侦查中，对案件证据的收集主要集中在人证方面，其在侦查中的询问成为最重要的侦查取证手段。但是技术手段的运用也是不可或缺的，比如司法会计技术、计算机技术、电子证据的运用，为贪污贿赂案件的侦破提供了强有力的证据支持。

第十九章　刑事技术基础理论

第一节　证据的形成与案件事实认定的科学基础

一、案件事实的形成

运用科学技术解决案件事实的认定问题，是现代刑事诉讼发展的核心问题。没有对案件事实形成理性的分析，就不可能对案件事实进行科学的证明。虽然对案件事实认知的结果是不可预设的，但是案件事实本身具有可知性。案件事实是一种存在，而其存在本身包含了事实的两个方面，一方面是案件事实的形成与存在，另一方面是案件事实形成以后的变化。在逻辑上，如果我们设定案件事实的形成和变化是未知的，那么必须解决的问题是能知以及能知的途径、方法、程序及要求怎样。案件事实的形成和变化都有其存在的物质形式和信息，因此，案件事实存在的物质形式和信息是认识案件事实的物质基础。由此解决案件事实的存在与求证其存在的证据之间的关系问题，乃是求证案件事实的基础性问题。或者说案件事实及其构成事实及其相关要素、相互关系怎样转化为证据事实，证据事实怎样形成事实认定者的判断事实，而判断事实与案件事实本身是否存在同一性等问题是证据认识论必须解决的基础性问题。

任何案件都必然以一定事实为基础，而案件事实是由人和物在特定的时间、空间内运动形成的。由于案件事实形成的人和物及其相关要素不是单一的，而是复杂多样的，所以构成案件事实的人和物的自身运动与相互运动的对象、方式、顺序、内容、时间、空间是案件事实构成的结构要素。对此，人和物是案件事实的基本物质要素，而人和物自身运动与相互运动的对象、方式、顺序、内容、时间、空间是案件事实的结构要素，两者共同构成了案件事实本身。作为案件事实的核心要素——人，其包括行为人、行为指向的人（受害人和可能的受害人）以及其他感知案件事实的人（部分为普通证人、警察证人、线人证人）。案件事实物质要素中的物，它包括对象物（现金、财物等）、穿用物（鞋、衣等）、使用物（工具、毒物等）、携带物（货币、有价证券、证件、证书、财物等）、环境物（现场中的植物、矿物、土壤、生物、动物等）。人本身也是物，包括作为犯罪侵害的后果的尸体、人身物——肤纹、毛发、体液、组织、骨骼、气味等。案件事实的结构要素包括时间、空间、人或物运动的方式、原因、顺序、结果以及运动过程中它们之间的相互关系等。案件事实的结构要素是案件事实的整体关系——物质链，是认识案件事实整体的重要方面。案件中人与物的运动种类有生物运动、物理运动、化学运动等，不同的运动形式及特点表现出事实的不同方面及特征。案件事实的形成如果按运动形成的时间和顺序的不同可以分为两种基本的形式，一种是"发生性运动"，而另一种是"反映性运动"，前者是后者生成的动因和基础，而后者是前者的映像和记录；或者说前者的运动要素、结构关系以及过程等"信息"以一定的方式必然的导致后者的运动，而后者以一定的方式和载体形成自身的运动，并且印记前者的信息。从认识论的角度来看，案件事实的"发生性运动"和"反映性运动"的要素、方式、结构关系等各自构成一个系统，"发生性运动系统"是否"能知"依赖于"反映性运动系统"，因为"能知"的内容是由反映的"载体及信息"决定的。从运动的属性来说，"发生性运动系统"所形成的事实，一经生成即成为过去，并且具有唯一性，绝对不会重复；而"反映性运动系统"所形成的事实不仅具有"发生性运动系统"的特点，而且在生成以后载体和信息还会进行"继发性运动"，所有的运动构成了事件本身，且决定认识的物质基础、顺序以及方式和方法等。一起案件的形成有其相应的因果链，事件的因果链不仅使得事件自成系统，而且使其属于更大的系统的一个组成部分。所以，一起案件自身的形成是通过一定的运动方式完成的，运动本身必然引起相应的具有因果锁链性质的客观反映，而被反映的事实与反映的事实之间就必然形成一定的联系。这种"反映联系"表现在客观上为直接的因果关系和"同一"关系，而且两者在直接联结的情况下是统一的。

二、案件事实的可知性

案件事实是一种客观实在，但从法律实证的价值取向而言，决定其存在应为被认知和得以确认，否则其存在法律上并无意义。这表明案件事实的认知条件、途径、形式以及方法具有决定性的意义，这也正体现了法律实证的必然要求。

案件的反映方式是由载体及信息运动方式的属性决定的，"物质信息"是认识事件的依据，而要认识"物质信息"则依赖于对其形成的方式、内容以及属性的科学分析与认定。或者说案件本身的"物质信息"的形成方式及其信源、信道、信宿以及信息所反映的物的特性是认识或建构事件事实本身的物质基础。案件事实的信源因生成的方式和环节不同有两种情形：一是原始的生成来源，即案件事实形成本身作为信息源；二是传输的获取来源，即案件事实以传输载体所包含的存在作为来源。案件的物质信息的生成有三种基本的方式：一是条件反射，它是人在信息（信号或刺激物）作用于人的感觉器官所引起的条件反射及其结果——记忆；二是以一定的实物为载体的信息在运动过程中所形成的信息交换；三是感知或认知了案件信息的人传递或传达信息。从案件事实信息来源情形来看，生成来源环节的信息是最客观、最真实的，但也是难以固定的，其部分可以以录音、录像的方式确定；获取来源环节的信息因载体、提取的方式和方法、提取人等因素的影响，导致信息的客观性、真实性是相对不确定的。就认识而言，如果在没有预设信息真实标准的情况下，在获取信息阶段保证信息客观、真实的唯一途径只能是采取科学系统的方式方法，而判断信息是否客观、真实的正确途径应是印证。信道，是指信息传输方式的途径及过程。在条件反射、物质交换、信息传递的方式下具有不同的信道，如果根据信道对信息真实状况的影响程度不同可以将信道分为原始信道和获取信道，而按载体不同可以分为人的信道与物的信道。信道的不同决定了信息的客观、真实的程度存在差异，因而确定和判断信息的要求也不同。信宿是指信息的存在方式及寄存载体，从信息的生成方式来看，它有两种情形，一是以人为载体的记忆，二是以交换物所反映的特性、特征。

辩证唯物主义认为"我们的思维能不能认识现实世界？我们能不能在我们的关于现实世界的表象和概念中正确地反映现实？用哲学的语言来说，这个问题叫做思维和存在的同一性问题"。

现实世界是由事物及其运动变化构成的，虽然"事"与"物"是两个不同的范畴，但是它们在普遍意义上本身都存在自身的同一性，这也就表明在客观上具体的"事"和"物"自身同一，而在认识上具体的"事"和"物"都存在同一认定的可能性和现实性。在司法认定（证明）理论上，如果承认"人和物的同一认定"，而不承认"事的同一认定"，这不符合辩证唯物主义认识论，正确的观点是我们承认前者，就必须承认后者。辩证唯物主义认为事物的运动变化存在普遍的"同一性"，这不仅表明了对客观事物认识的目的，而且指出了具体的方法。就案件事实的认定来说，在同一性原理基础之上所产生的司法鉴定的同一认定理论和案件事实的同一认定（证明）理论是发现案件"客观真实"方法论。思维和存在的同一性问题在普遍的哲学范畴内是客观存在的，但就具体的事物的认识来说，理论的目标与现实的目标之间存在差异，其差异表现为人类的认识目的就是要实现思维与存在的辩证同一，它具有抽象性，如果现在不能，在将来也有可能实现；而就具体的案件而言，司法人员对案件事实的认识与案件事实本身是否同一，必须是具体的、现实的，否则是没有意义的。就对具体案件事实的科学求证来说，这种同一性一方面是人感知并记忆事实的表象（反映结果）是否某一特定案件事实的反映、是否存在"同一性"；而另一方面是物品或物质痕迹及其构成体系是否某一特定案件事实的反映、是否存在"同一性"。就具体案件事实的科学求证来说，这种联系一方面是人所感知和记忆事实的表象是否来源于特定事件事实的反映、是否存在"同一性"；而另一方面是物品或物质痕迹及其构成体系是否来源于物和特定案件事实的反映，是否存在"同一性"。由此我们可以认为在认识或求证案件事实的理论中，被反映的案件事实与反映的案件事实之间存在"同一"联系是建立正确认识或求证（确定）被反映事件事实的途径和方法的客观基础，而在此基础上形成的理论——同一认定理论是认定事件事实的基础理论。

人感知、记忆的事实与物品和痕迹所反映的事实是否就是案件的客观事实本身，这是证据理论上所谓"形式真实"与"实质真实"的问题。这一问题在逻辑上表现为对象事实（案件客观事实本身）——反映——证据事实之间的关系问题。对象事实是案件主体在一定运动形式下形成的客观存在，因而对象事实本身具有形式与内容统一的特性，同样证据事实也是在一定运动形式下形成的客观存在，因而证据事实也具有形式与内容统一的特性。求证对象事实的活动是一个认识的过程，如果对象事实与证据事实存在同一性，那么对象事实的存在就得以证实，反之，如果证据事实与对象事实之间没有同一性，那么对象事实不能被证实。如果在求证过程中只强调对象事实或证据事实的形式，则必然陷入形式主义的泥潭而导致错误。证据事实是形式与内容的统一，其形成是由生物、物理、化学的运动反映形成的，反映本身是一种客观的运动过程，不仅仅是逻辑的形式，而是能感觉到的客观实在。"物质标志客观实在的哲学范畴，这种客观实在是人感觉到的，它不依赖于我们的感觉而存在，为我们的感觉所复写、摄影、反映。"列宁的这个物质概念表明物质具有客观实在性；物质能够引起人们的感觉，人们的感觉思想是对它的反映，因而客观实在的物质是第一性的，思想、感觉等精神的东西是第二性的；客观的物质是可知的，即人们的思想或感觉是能够正确反映客观事物的。这表明虽然辩证唯物主义始终坚持物质第一性，意识第二性，但是也坚定地认为人的思想或感觉能够正确地反映客观事物。人们能够正确地反映客观世界是指人们的感觉等所获得关于客观世界的真实映像。所以，"标志客观实在事物的物质与意识（包括思维、表象和感觉、意志等）的关系，它们还有一种反映与被反映的关系，意识、思维、感觉等是映像，客观的物质即事物是被反映者或原型。"

如果从反映与被反映的性质来说，"物、世界、环境是不依赖于我们而存在的。我们的感觉、我们的意识只是外部世界的映像。这也就承认了思维于存在即映像与原型之间的同一性。这也就是说在世界上精神的东西是同一于物质性的东西的。"人通过感觉所获得的映像包括视觉、听觉、触觉在单一或复合情况下所形成的映像，其内容在形式上可以是相对静止的或运动的，而在实体上则可以是被感觉对象的特征、特性。当然，在不同的主客观条件下（时间、光线、对象的复杂程度、运动方式等），人所感知的客观事实的真实程度会有不同表现，有时会出现错觉，有时只能感知对象个别的特性，而有时感知对象较充分的特征及特性。这种感知事实的真实程度与被感知的事实之间的联系形式则为：不同、相似、相同、同一。

案件事实作用于人的感觉器官形成感觉、记忆，因而人能够正确地反映案件事实。"物质作用于我们的感觉器官而引起感觉。感觉依赖于大脑、神经、视网膜等，即按一定方式组成的物质。""感觉给我们提供正确的摹写，我们知道这些物本身，外部世界作用于我们的感觉器官。"这表明案件事实通过感觉能够在人大脑中获得正确的摹写，也就是说人的感觉能够直接的、客观的、真实地反映案件事实。所以由人感知案件事实后所再现的案件事实具有客观的真实性。在此，感知案件事实是再现案件事实的前提，如果没有或者没有直接感知案件事实则再现的事实就不是案件事实本身。因而人是否感知案件事实需要由感知的客观条件、感知的内容状况以及不同感知者对同一事实感知的状况等是否存在关联性来判断。或者说任何个体所再现的感知事实如果没有关联性的事实能够印证，则其再现的事实的真实性处于不确定的状态，但是并不能完全否认其自身存在反映案件事实的真实性。在求证案件客观事实的过程中，就单个人所感知的案件事实是否案件客观事实的反映的问题不能单纯地从其自身来认识，而应该遵循事物普遍联系的辩证原理把它置于各种反映案件事实的材料进行分析判断。只有这样我们才能避免用机械唯物主义的观点来分析判断证据，同时才能按辩证唯物主义的同一理论来科学的认识证据的实质真实。遵循事物普遍联系的辩证原理来认识证据不仅对人证，而且对物证、书证、视听资料等的认识也应如此，因为它们在单一的情况下是否反映案件的客观事实仍然处于不确定的状态，而只有它们与其他反映事实相关联，且相互印证时才能客观地确定其实质真实。

三、案件事实证明的科学基础

一个案件运动本身是特定的和相对独立的，世界上没有完全相同的两个案件，因而构成案件本身的事实也是特定的。如果把一起案件的事实作为证明的对象，那么证明的依据和方法是：通过确定该案件事实形成过程中所引起的其他关联运动所反映的事实之间是否存在"同一"的联系进行判断。或者说要证明一起案件的未知事实的认识目的是确定反映的事实与被反映事实之间是否存在"同一"的联系，而这一目的是通过确定该案件事实形成过程中所引起的其他关联运动所反映的事实之间是否存在"同一"的联系来实现的。

一起案件的事实在其形成过程中会被人、物及物质痕迹等反映而形成反映事实。然而，一起案件的事实被反映的状况受其所引起的关联运动的反映方式、反映条件、反映物的属性与功能等的影响。如果要使人和物及痕迹所反映的事实"再现"，则受再现方式（言辞、辨认、图案）、再现主体（直接感觉事件事实的人、鉴定人）、主观因素（习惯与推理）、物及痕迹的条件、供比较的样本条件、收取方法性质（询问、讯问）等因素的影响。在人为事件的形成过程中，人能不同程度地直接感觉、记忆案件事实的全部或部分，而物和痕迹能够直接反映案件某一部分或某一环节的事实。人具有能动的感觉、记忆、再现案件的事实机能，物和痕迹虽然是案件运动的直接产物，但物没有能动的再现所反映事实的能力，它主要依靠科学技术的解读才能较全面地再现所反映的事实。所以，人、物及痕迹所反映和再现的案件事实都不具有完全的直接性，尤其是"再现"或"解读"的事实的活动是具有思维活动的环节，可能会受到一些理性或非理性因素的影响而使"再现"或"解读"的事实失去真实性。人、物及物质痕迹所反映的案件事实与被反映的事件事实之间总是存在不同性质的差异，而导致这种差异的原因有的是主观性的、有的是客观性的，因而区分是本质的差异还是非本质的差异就成为一个必需的认识环节。人感知、记忆事实受感知途径（看、听、触原始的事实或传闻、串供诱导等）、感官机能状况、其他心理因素等的影响，而再现记忆的事实也相应受到器官及机能状况、动机目的等思维活动以及外来因素等的影响，因而"再现"的事实不一定与事件的事实存在同一联系（不能反映感觉事实的特性）。鉴定人或其他人"解读"物及痕迹所反映的事实也受主客观因素的影响，因而其"解读"的事实也不一定与案件的事实存在同一联系。行为人把思想内容直接用文字、语言、图案等固定在纸张上，因而反映与再现的方式均是直接的。但是，由于反映方式有正常与非正常两种，因而，正常反映的与伪造、变造所形成的两种思想内容联系的事实及性质不同。事件的事实如果直接反映（原始）并固定在视听资料上，因而反映与再现事实的方式均是直接的，而如果视听资料所固定的事实是间接形成的，则制成的方式（剪接、模拟、其他方法合成）决定联系的性质不同。对案件形成的场所及相关的人和物进行勘验、检查，目的在于客观地发现、提取、固定与事件有关的物、痕迹及它们之间的关系。由于能反映案件事实的物及痕迹存在方式（常态、微量）及联系（显性、隐性）比较复杂，因而勘验、检查的主体的能力、态度以及科技方法对活动本身有重要的影响。

能够证明案件事实的证据是由生物、物理、化学等运动的结果，因而必须要用科学技术的理论和方法研究证据，并使之成为制定证据规则、审查评断证据、运用证据理论依据。证据种类的形成和证明方式的发展是与科学技术的发展密切相关的，视听资料、电子资料证据是现代科学发展的产物，物证技术和其他司法鉴定技术的发展不断的扩展物证的种类。所以，只有科学技术全面地介入证据理论的研究并成为主导力量，才能促进证据理论科学发展，从而也才能为改变落后的证据的观念、诉讼的模式及相应规则的完善提供保障。

第二节　刑事诉讼证据的生成和
认定案件事实的理论

一、刑事证据的生成理论

从证据的生成来说，证据的基本形式为"人证"（人为事实的反映体）与"物证"（物为事实的反映体）或者"言辞证据"（以人再现的事实信息为证）和"实物证据"（以物反映的事实信息为证）。人证和物证都是反映犯罪活动事实信息的物质形式，因而证据是司法人员直接认知的对象，而犯罪事实是司法人员认知的直接目的。作为认知对象的证据需要经过一般调查和科学调查才能得以确认。调查是由获取（发现、固定）证据资料和识别、判断证据资料两个基本的环节及相应的方法组成的，其中科学调查的方法是最有效的方法。司法人员获取证据的方法和手段对证据的客观性和关联性有重要的影响。这是因为获取"人证"与"物证"的方式、方法对证据本身的客观性和关联性的影响以及可能导致其他非法侵害的危险性不同，因而诉讼法对获取"人证"和"物证"方式、方法的选择和规制也不同。"人证"以人为载体，而"物证"不以人的存在而存在，获取人证的方式、方法直接作用于人本身，侵害人的合法权利的危险性大，而获取物证的方式、方法一般不直接作用于人，侵害人的合法权利的危险性小。在现代法治社会中，获取人证与物证的方式、方法受到法律的严格规制，尤其是禁止用非人道的方法以获取人证，使用非法手段获取的"证据"不能作为认定案件事实的依据已经成为基本的证据规则。所以，重视物证，充分运用科学技术的方法获取、解读物证来证明案件事实已经成为现代刑事诉讼证据理论与实践发展的必由之路。对人证和物证的认识需要从本源上明确其生成，其基本的理论是：

1. 物质反映（交换）理论。犯罪事实能够通过犯罪活动所必然导致的物质交换及其信息反映出来。或者说犯罪事实是作为一种客观存在必然会以一定的反映方式、途径及其存在状况表现出来。反映物是一种存在物，同时也是未知物，其是否犯罪活动的生成物是证据认识活动必须首先解决的问题。从证据的生成和存在形态来看，证据是一定客观事实（"七何要素"或"六何要素"及它们的结构）以物质交换及其信息形式反映的产物。虽然犯罪事实通过一定的反映方式、反映途径及其存在状况表现出来，但是物及其隐含的信息仍然会以自身的特性及运动方式不断的变化。当然，在这种变化关系中，生成物的变化决定了隐含的犯罪信息的变化。犯罪事实的反映方式及反映途径具有多样性，同一事实各组成部分会以不同的方式反映出来。

2. 条件反射理论。根据条件反射的理论，犯罪事实必然被反映（感知与记忆）在人的大脑之中形成一种存在（映像），这种存在构成了人证的客观基础。"我们的感觉、我们的意识只是外部世界的映像；不言而喻，没有被反映者，就不能有反映，被反映者是不依赖于反映者而存在的。"根据人的生理活动的机能的原理，凡是感觉器官和大脑的机能正常的人，在感觉器官能够发挥功能的条件和范围内都必然地会接受来自外部的客观刺激信号并形成条件反射（反映形成的机制）。如果人的意志和注意调节感觉器作用于具体的对象，则所接受的刺激信号（实物、语言）的数量和层次就会增强。在刑事案件中，犯罪活动所形成的刺激信号具有系统性，在刺激信号系统中，特性突出的刺激信号刺激强度高，特性表现不明显的刺激信号强度低，其一般性的表现情况是：犯罪人及其犯罪行为实施阶段产生的刺激信号强，而其他阶段的刺激信号一般较弱，犯罪实施行为本身的信号强，而背景事实（时间、具体地点、其他环境因素）的信号相对较弱。犯罪活动的刺激信号的作用方式有同时性刺激、继时性刺激以及复合性刺激，因而人所反映的犯罪事实具有全部和局部（片断）的复合性、系统性及锁链性，同时受反映方式及条件的影响使得有的反映具有特定性，而有的只具有概貌性。但是，能够反映犯罪事实的人或知道案件真实情况的人（包括直接感知的人——犯罪人、受害人、证人，间接感知的人——鉴定人）并不能完全客观地感知犯罪事实本身，而只能反映案件事实的整体和部分的某一方面和某些层次。因而个体感知和记忆犯罪事实的人所再现犯罪事实并不一定完全与犯罪事实本身同一，因为感知犯罪事实的方式、条件、习惯与推理以及内在心理活动的变化等会影响所感知事实内容的状况及程度，同时意识活动本身受各种因素的影响也会使已经感知和记忆的犯罪事实发生变化。直接知道案件真实情况的人在案件事实发生时（有相对的时空一致性），在光波和声波的作用（刺激）下获得了案件事实直观的感性材料，如果直观的感性材料（初次受到一个未知对象刺激）所引起的是建立暂时神经联系，那么刺激物的属性（特殊性和稳定性）、刺激的强度状况（持续的时间及复合因素的复杂程度）、意志和注意等对记忆的形成及状况有重要影响，一般性（单一要素的复合）刺激所形成（偶然的看见和听见案件的局部事实感觉）的记忆和特殊性（特定要素的复合）刺激所形成的记忆有明显不同的持久性及识别价值；如果直观的感性材料（再次受到一个已知对象的刺激）所引起的是稳定的神经联系（习惯）的反映，那么刺激物的属性（特殊性和稳定性）、刺激的强度状况（持续的时间及复合因素的复杂程度）、意志和注意等对记忆的形成及状况对唤起记忆的准确程度有重要影响，一般性（单一要素的复合）刺激所唤起（偶然的看见和听见案件的局部事实感觉）的记忆和特殊性（特定要素的复合）刺激所唤起的记忆有明显不同的准确性及识别价值。直观的感性材料所建立暂时神经联系，只能再次受到原来刺激（原物、照片等）直接作用时才能唤起记忆，并作出相应的是否同一事实的推理和判断，而直观的感性材料所引起的是稳定的神经联系（习惯）的反映，则直接作出相应的是否同一事实的推理和判断，但是，这两种判断在单一的情况下都只有"概然率"，其判断被称为"动物性推理"。所以，人直接感知、记忆到的犯罪事实不一定完全与犯罪事实本身同一。

人直接感知的犯罪事实的状况及程度是由感知人在犯罪事实形成中所处的地位、状况及其物质条件决定的。犯罪人是犯罪事实本身的一个方面，但同时又是犯罪事实主观和客观方面的制造者，因此心智正常的犯罪人对犯罪事实的感知不仅具有相应的客观性，而且相对于其他人的感知来说最全面、最充分。如果犯罪人真实自愿地再现犯罪事实，则其再现的犯罪事实也比其他的人更全面、更充分，且经济。受害人、证人只能局部或片段地感知到犯罪事实，因而他们再现的犯罪事实也是局部的、片段的、相对不充分的。犯罪行为必然产生人和物的运动，而运动及其结果构成了犯罪事实本身，同时也成为犯罪事件的基础。构成犯罪事实的人和物的运动必然留下相应的物和物质痕迹，因而这种物和痕迹及它们统一于运动自身的客观联系也必然地能反映犯罪事实本身。构成犯罪事实的人和物的运动是连续的，且运动本身具有相对的统一性和完整性。这样反映了犯罪事实的物及物质痕迹也具有统一性和系统性。在犯罪事实的形成过程中，人与物运动的主导因素是人自身，而在整个运动中人是具有主观能动性的"物"，这就使得所形成的犯罪事实一方面有人的主观性活动，而另一方面有人与物的物理、化学等运动。这种运动产生的结果是：人的主观性活动直接或间接地通过物的运动反映出来，而人和物的运动则通过物自身或物质痕迹反映出来。人脑和犯罪的物及物质痕迹能客观地反映犯罪事实，这是认识犯罪事实的基础，同时也是认识犯罪事实的途径。

3. 信息转移、传递理论。完全再现案件的事实是不可能的，就案件事实本身全部来说，发生即意味着消亡。然而，诉讼中所要求证的案件事实并不是完整的原始事实，而仅仅是案件事实的曾经发生，以及其曾经发生的事实的存在方式和存在状况，如果该存在是客观的、唯一的，而且实证已经获得了同一性的判断，那么案件事实的求证是正确的。案件的事实是以要素组成的，在要素中居于中心地位的人本身，人所支配的物的运动以及所伴随的时空状态使事实形成一个相对完整的系统。这个系统的要素及其构成层次、状态、相互关系能够被认知、被确定的基础是事实信息。案件事实的信源是案件要素及其运动本身，在运动过程中和运动终结后，相应的信息以一定的方式转移、传递而依附于一定的载体，从而形成证据。事实信息在转移、传递过程中必然发生变化，其变化一方面是客观性的变化，即自然的损失；而另一方面是方式性改变，即某种方式使变化的数量、程度乃至性质发生改变。

刑事证据的生成理论是以证据为中心的现代侦查的基础理论。根据这一理论构建的侦查模式应为主动型和被动型两种。主动型侦查应是在案件事实的形成过程中进行的侦查，其侦查的方法主要是技术性侦查；被动型侦查应是在案件事实形成后进行的侦查，其侦查的方法主要是专门性调查和技术性侦查。

二、案件事实证明的科学理论

1. 人和物的同一认定理论。人和物只能自身同一，事也只能自身同一，世界上没有完全相同的两个人或物，也没有完全相同的两件事。"同一"是事物的基本属性，是一事物在运动变化过程中与他事物相区别而又联系的客观基础。"同"与"异"是辩证的，对立统一的。"同"的基本含义包括：（1）指事物之间在形式和本质方面一定程度的一致性方面。这种一致性是物与物共有质的反映，其共有质的状况及程度表现不同使事物呈现出不同的种类。（2）指事物在自身的运动变化过程中自身的特殊本质相对稳定所表现出的过去、现在，以及将来特殊质的自身一致性。这种一致性是具体的物在不同的时间、空间运动过程中，虽然运动的方式、作用及结果多种多样，但自身的特殊本质相对保持不变，使得物自身的特殊本质的过去与现在保持相对的一致性。在科学认识上，这种一致性是实在的、具体的，是事物在根本质变之前的量变阶段的一致性。（3）思维与存在的一致性。思维与存在的同一性问题是哲学的基本问题，"它们的同一性包括两个方面：一是本源与派生的即母与子的同一性；二是反映与被反映的同一性。前者是哲学基本问题的应有之义，后者即是认识论所要解决的问题"。反映与被反映的同一性，在认识上也包括两个方面：一是指人的感觉、记忆再现的事实与被感觉的客观事实的一致性；二是指人在感觉、记忆的基础上进行思维所获得的事实与被感觉的客观事实本身的属性及规律的一致性。前者是针对被反映客观事实与反映表象（记忆与再现）的直接同一，而后者是进行科学的思维后所认为的事物的特殊本质及规律与客观事物本身所存在的特殊本质及规律的间接的同一。"异"是指事物的形式和本质的不同方面。相对于不同的事物来说，"异"是不同事物的特殊本质，而就一个事物自身来看，"异"是事物运动变化过程中质的"量变"的结果。对事物"同"与"异"的认识只能通过比较的方法才能实现。在事物的比较中，由于"同"与"异"的程度不同，因而出现了"相似"、"相同"、"等同"、"同一"等概念。这些不同的概念反映了事物之间"同"与"异"的程度，而这种程度的不同对认识事物本身的特性有重要的意义。"相似"与"相等"所表达的"同"与"异"的相互之间的程度有一定的差别，如几何学中三角形的相似与三角形的相等有明显的程度差别，相似的三角形不相等，而相等的三角形必然相似。事物之间的"相等是一个程度问题：就一些相像的事物来说，一个事物同这一事物比同那一事物更相等，乃是在于它们属于或不属于同一个类或同一个种，或在于它们在时间、地点或影响方面是相关联或不相关联"。事物的同一在逻辑形式上是"a＝a"，即事物自身的等同，因而"等同"是指事物机械的、静态的、形式的"同一"，这种"同一"与事物运动变化的客观规律相违背，因而没有实在的意义。辩证唯物主义认为"同一"在其本质上是辩证的、包含了变化和差异的同一，所以恩格斯指出"最近自然科学从细节上证明了这样一个事实：真实的具体的同一性包含了差异和变化"。所以机械的、静态的、形式的事物自身等同的"同一"是不适用的，只有遵循了事物不断的运动变化、量变质变和普遍联系等辩证规律的辩证同一，才能揭示事物自身辩证的同一和其他事物的辩证联系。

事物存在"相似"、"相同"、"同一"的属性，这蕴涵了认识纷繁复杂事物的道路和途径。事物是普遍联系的，"相似"和"相同"反映了不同事物之间的联系，而"同一"则反映了事物自身运动变化过程中自身必然的联系。事物之间和事物自身运动变化的必然联系是正确认识事物特殊本质的基础。"一"是事物的自身的特殊本质存在的形式及状态，"同一"是事物特殊本质运动变化所具有的规律，所以辩证地看"'一'、相等和联系，三者同等地永恒，它们是同一的"。由此可以知道：事物不仅存在自身的同一，而且事物自身、一个事物与他事物之间存在客观的联系。

"同一认定"是依据事物自身固有的特殊本质的同一性为基础，通过揭示和比较事物特征、特性的异同，从而对事物是否自身同一作出判断认识活动。在认识活动中，静止的机械的"同一"本身没有实质的意义，只有辩证的"同一"才是认识事物特殊本质及其运动变化规律的科学方式和途径。人们认识事物的目的在于揭示事物的本质属性及其运动变化的规律，实现这一目的必先根据事物特殊性与共性的状况对事物进行具体的区别，而对事物的区别必须进行比较，没有比较就没有鉴别。区别事物是在确定事物本质属性的"同"与"异"的基础上进行的，由于事物运动的方式有物理运动、化学运动、生物运动及其各种方式的综合运动，因此相应的比较形式有：物与物的比较；物在运动过程中所形成的物质现象及运动变化的物质形态——反映形象、结构、整体与部分等的比较；事物在不同运动及反映方式下反映结果的比较，及其不同人所反映的事实映像之间的比较以及它们与不同物和痕迹所反映的事实之间的比较。第一种是不同物之间的横向比较，其直接的目的在于通过比较两者之间是否存在"相似"、"相等"的属性来判断事物的种属异同（种属认定）；第二种是物运动变化过程中的纵向比较，其直接目的在于认定物的特殊本质在不断运动变化中的自身同一（人与物的同一认定）；第三种是事件事实本身在不同人的大脑中所反映的映像之间，物及痕迹所反映的事实之间，以及前两者之间的比较，目的在于实现事件事实的同一认定，即"事的同一认定"或"司法证明同一认定"。

2. 案件事实的同一证明理论。在《刑事诉讼法》和其他诉讼法及证据规范中，经常使用"证据审核认定"（《最高人民法院关于行政诉讼证据若干问题的规定》第5条）、"认定事实"（《刑事诉讼法》第225条第1款第1、2项）、"定案"（《刑事诉讼法》第48条）、"认定有罪"（《刑事诉讼法》第53条、第195条第1项等）、"认定无罪"（《刑事诉讼法》第195条第2项）等概念。"认定"一词的词义是"确定地认为"或"明确承认；确定"。这表明"认定"一词就逻辑判断而言有时指在认识基础上对事物所作的"肯定"或"否定"的判断，而有时仅特指对一定认识结果的"肯定"或"明确承认"。笔者认为"认定"是有目的的认识活动，是对事物进行辩证认识后所作的判断。司法上的"认定"是一种以查明案件事实的认识活动，因而它必须依据辩证唯物主义理论与方法来实现司法认识目的和任务的要求，否则司法上的认定就是不科学的。从广义上说"司法认定"必须要符合科学的认识活动的规律和要求，也就是说，认定必须有科学的认识理论基础，认识的手段、方法，符合认识的逻辑规律。司法上的认定的对象是案件的客观事实，而认定案件的客观事实必须通过反映案件客观事实的证据来完成，并且认识活动一方面必须遵循认识的科学规律，而另一方面必须符合认识的法律要求。司法上的认定对象是客观存在的案件事实，而认识要求是必须客观地认识案件事实本身，或者说是真正地使认识的事实与案件本身的客观事实相吻合。这种使司法人员认识的事实与案件本身的客观事实相吻合的认识是一种实现"同一"目的的认识，在哲学上符合"思维与存在的同一性"的要求，而在科学的认识上是"同一认定"。

司法活动中，案件事实（司法性质的事件）是司法人员的认识对象。案件事实由客观要素：人、物、时间、空间、原因等以及要素在运动中的客观联系构成，因而要素和要素的客观联系是事件的客观物质基础。在案件的构成要素中，时间、空间、原因是特定的，它们与人和物的运动共存，因而案件的基本的要素是人与物。所以，从案件事实的构成要素及其联系来看，认定案件事实的人的同一认定，物的种属认定，物的同一认定共同构成事的同一认定的方法、途径及基础。司法活动的直接目的是在认定案件事实的基础上进行公正地裁判，因此为查明和认定案件事实而设定的司法鉴定及其他认识方法和手段都具有从属性，目的都是为了查明和认定案件事实。所以，人与物的自身同一是事自身同一的组成部分，而事的同一认定是"司法同一证明的目标"。在一起案件中，人和物及其事自身的同一是以它们各自的特殊性、特殊性的稳定性和反映性为基础的。司法鉴定的同一认定的理论已经科学地阐明了人和物自身同一认定的特殊性、特殊性的稳定性和反映性以及科学揭示和运用它们的步骤方法等问题，而"事的同一认定"的特殊性、稳定性、反映性及其运用这些属性实现同一认定的方法尚无明确的理论阐释，因此，根据同一认定的一般理论，结合人与物的同一认定的比较分析，有助于探讨事的同一认定。

　　人与物自身同一的基础是一物具有区别于其他物的特殊本质，事的自身同一的基础是指构成事的事实本身具有特殊性。人与物的特殊本质存在于人与物自身之中，其特性由不同方面、不同层次、不同的质与量的具体特征及其相互之间内在的结构特点构成的系统组成。特征及特征之间的关系是实在而具体的，是物的特殊本质的表现形式。事的特殊性是由形成事的人与物自身及其他们在特定的时空中依一定的运动方式有序地运动所形成的客观联系组成的，其总和的特性是由特定的运动要素及运动方式特定组成的。人与物的运动变化（形成一个事件）必然形成反映物（映像或物及痕迹），而只要人与物自身的特殊本质在相对稳定的时间内就会在其自身不断的运动变化（其他的事件）中形成"同质"反映物，如果前后事件的人或物及其运动的方式等不同，则形成"异质"的反映物。如果有一个事件是犯罪事件或者两个或两个以上的事件是犯罪事件，则可以通过对是"同质"反映物还是"异质"反映物的比较，确定形成反映物的客体自身同一。事的同一认定的基础（事实的特殊性、特殊性的稳定性和反映性）是由特定的人、物在相应的时空（被特定化了）内运动所形成的相互联系的特殊性。或者说是构成事件自身的人与物是特定的，它们的运动方式、过程及状况是特定的，人与物的运动所形成的客观联系是特定的，人与物的运动时空也是特定的。事件事实特殊性的稳定性和反映性，一方面由要素的特殊性的稳定性和反映性决定，另一方面由运动的方式（生物、物理、化学）及其环境因素等决定。人与物的同一认定是通过自身运动不断重复的反映物——实在而具体的、能反映的客体的特征及特性的物和物质痕迹之间的比较来实现的。事的同一认定是由事的形成过程中通过物及痕迹所反映的事实、人的映像事实之间的比较"印证"实现的。或者说是证据（同一事件或不同事件事实的反映体的部分）所反映的事件的客观事实之间的比较"印证"实现的。比较印证的具体包括：（1）在事件（案件）形成过程中处于不同地位的人（犯罪嫌疑人、被害人、证人）之间及其他们相互之间映像事实（言辞证据）的比较印证；（2）物与痕迹所反映的各自事实（物证及鉴定意见）之间以及它们相互所反映的事实之间的比较印证；（3）人所反映的映像事实与物和痕迹所反映的事实之间（物证及鉴定意见）的比较印证。

　　"印证"是事物自身同一性对人们认识事物的基本要求，是证明过去发生事物存在及运动状况的基本认识方式。事物的存在及其运动变化的状况自身具有特殊性（物质成分或要素，结构、运动方式、因果关系、时间、空间）、稳定性和反映性（生物的与物理、化学的），而如果反映及反映再现的事实是客观的、充分的（不同部分事实的特性、要素的具体特征、科学推论），那么由不同反映方式以及同一反映方式不同主体的反映之间的反映事实的印证就能证明被反映事物存在自身。在刑事案件中每一个证据都必然地确定一定的事实，它们所确定的事实之间有的重叠，有的交叉；有的确定这一部分，有的确定那一部分。如果每个证据所确定的事实之间是有机联系的、符合逻辑的、相对完整的，且相互之间没有本质的矛盾（印证），那么它们是同一案件客观事实的反映，否则如果证据所确定的事实之间缺乏有机联系、不符合逻辑、相对不完整，且相互之间有本质的矛盾或不能解释的矛盾（不能印证），那么它们不是或不能肯定是同一案件客观事实的反映。这表明"印证"是与案件事实的法律认定理论与科学的同一认定理论是一致的。"印证"是确定案件事实自身同一的方法，根据对证据生成的原理，人证与物证互相印证是最基本、最重要的印证形式，物证之间的相互印证能直接地确认全部或部分的案件事实，而不同的人证之间的印证，因人证本身容易出现虚假或难以判断人证自身的真实，使得其真实性的概然率比其他方式所印证的事实真实的概然率低。

不同的证据所反映的案件事实的要素及其要素之间的联系是不同的，一个证据所反映的可能是案件事实的某一部分、片断，或者是某一个环节或某几个环节的事实，但是，每一证据所反映的事实与其他证据所反映的事实存在内容和联系的一致性。在不同证据所反映的事实中比较印证一方面确认证据所反映的事实是否来自事实本身的反映，而另一方面确认证据所反映的部分、片断事实之间的联系是否事实本身的联系。在不同的案件中，事实反映是必然的、全面而充分的，但是能被我们用证据的形式固定下来的仅是事实反映的某些方面，因而证据的数量、种类及其每一个证据反映案件事实的程度及状况（证明力）对同一认定案件事实有重要的作用，如果证据反映的案件事实的要素及要素的联系基本清楚，具有唯一性、排他性，则证据是充分的，从而作出所有证据是同一案件事实反映的判断；如果证据反映的案件事实的要素及要素的逻辑联系混乱、残缺，事实在总体上不具有唯一性、排他性，则证据不充分，应作出证据不是同一案件事实反映的判断。由于司法裁判要求除作出所有证据是同一案件事实反映的判断外的否定判断或可能否定的判断均不能作出由当事人承担法律责任的裁判，因而我国《刑事诉讼法》第 195 条作了相应的规定。

第三节　技术性侦查与科学证明

一、案件事实及物证的结构

　　案件中的人和物的运动都是在一定的时空范围内连续有序进行的，这种运动必然形成"物质交换"和"因果关系"，而且相应地形成反映"物质交换"和运动方式及特点的物证和物证之间的联系（结构及因果关系）。犯罪物证和物证之间的联系反映了犯罪活动所形成的事实状况，因此物证和物证之间的联系是证明犯罪事实的重要证据之一。由于犯罪活动是动态的，因此所形成的反映犯罪事实的物证和物证联系具有时空上的统一性和物证构成的系统性。犯罪物证的系统性因犯罪自身的运动属性而形成"物证联系"，即物证的内在与外在、直接与间接、单个与局部及整体的有序联系。这种来源于一个犯罪事件事实本身的物证系统之间的物证联系构成了物证系统的结构，因而被称为"物证结构"。

　　"结构"是指事物系统中具体系统的构成形式，是系统内部各要素的排列组合方式，是系统的性质与数量的集中体表现。从认识的逻辑来说"表明一件事物的结构就是说出它的各个部分以及各个部分之间的相互关系"。结构的价值在于它是系统要素的中介，是使诸要素具有系统属性和功能"锁链"，或者说它能使具体孤立的要素变为一个系统。物证系统存在于具体的事件之中，是由一系列具体属性不同的物证（要素），按一定的运动方式结构而成的；其结构的方式是由时间、空间、物本身与物的存在方式、形态及其变化等因素决定的。结构有两种基本形态，一种是物的结构，另一种是事件的结构。物的结构包括两种结构形式，一种是物自身外在的物理形态与自身组分的组合关系，另一种是物自身运动变化中内在的相互关系。事件的结构也有两种基本的结构形式，一种是事件形成过程中要素在一定的时空中运动所具有的动态组合关系，另一种是事件形成后要素在一定的时空中共存的静态关系。物的结构是事件结构的基础，没有物的运动就不会形成事件，但是，物的结构不能等同于事件的结构，因为事件的结构是一系列物的统一在一定的时空中相互运动而形成的。物和事件自身都是由多要素构成的系统，所以物的结构和事件的结构都是系统的结构。物的结构和事件的结构都会以一定的方式被反映，形成物和事件的"反映结构"，也就是"物证结构"和"人证结构"。

　　物证结构有两种基本的表现形式，一种是犯罪事件中犯罪行为所形成的物证之间在一定时空中的锁链状态，而另一种是物证某一方面的特殊属性与犯罪人与物之间存在的锁链状态。前者在认识的表象上是直接的、显性的，而后者是间接的、隐蔽性的。在刑事诉讼中，前一种锁链状态通过现场勘查、搜查等确定，而后一种锁链状态通过科学技术鉴定确认。物证链是系统存在的，因而两种基本的锁链形态之间又存在必然的联系，即现场确认的物证链与科学技术鉴定所确认的物证链之间还存在必然的锁链关系。

犯罪事件是由一定物质性要素及结构组成的，所以构成犯罪事件要素的物证和物证结构必然能反映犯罪事件本身。犯罪事件发生在过去，从时间上说是历史性的，而空间是相对确定的。每一犯罪事件的客观事实一方面被人的大脑反映，而另一方面被物证和物证结构所反映。虽然这两种反映都是犯罪事实作用的结果，但是作用的方式、特点以及构成事实的方式、状况等不同。人的大脑在感知犯罪事实时所反映的是犯罪事实的整体或局部的系统状态。或者说人的大脑所反映的是有序的、连续的、人和物的要素及结构有机统一（系统的）的整体或局部的犯罪事实。如果这种反映的方式是直接的，则它把构成犯罪事实的人和物的要素及结构都原始地固定下来，从而较充分地反映犯罪事实本身。人的大脑在反映犯罪事实的整体或局部时具有直接、有序、连续、系统的特点，而这种特点决定了通过这种反映所获得犯罪事实具有优越性。刑事物证系统是犯罪行为的反映，反之也可以说犯罪行为必然通过物证系统反映出来。刑事案件有自身的物质属性，其物质属性由时间、空间、人、物、人和物的运动方式和状态以及相应的物质痕迹等构成。在刑事物证系统中，物证本身是"结构"的物质要素，而物证之间的"锁链"是"结构"的核心。物证的系统结构，是证明案件事实的基础，因此对"物证链"不仅需要通过现场勘查、搜查等方法确认，而且尤其需要运用科学技术的方法确认。

无论哪一种事件都由一定的人和物为基本的要素，而且人是事件形成的核心。时间和空间是运动着的物质的存在形式，任何运动的物质都有不可分割的时间和空间的存在形式。构成刑事犯罪事实的人包括犯罪人和受害人，而物包括犯罪工具、对象物以及犯罪人和受害人活动所形成的物质痕迹。在刑事犯罪中，故意犯罪最为复杂多样，其原因在于涉及人和物的构成，犯罪的方式、方法，犯罪的对象、过程、结果等有复杂的变化和表现形态。每一刑事案件都是特定的，由自身特殊的事实构成。但是，就刑事案件构成基本要素的共性与个性来说，可以把刑事案件分为两种，一种是构成要素自身独立、特定的刑事案件，而另一种是构成要素具有一定的联系、共性（犯罪人和物以及犯罪的方式、方法等相同）的刑事案件。前一种刑事案件的事实由自身特定的要素及结构组成，而后一种刑事案件包括了部分相同或部分不同的要素和结构。

刑事犯罪的犯罪构成与犯罪事实的结构要素及结构是一个问题的两个层次，它们之间既有联系又有区别。犯罪构成是刑事法律规定的、决定某一行为的社会危害性，并为成立犯罪所必需的客观要件和主观要件的总和。其主要的区别在于：犯罪构成的要件是对犯罪事实要素及结构按一定属性及刑法的目的进行规制的结果，而犯罪事实的结构是指客观上谁在什么时间、地点，实施了某种行为以及经过和结果等之间的客观联系。犯罪事实构成的要素与犯罪构成的要件基本一致，但是犯罪事实的要素是一个事件的客观性方面的存在形式，而犯罪构成是从事件的客观和主观及社会性方面所获得的刑法规定。所以犯罪事实的要素及结构是犯罪构成的客观基础。从认识论来说，犯罪事实是实现刑法的基础，而刑法规定的要件是认识犯罪事实的要求和准绳。

犯罪事实的要素与要素的结构都是客观存在的，从犯罪的形成看，一个犯罪事件的形成是人和物的运动结果。犯罪事实因反映的方式、特定性状况不同，而其要素和结构呈现三种不同情形：第一，如果犯罪事实被人感知而反映，事实本身的要素及结构是统一的，因为犯罪事实要素与结构的关系被反映而相对固定，但是反映的事实状况因人及各种影响而使结果有所不同；第二，如果犯罪嫌疑人被现场抓获，行为的物被同时收取，行为的要素及结构被同时固定，则犯罪事实要素与结构的关系被直接固定；第三，在犯罪发生之后，如果仅留下反映犯罪事实的部分物或物质痕迹，以及部分的事实结构状态。在前两种情况下，犯罪事实的确认相对比较容易，而在第三种情况下，寻找行为人、有关的物，恢复事实的基本结构状态等就比较困难。所以在刑事诉讼活动中，那些犯罪事件的基本要素处于未知状态，犯罪要素的结构不完整，从而需要查获要素，恢复和基本恢复要素的结构，最终查清案件事实。对这类案件事实查证的重要途径之一，就是科学地获取物证，解读物证，确认物证结构，从而为认定案件事实奠定基础。

对未知犯罪事实的认知可以通过获取和解读物证和物证结构来实现，其具体的方法有两种：一种是通过对犯罪事件发生的场所进行科学的勘验、分析与记录；另一种是通过科学鉴别、鉴定揭示犯罪事件要素之间的结构。就物证与物证结构关系来说，物证是基础，结构是物证的运动方式、特定状况的表现形式；而就事实的整体来说，物证属于结构，是结构的要素，而就结构的形成来说，物证又包含了自身的结构和事实形成的结构。在具体的犯罪事件中，犯罪活动必然在一定的场所中留下相应的物及痕迹，由于与犯罪有关的物和痕迹有固态、液态、气态等存在形式，而在量上又有常量和微量的不同，并且可能存在于较大的空间和复杂的变化物质形态之中，因而必须运用一切科学技术的手段和方法进行认真细致的勘验获取物证，同时根据物和痕迹形成的状况确定物和痕迹的分布状况及相互之间的关系（结构）。在一个案件中，物和痕迹被发现的数量越接近事实形成本身（多），则越能反映案件事实本身；物及痕迹的结构越完整，则越能反映案件事实的整体状况；同时物和痕迹及其结构越充分，则所证明的案件事实的可信度越高，概然率也就越高，并最终被证明存在同一性。形成犯罪事实要素的人与物在运动中多数情况下保持自身特殊性的相对稳定性和反映性，而人和物的运动在时间上具有"广延性"和空间上的相对性，因此物证具有自身运动的同一性和相对时空的统一性。只要应用科学技术就能揭示反映案件事实的物证结构。物证包括物与物的运动痕迹，人与物在案件事实的形成过程中是相互链接的，因而物证可以分为人身类物证和物质具体形态类物证。人身类物证又包括人体物质类、习惯类、肤纹类，而物质的具体形态类物证又包括产品类、生物、植物、矿物、土壤等。无论是人身类物证还是物质具体形态类物证都反映着使其形成和变化的因果关系和同一关系。例如，现场的手印物证，它通过乳突线的形态和结构与特定的人存在同一联系，而手印物证形成后的成分变化记录了形成变化的时间，而其重复出现在现场的不同部位而固定了人相对运动的空间，而其存在的形态和角度反映了其形成方式。如果还有脚印、鞋印、工具痕迹、血迹以及其他物证，那么物证及结构就能证明主要的犯罪事实。

二、运用物证结构的途径及方法

物证具有自身运动的同一性和相对时空的统一性，而且物证存储有犯罪性质、手段、犯罪人特点、物的出处、范围等信息，因而刑事物证及结构不仅是证明案件主要事实的证据，而且是寻找和确定未知的犯罪嫌疑人与物的重要途径和方法。物证及物证结构在刑事诉讼中的具体价值是：

（一）技术性侦查

2012年以前，我国没有关于技术性侦查的立法及专门的理论，但是实践中把国家侦查机关为了打击犯罪而秘密使用的窃听（有线和无线），秘密摄像、拍照，秘密搜查、提取，邮件检查等称为技术侦查手段，简称技侦。在刑事诉讼的理论上有的学者因这种技术侦查手段在当时没有被立法确认，也把它定性为秘密侦查手段。目前我国的刑事诉讼理论研究越来越明确倾向认为要在立法上赋予犯罪嫌疑人"沉默权"，同时从证据规则上排除非法口供及其他非法证据，有的甚至主张排除"毒树"及"毒树之果"。这种理论主张来源于与国外发达国家的刑事诉讼立法及理论的比较研究，而基本的立足点在于保障人权，限制警察权力的滥用。这种理论主张反映了现代法治文明的要求。现代发达的西方国家实现其刑事诉讼目的的主要途径是，充分地运用科学技术方法和手段来强化刑事侦查，最大限度地发现、提取、固定、保全、保管物证，同时对物证进行分析、识别与鉴定以及建立犯罪信息、情报系统等来保障刑事诉讼目的的实现。现代科学技术的进步已经极大地改进了通信系统和记录系统，刑事鉴定技术和犯罪现场检验能力、计算机网络技术已经远远超出了旧式警察的想象。科学技术的进步使得各级执法机构的警察在为民众提供更好服务的同时，也增进了他们打击犯罪和侦查破案的能力。所以，现代刑事诉讼只有依靠科学技术来充实自身的诉讼力量，才能在完善自身的过程中实现诉讼目的，而依靠科学技术进行侦查是刑事侦查发展的方向，也是实现现代刑事诉讼目的的基本手段。科学技术成为刑事诉讼的重要力量主要是通过科学技术协同、技术侦查、科学证明等体现出来的。

所谓技术性侦查是指以同一认定理论为基础，运用科学技术手段和方法收集物证和其他证据，并对物证进行分析、识别、鉴定以及建立相应的情报资料系统，从而获取证明犯罪事实的证据，查获犯罪嫌疑人的一种科学调查方法。根据科学技术应用于刑事侦查的作用和特点，笔者认为技术性侦查应包括的内容是：（1）直接获取物证等证据的科学调查方法，即运用科学技术充分地对犯罪现场进行勘验，最大限度地发现、提取、固定、保全物证，获取物证信息，并建立物证及相关的信息系统；（2）通过立法确认并依一定的程序使用的窃听（有线和无线）、秘密摄像、秘密拍照（监视照相）、邮件检查等技术侦查手段；（3）以物证为基础的物证分析、识别、鉴定从而获取证明犯罪事实的证据，查获犯罪嫌疑人的技术手段和方法；（4）以计算机信息情报系统、网络为基础的辅助侦查手段；（5）在公共场所、重点场所建立监控系统，获取犯罪事实与信息。只有转变观念，完善技术侦查，那么就能改变"重口供"的办案观念，同时为现代刑事诉讼立法和实践提供有力的理论与物质基础，从而实现刑事诉讼的目的。

值得肯定的是，2012年修订后的《刑事诉讼法》在第二编第二章第七节后增加第八节技术侦查措施，对技术侦查措施从案件范围、期限、材料的保密运用、秘密侦查等方面作了具体规定。这就为司法实践中充分运用技术侦查措施侦查破案提供了有力的法律依据和规范。

（二）科学证明

如前所述，证据生成机制的基本途径及相应的表现形式是人证与物证，而在人证，尤其是犯罪嫌疑人的口供被依法限制的情况下，司法人员已经习惯了的，以犯罪嫌疑人的口供为主要证据的证明观念、方法将逐步失去主导作用，因此刑事诉讼发展和科学技术的进步必然选择物证、物证结构、物证鉴定意见等作为证明犯罪事实的重要途径和方法。在司法证明的历史发展过程中，因人类认识物质世界的能力的不同，因而相应地出现了奴隶制时期准许"盟誓"的"据证定案"的刑事证据制度，封建制时期的"据供定案"（刑讯逼供合法化为突出特点，奉行口供主义）的刑事证据制度，资本主义国家的"自由心证"的证据制度。每一种证据制度的存在都是同期人类认识的历史选择，都是由当时的物质生活条件、认识能力以及法文化传统决定的。由"据供定案"到"自由心证"以及现代美国的"米兰达规则"的发展的物质基础是物质生活条件、科学技术以及法文化传统的极大发展和改变，使得实现刑事诉讼目的证明方法发生改变，最终使禁止任何形式的刑讯逼供和赋予犯罪嫌疑人"沉默权"以及相应地排除"毒树"

和限制"毒树之果"证据规则的产生成为必然。但是，这种证据制度和证明方法的发展必然是由一定的物质条件和新的证明方法作基础的，而这个基础就是充分发挥科学技术在刑事诉讼证明中的作用，尤其是充分发挥物证及物证技术在刑事诉讼证明中的作用。物证具有客观实在，自然性强；量大、面宽、较易收集等特点，因而物证、物证结构以及物证鉴定意见在现代刑事诉讼证明中有越来越重要的作用。物证鉴定是充分发挥物证证明价值最主要的途径。单一的物证能证明犯罪事实的某些环节和局部的事实，而系统的物证能够直接充分地证明案件事实，因而物证是证明案件事实的基础。所以"目前在一些科学发达的国家中，物证已经在各种司法证明中占据首位，成为新一代'证据之王'。从某种意义上说，现代的司法证明就是以物证为主要载体的科学证明"。

第二十章　职务犯罪侦查中常用的文书检验技术

第一节　笔迹检验

一、笔迹的概念

笔迹是手写文字符号的表现形式，是书写动作的反映。从笔迹的形成要素来看，笔迹是书写人根据文字符号和其他符号的书写动作规范，通过书写运动器官运用书写工具在书写面上所形成的动态痕迹。

二、书写动作系统

每一个书写人都形成了一个书写动作系统。在书写动作系统中存在两种书写动作方式，即技能动作与习惯动作。书写动作的要素是书写力、方向与弧度。个体的书写动作系统以书写规范为书写动作系统构建的标准，而书写动作的要素是书写动作系统的基础。在书写动作系统中，笔画、字母、部件是组字或组词的基础性动作，表现字形的动作为有形动作，关系动作为无形动作。个体的书写动作系统必然形成书写习惯。

三、书写习惯的属性

（一）书写技能与书写习惯

书写技能是指书写人书写文字符号和其他符号的"自动化"程度和完善化程度。书写技能是书写条件反射的产物。书写人在识字练习和运用书写技能的过程中，通过文字的音、形、义的刺激及其支配书写运动器官的运动，必然在大脑皮层高级神经中枢之间以及与书写运动器官之间逐渐建立起的一种巩固的，并达到了自动化和完善化了的神经联系。在书写技能的形成过程中，由于书写人生理、心理、病理、书写的环境条件以及学习和练习的时间、强度等的不同，衍生出来一种具有个体性的特殊的行为方式，这种行为方式就是书写习惯。所以，书写习惯是人们在练习文字符号和其他符号的书写过程中所形成的，并在重复书写时必然表现出来的脱离了规范技能动作的系统特点。书写习惯包括了书写活动各个方面的习惯，具体包括书写动作运笔、笔顺、结构习惯、文字布局习惯。每一方面书写习惯都是由不同层次的具体书写习惯构成，并且不同层次的习惯组合构成了一个具有个性的习惯体系，而书写习惯各个方面的有机组合则构成一个总和的书写习惯体系。

书写技能与书写习惯的形成一般经历识字描摹、练习提高、书写自动化三个阶段。在不同阶段书写动作的水平及特点表现不同，这种不同与书写人的书写练习时间、强度以及生理和心理等形成条件反射的因素密切相关，而这些因素在书写活动中的作用通常是与书写人的年龄和受教育的程度密不可分的。

书写技能与书写习惯的形成有一定的标志，其标志为：书写动作具有协调性、准确性、适应性及其书写形式的多样性；书写动作在实现时无须有意识地支配和控制，视觉的控制减弱，而动觉的控制增强；书写动作的体系已经建立。书写技能是在书写人有意识的练习过程中形成的，而书写习惯是在书写人无意识的情况下形成的；书写技能没有人与人之间的特定性差别，只有种类性的差别，而书写习惯具有人与人之间的种类差别和特定性差别。

书写技能与书写习惯形成以后，整个书写动作已形成一个体系。在动作系统中，整个动作都已程序化、锁链化了，一旦动作被刺激引起，整个动作体系就会一环扣一环自动地再现出来。但是书写动作自动化并不是不受书写人意识的控制，书写人在书写动作的实现过程中，仍然能对书写动作进行有意识和有目的支配和控制。或者说书写人仍然可以临时地或永久地改变书写技能的状况和书写习惯的部分，甚至整个书写习惯体系。

（二）书写习惯的特殊性、稳定性及其反映性

书写习惯是笔迹鉴定的客体，其具有书写习惯特殊性、稳定性及反映性的特点。

书写习惯的特殊性，是指每个人的书写习惯体系都是特定的，与其他任何人都不相同。每个人的书写习惯形成以后，其书写习惯体系都具有特殊性。书写习惯是由书写动作习惯、文字布局习惯组成的，不同方面和不同层次的书写习惯，有的个性强，而有的共性强。不同方面的书写习惯的特定程度不同，决定了它们在鉴定中的价值不同，其中书写动作习惯的价值最高。书写习惯特殊性形成的原因可以概括为：在人们共同学习和书写练习某种文字符号的书写技能的过程中，由于书写人的生理、心理、学习和练习的环境条件等的不同，使得每个人所接受的单一和重复的书写刺激物也不同，这种不同导致形成的书写习惯自动化锁链系统具有特定因素。

书写习惯的稳定性，是指书写习惯的特殊性在一定的时期内保持相对稳定而不发生根本改变的属性。书写习惯的稳定性是鉴定人认识书写习惯特殊性的必备的条件。书写动作习惯稳定性的原因主要有两个方面：一方面是经过反复的练习和运用强化使书写条件反射系统形成了书写动力定型，而动力定型一经形成就具

有锁链性、牢固性和守旧性，因而定型化了的条件反射系统本身具有稳定性；另一方面是书写习惯形成以后，受书写人的注意力和意志力有限性的影响，使得书写人难以对复杂的书写动作体系的各个方面和各个层次进行改变。书面语言习惯也具有动力定型的属性，因而也具有稳定性。书写习惯的稳定性因受书写人生理、心理或定型程度等的影响，而使其稳定的程度具有阶段性。在儿童和少年阶段书写习惯尚未形成，因而稳定性差；青年人的书写习惯的稳定性较高；中壮年人的书写习惯最稳定；老年人的书写习惯的稳定性较中壮年人的稳定性差。书写习惯的变化是绝对的，但是变化是一种渐变，是一定时期内局部的变化，而不是根本性的改变。认识书写习惯的稳定性对正确地收取笔迹鉴定样本，分析确定笔迹特征，分析书写人的年龄、文化程度、职业身份等特点，以及审查和评断鉴定意见等都具有重要的意义。

书写习惯的反映性，是指每个人的书写习惯的特殊本质都会必然通过笔迹反映出来的客观属性。书写人书写相同或不相同的字迹越多，组合形式越多样，则书写习惯的反映越充分，反之则越不充分。书写活动具有随意性，即书写人可以有意识、有目的地支配和控制书写活动。书写人对笔迹的支配和控制的状况决定于书写活动的目的，如果书写人为了实现某种非法的目的，则会调节注意和意志直接地控制书写活动达到改变笔迹特征的目的，这种改变称为伪装书写；如果书写人为了满足正常的书写需要，或适应特殊的书写客观条件而有意识或无意识地调节和控制书写活动而导致笔迹特征的局部变化，这种改变是正常的适应性书写，其变化也属于正常的变化。

四、笔迹特征的概念及其特点

笔迹特征是书写习惯的反映，是书写活动过程中通过笔迹、文字布局和书面语言等反映出来的具体特点。书写习惯是客观存在的，它不能被我们直接感知，但是我们能通过笔迹特征认识书写习惯，并且依据笔迹特征认定笔迹的书写人。笔迹特征具有客观性、非规范性、重复再现性（规律性）、多样性以及系统性等特点。

五、汉字笔迹特征的种类及其鉴定价值

对笔迹特征进行分类的目的在于科学地认识笔迹特征和实现笔迹特征的规范化和标准化。通常对笔迹特征的分类是根据书写习惯的构成特点或笔迹特征的价值高低等进行分类的。由于书写习惯包括书写动作习惯、文字布局习惯和书面语言习惯，因而笔迹特征也就相应地表现为书写动作特征、文字布局特征和书面语言特征。

（一）笔迹一般状况特征

笔迹一般状况特征是书写技能和书写动作习惯一般状况特点的综合反映。该

类特征具有种属性，其特殊性和稳定性相对较低，但是这类特征的出现率高，并且对同一认定书写人，分析书写人的文化程度、年龄阶段、职业和爱好、社会阅历、生理病理状况等特点有重要的作用。分析确定书写动作一般状况特征应先判明笔迹是否有伪装和变化，然后应用观察、比较等方法确定特征。

1. 笔迹熟练程度特征。它是指书写动作的自动化程度、书写动作的准确程度和书写动作的协调程度。拼音文字笔迹的笔迹熟练程度特征从书写动作的协调程度、准确程度和书写速度三方面的状况进行确定。汉字笔迹熟练程度特征从运笔动作的准确程度、笔画之间的协调程度和文字的结构、布局的工整、规范程度等确定。笔迹熟练程度特征分为熟练程度高的笔迹、中等熟练程度的笔迹、不熟练的笔迹三个层次。书写人笔迹熟练程度的高低的变化规律是：笔迹熟练程度高的书写人可以降低笔迹熟练程度书写，而笔迹熟练程度低的书写人则不可能在短期内提高笔迹熟练程度书写。笔迹熟练程度对分析书写人的特点，审查书写人的条件和笔迹鉴定有一定的价值。

2. 字体、书体特征。它是指书写人书写的字迹具有某种字体、书体的组字体系和笔画动作体系特点。有的书写人掌握了某种字体、书体的书写技能，并形成了相应的书写习惯，因而其书写的字迹表现出某种字体、书体的体系性特点，这种特点具有一定的同一认定价值。广义的字体是指文字的组字体系和笔画动作体系，它包括了文字的印刷体规范和手写体规范两个方面。狭义的字体仅指印刷文字与铸造文字的组字体系和笔画规范。书体是指笔画、偏旁及其组成部分都是按照特定的规范和要求构成的书写体系。常用的汉字书体有楷书、行书、隶书、草书、篆书、宋体、仿宋体、新魏体、长牟体、扁牟体、黑体、黑变体，而最常用的有楷书、行书、隶书、草书。书体特征的确定方法为：分析字迹的运笔和笔画形态及机构特点，对照书体规范进行判定。狭义的字体指规范字、繁体字、异体字。字体、书体特征对同一认定书写人有一定的种属价值，而对分析书写人的文化程度、年龄阶段、职业和爱好、居住地区或籍贯等也有重要的意义。

3. 字形特征。它是指不同形态、长短的笔画在不同向量上呈规律性的组字所构成的字的外部轮廓形状特点。一般有方形、圆形、扁形、长形、梯形、斜形等。分析字形特征时应从所有字迹的形状表现规律确定特征。

4. 字的倾斜程度特征。字的倾斜程度是指手写文字符号的纵轴线与纸张行线（没有纸张行线的以假想线为准）所构成的角度特点。笔迹倾斜程度的特征表现为，向左倾的笔迹、向右倾的笔迹和端正的笔迹。该类特征的稳定性差，只有在正常的情况下才具有一定的鉴定价值。

5. 字的大小特征。它是指手写体的小字中多数字的整体平均高度或宽度的特点。字形不同确定字的大小的要点不同，如长形字测量高而扁形字则测量宽。

自来水笔、圆珠笔、签字笔书写的字迹，字的平均高度或宽度在一厘米以上的为大字，半厘米以下的为小字，介于两者之间的是中等字。字的大小特征只有在正常情况下表现得特别大或特别小时才有鉴定价值。

6. 笔迹的抑压力特征。它是指硬性的书写工具在书写时直接施加于书写纸上的平均压力，简称笔压。笔压一般分为三个层次，即笔压强、笔压较强和笔压弱。不同的书写人书写字迹的笔压轻重的种类往往不同，笔压的直接作用和传递所引起的书写面及其衬垫纸面的变化往往也不同，因此根据笔压作用的结果可以判明笔压的轻重。所以，笔压的分析判定方法一般有笔痕分析法、压痕分析法和静电成相法三种。在笔迹鉴定过程中最常用的分析方法是笔痕分析法。笔痕分析法所依据的特征是笔痕的深浅、浓淡和粗细程度，根据纸张和纤维的变化程度进行确定。对自来水笔、圆珠笔字迹来说，如果笔痕深而粗，墨迹浓，纸张和纤维破损严重，则笔压强，反之则笔压轻；而介于两者之间的则笔压较强。笔压特征是书写人在无意识的书写练习过程中形成的，如果书写人伪装书写往往使笔压发生变化。此外，书写人生理机能的老化和病理因素的影响也会引起笔压特征的变化。所以，笔压特征不仅对笔迹鉴定有一定的价值，而且对判断笔迹是否伪装书写形成也具有一定的意义。

（二）书写动作局部特征

书写动作局部特征，是书写动作习惯的直接反映，是指实在而具体的特征表现形式。它是由单一的和一系列的书写动作的空间位置特点、动作运动方式和顺序特点等的综合反映。书写动作的局部特征是同一认定书写人最主要的依据。汉字的书写动作局部特征有以下几个方面。

1. 运笔特征。它是指运笔动作习惯所形成的笔画的规律性特点。运笔是书写活动最直接、最精细，同时也是最基本的书写动作。运笔是以书写笔画、组成部分、单字等为目的的，因而最基本的运笔是指笔画的运笔。完成一个笔画书写的运笔动作包括起笔、行笔和收笔三个连续的动作，而行笔动作又包括了提、顿、转、折等精细的动作。在书写活动过程中，不同的笔画的复杂程度往往不一样，笔画的复杂程度以笔画的折点和幅度的多少确定，一个笔画的复杂程度的高低与运笔动作的难易程度成正比，同时也与运笔动作的价值高低成正比。一个组成部分和单字需要一系列的运笔动作来完成，单字的笔画越多，则书写运笔动作越复杂，反之则越简单。书写一个完整的组成部分和单字的运笔动作是由一个运笔动作体系来完成的，在运笔动作体系中有的是完成笔画书写的运笔动作（有形动作），而有的则是笔画之间的连接动作（无形动作）。由于行书、行草书、草书以及"自由体"等书体或书写速度的加快，出现了省略、有形的连接等运笔动作，使得运笔随书体的变化而变化。不同的书体有不同的笔画形态和结构特点，因而运笔也具有不同的特点。所以认识运笔特征只能从不同书体的运笔动作特点的表现形式入手。

运笔特征是由运笔的动作细节特点及其总和表现出来的，所以书写每一个笔画的运笔特征具体表现为起笔特征、行笔特征、收笔特征、笔力特征和笔画的基本形态特征五个方面。起、收笔特征在不同的笔画中表现出的特征形态为：平直状、尖状、挑状、反射钩、顿点等。行笔特征主要通过运笔趋势、运笔的方向、笔的形状等表现出来。笔力特征，是行笔过程中在一些笔画的中间、转折或连接处表现出力的轻重变化的特点。笔画的基本形态特征，是指一个笔画完整形态特点，其形态由方向、幅度、角度等的不同参数的变化而呈现各种各样的特点，如长横、短横、斜横、上下弧形横、点线横等。运笔特征是笔迹中必然出现的特征，鉴定的价值高。

2. 笔画交叉、搭配、连接特征。在汉字的组字体系中，独体字和合体字是结构的两种形式。汉字的这两种结构形式的书写动作构成价值是不同的，独体字由笔画直接组成文字，而合体字由笔画组成组成部分，再由组成部分组成文字，前者的结构关系简单，而后者的结构关系复杂，前者的结构价值比后者低。笔画的交叉、搭配和连接特征是基本的结构关系特征。

笔画的交叉特征，是指两个或两个以上的不同向的笔画在组成的独体字或合体字中所形成的相互位置、距离特点。其特征通过笔画相交部位的高低、左右的位置特点及其交叉、不交叉、相交的形态特点表现出来。

笔画搭配特征，是指笔画在组成的独体字或合体字中的长短及其相互位置、距离和比例关系特点。笔画的搭配特征有广义和狭义之分，在此仅指狭义的笔画搭配特征。广义的笔画搭配特征是指笔画间的交叉、连接和比例关系以及合体字各部分间的配置关系特点。而狭义的笔画搭配特征是指笔画间的相互位置和长短的关系特点，它包括了笔画间相互交叉的比例关系特征和独体字整体关系特征。其特征主要表现形式有：相邻笔画的相离位置关系，独体字笔画间的整体比例关系。

笔画连接特征，是指两个或两个以上笔画的无形动作有形化的特点。或者说是两个或两个以上笔画在构成独体字或合体字的过程中，连续行笔所形成的特点。连接笔画是书写动作体系的有机组成部分，是书写动作习惯局部的反映。笔画连接特征主要通过连接的部位、方向、笔力、形状等方面的特点表现出来。

笔画交叉、搭配、连接特征在笔迹中的出现率高，特定性强，是同一认定书写人的重要依据。笔画的连接特征的笔力和形态的表现十分精细，在书写人伪装书写时会破坏它的正常表现，因而笔画连接特征的不正常变化是判断笔迹是否有伪装的重要依据之一。

3. 字的结构特征。是指结构单位在组成合体字时所表现出来的大小、位置的高低、远近以及连接等的特点。组成部分是由笔画组成的相对稳定的组字部分，是组成汉字合体字的稳定单位。偏旁和部首是结构单位的主要组成部分，但不是全部，如"徽"、"冀"、"瞻"等有三个以上的组成部分，但不都是偏旁部首。在现代电子计算机汉字处理技术中把汉字的结构单位分解为"部件"。部件是最小的汉字组字块，如"日"、"至"等都具有两个部件。部件对计算机辅助识别手写汉字技术及其鉴定有积极的意义。字的结构特征主要通过组成部分的书写形式、比例关系、连写形式和特殊的变异结构四个方面表现出来。组成部分的书写形式具体表现为按现行的规范书写、繁写、草写、错写、不规范的简化书写。组成部分的比例关系表现为结构单位之间高低、远近、大小的相互关系特点。组成部分的连写形式特征表现在连接的部位、形态、方向等方面。组成部分的特殊变异结构表现为组成部分的不规则配置和组成部分的写法特殊。字的组成部分特征与笔画的搭配特征都属于结构特征，但字的组成部分特征属于比较大的结构特征，而笔画的搭配特征属于比较小的结构特征。通常组成部分的结构特征的特定性和稳定性比笔画的结构特征的特定性和稳定性强。

4. 笔顺特征。是指违反了规范的汉字书写顺序所形成的特殊的笔画书写顺序特点。每个书写人书写动作具有系统性。在每个人的书写动作系统的形成过程中，绝大多数的单字的书写动作都形成一个小的动作系统。在单字的书写动作系统中，动作系统的有机联系是靠一定的动作顺序实现的，汉字的书写有规范的顺序，而具体的书写人在书写练习中往往违反书写的规范顺序，因而形成具有一定特点的笔顺特征。书写动作的系统性决定了书写动作顺序的稳定性，这种稳定性往往因动作系统的存在而相对地保持稳定不变，而书写动作的系统性是很稳定的，因而笔顺一旦定型则具有很强的稳定性。笔顺特征的表现形式有：特殊的笔画书写顺序、合体字组成部分间的特殊书写顺序和交错顺序等。有的笔顺特征需要分析判定，如楷书、行书，以及一笔一画书写的字迹；而有的笔顺特征无须分析判定，如行草书、草书，以及快写的字迹等。需要判明笔顺特征的字迹的判断依据主要有：笔画间的发射动作、关键性笔画的运笔趋势、相邻同向笔画的间距、组成部分的布局关系、交叉部位的特点等。笔顺特征的稳定性强，价值比较高，但有的在书写人伪装书写的情况会发生改变。笔顺特征的价值高低因其出现率高低的不同而不同，通常书写水平低的书写人书写的字迹非规范笔顺特征的出现率高而价值相对低，书写人的书写水平高则非规范笔顺特征的出现率低而价值高。

5. 特殊的构字形态特征。是指违反了汉字规范构形的字，是汉字规范字体系中不存在而在一定地区和一定范围的人群中使用的字。特殊构字形态特征主要表现形式有：错字、地方字、行业字、外来字、生造字等。错字是指字的结构形态的错误。错字的形成是因为书写人在书写练习过程中，由于感知对象不正确、书写动作的分化不准确、记忆对象混淆或错误、书写技能的迁移错误等原因的作用而导致形成错误的书写习惯，并最终形成了错字。错字特征的表现形式为：单个笔画的错误和结构单位的错误两种。错字特征的稳定性强，价值较高，尤其是书写水平高的人错字的出现率低价值高。地方字是一定地区范围内人们共同使用的字，其特征表现为方言字和方音简化字。行业字是指在餐饮、医疗、建筑等行业中为了书写方便而简化的字。行业字是书写人书写习惯的一个组成部分，是在一定的行业人群范围内通用的，它与错字不同。外来字是在我国一定地区或一定人群范围内习用的外国借用后作了改变的汉字。外来字主要有日文汉字和东南亚汉字。生造字是少数书写人自造自用的字，其特定性很强。特殊构字形态特征不仅对同一认定书写人具有重要的作用，而且对分析书写人的文化程度、职业、居住地区或籍贯等具有重要的意义。

（三）文字布局特征

文字布局特征是书写动作习惯和空间安排位置习惯的综合反映。文字布局的物质形式是字行、段落、字幅（由字行所组成的字块），而布局的过程是由书写动作来完成的，所以，文字布局特征是书写动作习惯的反映。各种文书的文字布局本身具有一定的规范，其规范有确定的空间安排位置，书写人在文字布局的书写练习过程中受规范布局的影响而又脱离规范，因而形成了文字布局的空间安排位置特点。正是由于文字布局特征的形成具有书写动作习惯和空间安排位置习惯两方面的特点，因而使得它具有较强的稳定性和特定性。文字布局特征具体表现在以下几个方面。

1. 字行的方向和形态。它是指形成字行的书写动作在连续运动过程中的习惯性指向及其形态的特点。字行的方向特征表现为：横行，向上倾斜、端正、向下倾斜；竖行，向左倾斜、垂直、向右倾斜。字行的形态特征表现为：横行，呈现平直、上弧、下弧、波浪、不规则等形态；竖行，呈现垂直、左弧、右弧、不规则等形态。

2. 字的间隔和字行与格线的关系。字的间隔是指字与字之间距离远近的特点。字与格线的关系是指字行与格线的位置距离特点。字的间隔特征表现为：紧密、松散和规范。字行与格线的关系特征表现为：字行处于顶上线、居中、落下线、压线、空行等的位置状态。

3. 提行和空格特征。它是指文章是否分段及其分段后是否空格的习惯和安排位置特点。其特征通过整篇文章表现出来，具体表现为：不分段、错误的分段；分段后空一格、空两格以上、前后段落空格不均等。

4. 字幅与纸面的关系。它是指字幅的外部大体形状及其在纸面上的安排位置特点。字幅是由字行组成的字块。字幅的外部大体形状特征表现为：平整形、左倾形、右倾形、三角形、不规则形等。字幅在纸面上的安排位置特点表现为：四面留页边，三面、两面或一面留页边，不规则的留页边等。

5. 程式语和标点符号的位置。它们是指脱离了程式语和标点符号的规范安排位置所形成的特点。在文书的书写规范中，程式语和标点符号都有规范的安排位置，但是有的书写人违反了规范的安排位置，因而形成一定的个人特点，如标题偏左或偏右等；逗号与字的位置过高、过低或过远等。

6. 信封文字的分布位置。是指信封三款在封面上的相互位置距离的特点。不同的书写人由于习惯所致而在信封三款的安排上形成特定的位置特点，如上款居前、中款居后、下款居中，等等。

六、常见的其他文字、符号笔迹特征

（一）阿拉伯数字笔迹特征

在经济活动中，阿拉伯数字是最常用的一种文字符号。阿拉伯数字具有字符少，书写容易而简单、表意功能强的特点。书写人书写阿拉伯数字的书写习惯及其笔迹特征都有一定的自身特点。

阿拉伯数字书写习惯由书写动作习惯和安排位置习惯两方面组成。书写动作习惯是阿拉伯数字书写习惯的主要方面，代表着书写习惯的特殊本质的主要部分，而安排位置习惯是阿拉伯数字书写习惯的次要方面，代表阿拉伯数字书写习惯的次要部分。阿拉伯数字书写习惯与汉字书写习惯相比具有构成简单；特定性稍弱；而共性稍强；易变化等特点。产生这种特点的原因主要是：阿拉伯数字本身的数量少；数字结构的线条种类和方式较单一；书写练习时同一数字的重复率高，书写技能易形成，同时改变也相对较容易。

阿拉伯数字的笔迹特征一般参照汉字笔迹特征的分类进行分类，其一般分为书写动作一般状况特征、书写动作的局部特征、数字的安排位置特征三个方面。

（二）拼音文字笔迹特征

拼音文字笔迹特征是书写人以各种拼音文字为书写对象所形成的拼音文字书写习惯的反映。在世界上拼音文字的种类很多，是文字发展的主流。由于拼音文字的结构和书写方法一般比汉字简单而比阿拉伯数字复杂，因而可以根据各种拼音文字的特点结合汉字和阿拉伯数字的特征类型及其分析方法确定特征。

（三）标点符号和其他符号的笔迹特征

任何一种文字符号和阿拉伯数字在应用过程中都必须使用标点符号，在特殊情况下还使用添改、调转、空字、移行等其他符号。标点符号和其他符号在文书中没有实际的意义，书写比较简单，因而容易被书写人忽视，所以在伪装或变化

笔迹以及少量笔迹的鉴定中有重要的价值。标点符号和其他符号的笔迹特征主要表现为：运笔特征、交叉特征、搭配比例特征、特殊写法特征等。

七、笔迹鉴定的步骤方法

笔迹鉴定是以同一认定为目的的一种鉴定。其一般的鉴定方法也就是同一认定的方法。同一认定的科学理论及其鉴定方法是笔迹鉴定的基本理论和方法。笔迹鉴定以检材和样本为鉴定材料，按照分别检验、比较检验、综合评断的步骤方法进行鉴定。

（一）笔迹鉴定的检材与样本

1. 笔迹鉴定的检材。笔迹鉴定的检材是物证笔迹的简称。笔迹鉴定的检材不仅必须具备证据的法律特征，而且还必须具备同一认定的条件。通常，检材应具备的条件应从笔迹的数量、笔迹伪装或变化的程度、笔迹的稳定程度等方面综合判定。如果笔迹的数量多，没有伪装或显著的变化，稳定程度高，则具备较好的鉴定条件。如果笔迹的数量多，有一定的伪装或变化，有一定的稳定程度，则也具备鉴定条件。而笔迹的数量少，伪装或变化严重，或没有稳定性，则不具备鉴定条件。

2. 笔迹鉴定的样本。样本是嫌疑书写人书写的，供比较对照用的材料的简称。样本作为鉴定的材料是证据材料的一种，因而它必须具备证据材料的一般法律特征，即客观性、真实性和法律性；而样本又是供同一认定的科学材料，因而它必须具备可比性和充分性。就一般的鉴定要求来说样本必须达到科学性和法律性的统一。

样本的客观性是指客观存在的，无论其存在的方式如何，它都必须能被我们直接的或应用科学与技术的方法感知它的存在。真实性是指样本必须是由特定的嫌疑人或其他与案件有关的人直接书写的。或者说样本与其书写人之间只存在唯一的、直接的反映关系。样本的法律性是指其来源必须符合法律的规定，即样本来源的对象、提收的程序和方法，以及保管等必须符合法律的规定。

样本的可比性是一种条件要求，其条件要求是相对于检材而言的。任何通过比较来实现对事物本质属性认识的科学技术活动都必须以满足可比的条件为前提。就比较的难易程度而言，两个比较物之间的条件越接近，则比较越容易、结论的正确性越高；反之则比较越困难、结论的正确性越差。比较的条件包括物的形成条件、存在的方式条件、形成后的变化条件等。在笔迹鉴定过程中，检材是特定化了的，其各种条件是客观存在的，我们既不可能按鉴定的需要去要求它，也不可能改变它，而只能适应它。样本的各种条件也是客观存在的，但是样本是相对不确定的，因而我们可以根据检材的条件去选择样本，使它的条件能满足与检材比较的需要。由于检材的形成、存在的方式、形成后的变化等条件多种多样，因而我们只能要求样本的条件尽可能地与检材一致，所以样本应具备的一般可比条件是：样本必须具有与检材相同的字、组成部分和笔画，这是最基本的条件；样本的书写速度、字体、字形应尽可能地与检材相近或相同；样本的文书种类、格式应尽可能地与检材相近或相同；样本的书写工具、纸张等应尽可能地与检材相近或相同；样本的书写时间应尽可能地与检材相近；样本的书面语言应尽可能地与检材相近。

样本的充分性是指其数量必须充分。其充分性的要求是在满足可比性的条件下，能较全面地反映出与检材相应的样本书写人的书写习惯。其具体的要求为：与检材相同的字、组成部分和笔画在相近的条件下重复出现，反映出较强的规律性；与检材相近或相同的文字布局和书面语言重复出现，反映出较强的规律性。

根据样本的形成及其在鉴定中的作用的不同，一般把样本分为：自由样本、实验样本和对照样本。根据样本的形成时间与发案时间的关系，把自由样本又分为案前样本和案后样本。自由样本是嫌疑人、当事人或其他关系人在日常生活和工作中书写的文字材料。其特点是书写正常自然，形式多样，能较好地反映书写习惯的本质特点及其规律性。在司法实践中，可以从保存有嫌疑人、当事人或其他关系人书写材料的个人档案、工作档案中收取自由样本；也可以从嫌疑人、当事人或其他关系人日常生活中所书写的字迹材料中收取自由样本；在刑事诉讼中，必要时还可以在不让嫌疑人知道鉴定所需的情况下采取一定的方法让其书写字迹材料。

实验样本是嫌疑人、当事人或其他关系人按司法人员的要求所书写的，用于分析解释鉴定过程中出现的某些差异点的一种样本。在刑事诉讼中，实验样本是指在犯罪嫌疑人已承认了某物证笔迹是其书写，而在物证笔迹的鉴定过程中发现了一些还不能解释的差异点，为了解释差异点而模拟与检材相近的书写条件，并在司法人员的监督下，让嫌疑人按模拟书写条件书写一定字迹所形成的样本。实验样本不能作为笔迹鉴定的主要样本。收取笔迹的实验样本应注意模拟的条件和收取的方法。收取实验样本的模拟条件是根据已知的检材字迹及其形成条件和存在方式分析确定的。在模拟时应注意考虑书写的速度、工具、纸张、字体、字形、手法、光线、姿势等条件。收取实验样本的方法主要是听写、抄写、按特殊的手法书写。无论采取哪种方法收取都必须按模拟条件进行监督，并且不能用检材直接进行听写、抄写等，同时在收取过程中应根据情况让书写人反复多次地书写，从而保证实验样本的数量充分。

此外，收取笔迹样本应注意策略原则。收取笔迹样本应遵守国家的政策和法律，尊重当事人和犯罪嫌疑人等人的人权。在刑事诉讼中，只能收取重点嫌疑人的笔迹样本，不应普遍收取样本，并且应注意保密。在民事诉讼中，收取笔迹样本应征得当事人等的同意。

（二）笔迹鉴定的步骤和方法

笔迹鉴定的步骤和方法不仅是任何笔迹鉴定都必须遵循和采用的科学步骤和方法，而且还是保证笔迹鉴定意见正确的重要环节。笔迹鉴定的步骤为：分别检验、比较检验、综合评断，每个步骤都有其相应的目的及其达到目的的相应的方法。笔迹鉴定的各个步骤是密切联系的，它们体现了对书写习惯由浅入深、由部分到整体的逐步认识过程。

1. 分别检验。分别检验是笔迹鉴定的第一步，其要求和任务在于：按先检材后样本的顺序分析确定书写动作一般状况特征、文字布局特征、书面语言特征和书写动作局部特征。由于检材可能出现伪装或变化，因而在分析确定检材笔迹特征之前，必须判明检材是否有伪装和变化，以及伪装或变化的原因和程度。

（1）判断检材笔迹特征有无伪装或变化。正常笔迹、伪装笔迹和书写环境条件引起的变化笔迹都有各自的特点。在分析检材时只要在认真观察的基础上，把认识到的笔迹特点与正常笔迹、伪装笔迹和书写客观条件引起的变化笔迹的特点进行比较，这样就不难判明检材是否有伪装或变化，以及伪装或变化的原因和程度如何。正常笔迹、伪装笔迹和书写环境条件引起的变化笔迹的特点如下：

正常笔迹是指书写人在没有不正常的生理、心理或书写环境条件的影响下书写所形成的笔迹。正常笔迹能较好地反映书写人的书写技能和书写习惯。正常笔迹的特点是：笔迹熟练程度前后一致，书写水平与语文水平相适应；所有字的大小、间隔基本一致，字行的方向及其与格线的关系前后相同；各种笔画所表现出来的笔力轻重有致，同种笔画的运笔趋势一致，连接自然协调，前后的运笔自成体系，且无怪异的笔画；字的笔画、组成部分间的搭配比例正常，前后一致；相同的字、组成部分、笔画所表现出来的特征前后稳定一致。

伪装笔迹是指书写人为了实现某种非法的目的，而故意地采取歪曲自己的笔迹特征，或摹仿他人的笔迹特征进行书写所形成的笔迹。伪装笔迹的手法多种多样，其笔迹特征的变化及其程度也各不相同，因而对伪装笔迹的特点只能作一般的概括。伪装笔迹的基本特点是：在字数较多的伪装笔迹中，笔迹熟练程度前后不一致，书写速度快慢不均，字体字形有的不相同或混杂；书写水平与语文水平相矛盾，出现不应有的错别字和语法错误；字的大小不均，间隔不匀，排列忽高忽低，缺乏整体协调性；有的整篇字较大，笔画歪曲张扬，结构松散或异常；字的结构松散零乱，单字中结构单位和笔画的搭配比例缺乏协调性；各种笔画的运笔生涩呆板，弯曲抖动，有的还出现修饰重描、行笔停顿等现象，笔力平缓，笔力的变化缺乏节奏感，同种笔画的运笔趋势前后不一致，连接不协调，前后的运笔不成体系，有的还有怪异的笔画；有的前后相同的单字、组成部分重叠；前后相同的字所表现出来的笔迹特征不成体系。

书写的环境条件引起的变化笔迹是指书写人在书写过程中，在书写工具、承受物面、书写姿势、书写环境等特定变化的因素的影响下书写所形成的笔迹。这种笔迹表现出书写的适应变化或限制性的变化。其笔迹的特点是：字的大小、倾斜程度不均匀，书写速度缓慢；笔压不均匀，笔画的转折、连接等运笔呆板、生硬；笔画的长短和组成部分的比例失衡，部分搭配位置不准确，甚至有重叠现象。

（2）分析选择检材的笔迹特征。分析选择检材笔迹特征是分别检验的中心任务。鉴定人分析选择笔迹特征是否正确直接影响鉴定意见的科学性。分析选择笔迹特征应在全面细致地对检材进行观察和比较的基础上，根据笔迹特征的特点，有顺序、有重点地进行。分析选择时按书写动作一般状况特征、文字布局特征、书面语言特征和书写动作局部特征的顺序逐一确定。在分析选择特征时应以价值高的特征为重点，同时考虑笔迹特征的系统性、多样性等，尤其是在对书写动作局部特征进行分析时，应认真细致地观察，反复地进行比较研究，力求全面而有重点地发现和确定独特稳定的笔迹特征。

观察与比较是分析选择笔迹特征的两种基本方法。我们只有对笔迹进行全面细致地观察，才能发现和选择各种笔迹特征。观察的方法主要是目力观察和显微镜观察，而观察的要求是应在一定的目的和顺序基础上，全面、系统、深入、细致地进行。

对检材应从页、行、字、结构单位和笔画一一进行观察和比较，发现笔迹特征。在分析笔迹特征的过程中，观察和比较是同时进行的，即边观察边比较。应根据笔迹特征的分类，选择笔迹特征的顺序，分别有重点地反复地进行观察和比较，从而逐类选择确定笔迹特征。书写动作局部特征是分析选择笔迹特征的重点，应通过观察和比较从相同的单字、组成部分、笔画中选择书写动作呈规律性的各种局部特征；从笔画较多、结构复杂的单字和复杂的笔画及其结构中心笔画中选择笔迹特征；从复杂的标点符号和其他符号中选择笔迹特征。对非正常的检材应在判明伪装或变化的原因及其程度的基础上，根据伪装或变化的规律特点及其程度选择笔迹特征。在选择时除前述的选择特征的要点外，还应注意从书写流利自然和结构比较正常的单字、组成部分、笔画中选择特征；对书写速度较慢的应从书写速度快、运笔自然和结构正常的单字、组成部分、笔画中选择特征；对强行快写的应从书写速度较慢结构正常的单字、组成部分、笔画中选择特征；对书写水平低的检材，应从其中笔迹熟练程度高结构较为合理的单字、组成部分中选择特征。

（3）分析和选择样本的笔迹特征。分析和选择样本笔迹特征的具体步骤和方法与检材相同。但是,应认真审查样本的真实性及其书写动作的规律性,确定其可比性及其程度。分析和选择样本笔迹特征是分别检验的最后一步,同时也是比较检验的第一步。在具体的检验过程中,分析和选择样本的笔迹特征是比照检材一一进行的,因而无论样本与检材相同和不同的特征都应分析和选择。

(4)记录分别检验的过程及其特征。分别检验的过程是笔迹检验技术的实践过程,因而应全面地记录检验的过程及其所发现的各种笔迹特征。记录的方法是在"检验记录表"上用文字叙述和说明书写动作的一般状况特征、文字布局特征、书面语言特征;采用照片、复印件剪贴单字标示特征,或者使用文件检验仪选择单字标示特征。

2. 比较检验。其任务对分别检验所选择的笔迹特征进行核实、比较它们的相同与不同、补充遗漏的笔迹特征和纠正选择不正确的笔迹特征。比较检验应全面、系统地进行,因而应着重把握比较的原则、内容及其方法要点。

(1)比较检验的原则。比较检验的原则是科学比较的思维基础和方法基础,是比较检验的基本准则。它对实现正确的、科学的比较有重要的意义。比较检验的原则主要有:可比性原则;全面、系统的原则;一般与重点相结合的原则;客观、准确的原则。

(2)比较检验的内容。比较检验的内容主要包括:比较书写动作一般状况特征、文字布局特征、书面语言特征的相同与不同和比较书写动作局部特征的相同与不同;比较所有特征相同和不同的数量与质量。书写动作局部特征的比较内容具体又包括:比较单个特征和各组特征相同与不同。单个的特征是指实在而具体的相同笔画、组成部分、单字的特征。特征组可以从两个方面来定义:一方面是指检材或样本中不同笔画、组成部分、单字所表现出来的同类书写动作特征的组合,如运笔组、搭配组等;而另一方面是指检材与样本中所有的相同笔画、组成部分、单字所表现出来的一种书写动作的规律,如横画的运笔组、单立人的搭配比例组等。两种不同的特征组是密切联系的,其比较的异同在于前者的范围大,而后者的范围小。比较特征的数量,就是比较检材与样本相同特征的总数与不同特征的总数各占的比例,以及各类特征相同与不同各自所占的比例。比较特征的质量,就是比较相同特征与不同特征的价值。笔迹特征的出现率的高低是衡量其价值的重要标准,笔迹特征的出现率与其价值的高低成反比。在衡量笔迹特征的价值时应注意分析和比较笔迹特征的规范(字体和书体)程度的高低;出现率范围的大小;伪装或变化的难易程度等因素。

3. 综合评断。综合评断的任务是在比较检验的基础上,结合案件的具体情况,对检材和样本相同与不同的笔迹特征的数量与质量进行科学的分析,确定两者符合点和差异点的总和及其性质,并判断两者的笔迹特征是否同一人书写习惯体系的反映，从而作出相应的鉴定意见。对书写习惯总和中相同与不同笔迹特征的评断一般是从差异点入手的，这是同一认定的必然要求。

（1）评断差异点的性质。检材与样本的不同笔迹特征称为差异点。差异点的性质表现为本质的差异或非本质的差异两种情况。本质的差异是不同人书写习惯的反映，而非本质的差异是书写习惯形成和反映过程中主客观因素的影响导致的。本质的差异其表现出不同的笔迹特征数量多、质量高，尤其是书写动作的局部特征呈规律性的不同。非本质的差异一般数量少、质量低，其差异是书写人伪装笔迹特征；字体、书体和书写习惯的其他共性反映；书写条件的影响等因素所致。

（2）评断符合点的性质。检材与样本的相同特征称为符合点。符合点的性质表现为本质的符合或非本质的符合两种情况。本质的符合是指检材与样本的笔迹特征是同一人书写习惯体系的反映。非本质的符合是指检材与样本笔迹特征的符合是不同人书写习惯体系在反映过程中，由于主客观因素的影响所形成的部分笔迹特征的相似或相同。

（3）鉴定意见的种类及条件。笔迹鉴定意见有三种表现形式，即肯定同一结论、否定同一结论和推断性结论。肯定同一结论是指检材与样本的笔迹特征是同一人书写习惯体系的反映，即检材与样本是同一人书写。肯定同一结论的条件是：检材与样本的书写动作一般状况特征、表现出的文字布局特征和书面语言特征相同；书写动作的单个特征、各组特征、各方面的特征，以及书写动作体系相同；个别的差异点是非本质的差异，并有科学的依据证明其是由于书写人的主观因素的作用或客观环境条件等因素导致的。否定同一结论是指检材与样本不是同一人书写习惯体系的反映，即检材与样本不是同一人书写。否定同一结论的条件是：检材与样本的书写动作一般状况特征、表现出的文字布局特征和书面语言特征有少数相同；书写动作的单个特征、各组特征有少数相同而大多数不同，书写动作体系不同；个别的符合点是非本质的符合，并有科学的依据证明其是由于书写人的主观因素的作用或书写规范的共性等因素导致的。推断性结论是指检材与样本极大可能是或不是同一人书写习惯体系的反映，即检材与样本极大可能是或不是同一人书写。推断性结论的基本条件是：检材与样本的书写动作一般状况特征、表现出的文字布局特征和书面语言特征有相同又有不同；书写动作的单个特征、各组特征有相同也有不同，且数量与质量基本相当，难以确定书写动作体系相同或不同；符合点与差异点的性质难以确定。通常，作出推断性结论的原因主要是检材的鉴定条件不好。

八、常见伪装笔迹鉴定

（一）伪装笔迹的概念及其种类

1. 伪装笔迹的概念。伪装笔迹是指书写人为了歪曲自己的笔迹特征或摹仿他人的笔迹特征而故意地通过改变正常的书写活动进行书写所形成的笔迹。由于书写活动具有一定的随意性，因而书写人伪装笔迹是可能的，但是书写习惯具有较强的稳定性、系统性，因而书写人想完全改变自己的笔迹特征和摹仿他人的笔迹特征又往往是不可能的。正是由于反映书写人书写习惯的固有笔迹特征在各种伪装笔迹中会不同程度地表现出来，因此对伪装笔迹进行鉴定，并作出鉴定意见是有充分的科学依据的。

2. 伪装笔迹的种类。书写人实现笔迹特征伪装的方式方法多种多样，因而对伪装笔迹可以从不同的角度进行分类。通常从伪装笔迹的手法和笔迹的表现形式进行分类，其具体的分类为：改变书写速度的伪装笔迹；改变字体、字形、笔形的伪装笔迹；改变字的结构的伪装笔迹；左手伪装笔迹；采用非正常书写方法伪装的笔迹；采用非正常的书写工具伪装的笔迹；混合伪装笔迹；书写动作局部呈规律性的伪装笔迹；摹仿伪装笔迹九类。

（二）几类常见伪装笔迹的特点及其鉴定的方法要点

1. 强行快写和故意慢写伪装笔迹的特点及其鉴定的方法

（1）强行快写伪装笔迹的概念及其特点。强行快写伪装笔迹是指书写人在书写时故意强制性地支配书写运动器官，作超出正常书写速度的书写运动所形成的笔迹。在规范的文书中这种伪装极其少见，而在侮辱或诽谤性的文书中则较常见。强行快写伪装笔迹的特点是：单字的笔画之间、字与字之间多数出现不间断的杂乱连写；字形歪斜且变大，少数字伴有笔画的省略、缺失或补笔现象；笔画的提、顿、转折的运笔动作消失；字的搭配比例失常；等等。强行快写伪装笔迹中不易变化的笔迹特征具体是：有些字的基本形态特征、笔顺特征、合体字组成部分的搭配比例特征、部分形态较为正常的笔画的连接部位、趋势特征、标点符号特征、书面语言特征等。

（2）故意慢写伪装笔迹的概念及其特点。故意慢写伪装笔迹是指书写人有意放慢书写速度，一笔一画地拼凑书写所形成的笔迹。故意慢写是一种仅指通过放慢书写速度达到改变笔迹特征的伪装手法，它与书写人采用其他的伪装手法而放慢书写速度有明显的区别。故意慢写在各种文书都会出现，尤其是在经济类的文书中出现较多。故意慢写伪装笔迹的特点是：笔画的运笔不流利，行笔中途停顿，转折生硬，连接少或不连接；笔画间的协调性降低；字形较平正，字间距较均匀，字行平直；笔迹熟练程度降低等。

（3）强行快写和故意慢写伪装笔迹的鉴定要点。在鉴定强行快写和故意慢写时，必须先根据检材的特点及其笔迹特征的表现状况判明笔迹特征的伪装程度。然后，根据检材的特点选择可比条件好的样本，对强行快写的应采用正常书写的行书和行草书的自由样本，以及正常快写的其他样本；而对故意慢写的应采用正常书写的楷书和行书的自由样本，以及慢写的其他样本。在分析笔迹特征时，应根据该类伪装笔迹的笔迹特征稳定与变化的规律特点选择不受书写速度影响的笔迹特征，尤其应注意强行快写的应从书写速度比较慢的单字和组成部分中选择笔迹特征；而故意慢写的应从书写速度比较快的单字和组成部分中选择笔迹特征。由于故意慢写伪装笔迹的识别难度较大，伪装变化的因素和程度较复杂，因而在鉴定时应引起特别的重视。

2. 故意改变笔形、字形的伪装笔迹的特点及其鉴定的方法

这种伪装书写的具体方式较多，不同的伪装书写方式使笔形变化为：弧形、波折形、虚线、圆点线、空心线、重描线等。笔形的不正常的改变有两种情况，一种是改变笔形的书写方式，另一种是改变笔形的长和短。笔形的改变必然引起字的结构关系的变异，改变笔形的书写方式所形成的笔形所组成的字整体形态奇异，如虚线字、空心字等；而改变笔形的长和短所组成的字的外部轮廓形态变异，如长形字、扁形字等。直接改变字的整体形态和外部轮廓形状还可以通过破坏笔画和组成部分的搭配关系来实现。这种改变使字的整体形态散乱、歪斜，外部轮廓形状极不规则。所以，故意改变字形的伪装笔迹有广义和狭义之分，广义的改变字形的伪装笔迹是指书写人采取改变笔形的书写方式长短、破坏字的笔画和组成部分的搭配关系进行书写所形成的笔迹。狭义的故意改变字形的伪装笔迹是指书写人采取破坏字的笔画和组成部分的搭配关系进行书写所形成的笔迹。这种划分有利于把握这类伪装笔迹的规律特点。

这类伪装笔迹的特点是：笔形、字形奇异；伪装程度一般较低；笔迹特征的变化范围小，主要是一些运笔特征或搭配比例被改变。其较为稳定的笔迹特征是：部分笔画的运笔特征（改变字的形状、破坏字的笔画和组成部分的搭配关系）、笔画或组成部分的搭配比例特征（改变笔形和字的形状）、笔顺特征、特殊字特征、标点符号的笔迹特征、书面语言特征、部分文字布局特征。

这类伪装笔迹鉴定的方法要点是：首先，应确定检材笔迹具体的伪装手法及其伪装程度，然后根据具体伪装笔迹的规律特点选择笔迹特征。其次，应采用楷书、行书等与发案时间较近的样本和历史样本进行比对。最后，应从变化的笔形和结构中选择稳定的一些细小特征。

3. 左手伪装笔迹的特点及其鉴定的方法

左手伪装笔迹，是指书写人为了伪装笔迹特征而故意改用未经长期书写练习的左手书写所形成的笔迹。人体大脑具有整体性和对称性，大多数人大脑的左半

球是语言优势半球；大脑的左半球支配右手的运动，而右半球则支配着左手的运动。由于人的大脑具有整体性，因而习惯于"利右"书写的人完全可以临时改用左手书写，而且这改变还能反映出书写习惯。但是由于文字符号的书写规范是按"利右"书写制定的，且书写人已经形成的书写动力定型是由右手参与的，因而书写人临时改用左手书写必然具有一定的特点。左手伪装笔迹的特点是：字行和较长的横画表现为左高右低；运笔速度慢，笔力平缓，行笔弯曲抖动，起收笔的位置不准；起笔有反射钩，收笔有拖带；字的结构松散，连笔少；部分字出现反起笔、反字现象。

鉴定左手伪装笔迹一般采用右手书写的慢速自由样本，必要时也可采用具有辅助作用的左手实验样本。左手笔迹的伪装程度与书写人书写水平的高低和是否练习书写有关，在判断时应结合案件情况和笔迹特点进行综合分析。在分析选择笔迹特征时，应注意区分凡左手书写的一般规律特点及征象与反映书写人书写习惯的本质特征，选用不受左手书写影响或影响小的笔迹特征。左手笔迹中反映书写人书写习惯的笔迹特征主要是：单字的基本形态；组成部分的写法；特殊字；笔画之间和组成部分之间基本的搭配比例；有利于左手书写的特殊笔顺；文字布局和书面语言等特征。此外，如果检材笔迹出现右手字应注意分析选用其特征。

4. 摹仿笔迹的特点及其鉴定的方法

（1）摹仿笔迹的概念和种类。摹仿笔迹是书写人仿照他人的笔迹进行书写所形成的笔迹。摹仿是人类学习知识和技能的本能，每个掌握了书写技能的人都具有摹仿他人笔迹的能力。在正常的书写活动中，书写动作的力、方向和幅度等要素十分精细而且变化复杂，因而摹仿人只能观察到被摹仿人笔迹的大致形态，而不能准确地把握形成笔迹的书写动作要素及其规律性的特点，所以，摹仿笔迹仅是摹仿他人笔迹形态进行书写所形成的笔迹。在案件中书写人摹仿他人的笔迹一般是临时性的，因而摹仿的相似程度受书写人书写水平的高低、摹仿的手法、摹仿对象的多少和复杂程度、摹仿时的客观环境条件等的影响。在这些影响摹仿笔迹相似程度的因素中，摹仿手法是最主要的因素，因而对摹仿笔迹一般据此进行分类。摹仿笔迹一般分为：临摹、套摹、记忆摹仿三种。

临摹伪装笔迹，是指伪装书写人采用一边观察被摹仿人的笔迹，一边进行仿写所形成的笔迹。其笔迹的基本特点是：运笔生涩、缓慢，伴有细小的抖动现象，笔力平缓且无轻重自然变化的节奏，行笔中途停顿；一些笔画有修饰、补描的痕迹；字的大小和字间距不均，字与字之间缺乏协调性等。所形成的笔迹表现出，笔画的墨迹普遍浓重或浓淡的过渡不自然，笔痕不平滑，笔画有细小的弯曲；笔画，尤其连接笔画的粗细、墨的浓淡不均且过渡不自然；笔画中局部有墨水洇散、间断、重叠的现象；字忽大忽小，间距不均等。

套摹伪装笔迹，是指书写人以被摹仿人的笔迹为底样，采用蒙描、印压填描、蒙描复写等手段进行书写所形成的笔迹。套摹笔迹是伪装程度很高的一种伪装笔迹。套摹笔迹除具有临摹笔迹的基本特点之外，其自身的特点主要是：字的大小不均、书写速度快慢不一，字的形体不一致；字距不均，字与字之间缺乏协调性；前后出现的相同字可能重复；语句不通，缺字掉词；留有套摹的痕迹，如墨迹残痕、钩描痕迹；等等。

练习摹仿伪装笔迹，是指伪装书写人经对被摹仿人的笔迹进行或长或短的练习后，脱稿书写所形成的笔迹。这种摹仿笔迹多用于摹仿少量的字迹，如签名、单据、票据字迹等。这种伪装笔迹的形成和表现与正常笔迹差别较小，没有显著的摹仿笔迹的特点，因而直接从检材很难判明此类摹仿笔迹。但是在较隐蔽的运笔和照应关系中仍然反映出摹仿笔迹的特点，而且在比较检验后出现笔迹特征异同的矛盾。

（2）摹仿笔迹的识别。识别检材笔迹是否有摹仿是正确进行鉴定的前提。摹仿笔迹在笔迹的形成和表现、笔迹特征的变化规律、附加痕迹、案情等方面都具有一定的特殊性。摹仿笔迹的特殊性决定了识别摹仿笔迹的方法及其要点是：①根据摹仿笔迹的形成和表现的特点识别摹仿。对此应全面细致地观察和分析检材，发现其是否有反映摹仿特点的笔迹征象，进而判定检材是否摹仿笔迹以及摹仿笔迹的种类。②根据摹仿笔迹的笔迹特征的变化规律识别摹仿，如果在分别检验时不能判定检材是否有摹仿，而根据案情又存在摹仿可能的，应在比较检验过程中进一步进行判断。在比较检验过程中，如果发现检材的笔迹特征与样本的笔迹特征大同小异或一模一样应判定检材有摹仿，而该样本的书写人是被摹仿人。③对检材进行全面的观察，发现其是否有摹仿的附加痕迹。如果发现检材有复写痕迹、印压痕迹、笔画残迹等摹仿痕迹应考虑是否套摹笔迹。④根据案情判断摹仿的可能性。在经济类的文书中，摹仿人摹仿书写的目的在于谋取经济利益，因而文书的经手人和审批人的笔迹往往被摹仿；在诬陷案件中，文书的内容和形成往往明显地影射某些人或某个人；嫌疑人拒不承认其书写，而其他的证据又不充分等情况时，应考虑检材笔迹有摹仿的可能性。

（3）摹仿笔迹特征的变化规律。摹仿笔迹的笔迹特征的变化有三种情况：第一种是反映摹仿人书写习惯体系的笔迹特征；第二种是被摹仿人笔迹特征形态的复制；第三种是摹仿过程中临时形成的变异笔画形态。这种变化表明只有反映摹仿人书写习惯体系的笔迹特征才是稳定的和本质的，而其他两种"特征"是不稳定的和非本质的。摹仿人在摹仿书写过程中，由于意志和注意矛盾规律的作用，使得被摹仿人笔迹中明显的和清晰的笔迹特征形态容易被摹仿人摹仿，其具体为：字形、主干笔画和组成部分的搭配比例和连接、明显的笔顺、特殊字、文字布局等；而细小的、隐性的和不清晰的笔迹特征则不易被摹仿，其具体为：次要笔画的搭配比例和连接、笔画的起收笔的形态和位置、不连接的笔顺、标点符号等特征。摹仿人在摹仿书写时，意志和注意对书写动作的支配和控制是有限的，因而必然出现摹仿的"变异"，这种"变异"是一次性的，可能出现在各种笔画之中。在摹仿笔迹中，所摹仿的笔迹特征与被摹仿人的笔迹特征相似程度越高，则摹仿人的笔迹特征反映越少，反之则摹仿人的笔迹特征反映越多。

（4）摹仿笔迹鉴定的方法。摹仿笔迹鉴定的任务有两个方面，一方面是认定摹仿事实，而另一方面是认定摹仿书写人。鉴定摹仿笔迹一般应具有摹仿人的笔迹样本和被摹仿人的笔迹样本，尤其是认定套摹笔迹书写人的鉴定必须要有被摹仿人的笔迹样本。在比较检验时必须根据摹仿笔迹的特征变化规律反复分析和确定三种不同性质的特征表现形态，确定反映书写人书写习惯本质的笔迹特征。摹仿笔迹的比较检验采取双重比较法，即将检材、被摹仿人的样本、摹仿嫌疑人的样本三者之间进行对照比较。在比较过程中，检材的笔迹特征与被摹仿人的笔迹特征表现出"大同小异"的规律性，而检材与摹仿嫌疑人的样本比较则两者的笔迹特征表现出"小同大异"的规律性。这种规律性对正确的区分不同性质的笔迹特征，从细节方面发现和确定反映书写人书写习惯的本质特征，以及综合评断认定书写人都有重要的意义。

对摹仿笔迹的鉴定必须坚持检材的鉴定条件和样本的可比条件。如果检材属于签名、添写、阿拉伯数字等字数少的笔迹，而且套摹或临摹的伪装程度高，则一般不具备鉴定条件，因而只能作认定摹仿事实的鉴定，而不能作认定摹仿人的鉴定。此外，应注意摹仿笔迹鉴定的检材必须是原件。

第二节　伪造文书检验

一、文书检验的概念

文书检验是指运用文书检验专门知识，对可疑文书的笔迹、印刷文字、印章印文、文书的制作机具、文书制成时间等专门性问题进行观察、分析、比较、鉴识，从而作出判断的一种科学技术活动。

伪造文书是指伪造者为了达到某种非法目的，以真实文书为样本，采用各种制版方法、制作机具等制作形成的，从物质形式到内容信息都虚假的文书。伪造的对象包括货币、证件、证书、单据、票据、书信、遗嘱等。在职务犯罪案件中伪造文书主要是伪造单据、票据等。

二、职务犯罪案件中常见的伪造文书方法及特点

（一）手工描绘法伪造

在职务犯罪案件中，利用手工描绘法主要伪造印文。其特点是：印文图案、边框的线条粗细、墨色浓淡不匀，相互过渡不自然；单字的搭配比例不均匀；留有勾描底案的痕迹；图文线条没有盖印挤墨征象。

（二）照相制版法伪造

照相制版伪造是将真的普通印刷文书通过照相制成底片后翻晒到感光版材上，经显影、定影制作形成平版或用腐蚀剂腐蚀制作形成凹版、凸版后印刷形成假文书。照相制版伪造法不仅可以伪造普通印刷文书，而且可以伪造印章印文。在职务犯罪案件中，犯罪人主要通过购买用该法伪造的单据、票据、证件以及印章等用于犯罪活动。该法伪造文书的特点是：文书的规格、图文内容，图文、线条一般形态及其布局关系等与真文书一致；细小的底纹、笔画模糊或残缺；不同图文的版型及特征与真文书可能不同；纸张、印染物质与真的往往不同。

（三）手工雕刻制版法伪造

按照真文书内容及样式，在木材、塑料、橡胶、金属版材上雕刻成印版（凸版）后印刷形成假文书。在职务犯罪案件中，犯罪人主要用于伪造印章或通过购买用该法伪造的印章、单据、票据等用于犯罪活动。其特点是：笔画、线条中淡边浓，色调深浅不一；图案、文字线条粗细不匀；直线、弧形不规则；线条转折生硬，搭配位置不准；细小的底文、网文粗糙不清晰，有弯曲、间断；部分线条出现疵点、缺损；部分图案、文字的线条的位置以及结构形状和大小与真的明显不同。

（四）静电复印法伪造

静电复印法伪造文书是以真文书为底样，用彩色、多色、黑白静电复印机进行双面或单面原大复印后制成的假文书。彩色复印机、多色复印机直接复印伪造的文书（印文、手印）除图文由墨粉组成、在空白处有复印痕迹和粉末颗粒、纸张纸质不同以外，其他的与真文书基本一致。先用黑白复印机复印后再人工着色伪造的文书，易出现图文与纸面颜色对比弱，墨迹清淡，虚而不实及污染痕迹等复印特征、手工添描特征，但复印部分的图文结构形态能较好地反映原稿的形态。尤其应注意所伪造的印文、手印有较大的欺骗性。

（五）打印法伪造

打印法伪造文书是以真文书为底样，经扫描、录入排版后用彩色、黑白打印机进行单面或双面打印后制成的假文书。打印方式有击针、喷墨、激光打印，常见的为激光打印。激光彩色打印机直接打印伪造的文书（印文、手印）与彩色复印的特点一致。击针、喷墨打印伪造的文书，前者的图文为小圆点组成，较大

的字出现梯形、间断的墨点排列形态；后者的图文出现墨迹渗透，边缘有油墨疵点现象。如果伪造文书的打印方式与真文书一致，两者的图文结构形态能反映原稿的形态。尤其是印文、手印反映较逼真。

三、鉴别真伪的方法

鉴别可疑文书真伪要以真文书为样本，通过对两者制作方法特征、版面内容与布局及印刷材料特征等方面比较鉴别，从而判断可疑文书的真伪。

（一）版面内容识别

将可疑文书与样本文书进行比较，如果两者图文内容不同即可判定可疑文书是假的；如果两者的图文内容一致，则应进一步检验制作方法、纸张、印文等的异同。

（二）制作方法识别

根据可疑文书反映出的特点及其与样本文书的比较，可以判断可疑文书的制作方法以及与真文书制作方法的异同，如果两者的制作方法（普通印刷的版型、打印、复印）不同即可判定可疑文书是假的；如果两者的制作方法一致，则应进一步检验图文形态、纸张、印文等的异同。

（三）图文形态特征比较识别

伪造文书的图文细节及结构形态，在伪造过程中不可避免地会产生与真品图文细节及结构形态不同的特征，使真伪的鉴别成为可能。通过比较鉴别图文的结构、尺寸、细节形态特征，尤其是各部分图文的线条的长短、粗细、棱角、交叉、分离及转折角度的形态等是否相同，从而鉴别可疑文书的真伪。比较的具体方法是：

重叠比较法。将可疑文书、印文与真实文书、印文直接重叠、透光重叠或制成同倍大小的底片或幻灯片重叠，然后观察比较两者是否重叠。如果两者不重叠，则可疑文书、印文是伪造的，而完全重叠则不能确定真伪，应进一步用特征标示对照比较法进行检验。

拼接比较法。将可疑文书、印文与真实文书、印文按同一基线划分后，直接拼接、比较显微镜拼接或制成同倍大小的底片或幻灯片拼接，然后观察比较两者是否拼接。如果两者不能够拼接，则可疑文书、印文是伪造的，而完全拼接则不能确定真伪，应进一步用特征标示对照比较法进行检验。

测量比较法。通过测量可疑文书与样本文书的图文各部分之间的大小、相对位置，圆形印文的直径、图案的大小、图案与文书之间位置、距离或方形印文边框的长宽、对角线的长度，文字与文字之间的距离。两者测量的数据如果明显不同，则可疑文书、印文是伪造的，而数据一致则不能确定真伪，应进一步用特征标示对照比较法进行检验。

特征标示对照比较法。这是最常使用的可靠方法。通过目力观察、借助放大镜直接观察可疑文书与真实文书相同图文、同部位形态特征，并用笔标示特征的符合点与差异点；如果两者出现本质的符合与非本质的差异，或出现本质的差异与非本质的符合，则表明可疑文书与真实文书的真或伪。

（四）纸张、印染材料比较识别

将可疑文书与样本文书的纸张、印染材料通过采用物理、化学或仪器分析方法等进行检验，比较两者的纤维种类、造纸的工艺与防伪、印染物质的组分等特征是否相同来鉴别文书的真伪。如用紫外光照射可观察比较纸张及油墨受激发荧光的颜色和强度；用红外线照射可观察比较不同材料所反映出的吸收与透过率的差异；等等。

第三节　变造文书鉴定

一、变造文书的概念

变造文书是指在真文书的基础上，采用擦刮、消褪、涂抹、补接、添改、改贴照片等方法改变真文书的一部分内容所制成的局部虚假的文书。在职务犯罪中，犯罪人采用更改单据、票据、提货单、账册的金额和数量，达到其贪污、偷税、漏税的目的。

二、擦刮文书检验

擦刮文书是变造者采用橡皮、砂纸、小刀、玻璃片等工具，将真实文书上的部分文字、符号、数字等擦去或刮去，然后添加、改写需要的文字内容所形成的局部伪造文书。根据不同书写物质的理化特性、纸张质量、擦刮方法可知文书字迹被擦刮状况。文书纸质厚则文字易被擦刮，反之则不易擦刮；铅笔字易擦刮，复写纸字迹、圆珠笔字、印泥、印油不易擦刮；蓝黑墨水、碳素墨水、油墨、墨汁字迹难以擦刮。擦刮文书的具体特点是：被擦刮部位纸质结构被破坏，纸张纤维松乱、翘起，光泽消失；被擦刮部位有的残留有原文字墨迹或粘附橡皮或砂纸颗粒等擦刮工具的物质；有的格线和保护花纹残缺；被擦刮部位周围字迹笔画有残缺现象；擦刮部位新写的文字笔画有墨水洇散现象。

鉴定擦刮文书检验的任务是：确认文书字迹是否存在擦刮的事实；辨识、显现被擦刮的文字、数字。确认文书擦刮事实的方法主要是侧光、透光观察法，显微镜检验法，不可见光检验法。显现擦刮文字的方法主要有残留笔画或笔画压痕分析法、静电成相法显现法、红外照相法、化学试剂显现法等方法显现。

三、消褪文书检验

文书字迹因人为或自然、保管不善会褪色，从而形成不易辨读的文书。消褪文书是变造者为了改变真文书的内容，而故意采用化学试剂涂抹在真文书的部分文字上使其发生化学反应而褪色，有的再添写某些文字而制成的局部虚假的文书。常用的消褪试剂有：草酸、硝酸、盐酸、褪字灵、漂白剂、高锰酸钾、双氧水等。故意消褪文书的主要特点有：纸张纤维结构蓬松，纸面有皱褶，光泽消失，纸质变脆；消褪部位残留消褪试剂污迹，如黄褐色、淡黄色或白色污斑；纸张格线和保护花纹受到破坏；被消褪部位有文字残留笔画、笔画压痕。

消褪文书检验的任务是：确认文书是否存在消褪事实及性质；判断消褪试剂的种类；显现被消褪的字迹。确认文书消褪事实的方法主要是侧光、透光观察法，显微镜检验法，不可见光检验法。判断消褪试剂的种类采用化学反应、仪器分析法。显现文书被消褪的字迹方法有：用紫外荧光分析法和紫外照相法显现和固定，硫氰酸气熏显色法，化学试剂涂显法等。

四、添写、改写文书检验

添写文书是指变造者在原文书的空白部位、字间以及被擦刮、消褪部位添加所需要的文字，从而改变文书原内容制成的局部虚假的文书。改写文书是指变造者在文书原字迹上添加笔画，或将文字的部分笔画擦刮、消褪以后改写成别的文字所制成的一种局部虚假的文书。在贪污案件中，犯罪人变造文书多添写、改写并用。

(一) 添写、改写文书的特点

添写文书的特点是：添写字迹的大小、书写水平、速度、文字布局以及笔迹细节特征与原字迹可能不同；添写字迹的笔痕特征与原字迹也可能不同；添写字迹与原字迹色泽不同；可疑文书内容部分或全部存在矛盾；有的添写字迹部位出现擦刮、消褪特点。改写文书的特点是：改写字迹笔画的书写水平、速度以及笔画的搭配、照应关系特征与原字迹可能不同；改写笔画的划痕特征与原字迹也可能不同；改写笔画与原字迹色泽不同；可疑文书内容部分或全部存在矛盾；有的添写字迹部位出现擦刮、消褪特点。

(二) 添写、改写文书的检验方法

运用笔迹检验的方法，比较可疑文书不同字迹的笔迹特征，确定添写字迹、改写字迹的笔画，从而确定添写、改写的事实，进一步的笔迹检验可以认定添写、改写人。通过笔痕检验，比较可疑文书不同字迹的笔痕特征，确定添写字迹、改写字迹的笔画，从而确定添写、改写的事实；运用字迹书写形成时间检验的方法确定可疑字迹、笔画与原笔画书写形成时间不同，确定添写、改写事实；如果添写、改写是在擦刮、消褪的基础上完成的，则可以运用相应的方法确定擦

刮、消褪事实后，确定添写、改写的事实。

（三）几种特殊变造文书检验

1. 换页法变造。换页法变造文书是以真装订的文书为底样，经复印或打印其中的一页或多页文书后替换真文书的一页或多页后制成的假文书。换页法变造文书特点通过其换页制成方式反映出来或具有相应的复印、打印伪造文书的特点。此外，还有撤页、换页重新装订的痕迹特点。

2. 盗用、借用签名变造。盗用、借用签名变造文书是指变造者盗用、借用他人有签名、手印的文书，将原字迹内容部分裁切后，在空白部分重新写上需要的内容所制成的局部虚假的文书。该类文书的字迹布局不合理，残留有原有字迹笔画，新旧字迹的色泽、笔痕、形成时间不同。

3. 转印法变造。转印法伪造主要用于伪造印文，即在真文书印文上涂抹石蜡、凡士林等介质后，经热压后将原印文转印在相纸上，而后再印压在需要的假文书上所制成的假文书。这种假印文没有盖压力特征，图文颜色浅淡，空白部位及边框外有大面积的介质污染现象。

4. 借用、盗用印文变造。借用、盗用印文变造文书是指变造者盗用、借用他人印文，将原字迹内容部分裁切后，在空白部分重新写上需要的内容所制成的局部虚假的文书，或者是用盖有印文的空白纸张打印、复印、书写制成假文书。该类文书的字迹与印文布局不合理，字迹形成于印文之后，印文与字迹的形成时间不同。

第四节　文书制成时间检验

一、文书制作时间检验的概念与对象

文书制作时间是指文书的真实内容实际制作形成的时间。在司法实践中伪造者为了制作假文书证据，而故意制作形成时间与事实不一致的文书，因而文书形成时间的检验实质是文书真伪的检验。利用虚假的文书制作形成时间制作假文书通常有两类：一类是文书的内容字迹、纸张、印文、手印、签名等的制作时间都是虚假的；另一类是文书的内容字迹是虚假的或部分是虚假的，而纸张、印文、手印、签名的形成时间是真实的。因而前者可以称为制成时间完全虚假的文书，后者可以称为制作时间局部虚假的文书。对于制成时间完全虚假的文书，只要检验时确定某一方面制作时间虚假，则可以认为该文书是伪造的文书；而对于制作时间局部虚假的文书只有在证明印文、手印、签名的来源是非法的，才能最终确定文书是伪造的。

文书制成时间的检验是指对可疑文书的内容字迹、纸张、印文、手印、签名等运用笔迹检验、语言分析、纸张检验、印品检验、印文检验及其他的印染物质的理化检验、仪器分析等确定文书或文书组成要素的制作形成时间文书检验专门技术。文书制作时间鉴定的对象有：纸张、手写、复写字迹，打印、复印、印刷文字，印文、指纹等。

二、文书制作时间鉴定的任务

1. 根据可疑文书物质要素自身所隐含的时间信息分析、检测确定文书内容字迹形成的时间段。

2. 通过检验可疑文书物质要素自身所隐含的时间信息与已知样本文书的时间信息进行比较，确定文书内容字迹形成的时间段是否一致。

三、文书物质要素所隐含的时间信息

文书物质要素包括文字（手写、打印、复印、印刷），印文（印泥、印油、原子印油），手印（印泥、印油、油墨），纸张（白纸、纸印品），附着物或痕迹，语言、文字、印文、手印的先后关系等。这些物质要素无论是单一的，还是综合的都隐含了形成的时间信息。运用单一的或综合的方法就可以相对地确定其形成的时间段，从而为确定文书的真伪提供科学证据。物质的形成时间是相对的，表现为一定的时间段，而这种时间段与案件的事实应该是一致的，所以确定文书的形成时间对确定案件事实的真伪具有重要意义。

四、根据可疑文书物质要素自身所隐含的时间信息分析、检测确定文书内容字迹形成时间段的一般方法

（一）根据书写习惯正常变化规律分析书写形成时间

书写人的书写习惯经历练习、提高、定型、变化的阶段，不同的阶段其笔迹特征的稳定程度不同，因而根据个体书写习惯及其笔迹特征的变化规律可以分析确定可疑文书书写字迹的时段范围。个体书写习惯及其笔迹特征的变化规律是：练习阶段最不稳定，提高阶段有一定的稳定性，定型阶段稳定性最强；定型以后由于生理机能的老化逐渐出现变化，且变化越来越明显。

（二）根据语言文字及内容的时代性特点分析文书制成时间

语言、文字随时代的变迁而不断地发生变化，文字比较稳定，变化相对较小；而词汇、时代语变化比较快，时代性特点较突出。同时，文字、语言与所表达的内容具有一定的时代性和内在的统一性。所以，通过可疑文书的文字、语言、内容及其相互关系的统计分析，可以确定文书形成的时间段。分析时应注意文字简化时段，词汇、时代语流行的时间，文书内容与文字、语言的关系，同时应注意语言、文字的伪装。

（三）根据书写工具、印刷机具和印刷工艺的时段性特点分析文书制成时间

用不同的书写工具书写形成不同的痕迹，而不同的书写工具的发明以及在一

定的地区被人们使用具有时间阶段性。我国使用的情况是：19世纪开始使用钢笔，1945年开始使用圆珠笔，20世纪60年代开始使用软纤维笔尖的软笔，20世纪70年代以后开始使用签字笔。20世纪70年代以后使用铅整版印刷技术，20世纪70年代初期开始使用静电复印机，80年代较广泛地使用；80年代以后开始广泛使用电子打字机。另外，1980年以前使用可反复使用的双面复写纸，1980年以后使用在票据背面直接涂上色料的一次性使用的专用复写纸；90年代后使用无碳复写纸。

（四）根据纸张、墨料的时段性特点分析

白纸的种类、成分、颜色、制作工艺、裁切工艺等方面都有各自的特点及生产时间；纸印品的印刷工艺及其痕迹特点也具有时段性。如果文书标称的时间在纸张生产时间之前则是伪造的。书写墨水、圆珠笔油、成分、填料、附加物质都隐含有时段信息。通过确定墨水、圆珠笔油、填料等的生产、使用日期判断可疑文书制作的最早时间。

五、通过可疑文书物质要素自身所隐含的时间信息与已知样本文书的时间信息进行比较，确定文书内容字迹形成的时间段是否一致

这类形成时间的检验，也称为文书制成的相对形成时间的检验。其检验的方法较多，常用的方法有文字笔画墨迹物质种类与颜色比较法，墨迹溶解能力比较法，墨迹扩散程度比较法，笔画交叉先后顺序观察比较法。对蓝黑墨迹的书写形成时间检验方法有：草酸溶解法，硫酸盐扩散程度测定法，热分析法，铁离子测定法，铁元素迁移程度测定（俄歇能谱法），有机物氧化程度测定（X射线光电子能谱法），化学褪色程度测定法；对圆珠笔字迹、复写字迹的书写形成时间检验方法有：薄层色谱扫描与分析法，化学褪色程度测定法，傅里叶红外光谱测定法，气相色谱测定法，显微分光光度计测定法，傅里叶变换显微拉曼光谱法测定法。使用含碳类墨水、墨汁等字迹书写形成时间检验方法有扫描电镜鉴定法、溶压转印鉴定法等。实践中运用较多，效果较好的方法有：

（一）热分析法

适用于检验蓝黑墨水字迹的书写形成时间。其原理是蓝黑墨水（含铁墨水）字迹书写形成后，物质的成分不断发生氧化、还原、扩散等物理、化学变化，且变化在各个阶段上的参数值与书写时间存在着定量关系。用热分析系统分析测量其参数值所表现出来的吸热、放热特征峰的温度值即可确定文字形成时间。该方法可以检验检材字迹形成时间7天以后至3年内较为准确的时间段。1—2年的字迹最短反应期为30天，2—3年的字迹最短反应期为60天。该方法需要样本的墨水种类、纸张、文书的保存条件应尽可能与检材一致。

（二）铁离子测定法

铁离子测定法是确定蓝黑墨水字迹形成时间的传统方法。其原理是墨水字迹书写形成以后，随着时间不断氧化，墨迹中铁离子含量成反比。实践中多用紫外分光光度法检验，可测出 3 年以内的字迹形成的时间段。检验要求样本的纸张、墨水种类、保存条件与检材尽可能一致；在同等条件下用仪器检测数据并测算铁离子含量，从而比较确定检材字迹形成的相对时间段。

（三）薄层色谱扫描与分析法

该法适用于检验圆珠笔字迹、含染料的印文、手印、签字笔字迹的形成时间。其原理是前述物质在纸上形成后随时间的增加向纸张内部渗透和纸表扩散，同时其中的染料发生氧化、分解反应，高分子树脂单体在添加剂作用下产生交联聚合，溶剂也逐渐减少。用薄层色谱仪在相同条件萃取染料成分含量与时间段成相应的定量关系。该法可将 1 年以内的时间距离可缩短到 1 个月的范围，1—2 年半的可缩短到 2 个月内的范围，2 年半以上的可作排除结论。该方法需要样本的墨迹物质种类、纸张、文书的保存条件应尽可能与检材一致。

（四）扫描电镜鉴定法

该法的原理是含碳墨水、墨汁字迹在纸张表面形成一层碳黑膜，其构成物质中的溶剂随时间增加而挥发，而留下的微量胶质与碳黑颗粒的结合力逐渐减弱，导致纸张纤维上的碳黑膜出现不同程度的龟裂、破碎以及碳黑颗粒脱落现象。用扫描电子显微镜观察龟裂、破碎程度并与已知样本比较，即可确定检材字迹形成的时间段。检验的时间一般在 2—4 年，而 5 年以上的检验效果更好。该法需要比对样本的年代、纸张、保存条件与检材尽可能一致。

此外，激光打印文字形成时间，在一定条件下可以用扫描电子显微镜法检验；击打类色带打印文字的形成时间鉴定可采用薄层色谱扫描方法检验；印文，尤其是原子印文可以采用阶段性特征和印泥物质粘附特征，与样本印文各个时间段的特征比较检验。

第二十一章 职务犯罪侦查中
的司法会计技术

第一节 司法会计概述

一、司法会计的概念、特点

司法会计，是指司法机关在涉及财务会计业务案件的侦查、审理中，为了查明案情，对案件所涉及的财务会计资料及相关财物进行专门检查，或对案件所涉及的财务会计问题进行专门鉴定的法律诉讼活动。

从这一定义出发，司法会计作为一项法律诉讼活动应当具备下列特征：

第一，司法会计专指由司法机关主持进行的一种法律诉讼活动。

依照我国诉讼法律的有关规定，司法机关在侦查、审理案件中，有权根据诉讼的需要，对特定的对象进行司法检查或对专门性问题进行司法鉴定。司法检查或司法鉴定依法应由司法机关主持进行。当事人有权提出检查或鉴定的要求，但是否实施这类检查或鉴定活动，则必须经司法机关决定并在司法机关的主持下进行。否则，就不能称其为司法检查或司法鉴定，其活动的结果有时也难以被作为定案的根据。从这一界定原则出发，作为司法检查活动之一的司法会计检查和作为司法鉴定活动之一的司法会计鉴定，也理应由司法机关主持进行。司法会计的这一特征，是其区别于非诉讼活动或不正当诉讼中的会计检查或会计鉴定的重要标志。

第二，司法会计是司法机关为了侦查、审理涉及财务会计业务案件的需要而组织实施的一项法律诉讼活动。

所谓涉及财务会计业务案件，既指案件事实本身就包含着财务会计行为或内容的诉讼案件，也指案件事实本身虽不包含财务会计业务，但司法机关在查证案件的某些事实时需要查清一些财务会计事实的诉讼案件。例如，供销人员侵吞公款的案件，其案件事实本身就包含着公款领报、账务处理等财务会计行为，侦查机关在调查这类案件时，就需要通过司法会计活动，查明是谁采取什么手段通过哪些环节侵吞了多少公款等财务会计事实；而盗窃公款的案件事实本身通常不含有财务会计业务内容，但公安机关在侦查这类案件时，却需要通过司法会计活动来查明发案单位失窃公款的时间、数额等财务会计事实。

第三，司法会计是司法机关以检查案件所涉及的财务会计资料及相关财物或解决办案中遇到的财务会计问题为主要内容的一种法律诉讼活动。

这一特征概括了司法会计活动的主要对象。其中，司法会计检查的对象是案件所涉及的财务会计资料及相关财物，如案件所涉及的财务收支资料（财务凭证）、会计核算资料（记账凭证、账簿、会计报表）、库存现金或存货等；司法会计鉴定的对象是案件所涉及的财务会计问题，如案件所涉及的财务指标计算或会计核算等方面的技术性问题。

二、司法会计的活动类型及法律依据

（一）司法会计检查

司法会计检查，是指司法机关为了查明案情，对案件涉及的财务会计资料及相关财物进行专门检查的一项司法会计活动。我国《刑事诉讼法》第 126 条规定："侦查人员对于与犯罪有关的场所、物品、人身、尸体应当进行勘验或者检查。在必要的时候，可以指派或者聘请具有专门知识的人，在侦查人员的主持下进行勘验、检查"；第 132 条规定："人民检察院审查案件的时候，对公安机关的勘验、检查，认为需要复验、复查时，可以要求公安机关复验、复查，并且可以派检察人员参加"；第 191 条第 2 款规定："人民法院调查核实证据，可以进行勘验、检查、查封、扣押、鉴定和查询、冻结。"

司法会计检查，通俗地讲就是指法律诉讼中所进行的查账、查物活动。其目的是为了寻找、发现、收集和固定有关财务会计资料和财产状况方面的诉讼证据。司法机关实施司法会计检查的诉讼结果是获取财务会计资料证据和形成司法会计检查笔录。在法律诉讼中，除案件当事人或有关诉讼参与人直接提供有关财务会计资料和财产状况方面的诉讼证据外，只有通过司法会计检查才能寻找、发现、收集和固定这类证据。

（二）司法会计鉴定

司法会计鉴定，是指司法机关为了查明案情，指派或聘请具有司法会计专门知识的人员，对案件中需要解决的财务会计问题进行鉴别判定的一项司法会计活动。我国《刑事诉讼法》第 144 条规定："为了查明案情，需要解决案件中某些专门性问题的时候，应当指派、聘请有专门知识的人进行鉴定"；第 146 条规定："侦查机关应当将用作证据的鉴定意见告知犯罪嫌疑人、被害人。如果犯罪嫌疑人、被害人提出申请，可以补充鉴定或者重新鉴定。"

司法会计鉴定，可以获取书面形式为《司法会计鉴定书》的司法会计鉴定意见作为诉讼证据。

（三）司法会计文证审查

司法会计文证审查，是指司法机关为了判明涉及财务会计业务内容的证据能否作为定案的根据，运用司法会计的原理与方法，对通过诉讼活动取得的文字证据进行审查、评断的一项司法会计活动。其目的是通过审查判断涉及财务会计业务内容的文字证据，确认其能否作为定案的依据。

通过诉讼活动所取得的文字证据通常包括书证、证人证言、刑事被害人陈述、刑事犯罪嫌疑人或刑事被告人供述和辩解、鉴定意见、勘验笔录、检查笔录、民事或行政当事人的陈述等。当这些文字证据涉及特殊的专业内容时，通常需要一定的专门知识，才能进行审查判断。理论上将这种需要利用专门知识进行的证据审查称为文证审查。其中，利用财务会计或司法会计专门知识进行的文字证据审查，称为司法会计文证审查。

司法会计文证审查的对象，既包括通过司法会计活动形成的书证、司法会计检查笔录、司法会计检验报告和司法会计鉴定书，也包括通过其他途径获取的文字证据。

（四）各类司法会计活动的关系

上述三种司法会计活动并非同时存在于一切涉及财务会计业务案件的诉讼中。在许多案件的诉讼中，可能只需要进行其中的两项或三项司法会计活动。通常情况下，凡是涉及财务会计业务的案件，在诉讼中通常都需要通过司法会计检查（即查账、查物）来发现、收集和固定财务会计资料证据；如果案件不涉及需要鉴别判定的财务会计问题，该案件就不需要进行司法会计鉴定，如果涉及需要鉴别判定的财务会计问题，则必须通过司法会计鉴定获取鉴定意见，在鉴定之前还必须通过司法会计检查获取鉴定所必需的检材（鉴定证据）；通过司法会计检查所获取或形成的财务会计资料证据或司法会计检查笔录以及通过司法会计鉴定所获取的司法会计鉴定意见等文字证据，在被作为定案的根据前都需要通过司法会计文证审查，进行审查判断。

三、司法会计技术在职务犯罪侦查中的作用

司法会计技术是一种专业性很强的技术手段，它在侦查、审判过程中起着极其重要的作用。尤其是在检察机关查办的职务犯罪案件中，司法会计起着其他技术手段无法替代的作用。从我国司法会计技术产生和发展的历史来看，也正是由于检察机关在查办涉及贪污贿赂的案件过程中，根据实际需要，从20世纪80年代初期开始即建立司法会计专业技术门类，并开展司法会计专业技术工作。近30年来的发展说明，司法会计技术在职务犯罪侦查过程中起着其他技术手段无法替代的作用。随着司法实践的发展，司法会计技术的应用领域也日益广泛，不仅在职务犯罪的侦查、审判中被广泛应用，而且也逐步应用于国家安全机关、公安机关（包括海关犯罪侦查部门）的办案工作以及审判机关的民事审判活动之中。司法会计技术的作用主要体现在：

　　第一，司法会计可以为司法机关查实、审核犯罪线索和举报材料，查明事实真相，确定事件性质，为确定立案侦查或撤销案件提供科学依据。职务犯罪案件、经济犯罪案件与普通的（或传统的）刑事犯罪案件有明显的不同，它在受理立案时，往往无明显的犯罪现场可供勘查、检验。因此，是否需要立案侦查往往难以确定。而职务犯罪行为、经济犯罪行为，大多会涉及财务会计业务，财务会计业务和财务会计行为一般均会被记录在有关的财务会计资料中。因此，司法机关对于受理的线索和举报材料，可以有针对性地开展调查工作，运用司法会计技术对有关的财务会计资料或账目进行检查，便可查实是否存在犯罪事实，是否需要立案侦查。

　　第二，司法会计可以为司法机关侦破职务犯罪案件、经济犯罪案件提供线索和方向，指导办案活动。侦查原理表明，任何犯罪必留痕迹。由于会计技术的广泛应用，职务犯罪、经济犯罪行为必然会在有关的财务会计资料中留下犯罪痕迹，犯罪痕迹中蕴涵着大量的犯罪信息。因此，侦查人员通过查账、查物，便可从财务会计资料中发现有关的犯罪线索和犯罪事实，并可提取记录着犯罪行为的财务会计资料作为证据，以证实和揭露犯罪行为。如在贪污案件或职务侵占犯罪案件中，侦查人员通过对财务会计资料进行检查、验证，便可证明嫌疑资金的运动轨迹和真实运用情况，以便查明犯罪行为人侵占的犯罪事实。

　　第三，司法会计可以为司法机关鉴别、固定证据，为诉讼提供科学的结论。在侦查实践中，对于案件中的有关事实，司法机关必须收集、审查与案件有关的财务会计资料。在通过查账所收集到的有关财务会计资料中，有些财务会计资料可以直观地反映有关的案件事实，如收付款的单据可以直观地反映货币的收付情况。而有些财务会计资料却往往不能直观地反映出案件事实，如对财务会计行为和财务会计业务的会计处理，则往往涉及技术性问题，这就需要通过司法会计鉴定来鉴别和确认，以揭示其具体的财务会计含义，以便证实有关案件事实。

　　第四，对有关证据进行审查，为案件的正确处理提供帮助。根据《刑事诉讼法》第48条的规定，证据必须经过查证属实，才能作为定案的根据。司法会计技术因其科学性、专业性而常被作为审查其他证据的技术手段。司法机关在案件侦查中，会遇到有关的财务会计报告、审计报告、验资报告、经济合同以及有关的票据、卡证等，对这些涉及财务会计业务或财务会计行为的证据资料进行审查判断，则需要具备一定的专业知识，所以，可以通过运用司法会计技术对其进行审查，以查明这些资料是否科学、客观、真实，能否作为证据使用，以便给案件的及时正确处理提供帮助。

　　另外，对于司法会计鉴定意见而言，因为其具有科学性、客观性、专业性的特点，而常被用来审查案件中的其他证据。司法会计鉴定意见通过与其他证据的相互比较、分析、印证，对于确认案件事实，保证办案质量具有十分重要的作用，为司法机关正确判断和综合运用各种证据提供了科学可靠的技术帮助和科学保障。

第二节　财务会计资料证据及取证规则

贪污贿赂等职务犯罪是严重的犯罪，具有很强的贪利性，其显著特点就是犯罪行为与财产物资和财务会计行为密切相关。通过对贪污贿赂犯罪手段的分析会发现，有些财务会计行为本身就是实施贪污贿赂犯罪的行为（如收款不入账直接侵吞的行为），有些虽然不是贪污贿赂犯罪行为本身，但却是实施或构成贪污贿赂犯罪行为不可或缺的行为，有些则是查证犯罪行为时必须要查实的行为。无论是犯罪行为，还是一般的财务会计行为，均会被有关的财务会计资料记录、反映或控制，形成财务会计事实和犯罪事实。因此，通过对这些记录、反映、控制财务会计行为的财务会计资料或犯罪行为后果的财产物资进行查账或鉴定，就成为揭露、证实贪污贿赂等职务犯罪的犯罪事实最直接、最有效的方法和手段。这也是司法会计技术被重视而广泛应用的原因所在。

在司法实践中，侦查人员的查账能力和水平往往不适应案件侦查的需要，其主要原因是在很大程度上不注意对财务会计资料的分析和判断，对财务会计资料的范围和技术特性了解不够，因而在取证过程中忽视了取证的规则和要求。

一、财务会计资料的范围

一般来说，财务会计资料的范围主要包括财务资料、会计资料、财产物资（即实物资产）和其他辅助资料等相关证据资料。财产物资，是指经济单位或社会组织所拥有或控制的有关实物资产，如存货、库存现金等，它往往在财务会计资料中被记录、反映和控制。其他辅助资料是指除财务、会计资料以外的反映经济单位或社会组织有关经济往来关系、经营管理等方面的资料，如经营合同、协议文本、公司（企业）章程、政府有关文件、往来函件、公司（企业）内部规章制度等。通常来讲，财务会计资料主要是指财务资料和会计资料。具体包括以下内容：

1. 财务资料

财务资料是指载有财务记录的资料。它是在办理财务业务中直接取得或形成的记载具体财务事项的资料。不同的财务记录则形成不同的财务资料。一般常见的财务资料有：

（1）财务凭证。财务凭证是指直接记载着财务业务的发生、完成情况的财务资料。主要类型有各种银行结算凭证（支票、汇票等银行票据），债权债务结算资料（如收款收据和付款凭单），财物收付资料（发票、出入库凭证、发货票或收货单、出货单和入库单、领料单和退料单、提货单和运货单）以及工资单和完税凭证等。

（2）财务统计资料。财务统计资料是指根据财务凭证或生产经营的实际情况，直接汇总统计形成的财务资料。如材料领用汇总表、低值易耗品领用汇总表、完工产品质量等级统计表、未完工统计表等。

（3）财产清查资料。财产清查资料是指盘点现金或存货、清理核对债权、债务等财产清查过程中形成的各种清查核对资料。如现金盘点表、存货盘点表、固定资产清查登记表、往来账项核对资料等。

（4）成本计算资料。成本计算资料是指在各类财务成本的计算过程中形成的，记载着成本计算过程及计算结果的书面记录。如费用摊销计算单、完工成品制造成本计算单等。

2. 会计资料

会计资料是指具体承载会计记录的载体，是对会计处理进行记录所形成的资料。会计记录是在会计活动中形成的，它直接反映了会计活动的内容及结果。会计记录必须依法以特定的形式（如书面形式、电子形式等）加以固定，这就形成了会计资料。常见的会计资料有：

（1）会计凭证，是指能够作为会计账簿登记依据的各类凭证。主要包括原始凭证和记账凭证。

原始凭证是指在经济业务发生时所填制或取得的，载明经济业务内容和相关责任的会计凭证，是编制记账凭证、登记会计账簿的基础，是会计核算中最原始的资料。主要有各种财务凭证、财务统计资料、财产清查资料、成本计算资料等。其中，由本单位有关机构和个人填制的叫自制原始凭证，从其他单位或个人取得的叫外来原始凭证。从财务会计处理流程的角度讲，由于会计资料是借助于财务资料形成的，所以许多财务资料便成为会计处理的凭据，如原始凭证既是财务资料又是会计资料。

记账凭证是指根据原始凭证填制的，作为记账依据的会计凭证。记账凭证一般分为收款凭证、付款凭证和转账凭证三种。

（2）会计账簿。账簿是指以会计凭证为依据，全面、连续、系统地分类记录和反映会计主体经济活动的全部过程的簿籍。会计账簿，按所记账户的类别可分为分类账、日记账和备查账三类。其中，分类账簿按账户的级别还可分为总分类账（简称"总账"）和明细分类账簿（简称"明细账"）；日记账簿通常包括现金日记账和银行日记账两类。

（3）财务会计报表。财务会计报表是指从总体上反映某一会计核算主体或部门财务状况和财务成果等会计信息的会计资料。主要包括资产负债表、损益表、现金流量表、利润分配表等。

在一个具体的案件里，往往涉及的财务会计资料很多，但并不是所有的财务会计资料都可以成为司法会计的对象。要成为司法会计的技术对象，必须符合以下三个条件：

第一，必须是在案件所涉及的财务会计活动中形成的财务会计资料。这一条件体现了证据的相关性。案件所涉及的财务会计活动所形成的财务会计资料往往客观、全面地记录着行为人的会计行为、财务行为。对这些财务会计资料进行技术检验是进行司法会计活动（查账和鉴定）的主要任务，也是形成司法会计结果（查账报告和鉴定意见）的主要依据。

第二，必须是有必要而且是经过运用司法会计专门知识能够解决专门性问题的财务会计资料。司法会计有其独特的方法和原理，运用这些方法、原理必须能够解决财务会计资料中的专门性问题。如果通过运用司法会计的方法和原理不能够解决案件中的专门性问题，那这些资料不能作为司法会计的技术对象。如对于财务会计凭证中有关涂改、填写字迹和签名字迹的认定问题，运用司法会计鉴定知识显然解决不了，而只能运用文书检验技术来解决。

第三，必须是经过法定程序提取的财务会计资料。这是财务会计资料客观、真实的法律保证。也是进行查账活动的主要工作任务和工作结果。而在司法会计鉴定中，鉴定人员本身并不对送检资料的客观真实性进行审查，这应由送检机关和部门来保证。因此，在送检时，送检的资料应该是经送检机关认可、收集和提取的财务会计资料。

二、财务会计资料证据的特性及取证规则

职务犯罪案件中的财务会计资料，是侦查取证的重点。当经过查账并提取固定后，这些资料就成为证实贪污贿赂犯罪的证据。这类证据与其他证据一样，具有客观性、关联性、法律性的一般特点。由于财务会计工作的特殊性，决定了财务会计资料证据除具有证据的一般特点外，还具有自己独特的属性。在司法实践中，侦查人员一般只注意到了证据的一般特点，而没有充分认识到财务会计资料证据的这种特殊属性，在查账过程中走了一些弯路，在提取、固定、评价和使用这些证据时出现了一些失误。因此，对财务会计资料证据的特性应有比较全面的理解。

财务会计资料证据的特性，是指其具有证据形态的多重性、证明作用的有限性和内容、形式的专业性等属性。

（一）证据形态的多重性

证据形态的多重性，是指财务会计资料证据同时具有多种证据形态和证明作用，即具有书证、物证、电子证据等多种形态和作用。

财务会计资料证据的书证意义，就是指其能够以记载的数字、图表、文字语言等所表达的客观情况等来证明案件事实。财务会计资料记载形成的及时性和记载内容的历史性、记载内容的相对稳定性，① 决定了财务会计资料证据书证作用的重要意义。

财务会计资料证据的物证意义，是指以其载体特征、制作方式和所处的场所等客观情况来证明案件事实。例如，同样是收款的收据，在不同的地点其物证的意义不同。在一起挪用公款的案件中，侦查人员提取了收款收据的记账联，这些收据收到的款项都没有入账，但是存在的问题是，侦查人员没有区分这些收据记账联的提取地点，哪些是在公司的财务室提取的？哪些在犯罪行为人的家里提取的？

电子证据的形态是指以电子或磁介质形式存在的证据形态。目前，有些单位或行业实现了会计电算化，电算化的财务会计资料具有电子证据的形态。因此，当这些资料被提取固定后，就具备和形成了电子证据的特点。

基于对财务会计资料证据多重性的讨论，在提取和固定财务会计资料时，必须得充分重视其多形态的证据意义，并以适当的方法和合法的程序，加以提取固定。在提取时应该注意以下规则：（1）以提取原件为首选，原件可以保持财务会计资料的全部物质痕迹和书证内容。（2）在不能提取原件的情况下，可选择的提取、固定方法依次为拍照、复印和抄录。（3）如果需要提取电算化资料时，应聘请有关的计算机技术人员以适当的专业化方式收集固定，并对提取过程进行录像。（4）不论是哪种方式，在提取时必须注明证据的来源，说明其所在场所，即应注明证据提取的时间、地点、人员并加盖资料提供单位的印章。

（二）证明作用的有限性

证明作用的有限性是指财务会计资料证据大多是间接性证据，单一的财务会计资料证据只能证明直接相关的某一财务会计事实或财务会计事实的某一个环节，而不能独立地直接证明贪污贿赂犯罪的主要事实。比如，发票的记账联，可以直接证明售货单位应当提供货物的数量及应该收取货款的金额，但却不能用来直接证明货物是否实际发出以及是否实际已结算，证明发货的事实则需要出库单或发票提货联（或发运单或对方签收单）等来证明，收款事实则需要查证实际结算的银行票据并结合前述有关票据才能证实。

财务会计资料证据证明作用的有限性，是由财务会计核算的程序或财务会计

---

① 参见许为安：《试论会计资料作为刑事诉讼证据的特点》，载何家弘主编：《证据学论坛》（第三卷），中国检察出版社 2001 年版，第 391—392 页。

368

资料的形成机制决定的。经济业务发生以后，首先是取得或填制原始凭证，再根据审核无误的原始凭证编制记账凭证，再根据记账凭证或汇总凭证登记明细账、总账，最后形成财务会计报表。这是一个完整的财务会计操作流程。从这个流程来看，就说明财务会计资料的形成具有明显的序列性、程序性，财务会计资料在反映财务会计事实等客观情况时，也是通过连续系统的财务会计资料来反映的。正是这种序列性、程序性和连续性的特点，决定了某一个单一财务会计资料证据在证明贪污贿赂犯罪主要事实方面的有限性。

基于上述特点，在查账过程中，要遵循以下规则：首先要树立全面取证的观念，必须全面收集证明案件事实的财务会计资料证据。其次，对已收集到的财务会计资料证据，要通过证据审查的方法，评价其证明作用的大小、证明案件事实的具体内容。通过对证明作用或证明内容的审查后，才能综合判断证明案件事实的证据程度，是否能够形成一个完整的证据链条（当然也需要与其他证据形式进行印证）。例如，收款收据通常可以用来证明款项的收取和支付事实，但收款收据也可能仅用来证明相关的债权债务关系，并非存在款项收付事实，因此，如果不全面收集与该收款收据有关的财务会计资料，便直接用来证明款项收付事实，则可能会夸大其证据意义进而导致对案件事实的判断错误。[1]

（三）内容、形式的专业性

财务会计资料证据内容、形式的专业性，是指财务会计资料证据所反映出的内容、形式上的财务会计专业性和技术性。财务会计工作的专业性和技术性特点，决定了财务会计资料的内容和形式上具有专业性强、技术语言复杂、资料结构有序的特点，比如"借贷记账法"、"会计平衡原理"、各种凭证结构的对偶性、各种数据的勾稽统驭关系、账户及科目设置的结构体系以及一些专业性的技术语言。

财务会计资料证据内容、形式的专业性特点，首先要求必须选择具有专业知识的人员参与或组织查账工作。其次，在查账中应采用相应的专业技术方法和对策，这样才能达到取证的目的。如应根据财务会计资料的结构构成，完整地收集具有对偶、印证关系的相关证据（如原始凭证的不同张联、明细账与总分类账等），以全面地反映出财务会计资料所记录的各种技术关系；还应注意财务会计资料中的各种专业会计术语的含义，以便确定需要检查（或检验）的资料范围以及需要收集的证据内容。

---

[1]　参见于朝：《司法会计学》（第三版），中国检察出版社 2008 年版，第 90 页。

三、财务会计资料证据的证明作用

（一）财务资料的证明作用

财务资料通常可以证明下列财务事实：

1. 证明经济活动的类型及财务关系。如财务资料中对财务事项的文字说明和财务凭证本身的类型可以证明财务业务的内容、经济活动的类型和相对应的财务关系，如证明款项结算的财务凭证，同时可以证明债权债务关系的发生或结束。

2. 证明财务主体。财务资料证明财务主体的内容通常有：登记的财务主体的姓名或名称；财务主体的的签名、盖章；财务凭证中印刷或打印的单位名称。除上述内容可以直接证明财务主体外，财务资料还能以两种方式证明财务关系人是谁：财务资料中记录的单位代码、银行账号；财务资料证据的出处；财务资料中遗留的字迹、指纹等。

3. 证明财务业务的地点。发票、出入库凭证、出门证等财务资料可证明财务业务的发生、发展和结束所涉的地点。如合同签订地、合同货物的存放地、交付地、款项交付地、劳务提供地及其他合同的履行地等。

4. 证明财务业务原因和根据。财务资料中记录财务业务原因和根据的方式主要有：财务资料中文字写明的原因和根据；财务资料原因栏的勾画痕迹；财务资料中根据栏记录的文字或数字。

5. 证明财务业务的时间。财务资料中记载财务时间的内容主要有：由文字或数字写明的时间；章讫印制的时间等可证明财务业务的时间。

6. 证明财务业务数量、价格和金额。财务资料中以文字或数字写明的数量或单价、金额或实物凭证的数量等均可证明财务业务的数量、价格和金额。

7. 证明财务业务结算方式。能够证明财务结算方式的财务资料主要是银行结算票据、发票和收据。其证明形式主要有：结算票据中印制的票据类型；财务资料证据中结算章讫的类型或载明的结算方式；财务资料证据中结算栏中勾画的结算方式；财务资料证据中书写的结算方式。

8. 证明财务业务的完成情况。财务资料中有关记录业务完成程度的说明，合同中规定的业务量与证明完成情况的资料记载的完成量，以及处理某项财务业务的全部财务资料对完成量的记载等均可证明财务业务的完成情况。

9. 证明财务单位或个人的财务状况。

10. 证明财务错误。财务资料证明的财务错误情况，包括财务错误的行为人、行为内容及行为后果等。如财务资料中的记录与计算错误以及与实际不一致的文字记载和数字记载，可以证明财务错误的存在。

（二）会计资料的证明作用

会计资料证据通常可以证明下列财务会计事实：

1. 证明会计业务的处理时间。如会计资料中记录的会计业务处理时间；会计资料证据中记录的凭证编号；会计资料证据中承载的添加痕迹等。

2. 证明会计处理的行为人。会计资料中会计行为人的签名或盖章、会计记录中的笔迹均可证明会计处理的行为人。

3. 证明会计事项的账务处理方法。会计事项的账务处理方法，包括会计账户的设置、会计分录的编制方法、会计报表的编制方法等。可通过记账凭证、账簿、会计报表中的具体内容加以证明。

4. 证明会计处理结果。会计处理结果，包括已进行账务处理和未进行账务处理。会计资料证明会计处理结果的方式主要有：完整的会计处理记录；不完整的会计处理记录；无账务处理记录。

5. 证明会计资料的完整性。会计资料的完整性，是指已经进行账务处理业务所形成的记录的完整性。会计资料证明会计资料完整性的方式主要有：连续的会计凭证编号；记账凭证与所附原始凭证的记录相符；会计凭证与账簿的记录相符；会计账簿中有关余额记录连续；会计报表与法定报表的类型相符。

6. 证明会计处理习惯。会计处理习惯，如会计凭证的编号习惯、会计业务的表述习惯、会计分录的编制习惯、会计凭证附件的整理习惯、记账习惯、更改账目习惯等。

7. 会计错误。会计资料可以证明的会计错误情况，包括会计错误的行为人、行为内容及行为后果等。如会计资料中记载的记录、计算及原理错误；记账凭证证据中记载的内容与相关原始凭证的内容不一致等。

第三节　司法会计检查技术

一、司法会计检查方法

司法会计检查方法又称为查账方法，是司法会计技术在职务犯罪侦查中常用的技术方法。它主要是指在对财务会计资料、财产物资进行检查验证时的基本方式和技术思路。在贪污贿赂等案件侦查中，常用的查账方法主要有审阅法、核对法、复算法、比较法、盘存法等。不同的方法发现和解决的问题不同，侦查人员应掌握不同方法的适用范围和运用规则，以便提高查账的效率。

（一）审阅法

审阅法是指通过阅读，对涉案财务会计资料和财务会计业务进行检查，以寻找、发现和收集证据的方法。审阅法是查账中最常用、最基本的方法。审阅法可以发现、解决以下问题：（1）查明有关财务会计事项的记载情况，以发现并收集贪污犯罪证据。如对虚假发票所指向的经济业务是否已入账的查证，就需运用审阅的方法。（2）通过审阅，发现记载违法犯罪事项或嫌疑账项，以查找或发现案件线索。当侦查人员对财务会计资料进行全面审阅时，往往会发现一些存在异常情况的票据或记录，这样再追踪检查便可发现犯罪线索和证据。（3）查明财务会计资料证据的出处，对其合法性、真实性和完备性进行确认。（4）审查判断涉案资料的范围，以分析所提供检查的财务会计资料是否完备、有无遗漏。

审阅法可以用来检查原始凭证、记账凭证、明细账、总账、财务会计报表及其他与案件有关的经济业务资料等。

原始凭证是在经济业务发生时取得或填制的证明经济业务发生情况的书面文件，与具体的经济业务和财务事项相伴相生，也是犯罪行为最容易舞弊的部位和环节。因此，在贪污贿赂犯罪案件中，原始凭证往往是证明案件中有关财务事实的主要证据，也是判断有关账务处理是否真实、正确、合法的事实依据。在查账中，检查原始凭证是审阅法的重点工作。

利用审阅法检查原始凭证时，重点应检查以下内容：（1）原始凭证内容形式是否完整，即重点检查原始凭证如发票的抬头、制作时间、具体财务事项（如货物、劳务的付款原因、用途）、数量、金额、单价、签名盖章、填制单位的公盖是否齐全等。（2）异常现象及嫌疑事项的发现。在进行上述检查时，需要注意发现是否存在以下一些异常现象或嫌疑事项：凭证种类使用是否正确（如以收据代替发票、以其他张联代替发票联、白条等）、数量单价金额计算填列是否正确、有无添加、涂改、掩盖、粘盖及伪造变造等嫌疑情况、票面的公章、结算章、个人名章或签字是否清晰并使用正确、凭证来源及编号是否符合常规、是否齐备完整等。如果有上述异常或嫌疑情况，则需要重点检查，并采取其他调查手段加以核查。（3）凭证结构是否完整齐备。即对证明同一财务事项的票证，是否有相互印证的票据结构，如通过银行转账支付货款的业务，应该同时有收款单位的发票和本单位银行结算凭证，这样才能实际证明经济业务确已发生。（4）凭证内容或经济业务真实性的检查判断。对原始凭证内容和经济业务真实性的分析，主要是通过对凭证记载事项，结合发案单位和相关单位的生产经营能力、范围、需求、市场行情等综合判断，有时则需要结合调查手段予以核实，其目的主要是确定是否存在嫌疑账项。

记账凭证、明细账及会计报表，在运用审阅法时，重点在于查看登记的各项目是否正确、一致和完整。因这些财务会计资料一般都是发案单位及其人员编制填写登录的，其方法可根据原始凭证的内容或者根据所举报事项进行重点检查。

（二）核对法

核对法是指对具有同一关系、勾稽关系、统驭关系的财务会计记录、数值进行审核对照，查看其是否一致或相符的一种技术方法。核对法的机理来源于会计核算程序原理、账目平行登记原理、复式记账原理、会计平衡原理等。

运用核对法，主要发现和确认财务会计记录中有无多记、少记、漏记、重记、错记等记录错误。在查账中，应根据贪污案件的特点，重点核对以下内容：（1）票证核对。主要是对有相互对应关系的各种财务凭证进行核对。如同一发票不同张联之间的核对、销货票与出库单、发票与入库单等的核对。这种核对主要是发现对经济业务的记录是否一致。（2）证证核对。主要是原始凭证与记账凭证的核对，以查明记账凭证与原始凭证的内容是否相符。（3）账证核对。主要是原始凭证、记账凭证与会计账簿之间的核对，目的是查明会计账簿中记载的发生额是否存在无据登账及与凭证记载的内容是否相符。（4）账账核对。主要是指日记账簿、明细账簿与总分类账簿之间，不同级别的明细分类账簿之间的核对。这种核对主要是查明有统驭关系、勾稽关系的业务发生额是否均已记账、有无差异以及账簿记载的余额之间是否符合账户余额平衡关系。（5）账表核对。主要是会计账簿与会计报表之间的核对，以查明账簿记载与会计报表项目数据是否相符。（6）账实核对。主要是核对账面记载与实际库存之间账实是否相符。

核对法也是常用的一种查账方法，这种方法的运用，一方面能够查找到相关的证据，另一方面能够较快地发现存在的嫌疑账项，为下一步工作指明方向。但需要注意是，由于核对的财务会计资料较多，在运用核对法前，一是需要根据具体的线索或掌控事项，有针对性地进行查账，以提高查账和取证的效率；二是需要运用一些核对的技巧与方法，如运用 Excel 或计算机查测系统软件等，以提高工作效率。

（三）复算法

复算法，就是对财务会计资料中具有各种组成关系的数值（如合计、累计、余额等）重新计算，查明所记录的计算结果是否正确的一种技术方法。运用复算法，可以发现和确认有关财务会计资料制作中的计算错误（或计算结果的记录错误），以发现有关嫌疑账项。在查账中，以下事项需要采用复算法进行检查确认：（1）准备提取并作为证据使用的含有计算结果的财务会计资料，在提取前应对计算结果进行复算。如记账凭证中的合计额，明细账的账户余额、合计额等。（2）在运用审阅法、核对法时重点检查的各种财务会计资料中的计算结果。如对涂改的发票中单价与数量的乘积、金额合计等均应进行复算。（3）对计算结果有误或计算结果与实际情况不符的财务会计资料应进行复算。

（四）比较法

比较法是指通过对财务数值或比率进行比较，寻找和确认检查重点的一种查账方法。运用这种方法可以发现财务会计资料中不合常规的记录，并将这种记录作为检查的重点账项。这种方法常被用于调查举报线索内容不具体、需要查找破案线索或者需要通过查账发现新的犯罪事实的查账活动中。

比较法主要包括数值比较法和比率比较法。（1）数值比较法，是指对两个或两个以上同类财务指标的数值进行比较的方法，如对一定时期内的相同业务的数值如单价、数量、金额进行比较。如通过比较单价，可以发现明显过高或过低的单价异常现象，这种现象可能是舞弊活动所导致的，可作为嫌疑账项进行重点检查。（2）比率比较法，是指对财务指标的比率进行比较的方法，如费用率、利润率等。通过分析比率的变化规律，可以将变化较大的会计期间或经办人经手的业务，作为检查的重点。

（五）盘存法

盘存法是指对涉案的现金、存货等实物资产进行现场清点，以查明实物资产实际结存情况的一种检查方法，又称为"勘验法"、"盘点法"。这种方法常用于对实物资产的数量检查，目的是为了固定各种实物资产的实际结存量。以下重点介绍现金实际结存量的盘点方法。

首先，应明确库存现金检查的主要内容。一般来讲，库存现金检查的主要内容包括：（1）实有现金数量。（2）已实际收款但还未进行账务处理的现金收入总额。（3）已实际支付但还未进行账务处理的现金付出总额。上述三项内容与现金账面结存额的关系是：库存现金总额＝现金账面结存额＋已实际收款但还未进行账务处理的现金收入总额－已实际支付但还未进行账务处理的现金付出总额。这是进行现金检查前需要明确的一个平衡公式。

其次，按照《刑事诉讼法》和《人民检察院刑事诉讼规则（试行）》的有关程序进行。（1）必须邀请两名以上与案件无利害关系的见证人参加，并应责令保管库存现金的人员到场。（2）实施检查前，应先问清库存现金的范围及涉及的现金账户、库存现金的存放方式、存放地点、实际库存的现金中有无个人存放或代他人存放的现金等。（3）清点现钞时，一人初点，一人复验，所有库存现金及相关财物、凭据都必须一次性检查完毕，一般不应中断检查。确须中断的，须对清点现场进行控制，防止无关人员出入。（4）需要作为证据使用或有疑点的财物、凭证等，可以通过拍照、录像等方式固定，需要实物提取的办理扣押手续予以扣押。（5）检查后应当场制作盘存笔录。笔录的内容包括案件的基本情况、参加人员（检查人员、见证人等）、检查时间、检查地点及检查顺序、检查结果等。

二、司法会计检查的程序与组织实施

司法会计检查的程序主要是指在贪污贿赂等犯罪案件中，进行查账时需要根据举报线索或已查证的相关事实，结合犯罪嫌疑人的职责、执业经历、发案单位的行业特点以及内部控制制度执行情况，来具体分析查账的程序和步骤，寻找查账的最佳突破口，以尽快取得犯罪证据证实犯罪。

（一）司法会计检查（查账）的准备

在具体实施司法会计检查时，查账前的准备工作主要是明确查账的目的、任务、查账的重点部位和环节。很多案件查账不成功的主要原因，就是查账准备工作不充分，没有很好地分析查账的目的和任务，造成查账盲目、被动，贻误战机。

1. 明确不同案件查账的具体目的和任务

查账的具体目的、任务就是指通过查账需查清哪些犯罪事实，收集哪些财务会计资料证据。

以贪污案件为例，查账需要查清以下事实：（1）犯罪嫌疑人非法占有的财物属性，包括查明非法占有的财物的法律属性，即是否是公共财物、本单位财物、国有资产。（2）查明非法占有的财物的财务属性，即属于哪类资金，如是否系罚没财物。（3）查明犯罪嫌疑人的作案手段和作案过程。（4）查明非法占有公共财物或本单位财物的去向及用途，其中包括非法转移至境外的财物。[①] 以上事实，需要结合不同的犯罪主体特点和举报线索来分析财务会计业务的具体内容以及收集财务会计资料的范围。

对出纳人员贪污案件，主要检查的业务是其经管的现金、银行存款等收付业务，检查的主要对象是其经管开具的发票、收据、支票、其制作的会计凭证、现金日记账、银行存款账及有关联的其他账簿资料。

对购销人员贪污案件，主要检查的业务范围是购进或销售业务，检查的主要对象是其经手的财务凭证（如采购、销售发票、费用支出凭证）、其经手开具的发票存根、盘库的记录、应收应付结算账等资料。

对保管人员贪污案件，主要检查的业务范围是各种物品的收存与发出业务，检查的主要对象是其经手库存物品、出入库凭证、盘库记录、保管费用的核销凭证以及与之有关的生产、运输、销售的财务资料。

对会计人员贪污案件，主要检查的业务范围是现金、银行存款的收付业务，检查的主要对象是其经手的各种会计凭证、经管登录的日记账、明细账等账目资

---

① 参见于朝：《司法会计学》（第三版），中国检察出版社 2008 年版，第 380 页。

料。一般而言，会计人员贪污犯罪，均与其单位内部控制制度不严格、一人兼管、兼办或代管、代办钱款账目有关，没有严格实行钱账分管，给犯罪嫌疑人提供了可乘之机。

2. 明确查账的具体范围

查账的具体范围的确定，主要涉及检查的时间范围和资料范围，即需要对哪些单位的哪一时期的哪些财务会计资料（或财物）进行检查。

（1）查账期间的确定。就是需要对哪个时间段的财务会计业务（资料）进行检查。时间的确定应根据具体案件和检查目的来确定。如果范围过大，则可能不会很容易发现犯罪事实，查获证据；范围过小，则可能在确定的时间范围内查不到需要查证的事实和证据，达不到查账的目的。一般来讲，贪污贿赂犯罪均有一定线索或举报事实，可根据已掌握的具体的嫌疑事项，结合犯罪行为人经管职责范围，有针对性地设定时间范围，这样容易达到查账的目的。如果在设定的时间范围内没有查到需查事项，则可往前或往后适当扩大检查的期间。如果没有具体的线索和举报事实，就需要将犯罪嫌疑人经管业务或进行特定经济活动的整个会计期间的业务，作为检查的一个时间范围，这样才能通过查账来发现犯罪线索和事实。

（2）查账对象范围的确定。查账的对象范围实际上就是需要检查的财务会计业务或资料的范围。以上在查账的目的和任务中已列举了不同犯罪主体实施贪污犯罪时，所涉及的业务范围和资料范围。在具体查账前，应结合具体案情进行分析，将需要检查的对象范围列全，以防遗漏。

3. 制定查账方案或计划

在对个案案情或线索进行分析论证的基础上，应制定查账方案或计划，将查账的任务、目的、主要检查事项、涉及业务资料范围、查账的顺序、所采取的技术方法和策略措施、查账结果的固定提取和转化、应急事项的处置、查账人员和力量配备及使用等固化，以达到较好的查账效果和目的。当然，查账方案并不是一成不变的，当出现新情况后，应对原先设定的有关情况进行适当的修正，以更有利于查账工作的开展。一般来讲，查账方案应包括以下内容：

（1）犯罪嫌疑人及发案单位、被查单位的基本情况分析。如犯罪嫌疑人的个人背景、经历、所任职务、职责范围，发案单位的行业特点、内部控制制度的建立及执行情况，犯罪嫌疑人与发案单位或被查单位的负责人、财务会计人员的关系，犯罪嫌疑人及关系人对案件的察觉程度，被查单位的配合程度，等等。这些基本情况分析，往往可能在案件侦查计划或方案中就有，在查账时，需要重点分析发案单位及犯罪嫌疑人涉嫌犯罪的财务会计等情况。

（2）判断案发环节或部位，确定查账的重点。即在对所掌握基本情况进行分析后，结合被查单位财务会计业务的特点和犯罪嫌疑人个人的职责范围，重点分析判断犯罪行为人可能进行犯罪的部位、环节，可能利用的犯罪手段或方式，可能涉及的有关财务会计资料，以明确重点检查的事项范围、时间范围、资料范围。

（3）查账实施计划。即在以上查账事项和内容确定后，根据查账事项和工作量的大小，有计划地安排和调配查账力量、选择合适的查账方法和手段，确定查账的顺序（即先查什么后查什么），选择查账介入的方式，即是公开进行查账，还是需要秘密进行，秘密进行时是否需要其他部门的配合（如在初查阶段或侦破阶段，不便于公开进行查账时，是否需要借助于公安、税务、工商、银行等单位的配合才能有利于实施），等等。

（4）证据的提取、固定和转化。这是查账的核心任务。当发现犯罪证据后，应考虑如何更好地提取、固定、转化证据，如是否需要运用拍照、录像、复印及查封、扣押、冻结等方法和措施。

（5）应急情况的处置预案。在查账前，就应充分考虑查账过程中可能会遇到的一些意外情况，如发生了发案单位、被查单位和犯罪嫌疑人不配合、阻挠，甚至有毁迹灭证的情况，查账后发现了新的犯罪嫌疑人、犯罪事实（如窝案、串案）、查账力量不足等情况时，应有相应的措施，以便有效保证查账工作的顺利进行。

（6）查账的后勤保障工作。如必要的交通工具、通信器材、取证器材等。

（二）司法会计检查（查账）的实施步骤

查账是一项专业性很强的工作，因此必须按照有关法律的规定和财务会计工作的规律来进行。同时，不同的检查内容其实施步骤不尽相同，本书以一般有较明确的需查事项的查证步骤来加以说明。这也是侦查人员最常见最常用的一种方式。在贪污贿赂等职务犯罪案件中，一些举报事项或特定线索事项，就需要通过运用这种方法来进行查证。举报事项或特定线索事项往往涉及某一具体款物的收入（存）与付出（发放）、单一或少量应收应付款项的结算、具体经济业务的账务处理等。查账的实施步骤主要包括：

1. 调取并检查账簿

因需查事项一般有比较明确的指向或方向，因此调取并检查账簿的目的就是寻找与查证事项有关的账簿记载，以进一步查找和检查其他的有关财务会计资料。调取的账簿一般主要涉及需查事项（如款物收付）的日记账和明细账。在调取账簿时，可根据查账方案所确定的查账范围，向被查单位索取现金日记账、银行存款日记账、明细分类账。调取账簿后，可根据需查事项的业务发生时间、发生金额及业务内容，通过查看各账页所记载的会计事项及发生额，从中找出该笔业务的账簿记载。查账时，如需查的是资金收付业务，则应先检查日记账，日记账中查不到时，再检查相对应的明细分类账；如不涉及资金收付的，则应直接检查明细分类账。

例如，需检查某单位某年 5 月 17 日收到销售收入现金 1000 元的业务，则可先检查该年度现金日记账，看该账 5 月份后借方栏中有无收入 1000 元的记载，如有该金额的记载，则应通过查看"摘要"栏，确认是否系需查证的销售收入的记载。如查不到，可在 5 月份后的收入明细账中进行查找。如果没有这笔记载，则需要注意是否存在合并会计分录或者提前或延后进行账务处理的可能，这时就需要扩大检查的会计期间以便查找确认。

2. 调取并检查会计凭证

调取并检查会计凭证的目的是查清与需查事项有关的财务凭证记录和会计处理方法。即根据账簿记载的需查业务的记账凭证号码，向被查单位索取该记账凭证及所附原始凭证。在检查凭证时，首先应确认记账凭证、原始凭证所记载的事项是否是需查事项，然后再查看凭证记载的该笔业务还涉及哪些账户，并审查凭证的制作是否正确，有关的会计处理方法是否恰当等。同时，还应注意查看该凭证有无粘贴、撕扯及装订上的异常。如果有，则让相关人员说明情况。怀疑并发现有虚假嫌疑的，应当查明原因，并追查真实的会计处理凭证。

3. 调取并检查其他财务会计资料

调取并检查其他相关的财务会计资料的目的，是核查与需查事项有关的全部财务会计资料，并进一步查明某笔财务业务的真相。涉及的其他财务会计资料和检查内容有：

一是根据记账凭证所列会计分录或对应科目，核查对该笔会计分录所列示的内容是否全部如实记账。

二是核查明细分类账，查明该笔财务业务是否与其他业务还有联系。

三是如果需查业务还涉及其他会计资料，如财务凭证的存根联等，应调取并核查以确认凭证内容及需查事项的真实性。

4. 收集、提取、固定财务会计资料证据

上述检查工作结束后，应根据需查事项的有关事实及证明要求，收集、提取、固定财务会计资料证据。

一是确定需要提取的财务会计资料证据范围。

从会计流程和证明要求来讲，当需要证明某一项款物的收付情况时，需要提取的资料范围主要包括：证明收付款财务事实的原始凭证、核算该笔业务的记账凭证、登记该记账凭证所列会计处理事项的账页、涉及银行存款收付业务的银行对账单或结算回执等。如果在查账中发现了其他的犯罪嫌疑账项资料的，也应一并挑出，待继续查证时使用。

二是采用法定的程序和方法提取、固定财务会计资料证据。

一般情况下，财务会计资料均应归档保管，不宜提取原件。因此，应根据取证条件及证据要求，采用拍照、录像、复印或抄录等方法固定提取。特殊情况下必须提取原件的，应当按《刑事诉讼法》和《人民检察院刑事诉讼规则（试行）》的要求填制《调取证据通知书》提取，将通知书和复印件一并交付被查单位存档。对提取的财务会计资料，需注明该资料证据的出处、提取人姓名、提取日期等事项，并由被查单位的资料保管人员复核后签名并加盖单位公章。

这一阶段收集和提取的有关财务会计资料证据，往往就成为后期案件需要提请进行司法会计鉴定时所必备的送检资料。在实际操作过程中，往往有经验的侦查指挥人员，在案件的查账阶段即指派或聘请司法会计专业技术人员，在侦查人员的主持下进行查账，待查账结束后，如有需要司法会计鉴定来解决的问题，则履行相关的法律手续后，由参与查账的司法会计技术人员来进行司法会计鉴定，从而有效地节约了时间，提高了工作效率。

三是制作查账报告或查账笔录。

查账报告是查账过程和结果的反映，是勘验检查笔录的一种形式。在查账结束后，应由查账人员或主办人员根据法律规定制作查账报告或填制查账笔录。一般来讲，查账报告或查账笔录主要包括：（1）案由；（2）查账时间和地点；（3）参与查账人员姓名、身份；（4）查账结果；（5）提取、固定的证据内容；（6）其他人员（含当事人、见证人）签名。

第四节　司法会计鉴定技术

一、司法会计鉴定概述

（一）司法会计鉴定的概念

司法会计鉴定是指在办理涉及财务会计业务的职务犯罪案件过程中，为了查明案情，指派或聘请具有司法会计专门知识的人，运用专门方法对案件中涉及的财务会计专门性问题进行鉴别判断并作出结论的一种科学活动。

（二）司法会计鉴定的技术特点

司法会计鉴定是司法鉴定的一种，因其具有内在的技术性，所以在诉讼活动中起着其他鉴定技术门类所无法取代的作用。司法会计鉴定的技术特点主要表现在：

1. 它是以财务会计痕迹为技术检验对象的一种司法鉴定。任何一种司法鉴定都需要通过技术检验来获取鉴别判定专门性问题所需要的信息。根据证据调查和司法鉴定原理，司法会计鉴定的技术检验对象应该是案件所涉及的财务会计痕迹。所谓财务会计痕迹，就是指在财务会计活动时遗留下的各种印迹，它客观地记录和反映着财务会计活动的轨迹。而各种财务会计痕迹是以财务会计资料及其他证据资料为载体的。因此，从这一角度来讲，司法会计鉴定的技术检验对象是财务会计资料、财产物资和其他相关证据资料。另外，从鉴定人的角度来讲，司法会计鉴定是具有司法会计专门知识的人具体实施的一种诉讼活动。一般情况下，案件中涉及的财务会计专门性问题都有一定的技术性、复杂性，要解决这些专门性问题，必须具有相应的专业知识和技能。但并不是具有这一条件的人都可以进行鉴定。具备相应的资格、条件的专业技术人员，只有在依法受到指派或聘请时，才能成为合法的司法会计鉴定人，才能享有鉴定的权力，并承担一定的义务。

司法会计鉴定的这一技术特点，决定了司法会计鉴定所要解决的专门性问题，只能是通过对财务会计资料及相关证据的司法会计检验，能够获得相应技术检验结果的专门性问题。

2. 它是以机制分析作为鉴定原理的一种司法鉴定。任何司法鉴定意见都是在对检验结果进行科学鉴别分析的基础上得出的。对检验结果进行科学鉴别分析的基本内容和方法，就构成了各类鉴定技术的原理。司法会计鉴定是依据机制分析的原理，运用比对鉴别和平衡分析的方法进行的一种司法鉴定。所谓机制分析，就是指以鉴定事物的形成机制作为整体分析内容，通过分析鉴定事物的各项表象指征，据以同已知事物的同类表象指征进行比较，从而判定被鉴定事物的形成原因或形成过程的一种鉴别分析方法。司法会计鉴定就是以案件中的财务会计资料（痕迹）的形成机制作为整体分析内容，通过分析有关会计要素及财务会计资料的各种表象指征，如数量关系、符号、对应关系，据以与同类财务会计的方法原理、活动规律进行比较，从而作出鉴定意见的。因此，从财务会计资料形成的机制来分析，司法会计鉴定必须依据专门的方法和原理。

司法会计鉴定的这一技术特点，决定了司法会计鉴定人只能就案件所涉及的与财务会计的方法原理及活动规律有关的专门性问题进行技术鉴定，而不能解决有关形象结构、物质属性方面的专门性问题。

3. 司法会计鉴定是建立在司法会计检查基础上的一种司法鉴定。司法会计鉴定是在司法会计检查（即查账和查物）的基础上进行的一种技术活动。司法会计检查和司法会计鉴定是司法会计最基本的内容，它们之间存在一定的联系。首先，司法会计鉴定所依据的各类资料即财务会计资料和其他相关证据资料必须通过司法会计检查来发现和收集。在诉讼活动中，案件的承办人员需要对案件所涉及的财务会计资料和财产物资及相关证据资料进行检查和验证，以收集、提取证据材料。而这些资料则是依法进行司法会计鉴定所必备的物质基础和依据。从这个意义上讲，司法会计检查是司法会计鉴定的基础。其次，司法会计鉴定所要解决的问题，通常是司法会计检查所没能解决的财务会计问题。在办理案件的过程中，对于遇到的财务会计专门性问题大部分都可以通过司法会计检查来解决，如原始凭证的真实性问题，可以通过与其他张联或存根核对，或通过询问有关当事人的方法便可予以解决；款项的收付问题，可以通过收付款项的收付凭证或单证予以证实。在遇到通过司法会计检查不能直接解决的财务会计专门性问题时，如财产损失数额的确认问题，会计处理方法是否正确的确认问题等，才需要通过司法会计鉴定予以解决。从这个意义上讲，司法会计鉴定是司法会计检查的继续和发展。

例如，某案件中涉及某单位某笔收入款项及其账务处理的财务会计事实的查证，通过司法会计检查已获取处理该笔收款业务的会计凭证和账页，该记账凭证已载明：

借：银行存款　　　　　　　　50000

贷：经营费用　　　　　　　　50000

如果该案件只需要查明该单位是否收到该笔款项及对该笔收款业务的账务处理情况，那么，上述司法会计检查的结果已经达到了司法会计活动的目的，不需要进行司法会计鉴定。但是，如果该案件还需要查明该项账务处理事项是否正确的话，上述检查所取得的财务会计资料本身显然证明不了这一财务会计问题，这就需要通过司法会计鉴定来确认该笔账务处理事项的正确性；如果鉴定确认该笔账务处理是错误的，有时可能还需要通过司法会计鉴定确认该笔账务处理结果对该单位相关账户会计核算结果的影响及影响程度问题。

二、司法会计鉴定范围与鉴定要求

职务犯罪案件中的财务会计专门性问题很多，但并非所有的财务会计专门性问题都需要或者能够通过司法会计鉴定来解决，司法会计鉴定所能解决的各类财务会计专门性问题构成了司法会计鉴定范围。[①]

（一）司法会计鉴定能够解决的财务会计问题及鉴定要求举例

1. 财务会计资料证据中所反映的会计处理方法及核算结果的识别问题。例如：

（1）会计分录的制作是否正确和合理的识别问题。鉴定要求举例：确认某单位某年某月第某号记账凭证所列会计处理的正确性。

---

① 此部分内容参考了于朝：《司法会计学》（第三版），中国检察出版社 2008 年版，第412—415 页。

（2）账户余额的计算、列示是否正确的识别问题。鉴定要求举例：确认某单位某账户账簿所列某年某月某日账户余额的正确性。

（3）会计要素的确认、计量方法的识别问题。鉴定要求举例：确认某单位某年某月计提某项税额的计算方法是否正确；确认某单位某项投资的计量方法是否正确。

（4）会计报表项目数字是否正确的识别问题。鉴定要求举例：确认某单位某年某月《损益表》所列利润额的正确性；确认某单位某年度《资产负债表》所列某项负债额的正确性。

2. 各类会计要素的确认问题。例如：

（1）资产额及资产成本价值的确认问题。鉴定要求举例：确认某年某月某日至某年某月某日某单位应收甲单位货款总额及实际结算总额；确认某单位某年某月某日应结存现金额；确认某单位某年购进某商品的数量及采购成本总额；确认某单位某年某月某日某车间未完工产品的成本价值。

（2）负债额及负债构成的确认问题。鉴定要求举例：确认某年某月某日至某年某月某日某单位应付乙单位货款总额及实际结算总额；确认某单位某年某月某日应付某笔款项是否已支付。

（3）所有者权益额及权益构成的确认问题。鉴定要求举例：确认某单位某年发行股票实际收取股本金总额；确认某单位某年某月某日所有者权益总额；确认某单位某年某月某日实收资本的构成。

（4）收入及收益的确认问题。鉴定要求举例：确认某单位某年营业收入总额；确认某单位某笔投资的收益额。

（5）费用及经营成本的确认问题。鉴定要求举例：确认某单位某笔销售费用额；确认某单位某年经营成本额。

（6）利润及损益额的确认问题。鉴定要求举例：确认某单位某年利润额；确认某单位某笔购销业务的销售利润额；确认某投资者某年股票投资损益额；确认某股票资金账户所列某笔投资的投资损益额。

3. 需要通过检验分析财务会计资料，确认的财务会计错误问题。例如：

（1）财务会计错误对会计核算影响的确认问题。鉴定要求举例：确认某单位某笔（错误）会计处理的账务后果。

（2）财务会计错误对经济业务影响的确认问题。鉴定要求举例：确认某单位某笔（错误）经营事项对利润的影响。

（3）财务会计错误对财务管理影响的确认问题。鉴定要求举例：确认某单位少计算应缴纳增值税金额。

（4）财务会计手续合规性的确认问题。鉴定要求举例：确认某单位某笔会计处理手续是否正确。

4. 需要通过检验分析财务会计资料，确认的资产差异问题。例如：

（1）库存现金的长库与短库的确认问题。鉴定要求举例：确认某单位某年某月某日现金应结存额与实际库存额是否相符。

（2）存货的长库与短库的确认问题。鉴定要求举例：确认某单位某年某月某日某种存货结存额与实际库存额是否相符。

（3）资产折余价值的确认问题。鉴定要求举例：确认某单位某年某月某日某项固定资产的折余额。

5. 需要通过检验分析财务会计资料，解决或确认的其他财务会计问题。例如：

（1）资金流向的确认问题。鉴定要求举例：确认某单位某笔交易的收益及收益去向。

（2）账户发生额生成原因的确认问题。鉴定要求举例：确认某单位某账户某笔发生额的形成与相关会计处理的关系。

（3）小金库的确认问题。鉴定要求举例：确认某单位存入某储蓄账户的资金性质、确认某银行某单位账户的资金来源。

（二）不属于司法会计鉴定范围的问题

1. 与财务会计业务有关的法律定性问题

与财务会计业务有关的法律定性问题，主要涉及与资产有关的法律关系的确认问题，按照诉讼分工，这类问题应当由诉讼机关确认。但许多情形中还是被诉讼机关作为司法会计鉴定问题提出。例如，确认某笔款项是否为某人非法占有，或确认某人非法占有了多少公司财产等。

2. 通过司法会计检查（或检验）已经解决或能够解决的财务会计问题

司法实践中，司法会计检查可以查明诸如资金流向、资金下落、资金流动原因、已经发生的经济业务是否进行了会计处理等财务会计问题。例如，资金流向问题，通常可以通过司法会计检查（检验）解决，当资金流向涉及复杂的往来关系时，才需要通过往来账项鉴定解决。

3. 财务凭证内容真实性的识别问题

根据财务会计资料识别分工理论，此类问题应当由案件承办人员解决。

4. 财务会计资料证据中的形象痕迹的识别问题

根据财务会计资料识别分工理论，此类问题应当由案件承办人员和痕迹技术人员解决。

5. 财务会计行为所涉及的意识痕迹、心理痕迹的识别问题

意识痕迹是指通过人脑储存的痕迹。意识痕迹可以完整地反映经办人处理财

务会计业务的全过程。在诉讼中，意识痕迹通常是通过询（讯）问加以提取和固定，形成证人证言或口供。

与意识痕迹和物质痕迹有关的财务会计痕迹，还包括心理痕迹，即财务会计主体在为财务会计行为时的主观心理状态。案件承办人员通常还需要通过询（讯）问获取相应的意识痕迹以及通过勘验、检查、搜查等获取其他一些物质痕迹后才能确认。

6. 财务会计错误的责任人的确认问题

这类问题不属于司法会计鉴定人的识别范围，应该由案件的承办人员结合案件的其他证据加以证明。

7. 因缺乏鉴定材料而无法通过检验分析财务会计资料来鉴别判定的财务会计问题

缺乏必要的鉴定材料，即不符合司法会计鉴定的前提条件，所以，此类问题虽属司法会计鉴定的范围，但因不具备司法会计鉴定的条件，所以也不能由司法会计鉴定人来解决。

三、司法会计鉴定的组织和提请

在职务犯罪案件侦查过程中，当案件中涉及的财务会计专门性问题需要通过司法会计鉴定来解决时，案件的承办人员需要通过组织和提请来具体实施司法会计鉴定。因此，对如何组织和提请进行司法会计鉴定的程序应有所了解。一般来讲，司法会计鉴定的提请和组织主要需要做好以下几个方面的工作：确定是否进行司法会计鉴定；提供必要的鉴定资料；提出鉴定要求；选择鉴定人；确定鉴定地点等。

（一）确定是否需要提请和组织进行司法会计鉴定

确定是否需要进行司法会计鉴定主要是从需要和可能两方面来考虑，即首先要考察案件有无进行司法会计鉴定的必要。是否需要提请进行司法会计鉴定，不仅要分析案件中有无必须通过检验鉴定所要解决的财务会计专门性问题，而且要分析如果在没有司法会计鉴定意见的情况下，案件中有关财务会计事实方面的证据是否完备、充分，能否证实案件的全部事实，使案件最终得到正确处理。如果案件中有属于司法会计鉴定范围内的财务会计专门性问题，就有进行司法会计鉴定的必要。其次要考察进行司法会计鉴定的可行性，即该案是否具备司法会计鉴定的主客观条件。对于具体案件来说，其所涉及的财务会计专门性问题能否通过司法会计鉴定来解决，在一定程度上主要取决于司法会计检查的质量及所收集的鉴定资料是否齐全。当案件的承办人员无法确认鉴定的可行性问题的时候，可通过司法会计咨询解决。

（二）提供鉴定资料

侦查办案部门或送检人将鉴定资料移送给司法会计鉴定部门和鉴定人时，应注意以下三个方面的要求：

1. 提供的鉴定资料必须客观、真实、可靠。这是保障司法会计鉴定得以顺利进行和保证鉴定意见客观真实的前提。送检部门或送检人必须对送检的鉴定资料的真实可靠性予以确认。司法会计鉴定人如果在检验鉴定中发现有虚假嫌疑的原始票据等有关财务会计资料，应及时告知送检部门或送检人，送检部门或送检人应予以核实确认，并将核实确认情况告知鉴定人。

2. 提供的鉴定资料必须完整、充足。司法会计鉴定意见必须在完整、充足的鉴定资料的基础上才能作出，没有充足、完整的鉴定资料，鉴定就不能进行或无法进行。鉴定时必须送检的资料包括：载有鉴定事项客观情况的财务会计资料；与鉴定事项有关的司法勘验、检查笔录，如办案人员核查库存现金、存货等资产数额的笔录及账务核对的笔录等；鉴定事项所涉及的、与上述鉴定资料有密切关系的案件中的其他财务会计资料。

3. 提供必要的参考资料。参考资料是指进行司法会计鉴定中需要查阅的其他证据材料。如被告人供述、当事人陈述、证人证言等。这些材料虽不是司法会计鉴定所必需的检材，但有助于鉴定人了解必备检材的形成情况，也有助于分析和考察有关必备检材的可靠性和完整性。

（三）鉴定要求的提出与表达

送检部门或送检人提出的鉴定要求，应当是案件所需要解决的财务会计专门性问题的具体要求。如案件中有关会计事项的账务处理及核算结果是否正确；财务会计错误对经济业务或会计核算的影响及所造成的客观结果；财产物资损失量的计算等。

送检部门或送检人在提出和表述司法会计鉴定要求时，应当注意与诉讼目的之间的区别。诉讼目的通常是指确定案件性质及如何适用法律等问题。这些问题应由司法机关解决，而不应作为鉴定要求向鉴定人提出。例如，贪污案件中，为查清被告人采用非法手段贪污公款的数额，往往是提请司法会计鉴定的目的之一，但被告人是否贪污了短少的公款，涉及被告人为什么制造虚假或错误的账项，以及所短少公款的最终去向等问题。这些问题鉴定人仅凭对财务会计资料的检验分析是无法解决的。所以所提鉴定要求，只能限定在司法会计鉴定所能解决的问题的范围之内，而不应提出涉及法律定性和案件中犯罪嫌疑人、被告人的主观心理活动的内容等。而且，在提出鉴定要求时，应根据案件的具体情况，提出明确、具体的鉴定要求，不能太笼统。鉴定人在受理时，在听取送检人的介绍后也可针对案件的具体情况，提出修正鉴定要求的意见，以帮助送检人提出明确、具体的鉴定要求，以利于鉴定工作的顺利进行。

（四）选择鉴定人

恰当地选择鉴定人是鉴定工作顺利进行的前提之一。在司法实践中，选择鉴定人时，首先要根据鉴定的问题和鉴定工作量的大小来确定鉴定人的人数。一般情况下，同一个案件中必须要选择两名鉴定人来进行鉴定。其次，根据本地区、本部门和本行业专业人员的状况及鉴定主体的资格要求，确定合适的鉴定人选。再次，根据司法会计鉴定人的主体资格的要求，对鉴定人选进行实际考察，以确定是否由其来担任本案的司法会计鉴定人。最后，在确定司法会计鉴定人员后，应由送检人向鉴定人介绍案情，明确告知鉴定的目的和要求。同时，对非专职司法会计技术人员还应讲明鉴定程序、鉴定人职责权限和回避等有关法律规定。在鉴定人表示受理后，送检人应填写《委托书》或《聘请书》，正式通知鉴定人及其所在机构，并在这类法律文书中写明提出的鉴定要求。

（五）确定鉴定地点

送检部门或送检人可以根据检验鉴定的需要与方便，与鉴定人协商确定进行检验鉴定的地点。如鉴定资料较少或有必要在鉴定人所在机构进行检验鉴定原因的，可选择在鉴定人所在机构进行鉴定；如鉴定资料较多，且有在办案地点进行检验鉴定条件的，可请鉴定人到办案地点进行检验鉴定。另外，对重大、疑难案件进行会检的，可由负责会检的机构确定检验地点。

四、司法会计鉴定意见的审查与评断

（一）程序性审查的要点与方法

对作为诉讼证据的司法会计鉴定意见，首先应当根据有关诉讼法律的规定，进行程序性的审查判断。主要内容是：

1. 审查司法会计鉴定的委托受理程序是否合法。包括审查鉴定人是否具备进行司法会计鉴定的技术资格和条件；审查指派或聘请鉴定人的手续是否完备、合法；审查鉴定人是否存在应当回避的情形。

2. 审查司法会计鉴定的过程是否合法。主要是考察鉴定人的诉讼权利的使用情况和诉讼义务的履行情况。

3. 审查司法会计鉴定意见的内容有无超出司法会计鉴定的范围。也就是审查司法会计鉴定人是否确认了不应解决的法律问题或其他专门性问题。

4. 审查司法会计鉴定意见的使用是否合法和恰当。例如，刑事案件中的司法会计鉴定意见是否告知了被告人，以及是否存在需要补充鉴定或重新鉴定的情形。

（二）技术性审查的要点与方法

1. 审查司法会计鉴定意见的依据是否充足、真实、可靠。

（1）审查鉴定意见所依据的检材和相关证据材料来源是否合法，是否是依照法定程序收集的。对较为关键的证据材料，应当逐一通过查阅案卷进行对照审查。

（2）审查鉴定意见所依据的司法会计鉴定技术标准的具体出处和适用范围，判明鉴定技术标准是否存在以及运用得是否恰当。特别应注意排除鉴定人以自己的认识或习惯代替实际标准，或以现行标准取代历史标准（或反之）的情形。

（3）审查鉴定书论证部分每一具体的鉴别分析意见是否都有充足的论据作为鉴别分析的依据。这些论据包括检验部分的事实依据和论证部分的标准依据。

2. 审查司法会计鉴定所采用的分析论证方法是否恰当，以判断鉴定意见的推导过程是否科学。

（1）审查鉴定中所运用的鉴定方法是否恰当。特别是应当注意审查有无采用非司法会计技术方法进行鉴别判定的情形。例如，引用证人证言或犯罪嫌疑人的供述与辩解进行论述，并据以推断鉴定意见等情形。同时，对于鉴定中设定的"参照客体"、鉴定表格的内容，可以根据鉴定书中所列的计算方法进行核验。

（2）审查鉴定书的论证过程是否符合逻辑，有无违反逻辑规律或推理不当的错误。司法会计鉴定书中常见的逻辑错误主要有：概念混淆，如将会计事项与会计处理概念混淆；自相矛盾，如一方面确认了某一账务处理系错误账项，另一方面在调整账户余额时又认为无须对该账项进行调整；推不出，如只对错误账项进行了会计分析，便确认了财务收付错误；循环论证等。

3. 审查司法会计鉴定意见的内容是否符合诉讼要求，以判断鉴定意见的证据意义。

（1）审查司法会计鉴定意见的含义是否明确。即审查鉴定意见肯定或否定的某一财务会计事实的表述是否清晰明确。

（2）审查司法会计鉴定意见是否回答了提请鉴定的财务会计问题。特别是在多项鉴定要求的情形中，应当注意有无遗漏应当结论的事项内容。

4. 审查司法会计鉴定意见与其他证据之间有无矛盾，以及限定性鉴定意见中的附加判定条件的含义，以判断鉴定意见的可靠性及其证明力。

五、司法会计鉴定意见的运用

（一）司法会计鉴定意见审查评断结果的处理

对司法会计鉴定意见进行审查评断后，应当根据评断的结果分别作出处理。

1. 对论据真实充分、论证严谨，结论明确，并能够解决案件中财务会计专门性问题的司法会计鉴定意见，应当作为定案的根据。

2. 对论据不足，或论证有疏漏，或结论意见不全面的司法会计鉴定意见，应当进行补充鉴定。补充鉴定后，将原鉴定意见与补充鉴定意见一并作为定案的依据。

3. 对论据不真实、论证谬误较多或结论不明确而司法会计鉴定人拒绝进行补充鉴定的，或者不具备鉴定资格的鉴定人所制作的司法会计鉴定意见，均不得作为定案的根据，应当组织重新鉴定。

4. 对司法会计鉴定意见与本案的其他证据之间有矛盾，或对同一鉴定事项已形成不同结论意见的情形，可以组织鉴定复核。复核后，可将复核意见与复核认同的原司法会计鉴定意见一并作为定案的根据。对复核结论中提出否定原结论意见的，应当组织重新鉴定。

（二）司法会计鉴定意见运用中需要注意的问题

1. 在确认某一司法会计鉴定意见不能作为本案的证据使用后，应当提出具体的审查意见，由案件承办人员记录在案。任何案件承办人员都不得随意决定对司法会计鉴定意见的取舍，以维护司法会计鉴定活动的严肃性。例如，法官不采信司法会计鉴定意见，应当在判决书中说明理由。

2. 运用司法会计鉴定意见证明案件事实时，应当注意不要将限定性鉴定意见直接当作确定性鉴定意见使用。应当尽量收集相关证据，以便进行补充鉴定或为限定性鉴定意见的运用提供证据环境。

3. 在案件的侦查和调查中，可以运用司法会计鉴定意见寻找突破案件的方法和途径，但应当切忌把鉴定意见作为唯一可靠的证据定案，更不得用鉴定意见来胁迫当事人承认或否认案件事实的某一具体情节，以防止因司法会计鉴定意见有误而导致错案。

第二十二章　职务犯罪技术性侦查

第一节　技术性侦查的概念、体系

一、技术性侦查的概念

技术性侦查是指在刑事案件侦查过程中，以物证和犯罪信息为基础，运用现代刑事鉴别技术、信息技术、发现或记录技术以及主动性的侦查技术手段获取犯罪信息、证据，寻找犯罪嫌疑人的专门性侦查理论与方法体系的总称。侦查技术化、技术侦查化是现代侦查与科学技术结合的必然要求，因而现代侦查发展方向必然是向法制化、技术化方向发展。现代科学技术与侦查结合所形成的技术性侦查已经成为现代侦查发展的主流。

技术性侦查与传统的"技侦"不同，技术性侦查不仅包含了技侦技术及手段，而且包括犯罪鉴别技术、信息侦查技术、监控技术等。技侦属于秘密运用的侦查手段，而技术性侦查既包括了秘密侦查手段又包括了公开运用的技术手段，并且技术性侦查能够满足现代法制的理性要求，较好地保护犯罪嫌疑人的人权。

在职务犯罪案件侦查中，技术性侦查主要适用于重大的故意犯罪案件，而过失犯罪案件和一般性的贪污受贿案件原则上不适于开展技术性侦查。

二、技术性侦查的体系

（一）技术性侦查的理论体系

技术性侦查的理论体系由技术性侦查的概念、技术性侦查的科学哲学、技术性侦查的原理、技术性侦查的历史、技术性侦查方法、技术性侦查的逻辑结构、技术性侦查的种类、技术性侦查的策略、技术性侦查的运用、技术性侦查与科学证据等组成。技术性侦查理论的建构以现代科学技术为中心，以侦查破案和获取科学证据为目的，把物证、信息、技术、逻辑、证据有机地结合起来，为现代侦查理论的创新发展奠定基础。

（二）技术性侦查的方法体系

技术性侦查方法是技术性侦查理论的核心，这是由技术性侦查的运用性特点决定的。技术性侦查的方法论基础是辩证唯物主义的方法论，而具体的方法则是由一系列的技术手段所构成的方法体系。其具体的方法有：

1. 物证的勘验、记录、分析与实验的方法。刑事案件侦查的大量物证来源于犯罪现场，而大量的物证是潜在的、微量的、不易被发现的，因而需要运用物理、化学、生物、医学等方法，并按照鉴定的要求尽可能地发现、提取、保存各种物证。没有发现就没有证据，所以物证的发现方法是该类方法的基础，而如果不能对发现的物证进行科学的提取、保存则不能满足科学鉴定和证据要求，因此，提取、保管物证的方法也是必需的方法。犯罪现场的物证是人和物运动的产物，而物证形成、变化都包含了时间、空间物质形态，物证自身及其时间、空间因人为与自然的因素而不断地发生变化。现场物证构成一个特定的反映案件事实本身的系统，而系统中同类、同一与不同种类、非同一的物证存在相互之间的联系，物证与物证关系构成物证系统。这样科学地认识现场物证系统需要进行分析、实验，从而形成物证系统及其关系的分析、实验方法。

2. 物证信息的采集、分析、存储、运用的方法。物证隐含了犯罪活动的信息，犯罪手段、方法、结果、过程都会留下物证，而物证又记录了相应的事实信息，因而运用系统分析的方法就能尽可能地获取犯罪事实的信息，为获取侦查线索和证据提供依据。物证分为人身物证和非人身物证，人身物证反映了两类信息，一种是人身个体终身的标志性信息；另一种是反映人身种属的阶段性的信息。非人身物证包括个体的标志性信息和种属的信息，但多数是阶段性的信息。两类信息在个案、并案以及犯罪预防中的作用不同，因而必须借助计算机存储技术按一定的参数和标准统一存储，并运用于犯罪人和物的侦查识别与科学鉴定。

3. 人证信息的采集、分析、存储、运用的方法。犯罪活动的被人感知、记忆而形成人证信息，犯罪手段、方法、结果、过程都会形成人证信息，排除犯罪人个体自身的人证信息以外，大量存在犯罪人之间、受害人、证人以及感知犯罪人预备阶段活动的信息。运用调查、系统分析的方法收集人证信息，根据其在个案、并案以及犯罪预防中的作用不同，借助计算机存储技术按一定的参数和标准统一存储，并运用于犯罪人和物的侦查与证据收集。

4. 电子、通信信息的采集、分析、存储、运用的技术方法。计算机、网络、传真、有线与无线通信等作为犯罪的手段、活动的方式、形成的物证都在生成、传输、记录着犯罪信息。电子计算机的软盘、硬盘存储了犯罪活动的信息，手机的 SIM 卡也存储了犯罪通信内容的信息。有线、无线电话是犯罪信息交换的基本手段，尤其是在职务犯罪活动中，犯罪的预备、实施、结果的处理、逃避侦查等都利用该手段进行犯罪信息交换。所以，该类方法包括恢复、解读计算机存储信息，跟踪、收集网络交换信息，监听有线、无线电话信息交换及其时间、空间、内容等。

5. 监控技术方法以及信息的分析、运用的技术方法。犯罪必然发生在一定的时空范围之内，按照犯罪信息发生、交换的方式，可以把犯罪信息存在的时空分为人活动的时空和物运动的时空（电子存储、交换的时空）。犯罪信息监控设计以人活动的时空为中心，建构重点场所、街区、公路、交通工具、网络、邮件等的监控体系。该类方法包括电视监控、电子信息跟踪、邮件检查等方法。

6. 犯罪现场重现技术方法。犯罪现场重现的目的一方面在于尽可能地查明犯罪人在犯罪现场上活动的过程，另一方面在于尽可能地发现新的物证，印证其他证据的真实性。犯罪现场重现依赖于证据的系统运用，尤其是物证的系统运用。所以，该类方法应包括物证分析的方法、逻辑分析的方法、模拟实验的方法等。

7. 心理测试技术方法。心理测试的对象是人的记忆，无论是犯罪嫌疑人，还是受害人、证人是否感知犯罪事实并形成记忆（心理痕迹）可以通过心理测试来加以确定。运用科学的测试方法能够较好地发现有无犯罪记忆的真实情况。

8. 科学证据的审查、评断的技术方法。科学证据是技术性侦查的重要目的。在运用科学技术鉴定获取科学证据之后，侦查人员必须对科学证据进行审查评断，以确定科学证据的证据能力和证明力。审查评断科学证据的方法包括印证法、系统分析法、专家咨询法等。

三、技术性侦查的原则

1. 合法性原则。开展技术性侦查必须严格依法进行，严禁违法实施技术性侦查。技术性侦查是一把"双刃剑"，违法实施技术性侦查必然损害公民、法人和其他组织的合法权利，而合法使用则可成为打击犯罪的利剑。刑事诉讼法和有关的司法解释、人民警察法、国家安全法，以及公安部门的规章等都对技术性侦查方法的运用作了相应的规定，是技术性侦查必须遵守的法律规范。

2. 遵守规范与标准的原则。技术规范与标准是技术运用本身具有的基本属性，因此技术性侦查的所有技术方法都有相应的技术规范与标准。只有遵守技术性侦查的规范与标准，才能正确地实施技术性侦查，否则将导致技术性侦查的技术特征部分缺失，不能达到技术性侦查的目的。实施技术性侦查必须遵守司法机关、国家标准化委员会、公安机关等制定的技术规范与标准。

3. 保密的原则。技术性侦查属于侦查机关的专门性工作，因而必须对技术性侦查的方法、手段、策略、信息系统等进行保密，尤其是技术性的监听、跟踪、监视等需要做好技术方法本身和侦查运用的严格保密工作。在侦查过程中涉及国家机密、商业秘密、个人隐私的也应严格保密。

4. 系统运用的原则。技术性侦查的手段按信息来源不同可以分为主动式的、顺向性的技术性侦查和被动式的、逆向性的技术性侦查。前者在犯罪活动发生的过程中实施侦查，后者根据犯罪发生以后的结果开展技术性侦查，无论是哪一种技术性侦查都包括许多具体的技术性侦查手段，因而需要根据案件的特点有针对性地运用策略开展技术性侦查。

四、技术性侦查的任务与作用

技术性侦查的任务是收集犯罪信息与证据，为侦查破案和预防犯罪提供技术手段，提高侦查破案的效率。其具体的作用如下：

（一）改变侦查方式，提高侦查效率

把科学技术转化为侦查力量，改变以口供为中心的侦查方式是现代刑事诉讼的必然要求。科学技术不仅能够全面深入地发现和利用物证，而且能够跨时空地发挥物证及其信息价值，为侦查破案服务。科学技术的发展不断地拓展采集犯罪信息、高效率地运用犯罪信息的能力。由于现代犯罪不仅向智能化、技术化、跨行业方向发展，而且呈现跨时空、国界的发展趋势。这要求侦查工作必须针对犯罪发展的特点建构新的侦查方式，而通过建立各种犯罪信息系统，运用网络实现侦查信息资源的共享是建构新侦查方式的重要方面。现代刑事诉讼从人权的基本需要出发，禁止以侵害犯罪嫌疑人人身及其他非人道的逼供方法进行侦查，而事实上"口供"在侦查中的价值比其他证据价值都大，如果禁止逼供式的侦查，就必须以现代科学技术来变革侦查方式，否则难以实现刑事诉讼的任务。物证、信息、网络、识别、鉴定及其相应的技术方法的运用无疑将提高侦查效率。

（二）充分利用科技资源，预防犯罪

现代信息技术、监控技术能够对人活动的场所、网络、通信、金融、工程项目等进行监控和监管，这不仅能够进行有效的管理，而且能够发现犯罪活动，记录犯罪证据。这将有利于震慑犯罪嫌疑人，在一定程度上起到预防犯罪的作用。通过建立犯罪嫌疑人信息系统，同样可以在一定程度上预防犯罪活动的发生。

（三）为侦查、起诉、审判提供证据

技术性侦查的重要任务之一就是通过发现、记录、鉴定获取犯罪证据。各种技术性侦查方法、手段的运用都必须牢固地树立证据意识，尽可能地以合法的形式发现、记录、鉴定收集证据。技术性侦查具有较多的取证方法，通过系统地运用技术性取证方法，必然能够为侦查、起诉、审判提供充分的证据。

五、技术性侦查在职务犯罪案件侦查中发展的必要性

职务犯罪案件，尤其是贪污贿赂犯罪案件的犯罪多属于高智商、高隐蔽型的犯罪。犯罪人有充分的作案条件，从主观上看他们可以充分地预谋、准备，把握犯罪的时间、地点，策划反侦查的对策、方法，动用关系网保护、掩盖犯罪事实等；而在客观上犯罪交易或实施的时间、地点、对象都处于可以控制的隐蔽状态之下，且犯罪发生与案件侦查之间有较长的时间间隔，痕迹物证少，证据的种类

和来源有限。这使得案件侦查呈现取证难、固定证据难、确定犯罪事实难的特点。特别是受贿犯罪多是在"一对一"的情况下交易完成的，因而查证和固定证据更难。在这样的情况下，侦查讯问成为主要的侦查手段，而搜查、扣押成为固定证据的必要补充，污点证人证言成为完善证据链不可或缺的必要证据。从而导致侦查被动，打击不力，同时造成一批贪官倒下，而使得贪官倒下的行贿者逍遥法外继续实施犯罪，进而形成该类犯罪呈现高发的态势。

事实上职务犯罪有长时间、多形式的犯罪信息传递，适宜开展技术性侦查和犯罪信息系统的构建，同时也为取证创造了条件。所以，面对不断增加的职务犯罪和被动的、重"口供"的侦查方式，以及打击不平衡和预防效果差的局面，依法开展具有秘密性、技术性、顺向性和直接性特点的技术性侦查是法治进步的必然要求。

第二节　犯罪鉴别

一、犯罪鉴别的概念

犯罪鉴别是指根据物证及其信息，运用种属认定、同一认定的原理和方法，结合现代信息技术，通过分析、比较、确认，从而发现和确定犯罪嫌疑人或物的一种技术性侦查活动。犯罪鉴别与司法鉴定既有联系又有区别。其联系是两者所依据的技术原理、方法相同。而区别在于：犯罪鉴别的主体是侦查人员而鉴定的主体是鉴定人；鉴别活动是秘密侦查行为，而鉴定是公开活动；鉴别的规则具有一定的灵活性，而鉴定的规范性具有较强的稳定性；鉴别的目的是确定重点嫌疑人或物，而鉴定是为侦查、起诉、审判提供证据。

二、犯罪鉴别的对象与途径

根据犯罪鉴别的目的可知犯罪鉴别的对象是犯罪人或物，而具体的鉴别对象是犯罪人或物自身及其运动所形成的痕迹（心理痕迹——记忆，电子痕迹）、工具、物质、物品等。犯罪鉴别的途径有两种：一种是通过案内痕迹与相对确定的嫌疑人或物资料的比对认定重点嫌疑人或物；另一种是通过案内痕迹与犯罪信息系统中的人或物资料的比对认定重点嫌疑人或物。

三、犯罪鉴别的方法

（一）犯罪鉴别的一般方法

犯罪鉴别所依据的方法有两类，一类是同一认定的方法，而另一类是种属认定的方法。同一认定的方法是指一个客体先后在不同时间、空间中出现必然留下反映形象，或者存在于不同时间空间之中可疑物与已知物，通过发现、比较、评断两者反映形象特征与特性的异同从而作出两者是同一客体的判断。在实践中，前一客体的存在和运动具有客观性，但是就认识而言，后一客体与前一客体之间是否具有同一性、存在或然性，或者说客体自身的同一是必然的，而确定客体自身同一则是从或然到必然的一种认识活动。这样在认识活动中前一个客体存在于已经发生的案件事实之中，而后一个客体则是可疑客体，它可能与前一客体存在同一关系，也可能与前一客体不存在同一关系，确定其是否存在同一关系是鉴定与鉴别的核心认识问题。在不同的诉讼中，有的需要通过客体自身的同一认定来证明案件事实，而有的只需要通过客体同一认定来鉴别事实的真伪。

种属认定的方法是一种与案件事实有关的可疑物先后在不同时间、空间中出现，或者存在于不同时间空间之中的可疑物与已知物，通过发现、比较、评断它们的特征与特性的异同从而作出两者是同一类客体的判断。

为了实现同一认定与种属认定，在认识的过程中需要综合运用物理、化学、生物、数学、统计、概率以及网络、计算机等辅助技术方法等方法。

（二）犯罪鉴别的逻辑模式

犯罪鉴别是基于物证信息所反映的客体自身以及存在的逻辑关系为科学基础的，其基本的理论是同一认定的理论和种属认定的理论。刑事案件中的犯罪人及其物在特定的时间、空间（环境）中的运动构成了犯罪的物质要素，形成犯罪活动的物质、痕迹，只要犯罪的人和物处于未知的状态，对于享有侦查权的主体来说都需要尽可能地开展犯罪鉴别。其鉴别的具体逻辑模式可以从侦查与技术认识重点不同来分类，其侦查为中心的鉴别模式是：

1. 个案鉴别模式。从犯罪现场提取可疑的犯罪痕迹、物质→确定为犯罪人和物运动遗留的痕迹、物质（时间、空间、方式关联）→痕迹、物质的特性、特征信息化（运用技术采集、分析、确定）→犯罪人和物的分析、画像（侦查鉴别基础）→查找犯罪嫌疑人或物→提取犯罪嫌疑人或物的相应痕迹、物质→技术鉴别（确定或排除）→再进行技术鉴别（确定）。

2. 系统鉴别模式。

（1）从犯罪现场提取可疑的犯罪痕迹、物质→确定为犯罪人和物运动遗留的痕迹、物质（时间、空间、方式关联）→痕迹、物质的特性、特征信息化（运用技术采集、分析、确定）→存储的已知人或物的相应痕迹、物质→技术鉴别（确定嫌疑人或物）。

（2）从犯罪现场提取可疑的犯罪痕迹、物质→确定为犯罪人和物运动遗留的痕迹、物质（时间、空间、方式关联）→痕迹、物质的特性、特征信息化（运用技术采集、分析、确定）→存储的未知人或物的相应痕迹、物质→技术鉴别（确定不同案件中犯罪人或物的关系，或者是并案）。

以技术为中心的鉴别模式是：

1. 同一认定模式：犯罪客体（人及其物）→反映形象（从犯罪现场提取可疑的犯罪痕迹、物质）→检材（从时间、空间、方式关联确定为犯罪人和物运动遗留的痕迹、物质）→痕迹、物质的同一特性、特征信息化（运用技术采集、分析、确定）；嫌疑犯罪客体→反映形象（从可疑的犯罪人或物获得的痕迹、物质）→样本（确定为犯罪人和物运动遗留的痕迹、物质）→痕迹、物质的特性、特征信息化（运用技术采集、分析、确定）；检材与样本→特征、特性的比较、评断→结论性判断（确定或排除）→再进行技术鉴别（确定）。

2. 种属认定模式：

（1）犯罪客体（人体物质或其他物质）→可疑物质（从犯罪现场提取可疑的遗留物质或可能被带走的物质的种属物质）→检材（从时间、空间、方式关联确定为犯罪人和物运动遗留的物质或可能被带走的物质的种属物质）→物质的种属特性、特征信息化（运用技术采集、分析、确定）；嫌疑犯罪客体（人体物质或其他物质）→样本（从可疑的犯罪人或物获得的物质）→物质的特性、特征信息化（运用技术采集、分析、确定）；检材与样本→特征、特性的比较、评断→结论性判断（确定或排除）。

（2）犯罪客体（人体物质或其他物质）→可疑物质（从犯罪嫌疑人及活动场所提取的种属物质）→检材→物质的种属特性、特征信息化（运用技术采集、分析、确定）；犯罪现场客体（现场环境物质）→样本→物质的特性、特征信息化（运用技术采集、分析、确定）；检材与样本→特征、特性的比较、评断→结论性判断（确定或排除）。

以上两大类鉴别模式的逻辑关系是一致的，但因侦查与技术理论上有所不同，因而在逻辑结构上有所区别。

四、犯罪鉴别信息系统

犯罪鉴别信息系统是以物证信息为核心，通过物证信息的采集、分析、录入、存储所构建的计算机信息系统。该系统的建设运用了物证分析技术、网络技术、存储技术、自动识别技术等，从而为跨时空地查找犯罪嫌疑人或物提供了快速有效的技术支持。犯罪信息系统包括指纹识别信息系统、人像识别信息系统、DNA指纹识别信息系统、车辆识别信息系统、工具识别信息系统、植物物证识别信息系统、土壤物证识别信息系统等。

在职务犯罪案件侦查中，根据犯罪活动的经济性、渎职性应该构建行贿人信息系统、金融证据信息系统、重大工程项目监督信息系统、职权人经济收入信息系统。这些与职务犯罪有关的信息系统的构建，一方面有利于预防职务犯罪的发生；另一方面将有力增强职务犯罪侦查部门打击职务犯罪的力量。

第三节　职务犯罪技术性侦查措施的运用

一、职务犯罪技术性侦查措施

近年来，由于人民检察院侦查手段滞后，使得许多重大的贪污贿赂案件未能及时地侦破，犯罪嫌疑人携巨款外逃或挥霍，给国家造成了巨大的损失，因此，人民检察院在侦查活动中，应依法积极地使用技术侦查措施。

在职务犯罪活动中，尤其是受贿犯罪，犯罪活动的"权"与"钱"的交易本身所具有交易行为特点，决定了犯罪活动必然存在可以交易的"事项"信息、交易者之间相互往来的信息，完成交易事项的一系列活动的信息，逃避犯罪的一系列活动及其信息以及受贿所得的保存、使用、消费的信息等事实。这类犯罪活动比一般的刑事犯罪具有更多连续性的信息存在与交换，因而从侦查技术的角度看，具有较好地运用技术性侦查措施的条件。当然，由于受贿等职务性犯罪总是与权力人的工作、生活以及其他活动不可分离，或者说犯罪发生在公开职务行为的背后，因而技术性侦查的运用又极容易侵害到职权的合法利益以及其他利益，使得技术性侦查运用必然受到较大程度的限制。所以，在职务犯罪侦查中，必须慎重地、秘密地依法运用技术性侦查手段。在职务犯罪案件侦查中可以利用的技术性侦查措施有：固定场所、交通工具侦听、电话侦听与定位，秘密窥视与监视，秘密拍照与摄像，邮件检查，网络监控，以及秘密跟踪、守候等。

除以上主动性的技术性侦查措施以外，贪污、贿赂犯罪案件侦查还应建立犯罪预防与侦查的信息系统，使侦查走向技术化、信息化、模式化。或者说技术性侦查、信息化侦查、模式化侦查是现代职务犯罪侦查发展的必然。

二、职务犯罪技术侦查措施使用的原则

职务犯罪案件侦查的原则是职务犯罪案件侦查必须遵守的基本准则。根据1989年最高人民检察院、公安部《关于公安机关协助人民检察院对重大经济案件使用技术侦查手段有关问题的通知》规定："对经济犯罪案件，一般地不要使用技术侦查手段。对于极少数重大经济案件，主要是贪污贿赂案件和重大经济犯罪嫌疑分子必须使用技术侦查手段的，要十分慎重地经过严格审批手续后，由公安机关协助使用。"这一规定确立了职务犯罪案件侦查的原则，其具体的原则是：重罪原则、必要性原则、相关性原则、严格审批原则、保密原则。

三、职务犯罪技术侦查措施的运用

由于技术性侦查具有秘密性、技术性、顺向性和直接性的特点，因而职务犯罪技术侦查开展是以犯罪信息和证据为中心展开的。技术性侦查的特点决定了侦

查必须在犯罪发生或犯罪发生后的信息生成、传递环节运用技术手段开展侦查，并获取相应的证据。这在策略上要求秘密地、适时地、主动且有效地使用技术性侦查措施，从而达到预防与打击的目的。因此，根据职务犯罪案件侦查的一般特点，可以将其划分成不同的环节有针对性地使用。具体包括涉嫌性技术侦查、查证性技术侦查、控制性技术侦查等。

第二十二章　职务犯罪技术性侦查

第七部分
职务犯罪疑难案件侦查研究

第二十三章 职务犯罪疑难案件侦查研究

第一节 职务犯罪疑难案件侦查概述

一、职务犯罪疑难案件的概念

职务犯罪侦查作为一项非常复杂、非常特殊的探索、认识过程和实践活动，充满了曲折、迷惘和艰辛。

职务犯罪疑难案件是指在犯罪案件侦查的过程中，因案件情况不明，侦查的条件较差，或因侦查活动开展之后由于侦查主体工作失策失误等主、客观因素，而使正确的侦查决策难以实现，侦破工作难以顺利进行，不能达到刑事诉讼要求和目的的职务犯罪案件。即是由于在一定时空范围内因某种原因造成侦查线索的中断，从而使侦查主体不能合理地对侦查、案件事实或犯罪人情况作出唯一肯定性结论的案件。[①]

二、职务犯罪案件侦查中疑难问题的表现

（一）对举报线索筛选、利用不当，初查启动后受阻

由于职务犯罪案件线索举报的复杂性，侦查部门对线索的筛选、利用不当，初查启动后工作的介入时间或部位不合理，而使初查工作难以获取立案的依据，侦查工作不能顺利地展开。

（二）过早地暴露侦查的意图，初查工作受阻或立案后的侦查工作难以深入展开

如果在初查启动时，过早地暴露了侦查的意图，犯罪嫌疑人采取反侦查手段、干扰侦查工作，使初查受阻或立案侦查后侦查工作只局限于初查时的范围，难以展开和深入，不能扩大战果。

（三）侦查中出现"一对一"僵局，侦查工作难以突破

由于职务犯罪案件的隐蔽性，侦查中能收集到的证人证言、旁证材料较少，特别是在贿赂案件中，证据孤立，形成"一对一"的僵局，侦查工作难以突破。

---

① 杨宗辉等：《侦查方法论》，中国检察出版社2004年版。

（四）搜查、冻结、扣押等侦查措施未达到预期效果，不能有效、全面地收集证据和控制赃款赃物

搜查、冻结、扣押等侦查措施的实施在时机选择或操作中不当，未达到预期的效果，不能全面、有效地收集证据，无法推进案件的侦查工作，赃款赃物无法得到认定和控制。

（五）犯罪嫌疑人自伤、自杀或外逃

犯罪嫌疑人及其相关人员在侦查期间自伤、自杀或外逃给侦查、取证工作带来阻力和麻烦。

（六）个别人员恶意介入侦查工作，让犯罪嫌疑人串供、翻供、拒供

在侦查过程中，个别关系人、律师等，恶意介入帮助犯罪嫌疑人串供、翻供、拒供，干扰侦查，给侦查工作带来阻碍。

（七）"中介人"、"关系人"关系模糊、不能清查，攻守同盟不能打破，无法取得有效的证人证言

在对犯罪嫌疑人外围的侦查中，"中介人"、"关系人"的关系不能查清楚，处于模糊状态。犯罪嫌疑人与关系人的攻守同盟不能打破，无法获取有力的证人证言。

（八）"地方保护主义"、"上级打招呼"、"行业自护"等不正之风阻碍侦查工作

由于职务犯罪嫌疑人关系网复杂的特点，侦查中会受到"地方保护主义"、"行业自护"、"上级打招呼"等不正之风的影响，更有甚者，有些领导和部门还公然阻碍侦查取证，使侦查陷入僵局。

（九）由于侦查工作自身的失误，使侦查工作处于停滞状态

因为侦查措施的失误，侦查人员违法违纪，如刑讯逼供、暴力取证等，被犯罪嫌疑人借题发挥、翻供、拒供，使侦查工作放不开手脚，束缚了工作的发挥。

（十）审讯不得法、效果差，关键的案情不能突破

在审讯工作中，由于工作不得法，再加之犯罪嫌疑人负隅顽抗，关键的案情不能突破，犯罪嫌疑人"不见棺材不掉泪"、"死猪不怕开水烫"、"顶牛"拒供。

以上这些情况是疑难案件的主要表现。

三、职务犯罪疑难案件侦查的概念

职务犯罪疑难案件侦查是针对疑难个案或案件侦查过程中的疑难问题和僵滞状况，侦查部门创新侦查思维，调整侦查方向和策略，启动监督、倒查机制，运用有针对性的手段和措施，析疑解难，将案件侦查工作推向前进，直至案件破获的侦查运行体制和程序。

职务犯罪疑难案件侦查具有思维创新、策略、措施有机调整、启动监督、倒查机制、针对性、协作性强等特点。这是职务犯罪疑难案件侦查的实战性要求决定的。

第二节　职务犯罪疑难案件形成的原因分析

一、职务犯罪疑难案件形成的客观因素

（一）职务犯罪侦查活动在时间上滞后于犯罪活动对疑难案件的形成有着客观作用

职务犯罪行为的隐蔽性及其"隐形"后果决定了职务犯罪侦查活动开展的时间大大滞后于犯罪行为的发生时间。其滞后期少则十天半月，多则三年五年。侦查主体往往不能直接观察和掌握犯罪人实施犯罪活动的情况，只能通过对与犯罪实施活动有关的物质信息反映情况的发现、获取、分析和利用来追溯性地认识已发生"久远"的犯罪活动事实。而侦查活动时间滞后程度又直接影响到侦查主体实际获得犯罪案件材料的数量和质量，大量的证人、证言、物证、书证及犯罪信息因时过境迁而丧失和模糊。因此，从客观上讲，侦查主体要通过侦查活动去再现犯罪活动从而证实犯罪过程事实，本身就是一个析疑解难的过程。"流逝的时间是正确认识过去最大的障碍。"职务犯罪侦查活动在时间上滞后对疑难案件的形成有着客观作用。

（二）职务犯罪特点和线索的特殊性对疑难案件的形成有着严重影响

在职务犯罪侦查中，除侦查人员直接发现的线索外，侦查机关获取的犯罪线索大多来源于群众的举报，有关部门的移送、交办。职务犯罪侦查实践表明，大多数职务犯罪的侦查始于群众举报的线索，但在群众的举报中匿名举报占多数且举报动机复杂。具有如下特征：

1. 匿名举报（匿名信、匿名电话）占很大的比例。举报人因怕受到打击报复等多种因素不愿暴露自己的真实身份，这给线索的查证造成很大的阻碍。

2. 举报内容简单，大多以指控、评价、"上纲上线"谩骂为其语言特征，无证明过程、无真凭实据。

3. 举报的动机复杂多样。有的人是因正义感、责任心而如实举报；有的举报人是对社会风气现象不满，为发泄心中愤怒而作不特定举报；有的人因对上级有意见或纠纷而作不实举报；有的人却利用举报打击报复、发泄私愤等。侦查工作中需认真判断每一条线索的真实可靠性。

由于以上特点，决定了职务犯罪案件侦查在立案前的线索审查和初查阶段要花相当多的时间和精力去核查有无犯罪事实存在；在立案后的侦查阶段，也会受

到"不实"、"不详"线索的困扰，而干扰侦查决策。

（三）职务犯罪侦查手段、措施的局限和侦查力量的不足是形成疑难案件的重要因素

侦查手段和措施是国家赋予侦查机关在同犯罪作斗争的过程中，用于发现犯罪线索，收集犯罪证据、缉捕犯罪嫌疑人的各种具体工作手段和措施。

由于侦查权的特性决定了侦查手段和措施具有法律性、斗争性、保密性、限制使用性等特点。侦查权的内涵和范围越大越广，侦查手段和措施就越强越多，相比之下对犯罪案件侦破的力度就更大，反之则相反，但是每一个国家都会根据自己的社会制度、社会特点、法律习惯等对侦查权进行限定。针对不同的侦查模式、不同的案件性质、不同的犯罪对象，侦查手段和措施的运用是不同的。

由于职务犯罪案件的主体是特殊主体，案件情节可能涉及国家机密和荣誉，加之我国在侦查上的传统原则，在职务犯罪侦查中侦查手段和措施受到一定的局限，如特情、密搜、密捕、窃听等手段、措施不能使用，这对职务犯罪案件的侦查是有所阻碍的。

侦查力量是侦查破案的基本保证。我国职务犯罪侦查力量归属于人民检察院，由于长期以来检察系统的体制、机制制约，职务犯罪侦查队伍力量不足，而职务犯罪在世界上正处于高发期。国内职务犯罪案件量多案大，有限的侦查力量越来越难以适应与职务犯罪作斗争的需要。这也是形成疑难案件的重要因素之一。

（四）职务犯罪主体的反侦查能力是造成疑难案件形成的重要因素

1. 一部分职务犯罪主体的特殊身份形成对侦查权的限制。一部分职务犯罪主体具有人大代表、政协委员、县处级以上干部或具有某种特殊、特别的身份，根据国家法律、政策及行政、组织的有关规定，对其行使侦查权必须提前汇报、请求、告知或经过审批等，这很有可能贻误战机或走漏风声、打草惊蛇，从而使其形成疑难案件。

2. 职务犯罪主体是利用职务之便作案。一则有较强的隐蔽性，二则犯罪主体是利用自己十分熟悉的专业知识，利用管理漏洞见机行事，进行犯罪，反侦查意识和能力都较强，给侦破工作带来一定的难度。

3. 职务犯罪主体普遍具有高学历、高智商，且具有丰富的社会经验和生活阅历，其反侦查意识和能力较强，特别是反侦查心理较稳固，对侦查工作的推进有一定的阻碍作用。

二、职务犯罪疑难案件形成的主观因素

（一）职务犯罪侦查主体在初查时过早暴露侦查意图和方向，使后期侦查工作难以展开

初查是根据《刑事诉讼法》第 110 条规定，检察机关侦查部门对受理的职务犯罪线索材料，按照案件管辖范围进行调查，以确定是否立案侦查的专门活动。初查是立案前的一种审查方式，也是职务犯罪侦查的特殊程序，它有自身的特点、内涵，也有自己的原则，如秘密原则、适度原则、非强制原则等。但是初查毕竟是一项行为活动，它必然会接触、涉及与犯罪有关的方方面面，很容易暴露侦查的意图和方向。特别是有些侦查主体，把初查当侦查，不注意其使用原则和策略，过早地把侦查的意图、方向、对象等暴露出来，给犯罪分子以提醒，使其有更多的时机订立攻守同盟、毁证灭迹、逃避侦查打击，让后期的侦查工作难以展开和深入扩大战果。

（二）职务犯罪侦查主体选择侦查途径和突破口不精准而使侦查工作陷入僵局

职务犯罪侦查途径是指从何处用何种方法开展职务犯罪侦查工作。职务犯罪侦查人员要善于在案情分析的基础上，正确选择职务犯罪侦查途径，及时部署侦查。还要善于根据情况的变化，在必要的时候灵活调整侦查途径。只有这样才能保证职务犯罪侦查工作始终沿着正确道路顺利发展，牢牢掌握侦查主动权。然而由于各种因素的影响，侦查主体选择侦查途径会出现偏差，有的是舍近求远、有的是不切实际、有的是蜿蜒曲折、有的是相异相斥，使侦查工作陷入困境。

突破口的选择是职务犯罪侦查能否成功的前提，是一项非常严谨而细致的工作，侦查主体选择突破口一旦不精准，就会功亏一篑，使案情难以突破，使侦查工作陷入僵局。

（三）职务犯罪侦查决策的失误和失利，使侦查工作难以突破和扩大战果

侦查决策的优劣正误，往往对案件的侦破速度及效果起决定作用。侦查决策的形成与实施是一个过程，包括侦查方向和范围的确定、侦查途径的选择、侦查策略的运用、侦查措施手段的实施及整个侦查方案的制定等较为广泛的内容。

侦查决策的失误和失利是指侦查主体对全局性的、阶段性的、局部性的侦查方案、计划在设计上出现失误失利，以至于侦查方案、计划在付诸实施后未能实现预期的目的、达到预期的效果，以致对侦查工作没有起到推进作用，所反映出来的主观认识与客观实际不一致，出现"药不对症"、"有症失药"的状况，这样的侦查决策在侦查与反侦查的对抗活动中使侦查主体处于被动地位，使侦查工作难以突破和扩大战果，具体表现为：

1. 案情分析判断失误而导致侦查方向、范围不准确。

2. 侦查措施手段的针对性不强或不严密，如盲目行动，以致出现扑空虚耗。

3. 侦查力量的组织和措施手段的运用不当，没有把优势力量放在重点工作、重点措施方向等。

4. 侦查决策不果断、行动迟缓，错过了获取证据、缉拿罪犯的战机；对决策本身及决策实施效果的分析评断失误，以致不能及时调整侦查部署，重新选择侦查途径。

5. 破案时机掌握不当，在未取得充分证据之前，过早地触动犯罪嫌疑人等。

6. 侦查策略运用不当，影响侦查目标的实现。

（四）职务犯罪侦查主体业务素质、技能有限，使取证工作达不到诉讼的要求

职务犯罪侦查工作是人民检察相关工作的重要组成部分，其要求侦查主体有较高的政治素质和法律意识，有敬业精神，同时，侦查工作处在反腐斗争的第一线，在侦查与反侦查的斗争中，侦查主体要有抗拒腐蚀拉拢的能力和素质。

职务犯罪工作是专业性、经验性极强的工作，侦查主体必须精通法律和各种侦查手段的应用，对所侦办的犯罪案件的特点和规律有较深入的了解，有较强的分析推理思维能力和丰富的社会知识，只有这样才能在艰巨复杂的侦查实践中，尤其是侦查工作遇到困难的情况下，善于决断，打破僵局，激活全局。

虽然侦查队伍的建设在不断地加强，但仍有一部分侦查人员业务素质和技能有限，具体表现为：

1. 缺乏群众工作经验，对知情群众、后进群众的教育、启发工作不得法，不能拓展侦查线索。

2. 执行具体的侦查措施和手段时，不讲策略，不按原则、规程办事，使侦查措施达不到侦查目的。

3. 心理素质较差，在与犯罪嫌疑人斗智斗勇的过程中观察力较差、情绪急躁、缺乏毅力。

4. 在询问和讯问中策略性差、审讯技巧掌握不好，抓不住对象的心理。

5. 取证意识不强，只注重工作的流程，不注重工作结果的证据价值和诉讼意义，使侦查的结论不能适应刑事诉讼的需要。

（五）职务犯罪侦查工作受外界干扰和阻力大而阻碍案件侦查工作的推进

职务犯罪侦查工作受外界干扰和阻力大是由其自身特点及我国的社会环境决定的。具体表现为：

1. 职务犯罪嫌疑人大多有一定的地位、职权，社会关系盘根错节，形成一张关系网。查处一名腐败分子可能会影响一部分人的政治、经济利益。他们会出

面阻挠和抵抗。

2. 长期以来的"不正之风"使职务犯罪行为的法律认定界限"模糊"。许多的腐败行为和以权谋私行为及徇私枉法行为，被看作"习惯或自然"、"礼尚往来"、"人之常情"、"合理不合法"等。有些部门用行政手段代替法律手段处理问题，执法的决心不大，执法不严。

3. 地方、部门出现自我保护主义。一些官员从局部或部门利益及个人声誉出发，处理职务违法行为时"家丑不外扬"，阻挠外部（地）司法机关依法办案。

4. 职务犯罪主体在案前与侦查主体在体制、管理上都同属一个层面和范围，虽然检察机关独立行使职务犯罪侦查权，职务犯罪侦查主体也坚持不徇私情的办案作风，但是工作关系上、经济关系上、人际关系上的相互制约给侦查主体很大的心理压力，形成工作上的阻碍。

第三节　职务犯罪疑难案件侦查对策

职务犯罪疑难问题可以形成和存在于案件侦查过程中的任何一个阶段，而各个阶段的疑难问题表现各不相同。通常侦查部门在初查时并不知道该案件会成为疑难案件，而是在立案侦查后才发现侦破工作难以顺利进行。无论是在哪个阶段面临这个问题，都不能盲目地行动，也不能盲目地毫无根据地将前期工作一概否定；面对疑难案件，侦查人员应冷静地分析疑难案件形成的具体原因，有针对、有重点地开展工作。

一、反复分析案情，不断析疑解难，寻找疑难案件形成的具体原因、主要原因

反复分析案情是要求职务犯罪侦查主体对案件基本情况和前期侦查工作以及各阶段出现的疑难问题的具体情形进行再次的、反复的、系统的、综合的评断和分析。疑难案件侦查中的案情复析是弥补前期侦查中案情分析不足、修正前期侦查决策的主要方法，因此，它在职务犯罪疑难案件侦查中占有相当重要的位置。

（一）职务犯罪疑难案件复析的主要内容

1. 对前阶段案件分析结论及侦查措施实施的效果进行评断，发现案件形成疑难的具体原因。

2. 根据个案的特殊性对其中的疑难症结及专门性问题进行深入分析。

3. 对犯罪主体的反侦查活动及侦查工作中出现的奇特反常情况进行分析推断。

4. 对案情发展变化的趋向及犯罪主体的延续犯罪行为进行推测和分析。

（二）案情复析应注意的工作环节

1. 汇集线索来源、初查结论、立案依据及侦查工作所获得的正反两方面的材料，细致审阅、综合分析，"审卷寻疑"，找出疑难问题所在。

2. 反复召开案情复析会议，集中交换各侦查人员、专业技术人员在前期侦查活动中的侦查思路、侦查观念并进行综合比较和评断取舍。由于参加侦查的侦查人员、专业技术人员的经验、知识结构和业务水平、思维分析能力各不相同，因此，他们在侦查中的工作方法、侦查思路、观念在针对和反映案件本质的深浅、侧重和正误等方面各不一样。通过反复召开案情复析会，交流各自的看法，开展讨论辩驳，相互比较、影响、启发，往往可以纠正认识的片面性，形成统一、全面的正确认识。一个侦查指挥人员的高明之处在于能集中各种不同意见的看法，善于引导对疑难问题、矛盾现象开展的积极辩论和评断，从中得到启发，在比较和综合的基础上最后作出取舍决定。侦查指挥人员的民主作风常常直接影响案件复析活动的质量和效果。

3. 对于案件涉及的疑难情况、专门性问题，要抓住疑难症结，集思广益，邀请具备这方面经验和专业知识的侦查、技术人员和其他行业有关专家进行"会诊"研究，有针对性地进行分析认识。

4. 案件复析应注意运用各种思维方式进行正确的推理、判断和联想。案情复析中运用逻辑思维，可以探求举报线索、举报人、犯罪事实、犯罪现象、侦查线索、侦查后果之间的关系，把握案件侦查的基本情况和犯罪人的心理变化过程。

由于各种复杂原因，一次性的案件复析往往不能得到完善的案情认识，因此，案情复析必须在侦查活动的不断推进和侦查效果的反馈自检促动下反复深入地进行，职务犯罪疑难案件的案情复析常常贯穿于侦查活动的各个阶段。

二、注重对职务犯罪侦查线索成案价值及实用价值的分析

（一）对职务犯罪侦查线索的分析判断

1. 分析侦查线索提供者的身份，确定其知情程度和条件。

职务犯罪侦查线索提供者的特殊身份，决定了其对职务犯罪内幕的知情程度。由于职务犯罪的特点决定了其隐蔽性，因此，如果不是与犯罪人在工作、生活、社交等方面有密切接触的人，是很难提供有价值的线索的，即使提供出线索来，也很有可能是道听途说而已。侦查人员应根据提供侦查线索者所用的语气、语言、文字、笔迹、反映情况时所流露出的身份、地位处境以及所提供证据、依据的范围，去判断侦查线索提供者的身份和与犯罪人的关系，推断其知情程度，最终认定其所提供的侦查线索的真实程度和价值。

2. 分析侦查线索提供者的举报动机。

由于职务犯罪侦查线索提供者的举报动机多样化，决定了职务犯罪侦查线索的价值判断的复杂性。侦查人员应弄清楚侦查线索提供者的举报动机，才能判定线索的价值。分析举报动机应结合举报人的身份，在本案中所处的位置，举报内容的针对性，举报方式及举报的用语用词特点来进行综合分析。如在举报信中以指斥、谩骂的口气举报某人生活腐化，男女关系不正常、有经济问题，"上纲上线"但没有具体的事例和依据的，这类线索的提供者大多是因对社会风气、腐败现象不满或与某人在工作、生活上有矛盾，为出气而进行举报。又如，某些线索的内容用语普通平和，但针对性强，并且能提出具体的人、事、物、时间、地点，这类线索提供者则可能是具有正义感而揭露腐败内幕。

3. 就侦查线索本身内容，分析成案的价值。

侦查人员应根据侦查线索所反映的事实，分析其涉及的是道德、违纪、违规、违法或犯罪哪一个层面；是否属于本检察院管辖、是否达到立案的标准；分析、推断根据该侦查线索可否取得直接有效的证据材料，是否有突破的条件和机会等。

（二）对职务犯罪侦查线索进行筛选

由于职务犯罪侦查线索的复杂性，对繁多的"侦查线索"，哪些应当重视、哪些应当花费精力、哪些应当成为重点，侦查人员应当进行筛选。

1. 从社会趋势出发筛选线索。职务犯罪侦查是以巩固政权、服务经济、稳定社会、反腐倡廉为宗旨的。涉嫌严重危害违背这个宗旨的线索，必须重点对待。

2. 从群众反映强烈的热点问题出发筛选线索。反腐倡廉在不同的历史时期和阶段有其特定的内容和表现形式，每一个阶段都有热点，从建筑工程招标的"回扣"，到"买官卖官"；从教育行业招生中的"暗箱操作"，到医药行业的"药品回扣"，这一系列问题群众反映强烈。虽然职务犯罪侦查工作不是为了赶时尚，但选择那些群众反映强烈的线索作为重点，更能够得到群众和社会媒体的支持，更能形成发动群众、依靠群众同腐败作斗争的势态。

3. 从执法环境出发筛选线索。职务犯罪侦查工作需要有党委和政府的支持，需要有好的群众基础，需要各部门之间的协调配合。"地方保护主义"、"行业保护观念"、"群众觉悟不高"是侦查工作的障碍。侦查人员应选择侦查线索所涉及的地区、行业、执法环境好的线索优先执行，先易后难。在敢于攻坚、敢于啃硬骨头的前提下，注意选择战机，利用有利的执法环境突破案件。

4. 针对职务犯罪多发的重点行业、部门、环节筛选线索。职务犯罪的发案是有一定规律的，是相对集中的。根据不同时期的政治、经济、文化的变化，某些行业、部门、环节的某一部分人的职权会成为职务犯罪分子侵蚀的重点对象。因此，涉及这些重点部位的侦查线索，侦查人员应加以重视。

5. 从提高侦查线索的成案价值出发筛选线索。侦查人员应重视那些多次举报、多人举报、反复举报的线索；侦查人员应关注那些费时短、容易查实、能立即有结果的"短平快"线索；侦查人员应抓住那些证明力强、有"一针见血"的具有突破意义的线索。

三、合理选择侦查途径和突破口

在职务犯罪疑难案件侦查中，由于案情曲折复杂，犯罪证据、侦查线索量少质低，所以要准确选择侦查途径的难度较大。侦查之初选择的侦查途径往往确定性不高，不能脱于一般侦查途径的雏形，通过它们开展侦查常出现偏差，因此，疑难案件侦查途径的选择，目的应在于要选择出对于案件侦破中疑难问题的解决有直接意义的侦查途径。

（一）职务犯罪疑难案件侦查途径选择的方法

1. 多次选择法。在疑难案件侦查过程中，侦查途径的选择往往有多条，存在着初选与复选的情形。

侦查途径的初次选择是在侦查的开始阶段，多数情况下侦查途径的初选不可能达到完全正确，随着案情复析、侦查方案的调整，一般会有一些新的犯罪情报信息和侦查认识出现，案件的侦查计划也会重新制订，因此侦查途径就有一个重新构思选择的过程，也就是复选。侦查途径的多次选择是职务犯罪疑难案件侦查的必需的阶段。正是这种多次选择，才使侦查活动从途径初选所致的偏差和错误中得以调整、修正并继续下去，并在侦查效果的自检反馈中得以循环下去，由发现新的侦查线索和证据，到逐步查明案件事实，直至破获案件。

2. 试错选择法。侦查途径的选择是把认为是与犯罪有关的、有价值的线索作为依据，联系案件的具体情况判断其侦查价值的大小，分析其中的因果关系和反映特征，然后选出其中最能揭露犯罪本质和因果关系的关键部分，通过适当运用侦查措施和手段去实现揭露犯罪、打击犯罪人的侦查目的。但是，决定采取哪一条侦查途径，侦查主体却不敢保证其绝对正确。即便是知道其可能会是错误的途径，在不得已的情况下也不得不去实施，如果能得到一个错误结果，其至少能够排除某种可能性或证明其反向途径是正确的，这就是试错选择的含义。疑难案件侦查途径的选择正是在这种"试错肯定、否定"的侦查活动效果的反馈中反复地修正侦查途径，逐渐由侦查途径选择的"主观优化"向"主客观相一致的优化"转化发展，推进案件的侦查工作。

3. 联系印证选择法。职务犯罪疑难案件侦查进入续进阶段后的一个重要特点就是要通过大量的侦查调查工作，来筛选"旧线索"、"旧证据"并发现"新线索"、"新证据"。同一案件的各种线索、证据都应该有其内在联系，都从不同侧面反映案件某一方面的本质内容并共同构成疑难案件的完整的本质反映。只不过疑难案件中的这些线索、证据在本质联系上较隐蔽,"缺失"环节较多,不易直接发现和认识。所以在疑难案件侦查中应注意把侦查途径的选择,由案件侦查之初的独立性较强的选择向联系印证的选择转化和过渡,只有这样才能多渠道、多途径地达到查明犯罪事实真相的目的,侦查途径单一、措施手段单调是疑难案件侦查工作中的大忌。对疑难案件的侦查必须多途径、多措施手段地进行。

(二)合理选择职务犯罪侦查突破口

侦查突破口是指对查清全案具有关键意义和作用,而又易于突破的犯罪活动的薄弱环节、薄弱对象。薄弱环节是指易于攻破的犯罪事实和关键性情节及犯罪嫌疑人心理上的弱点,也包括与犯罪有密切关系的,被犯罪嫌疑人忽视的人、事、物。薄弱对象主要是共犯中意志动摇、脆弱的犯罪嫌疑人。通常选作突破口的有:

1. 有多个证据证明,证据比较确实的犯罪事实、情节;

2. 犯罪嫌疑人容易忽视、掩盖不可能严密的犯罪环节;

3. 共同犯罪中平时思想基础较好,能够争取、没有犯罪经验、想戴罪立功、争取宽大处理的犯罪嫌疑人;

4. 容易获取证据的犯罪事实、情节和犯罪人的矛盾关系;

5. 犯罪嫌疑人的配偶、身边的工作人员及无利害关系的知情人;

6. 在群案、窝案、串案中处于重要、枢纽位置,一旦突破他就能震慑全面的犯罪嫌疑人;

7. 收支不平衡,巨额财产来源不明,生活腐化的犯罪嫌疑人。

四、职务犯罪疑难案件侦查中策略的运用

职务犯罪疑难案件的侦查最为重要的是要进行策略运筹,主动机智地采取一些新的侦查措施设法打破停滞中的、封闭状况下的犯罪嫌疑人心理和行为的信息反馈与侦查主体思维决策的僵滞状况间的平衡,促使侦查与犯罪双方对抗斗争的重新活跃,从中发现破案的战机及条件。突破僵局、推进侦查的策略有多种,应据情而定。

(一)侦查策略应根据其效力分类并综合具体运用

1. 激发类策略。激发类策略是指采取条件刺激、环境诱导、设计安排等方式,调遣、左右、激活隐蔽不动或居于侦查不利位置的犯罪嫌疑对象,促使其暴露。激发类策略有以下几种:

(1)调虎离山。这是指利用一定的借口,把犯罪嫌疑对象调离对其有利的,而对侦查工作而言是难于开展工作的环境条件,使侦查工作变被动为主动,从而进一步采取其他有力措施。实践中,通常是以上级部门安排外出学习、开会、出差等名义,使犯罪嫌疑对象离开原来的生活、工作环境,进而对其住所、工作环境进行取证或对其进行控制。

（2）引蛇出洞。这是指制造一定的假象或利用一定的诱惑和刺激，使隐蔽不动的犯罪嫌疑对象跳出来活动或"表演"。实践中常常以"放弃"、"撤销"侦查为掩护，以放松犯罪嫌疑对象反侦查的心理，使其继续进行与犯罪有关的活动，从而为侦查工作提供线索。

（3）诱鸟归巢。这是指用驱赶或引诱等方法使侦查对象回到原来的处所或其他特定地点，以便被侦查人员控制。实践中对外逃的侦查对象，采取公开收捕，使其惶惶不可终日，亲属召唤促其投案自首，取款兑现促使其铤而走险等方法将其纳入侦查视线内。

（4）打草惊蛇或敲山震虎。这是侦查人员根据案情用放出风声、传递信息、旁敲侧击等方法，刺激、震惊犯罪嫌疑对象促使其准备逃跑、转移赃物、联络串供或投案自首的策略方法。

2. 智取类策略。智取类策略是指侦查人员根据案件的基本情况和斗争双方所处的局势，灵巧、智慧地因势利导，变被动为主动最终实现侦查的目的。

（1）避实就虚。这是指侦查人员在分析侦查对象的优劣条件的基础上，回避其优势，利用其薄弱环节，打乱犯罪嫌疑人的防范体系。实践中采用对多疑的侦查对象加以迷惑以加深加重其怀疑心理，使其最终产生错觉；对细心的侦查对象进行各种暗示使其猜测，产生错误判断；对急躁的侦查对象故意拖延时间，使其暴露出犯罪线索;[1] 对证据少，而且不确实的犯罪环节，侦查人员应回避，对证据确实充分的环节应抓住不放，一举突破。

（2）迂回包抄。这是指针对侦查对象给侦查工作设置的障碍和心理防线，侦查人员不正面进攻，"不硬碰硬"而是用迂回曲折的方法和路径，步步推进，揭露犯罪。

（3）离间同盟。这是指针对行贿受贿案件，共同犯罪案件等，犯罪嫌疑人及其关系人订立攻守同盟结成反侦查共同体，侦查人员发现他们之间的矛盾、扩大利用其矛盾，动摇其同盟心理，分化瓦解、离间犯罪嫌疑人，打破攻守同盟。

（4）将计就计。这是指侦查人员在识破犯罪嫌疑对象的阴谋诡计的前提下，因势利导，表面假装中计，再针对诡计再设一计，使侦查对象落入侦查工作的圈套。实践中常见为：利用犯罪嫌疑人之间的串供阴谋进行取证；借侦查对象传递消息、说情、打听案情，借机了解案情或传递假情报，使其作出错误选择等。

3. 震慑类策略。震慑类策略是指侦查人员制造强烈的声势和坚决的态度打击犯罪嫌疑人的嚣张气焰，攻其心志，乱其方寸，丧其胆识，改变其负隅顽抗的

---

[1] 朱孝清：《职务犯罪侦查学》，中国检察出版社 2003 年版。

心理定势，使其缴械投降。

（1）一针见血。这是指针对那些对逃避犯罪认定还抱有侥幸心理的犯罪嫌疑人，采用将其关键犯罪事实公之于众，打破其幻想和依赖，使其认清形势，低头认罪。

（2）虚张声势。这是指在侦查工作中，首先大张旗鼓、舆论攻势、威慑侦查对象，给其以草木皆兵的感觉，对其造成强大的心理压力，阻碍其串供或排除干扰，号召群众检举揭发，促使侦查对象坦白、自首。

（3）攻其不备。这是指侦查人员根据案情和犯罪嫌疑对象的特点，选择特殊的时机、环境和条件对其采取侦查措施，使其在没有思想准备、没有回旋余地的情况下，产生强大的心理压力，使其不得不缴械投降。

（4）先声夺人。这是指侦查人员针对那些身为领导干部的犯罪嫌疑对象，他们受人尊重、威严十足、目中无人、拒不认罪的特点，在舆论上抢先一步揭露对象的犯罪行为和腐败、堕落行为，在心理上、气势上压倒对方，打掉其威风，使其最终认罪服法。

侦查策略虽然有不同的种类，但它们在运用时是相互包容的。职务犯罪侦查的策略运用具有一定的综合性和包容性。作为一个总的指导策略模式，它是侦查主体以刺激形式发出系统的指令，并根据客体反映回来的反馈信息来重新调整刺激指令，以达到控制和认识的目的。其具体是侦查人员以某种策略思想主动采取一些侦查措施手段，凭借其实施的作用和影响及后果，一方面利用侦查对象对这种作用和影响在心理认识上的必然性或可能性反应回应，产生其错误行为决策的结果，调动或诱导其重新活动或采取某些反侦查活动来暴露自己。侦查工作在调动中控制，在诱动下侦查；在控制和侦查下进一步调动或诱动，使犯罪人逐渐暴露。另一方面则使案件所涉及的其他人员与侦查主体的关系得以协调，为侦查活动提供线索和配合。通过两个方面的效果，侦查工作可以获取新的情报线索，拓展新的侦查思维，修正侦查决策，寻求到破案的新途径，变被动为主动，在侦查主客体双方的决策对比中占据优势，推进疑难案件的侦查。

（二）调整侦查策略推进侦查的方法

职务犯罪疑难案件侦查的策略要从两个层次分两个阶段先后循环进行。

1. 实施两层次。第一层次是心理上的刺激与反应，即侦查人员在分析案情和侦查对象心理的基础上，采取一定的刺激，促使侦查对象改变现有的心理状态，重新产生销赃、串供、逃避、灭迹等犯罪意图和活动或停止一切活动，变动为静或变静为动。

第二层次是行为上的刺激与反应。侦查主体实施的刺激如果只在心理上，侦查对象可能只有反常心理表现而无具体的行为。第二层次的刺激与反应要深入到行为上使犯罪嫌疑人作出反侦查的行为和其他的反应行为，进一步暴露。实践中，侦查主体或客体的刺激和反应往往是心理和行为的统一体。

2. 实施两阶段。第一是侦查客体的"激活"阶段。侦查主体运用一定的策略措施手段作为刺激指令，侦查客体如在其效力范围内，一定会出现一定的心理、行为反应，这些反应可以以情报线索或痕迹物证形式表现出来，使处于停滞、僵局中的侦查客体及案件情报信息反应的封闭状态被打破，为侦查主体获取破案线索、证据提供了条件和机会。侦查主体对客体的刺激有消极和积极两种。消极刺激是指迷惑性刺激活动，如造成宽松的气氛、故意"撤销案件"或松懈某些环节的侦查活动等，以诱使侦查客体重新活动，从中发现蛛丝马迹；积极刺激是指侦查主体采取侦查措施手段及其他刺激活动，迫使侦查客体活动或促使其心理发生外观性变化，从中寻找突破口。

第二是侦查主体的"激活"阶段。确切地讲，侦查主体首先要"激活"自己才能"激活"对象。侦查主体要对自己所采取的措施、行为的目的、方法有深入的了解并充满自信。侦查主体要从僵局的阴影中走出来，激活自己的思维，以全新的面貌对待疑难案件。针对侦查客体被"激活"后的反馈，这个反馈对侦查主体又会形成新的"激活"，促使侦查主体根据具体情况进行进一步的行动，推进侦查工作。职务犯罪疑难案件的侦查就是在侦查主体和客体反复、循环的"激活"中纠正以往认识中的偏差、调整侦查布置，把犯罪嫌疑对象的活动置于侦查工作的控制之中，让侦查决策逐渐优化，从而破获疑难案件。

五、遏制和利用犯罪主体的反侦查行为

(一) 侦查与反侦查

职务犯罪侦查是指检察机关侦查部门在办理案件的过程中为了收集证据，揭露犯罪、揭发和缉捕犯罪人而依法进行的专门调查工作和有关的强制性措施。

职务犯罪反侦查是指职务犯罪主体及其利害关系人为了掩盖犯罪行为，逃避法律的追究和惩罚而针对侦查行为采取的直接对抗行为。

侦查与反侦查是相生相克的，又是相互促进的。

1. 反侦查行为的特点

(1) 针对抽象侦查行为的预谋性。职务犯罪（故意）主体在实施犯罪前，大多要经过充分预谋，预谋的一部分是针对其想象中的侦查行为而进行反侦查，即预先策划好如何防止、避免暴露而引起案件被立案侦查；案发后而如何对抗、逃跑、处理赃物；被捕后而如何抗拒审讯、审判等，这一部分反侦查行为是超前的、预谋的行为。

(2) 应对具体侦查行为的针对性。在侦查行为实施的过程中，职务犯罪主体应对侦查行为而进行抗拒，有针对性地进行反初查、反立案、反侦查措施、反侦查策略、反纠捕等对抗、干扰、妨碍案件侦查的行为。

（3）反侦查活动使侦查工作陷入僵局。由于职务犯罪主体及其利害关系人的反侦查行为，严重破坏了正常的侦查工作秩序和效果，使许多案件不能立案；证据无法保全；案件无法审结和起诉；犯罪分子逍遥法外等。侦查工作陷入被动，甚至"僵局"。

（4）反侦查活动贯穿于侦查活动的各个阶段，充分暴露犯罪主体的反侦查能力及其个人特征。反侦查活动在侦查工作的各个阶段都有可能出现，但在时间、范围、程序、表现上有所不同，其充分地反映着犯罪分子的社会关系网、智商程度、专业技能知识和个人心理特征。

2. 影响反侦查行为形成的条件

（1）反侦查行为受犯罪分子犯罪经验的影响；

（2）犯罪分子的专业知识和职业技能反映在反侦查行为中；

（3）反侦查行为与广电传媒的影响关系密切；

（4）反侦查行为与犯罪人之间的相互交流和影响有关；

（5）司法腐败现象为犯罪人的反侦查行为提供了可乘之机。

3. 反侦查行为的具体类型

（1）毁证匿迹；

（2）转移侦查视线；

（3）掩盖犯罪的动机；

（4）对抗审讯；

（5）拒捕外逃；

（6）拉拢、腐蚀办案人员；

（7）威胁证人、杀人灭口等。

（二）遏制反侦查活动的对策

反侦查行为一旦实施，必将阻碍侦查活动的开展。侦查工作应防患于未然，遏制反侦查行为的实施。

1. 秘密进行调查和开展侦查，严格控制知情面，不触动、惊动侦查对象，不暴露侦查的意图。

2. 迅速及时提取、查封实物证据，防止侦查对象转移、隐匿和毁弃证据。对有关的证人要及时保护，获取固定证人证言；对涉案款、物要及时冻结、扣押，防止转移；对书证、物证要立即提取、保全，防止毁灭；对犯罪嫌疑对象要及时地控制，防止其逃跑、自杀。

3. 切断串供对象及利害关系人、物之间的联系。为防止侦查对象进行反侦查活动，必要时对其邮件、电报进行扣押；借故中断通信联系；将有关的人、物借故调离，割断串供、毁证的机会。

4. 有效地控制侦查对象及利害关系人，控制侦查对象要根据具体的案情，灵活运用侦查措施，在运用跟踪、监视等侦查措施的同时，还可利用行政的、组织的、行业的有关手段对其进行控制，特别是对"利害关系人"，用行政、组织手段更适宜。

5. 提高管辖级别或实行异地侦查管辖，既控制知情面又可以避免干扰。

6. 加强监管工作或实行异地羁押。

7. 实行人员、资金出入境限制或外出申报批准，防止涉案人员外逃和赃款外流。

8. 严惩包庇、伪证、徇私舞弊等涉及反侦查活动的犯罪行为，清除反侦查活动的基础条件。

9. 巧用录音、录像、笔录等手段固定证人证言及犯罪嫌疑人口供，防止翻供、串供。

（三）巧用反侦查，"将计就计"的取证对策

当反侦查行为实施后，侦查工作在对其进行直接反击的同时，可以有条件地进行利用。

1. 将计就计对策的实施必须具备下列先决条件：

（1）能够获取、控制的证据已经获取、控制。

（2）串供的对象和中介人明确，知悉可能毁灭、转移的罪证的内容及可能受指使毁灭、转移罪证的人，但却没有其他办法获取这些证据。

（3）即使反侦查活动失控，对侦查工作的进程亦无伤大体，不至于弄巧成拙。

（4）虽然反侦查活动会给案件侦破工作带来阻碍，但若能有效地控制和利用，则能拓宽侦查视野，有助于侦查的深入开展。

2. 一般有下列情况之一的，可借反侦查行为推动侦查。

（1）犯罪嫌疑对象隐藏不动，需"打草惊蛇、引蛇出洞"的。

（2）侦查陷入僵局，利用反侦查可能重新获取证据或线索，可突破僵局的。

（3）反侦查活动猖獗，与其遏制不如利用其效果会更好的。

（4）可以通过反侦查，寻迹发现隐匿的其他犯罪嫌疑对象的线索的。

（5）查实反侦查活动后可据以作为摧毁侦查对象的心理防线而迫使其如实招供的。

（6）其他有利用反侦查必要的。

3. 实施"将计就计"对策时应注意的问题。

（1）严密监控实施反侦查的侦查对象，对其反侦查活动要了如指掌。

（2）争取在串供、毁证中介人上打开缺口；若不然，则应改用监控措施对其监控。

（3）在羁押场所串供的，要物色可靠的人员开展狱内侦查。

（4）及时制止毁证，保全证据。

（5）对受威胁、被收买的知情人、利害关系人要做好政治思想工作，晓以利害，取得其协助，争取其如实作证。

六、适时调整侦查机制，弥补自身局限和不足，排除外界干扰

（一）加强职务犯罪情报资料的收集、管理和利用

犯罪情报工作是侦查工作的三大支柱之一，职务犯罪侦查部门应通过各种渠道、利用各种有效的方法，广泛地获取有关职务犯罪动向、特点，具体线索等方面的情报，并对这些情报进行储存、分析和利用，作为侦查工作的基础，为侦查工作，特别是疑难案件的侦查工作服务。

1. 职务犯罪情报资料建设的作用

加强职务犯罪情报资料建设，能够拓展侦查的视野。通过犯罪情报的分析利用可以在一定程度上弥补职务犯罪线索暴露不充分给侦查工作带来的影响，将疑难案件的一些被动线索转化为主动线索，用储存的情报资料破获现行的案件，用现行收集的情报破获"积案"，用本地犯罪情报与外地犯罪情报进行交流促进疑难案件的侦破。犯罪情报资料又是侦查决策的依据，只有占有充足的犯罪情报资料，才能对疑难案件的侦查作出准确、全面的科学决策。职务犯罪情报资料的收集和储存，可以避免因人员流动或案件终结和中止而造成资料流失、侦查资源浪费等问题。

2. 职务犯罪情报资料建设的基本内容

（1）情报资料的收集。

（2）情报资料的管理。

（3）情报资料的利用。

（4）采取的具体措施。

（二）强调协同作战机制

职务犯罪侦查中的协同作战是指侦查机关在同职务犯罪作斗争的侦查破案过程中各部门、各单位之间相互协作、支持和配合。协同作战能够使职务犯罪侦查工作更好地适应职务犯罪国际化动态的客观需要；协同作战是增强职务犯罪侦查机关整体作战能力的重要手段，更是侦破职务犯罪疑难案件的重要方法。

根据具体案情不同，职务犯罪案件侦查中侦查机关协同作战的形式多种多样，就协作主体而言，可以是双边的，也可以是多边的；就协作内容而言，可以是单项的，也可以是多项的；就组织形式而言，可以是临时的，也可以是有一定

协调机构的协作组织的，如侦查协作联系网等，从协同作战的具体内容和形式而言，它主要有以下几种情形：

（1）根据职务犯罪案件"串案"、"窝案"的发案规律，把单个的疑难案件与其他案件联系起来，进行联合侦查、并案侦查。有些疑难案件表面上看起来是孤立的，但深入地分析却会发现其与其他的职务犯罪案件、违纪案件、违规事件、违法案件等有各种形式的联系。侦查部门把这些"串案"、"窝案"联系起来进行案件分析，联合组织力量进行并案侦查，会对疑难案件的侦破起到十分重要的作用。

（2）加强职务犯罪的协查工作。疑难案件之所以形成与案件涉及面广、复杂有一定关系。有些线索需要外地其他侦查机构的协查配合。侦查部门之间应建立起一个协查的工作制度，把协查工作落实到实处，充分体现我国反腐败"全国一盘棋"的全局观念。

（3）强调疑难案件的案情"会诊"。当职务犯罪侦查遇有案件复杂，形成疑难状态，或者侦查工作陷入僵局、停滞不前时，负责组织实施的侦查部门应邀请有关专家进行"会诊"、找出"疑难症结"，从而采取有针对性的措施，把职务犯罪案件的侦查推向深入。

（4）根据当前的形势和工作重点，开展破案战役。针对某一时期、某一区域、某一行业某些职务犯罪相对突出的特点，统一部署，集中一定的侦查人力、物力、财力，以已经发生的案件为对象，在一定期限内深挖职务犯罪分子，集中行动侦破职务犯罪案件。

（5）加强国际合作、打击职务犯罪活动。近年来，许多职务犯罪分子在作案后逃往国外，或将资金转移到国外，给案件的侦查工作带来许多的困难，我国职务犯罪侦查机构应加强同世界各国同行的侦查合作，以《国际反腐败公约》为前提，打击国际职务犯罪活动。

（三）调整侦查的制约监督机制

侦查机制的制定既要保证侦查权得到充分的行使，又要防止侦查权被滥用和乱用。侦查制约监督机制就是对侦查活动实行制约和监督，保证侦查权的依法正确、恰当履行的体制。通过对侦查活动的制约和监督，及时发现侦查活动中的违法行为，纠正侦查工作中的失误和偏差，防止以权谋私和徇私舞弊，克服官僚主义和玩忽职守；制约监督机制有利于保证办案质量，严格依法办案，防止冤、假、错案的出现；通过对侦查过程的监督保护诉讼参与人，特别是犯罪嫌疑人的合法权益。最高人民检察院于1998年10月制定的《关于完善人民检察院侦查工作内部制约机制的若干规定》，完善了侦查制约监督机制的基本内容。

1. 职务犯罪侦查立案监督制度。《人民检察院刑事诉讼规则（试行）》第

563 条规定："人民检察院侦查监督部门或者公诉部门发现本院侦查部门对应当立案侦查的案件不报请立案侦查或者对不应当立案侦查的案件进行立案侦查的，应当建议侦查部门报请立案侦查或者撤销案件；建议不被采纳的，应当报请检察长决定。"这是对自身侦查部门立案活动的合法性和举报线索的利用价值进行监督。

2. 职务犯罪侦查活动合法性监督制度。《人民检察院刑事诉讼规则（试行）》第 565 条规定了监督的有关内容："（一）采用刑讯逼供以及其他非法方法收集犯罪嫌疑人供述的；（二）采用暴力、威胁等非法方法收集证人证言、被害人陈述，或者以暴力、威胁等方法阻止证人作证或者指使他人作伪证的；（三）伪造、隐匿、销毁、调换、私自涂改证据，或者帮助当事人毁灭、伪造证据的；（四）徇私舞弊，放纵、包庇犯罪分子的；（五）故意制造冤、假、错案的；（六）在侦查活动中利用职务之便谋取非法利益的；（七）非法拘禁他人或者以其他方法非法剥夺他人人身自由的；（八）非法搜查他人身体、住宅，或者非法侵入他人住宅的；（九）非法采取技术侦查措施的；（十）在侦查过程中不应当撤案而撤案的；（十一）对与案件无关的财物采取查封、扣押、冻结措施，或者应当解除查封、扣押、冻结不解除的；（十二）贪污、挪用、私分、调换、违反规定使用查封、扣押、冻结的财物及其孳息的；（十三）应当退还取保候审保证金不退还的；（十四）违反刑事诉讼法关于决定、执行、变更、撤销强制措施规定的；（十五）侦查人员应当回避而不回避的；（十六）应当依法告知犯罪嫌疑人诉讼权利而不告知，影响犯罪嫌疑人行使诉讼权利的；（十七）阻碍当事人、辩护人、诉讼代理人依法行使诉讼权利的；（十八）讯问犯罪嫌疑人依法应当录音或者录像而没有录音或者录像的；（十九）对犯罪嫌疑人拘留、逮捕、指定居所监视居住后依法应当通知家属而未通知的；（二十）在侦查中有其他违反刑事诉讼法有关规定的行为的。"

3. 刑事赔偿制度。职务犯罪侦查中的刑事赔偿是指人民检察院在对职务犯罪案件行使侦查、逮捕等职权时侵犯国家赔偿法所规定的公民、组织的人身权、财产权并造成损害，而由人民检察院作为赔偿义务机关的国家赔偿制度，其赔偿范围包括侵犯人身权的赔偿和侵犯财产权的赔偿。

（1）侵犯人身权的赔偿有以下三种情况：对被错误拘留的犯罪嫌疑人；对被错误逮捕的犯罪嫌疑人；对被刑讯逼供或其他暴力行为造成身体伤害或死亡的人。

（2）侵犯财产权的赔偿范围。根据《国家赔偿法》第 16 条的规定，检察机关及其侦查人员在履行职权时，违法对财产采取查封、扣押、冻结、追缴等措施的，受害人有取得赔偿权利。最高人民检察院 2010 年 11 月 22 日发布的《人民检察院国家赔偿工作规定》规定了赔偿的立案、审查决定、复议、赔偿监督、执行等程序，保证了赔偿制度的实施。

制约监督机制中还有侦查回避制度、检务公开制度、重大事项报告制度、扣押物品管理制度、错案责任追究制度、讯问中全程同步录音录像制度等。通过这些制度的有机制约，防止、消除了职务犯罪侦查中的失误、过错、漏洞，促进疑难案件的侦查。

（四）调整奖惩保障制度

1. 完善关怀、保障、保护制度，解除办案人员的后顾之忧。侦查工作辛苦、繁重，侦查人员精神上还要承受家庭负担和工作中被打击报复的压力，疑难案件会进一步加大精神和身体的负荷。完善对有困难侦查员家庭的支助、关怀制度，对侦查人员自身安全设立保险保障，对其住所、家人进行必要的安全保护，对侦查主体进行心理疏导等，有利于促进侦查主体工作的信心、决心和责任心。

2. 改革选拔任用制度。竞争上岗、双向选择、在案件侦查中选择干部、考核干部，在侦查工作中发现"有识之士"。通过疑难案件的侦查工作，奖励、选拔懂侦查、会办案、作风正、执法严、身体壮的优秀指挥人员，淘汰个别不合格人员。

3. 健全责任制、考核制、奖惩制。根据侦查工作的特点制订岗位责任制，完善考核制度。对在疑难案件侦破中起促进作用的侦查人员在职级、待遇、奖金上进行优惠，激励先进。对造成侦查工作停滞和失误的人员和失职人员进行必要的处罚，总结经验和教训。

通过以上制度的共同作用，使职务犯罪侦查成为一个信息畅通、反应灵敏、协调统一、灵活高效、生机勃勃的体系，保证职务犯罪疑难案件侦查工作的顺利实施。

参考文献

一、中文著作类

1. 张步文：《刑事侦查权研究》，中国检察出版社 2007 年版。

2. 徐静村：《21 世纪中国刑事程序改革研究——〈中华人民共和国刑事诉讼法〉第二修正案（专家建议稿）》，法律出版社 2003 年版。

3. 樊子勇：《犯罪侦查程序与证据的前沿问题》，中国人民公安大学出版社 2006 年版。

4. 梁玉霞：《论刑事诉讼方式的正当性》，中国法制出版社 2002 年版。

5. 陈文兴：《司法公正与制度选择》，中国人民公安大学出版社 2006 年版。

6. 陈瑞华：《问题与主义之间——刑事诉讼基本问题研究》，中国人民大学出版社 2003 年版。

7. 马贵翔、胡铭：《正当程序与刑事诉讼的现代化》，中国检察出版社 2007 年版。

8. 肖扬主编：《中国刑事政策和策略问题》，法律出版社 1996 年版。

9. 郭立新主编：《检察机关侦查实务》（侦查概况、侦查机制、司法协助等），中国检察出版社 2005 年版。

10. 马贵翔：《刑事诉讼结构的效率改造》，中国人民公安大学出版社 2004 年版。

11. 蒋石平：《侦查行为论》，群众出版社 2004 年版。

12. 徐静村：《刑事诉讼前沿研究》（第五卷），中国检察出版社 2006 年版。

13. 陈永生：《侦查程序原理论》，中国人民公安大学出版社 2003 年版。

14. 何家弘、南英主编：《刑事证据制度改革研究》，法律出版社 2003 年版。

15. 孙长永：《侦查程序与人权》，中国方正出版社 2002 年版。

16. 龙宗智：《理论反对实践》，法律出版社 1999 年版。

17. 徐静村：《刑事诉讼法》，法律出版社 1999 年版。

18. 何家弘主编：《侦查学论丛》（第一卷），法律出版社 2005 年版。

19. 李士英主编：《当代中国的检察制度》，中国社会科学出版社 1987 年版。

20. 钟澍钦主编：《新中国反贪污贿赂理论与实践》，中国检察出版社 1995 年版。

21. 徐静村主编：《刑事诉讼法学》（上、下），法律出版社 1997 年版。

22. 梁国庆主编：《检察业务概论》，中国检察出版社 1991 年版。

23. 张玉镶、文盛堂：《当代侦查学》，中国检察出版社 1998 年版。

24. 曾宪义主编：《检察制度史略》，中国检察出版社 1992 年版。

25. 孙长永主编：《现代侦查取证程序》，中国检察出版社 2005 年版。

26. 任惠华：《中国侦查史：古近代部分》，中国检察出版社 2004 年版。

27. 徐公社：《依法侦查问题研究》，群众出版社 2005 年版。

28. 朱孝清：《职务犯罪侦查学》，中国检察出版社 2003 年版。

29. 孙长永：《沉默权制度研究》，法律出版社 2001 年版。

30. 孙长永主编：《刑事诉讼证据与程序》，中国检察出版社 2003 年版。

31. 孙长永：《探索正当程序——比较刑事诉讼法专论》，中国法制出版社 2005 年版。

32. 王国民：《诱惑侦查研究》，中国人民公安大学出版社 2003 年版。

33. 陈波：《反贪侦查实战要领》，中国检察出版社 2009 年版。

34. 陈连福主编：《反渎职侵权实务问题研究》，中国检察出版社 2009 年版。

35. 黄维智等：《职务犯罪证据的收集和运用》，中国检察出版社 2006 年版。

36. 余捷：《职务犯罪侦查模式论》，中国检察出版社 2009 年版。

37. 王晓霞：《职务犯罪侦查制度比较研究》，中国检察出版社 2008 年版。

38. 朱孝清：《职务犯罪侦查教程（第三版）》，中国检察出版社 2014 年版。

二、中文论文类

1. 孙长永：《论侦讯程序的立法改革和完善》，载《江海学刊》2006 年第 3 期。

2. 李泽明、江红鹰、陈晓东：《刑诉法应增设侦查期限的规定》，载《人民检察》2004 年第 11 期。

3. 陈永生：《论侦查的期间限制与疑案处理》，载《人民检察》2002 年第 12 期。

4. 庄会予：《中国推进反贪侦查改革，2007 年建成远程指挥系统》，载 http://www.gazx.gov.cn，2004 年 2 月 11 日。

5. 吴孝军：《论犯罪侦查中的程序性违法》，载《犯罪研究》2004 年第 6 期。

6. 陈瑞华：《刑事侦查构造之比较研究》，载《政法论坛》1995 年第 5 期。

7. 徐立忠、马国兰：《侦查效益、侦查效率及其实现》，载《山西警官高等专科学校学报》2005 年第 13 卷第 3 期。

8. 倪端平、倪铁：《经济犯罪侦查效益简论》，载《犯罪研究》2005 年第

5 期。

9. 郭宗杰：《论法的效益》，载《法律科学》1995 年第 3 期。

10. 刘品新：《迈向节约的刑事侦查》，载 http：//www. jcrb. com/n3/by2/ca267940. htm。

11. 王册、许晶、宋家宁：《侦查一体化的理论与实践》，载《中国人民公安大学学报》2000 年第 6 期。

12. 刘静坤：《论侦查的功能、目的和价值》，载《犯罪研究》2007 年第 3 期。

13. 杨郁娟：《论侦查观念的转变》，载《公安学刊》2005 年第 4 期。

14. 黄清满：《创新机制整合资源突破瓶颈——宁德市检察机关创新办案机制查办职务犯罪的做法》，载《福建检察》2003 年第 6 期。

15. 陈维、全莉：《检察侦查权研究》，载《广西政法管理干部学院学报》2000 年第 15 卷第 3 期。

16. 朱孝清：《论反贪侦查思路的转变》，载《人民检察》1999 年第 10 期。

17. 沈兵：《论人民检察院侦查部门的重构》，载《广西政法管理干部学院学报》2000 年第 15 卷增刊号。

18. 何家弘：《秘密侦查立法之我见》，载《法学杂志》2004 年第 11 期。

19. 何家弘：《刑事司法发展的十大趋势》，载《人民检察》2005 年第 3 期。

20. 龙宗智：《威胁、引诱、欺骗的审讯是否违法》，载《法学》2000 年第 3 期。

21. 宋英辉、罗海敏：《〈刑事诉讼法〉修改的理念和原则》，载《中国司法》2004 年第 12 期。